I0043002

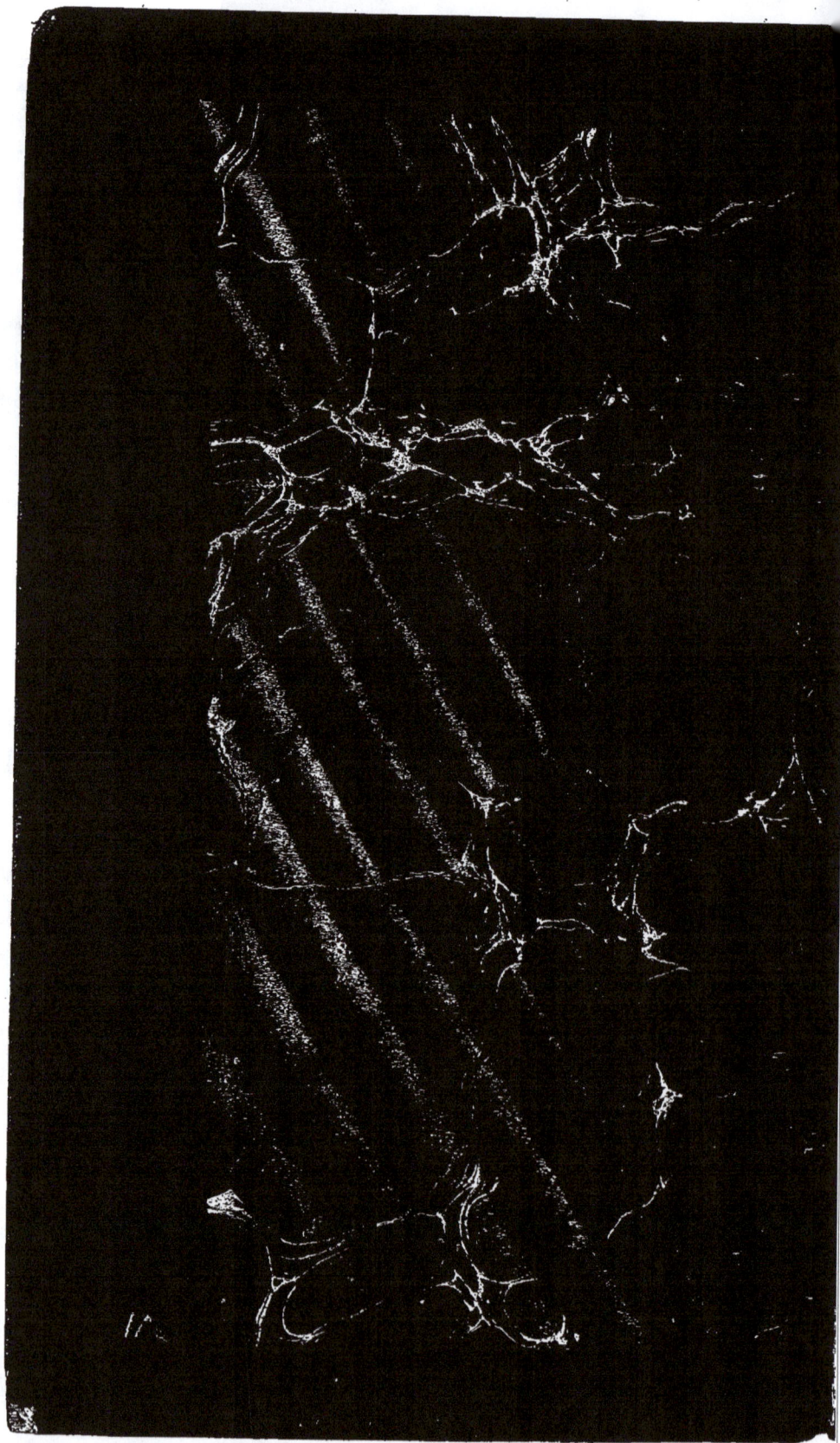

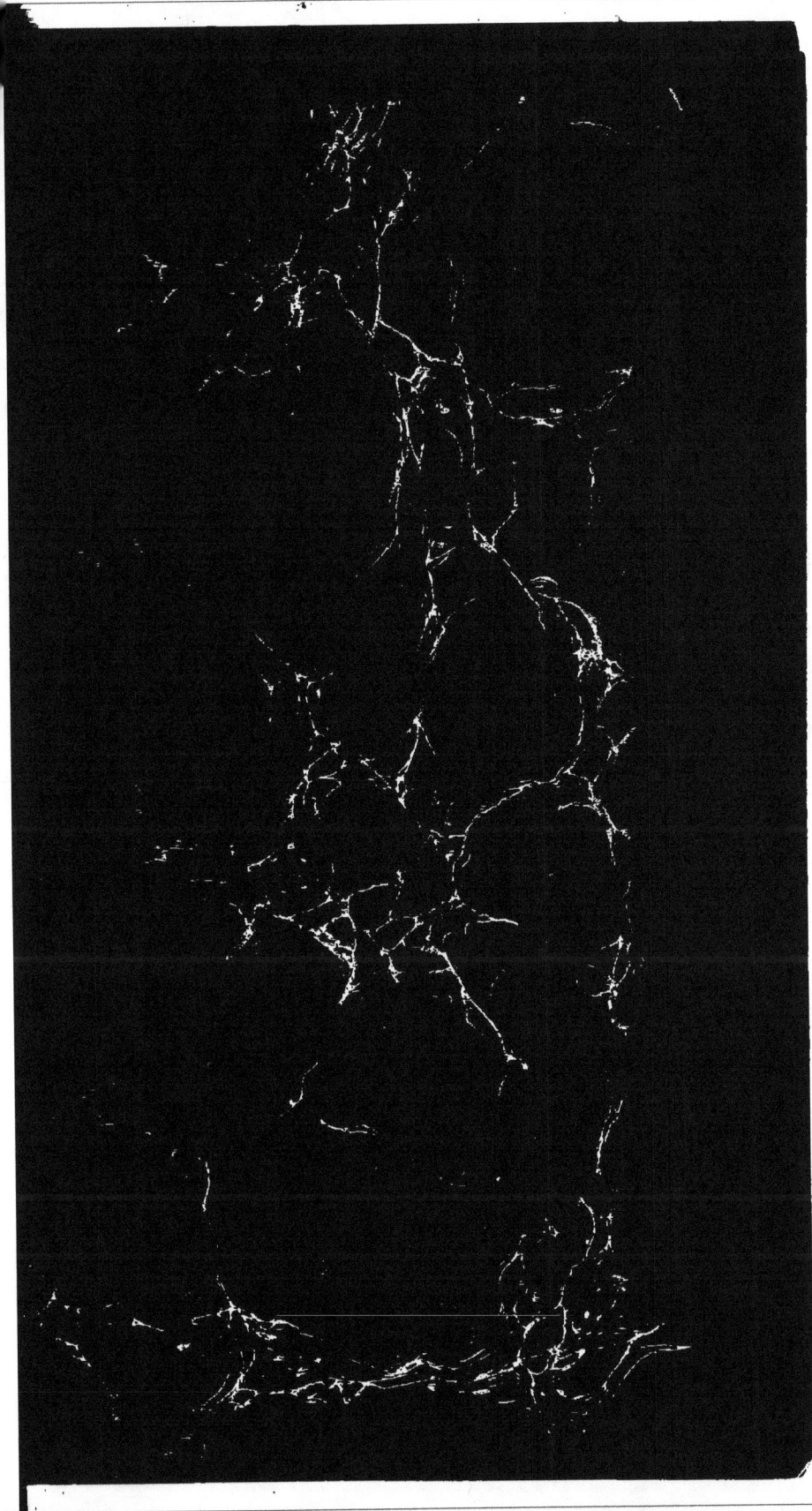

Γ

TRAITÉ

DES

DROITS D'USUFRUIT,

D'USAGE PERSONNEL,

ET D'HABITATION.

OUVRAGES DU MÊME AUTEUR.

TRAITÉ DES DROITS D'USAGE SERVITUDES-RÉELLES, du droit de superficie et de la jouissance des biens communaux et des établissemens publics; 2e édition, annotée, augmentée et mise en harmonie avec la nouvelle Législation des forêts, par M. CURASSON, avocat; 3 gros vol. in-8°.

TRAITÉ DU DOMAINE PUBLIC, ou de la distinction des biens considérés principalement par rapport au domaine public, 5 gros vol. in-8°, ornés d'un très beau portrait de l'auteur.

COURS du Droit français sur l'état des personnes et sur le premier livre du Code civil, 2 vol. in-8°, 2e édition, conforme à la 1re.

NOTA. Les tomes 6, 7, 8, 9 de la première édition de L'USUFRUIT se vendent encore séparément.

BESANÇON. — TYPOGRAPHIE DE OUTHENIN-CHALANDRE FILS.

TRAITÉ

DES

DROITS D'USUFRUIT,

D'USAGE PERSONNEL,

ET D'HABITATION.

PAR M. PROUDHON,

DOYEN DE LA FACULTÉ DE DROIT DE DIJON,
MEMBRE CORRESPONDANT DE L'INSTITUT ROYAL DE FRANCE,
MEMBRE DES ACADÉMIES DES SCIENCES, ARTS ET BELLES-LETTRES DE DIJON
ET DE BESANÇON.
CHEVALIER DE LA LÉGION D'HONNEUR.

SECONDE ÉDITION REVUE,

AVEC UNE TABLE DES MATIÈRES TRÈS COMPLÈTE.

TOME PREMIER.

DIJON,

CHEZ VICTOR LAGIER, LIBRAIRE-ÉDITEUR.

—

1836.

AVIS DE L'ÉDITEUR

SUR CETTE SECONDE ÉDITION.

Le traité des *droits d'usufruit, d'usage, d'habitation et de superficie* que le célèbre doyen de la faculté de Dijon publia de 1823 à 1827, comprend neuf vol. dont le dernier est exclusivement destiné à la table générale des matières.

La réputation de l'auteur ne pouvait manquer de faire accueillir favorablement ce grand Ouvrage qui a été considéré à juste titre comme un des plus beaux monumens de la science du droit : aussi la première édition a-t-elle été bientôt épuisée.

Au moment d'en donner une seconde, on a cru convenable de la partager en deux traités distincts : Le premier, en cinq volumes, renferme tout ce qui est relatif aux *droits d'usufruit, d'usage personnel et d'habitation* ; le second, en trois volumes, tout ce qui concerne les *droits d'usage servitudes-réelles, etc.*

Chacun de ces traités est terminé par une ample table des matières, et la seconde édition, réduite ainsi en huit volumes, a cependant été singulièrement augmentée : voici les motifs de cette augmentation et du partage de l'Ouvrage en deux traités.

En ce qui concerne les droits *d'usufruit, d'usage personnel et d'habitation*, les règles étant invariables, cette partie de l'Ouvrage de M. Proudhon n'était susceptible d'aucun changement : le traité actuel reproduit donc textuellement et sans variation aucune, tout ce que renfermaient les cinq premiers volumes et les 90 premières pages du sixième de la première édition, plus une table des matières plus correcte et plus complète. L'exécution typographique à subi également d'utiles améliorations.

Il ne pouvait en être ainsi du second traité. Depuis la

première édition, est survenu le Code forestier qui a formulé de nouvelles règles concernant les forêts de l'état, des communes et des particuliers ; force était donc de compléter cette partie essentielle.

Auteur lui-même d'un excellent traité sur le *Code forestier*, M. Curasson a bien voulu se charger du soin de coordonner avec la législation nouvelle les principes développés par le savant professeur. Ce nouveau travail est le complément du grand ouvrage de M. Proudhon ; il a pour titre : *Traité des droits d'usage servitudes-réelles, du droit de superficie et de la jouissance des biens communaux et des établissemens publics, par M.* PROUDHON, *2me édition, annotée, augmentée et mise en harmonie avec la nouvelle Législation des forêts, par M.* CURASSON. Et pour en faciliter l'acquisition à ceux qui possèdent la première édition, les trois forts volumes se vendent séparément.

On a pensé que la division de l'Ouvrage en deux traités distincts aurait un autre avantage. Car si les deux traités réunis sont indispensables aux magistrats et aux jurisconsultes, d'un autre côté le traité *d'usage* qui, indépendamment du régime forestier, présente le développement complet des règles concernant le régime municipal, sera de la plus grande utilité aux officiers de l'administration forestière, et doit être également recherché par les membres de l'administration préfectorale et municipale.

Quant au traité actuel concernant les *droits d'usufruit, d'usage personnel et d'habitation*, il convient particulièrement à MM. les notaires et avoués qui y trouveront un guide assuré sur une foule de points de doctrine et de pratique, tels que les liquidations et partages de succession, de communauté, et autres opérations de leur ministère.

PRÉFACE.

La variété de nos besoins et de nos intérêts fait qu'il est souvent utile de pouvoir séparer le droit de propriété de celui de jouissance. C'est, en effet, par ce moyen que le propriétaire foncier trouve un fermier qui, par ses travaux, fertilise le sol dont la jouissance lui est laissée pour un prix annuel; que l'emprunteur trouve un créancier qui lui compte de l'argent pour jouir d'un immeuble jusqu'à ce qu'il ait reçu son remboursement; que souvent on s'abandonne à des impulsions généreuses, en faisant une libéralité qu'on n'aurait pas faite, si l'on ne pouvait donner la propriété qu'en cédant aussi la jouissance; que, par la concession de jouissances plus ou moins étendues, l'on est parvenu, dans des temps plus reculés, à fixer les colons sur les terres, en leur accordant des droits d'usage, soit dans des forêts, pour leur chauffage, soit sur des terrains ouverts, pour le pâturage de leurs bestiaux; que, dans l'exercice du commodat ou du louage, nous obtenons chaque jour, soit à titre gratuit, soit à prix d'argent, l'usage des choses dont le service nous est nécessaire.

Parmi toutes ces modifications et autres
qui peuvent affecter la propriété, ce traité
n'a directement pour objet que les droits
d'usufruit, d'usage personnel et d'habitation,
lesquels, sans être tous de la même importan-
tance, sont néanmoins tous l'objet des plus
sérieuses difficultés, et dignes des plus pro-
fondes méditations du Jurisconsulte.

De toutes les modifications qui peuvent
affecter la propriété, c'est incontestablement
la constitution d'usufruit qui est la plus considérable, puisqu'elle emporte la faculté de
percevoir le produit entier du fonds, et qu'elle
est souvent d'une durée très prolongée.

Pour peu qu'on réfléchisse qu'il est, sur
tous les points du royaume, des pères et
mères auxquels la loi accorde la jouissance
des biens de leurs enfans mineurs de dix-huit
ans; que la plupart des constitutions dotales
ne sont stipulées qu'avec des réserves d'usufruit; qu'il est très rare que la même réserve
n'affecte pas les donations ordinaires, et
qu'elle est aussi quelquefois la condition des
ventes de fonds; que les dispositions faites
entre époux, au profit du survivant d'eux, ne
portent le plus souvent que sur la jouissance
de leurs biens, et qu'il est peu de testamens

où l'on ne trouve quelques legs d'usufruit :
pour peu qu'on réfléchisse que toutes ces
dispositions ayant pour effet immédiat d'associer plusieurs personnes dans le domaine
de la même chose, et de les placer dans un
conflit perpétuel d'intérêts sur les impenses
de conservation, réparation et entretien
de cette chose, ainsi que sur l'exercice des
actions qui peuvent dépendre de leurs
droits respectifs, on comprendra facilement
combien la connaissance exacte des règles sur
cette matière est importante dans la science
du droit.

Ce n'est cependant pas là le seul motif qui
nous ait porté à donner, sur ce sujet, un
traité plus approfondi que tout ce qu'on
pourrait trouver dans les auteurs qui s'en
sont occupés avant nous.

Quelque oscillation qui puisse arriver dans
notre législation, les matières sur lesquelles
porte ce traité seront les mêmes : c'est-à-dire
que, sans cesser un seul instant d'être en
usage, elles ne perdront rien de leur caractère. Il y aura toujours des propriétaires,
des usufruitiers et des usagers; et le droit de
nue propriété, ainsi que ceux d'usufruit et
d'usage, seront dans tous les temps de la

même nature qu'ils sont aujourd'hui : il faudra donc toujours connaître les règles qui gouvernent l'exercice de ces droits; et l'utilité de notre traité sera toujours la même.

Il est encore bien d'autres considérations qui doivent rendre cet Ouvrage intéressant, si toutefois l'exécution se trouve correspondre au plan et au but que nous nous sommes proposé dans son développement.

L'usufruit, ainsi que l'usage, sont chacun une propriété pour celui qui les possède. Sous ce premier point de vue, ils sont soumis aux règles générales qui gouvernent la classification, la jouissance, la résolution de nos droits et la disposition de nos biens ; mais leur caractère particulier les place sous l'empire de diverses lois d'exception, parce qu'ils sont eux-mêmes des propriétés d'exception placées en dehors du cours le plus ordinaire des choses : d'où il résulte que, là où il y a des droits de cette nature à exercer, l'on se trouve souvent embarrassé par le conflit de divers principes dont le choc fait naître les plus sérieuses difficultés qu'on ait à surmonter dans la pratique du droit. Et comme ces difficultés ne peuvent être aplanies que par l'explication soit des principes ordinaires sur le régime commun du droit de propriété, soit des règles d'exceptions qui viennent se mêler dans la cause dont il faut déterminer les effets, l'on est obligé de se livrer à des développemens sans lesquels l'on ne pourrait avec sécurité adopter une opinion sur la question de savoir comment on doit concilier des règles qui se trouvent dans une apparente opposition, et quelle est celle qui doit céder l'empire à l'autre.

On voit par cet exposé, qui est celui du dessein dans lequel nous avons cherché à exécuter cet Ouvrage, qu'il ne doit pas seulement y être question des droits d'usufruit, d'usage personnel et d'habitation, solitairement considérés. On sent d'ailleurs qu'une composition qui remplira plusieurs volumes doit avoir des ramifications plus étendues. On y trouvera donc une foule de questions pratiques et de discussions doctrinales qui se rattachent à presque toutes les parties du droit, et dont la plupart portent sur les points les plus difficiles de la Jurisprudence, telles que, par exemple, celles qui peuvent avoir rapport :

A la manière de déterminer précisément la nature des actes, pour n'en faire ressortir que les effets qui leur sont propres ;

Aux diverses questions qui peuvent se présenter sur les dettes et prestations d'alimens ;

A la formation de la quotité disponible et au calcul des retranchemens à faire sur les libéralités inofficieuses, par application des divers articles du Code qui fixent différemment les réserves légales dues à des héritiers qui peuvent être simultanément en opposition d'intérêt avec des donataires de diverses classes ;

A beaucoup de questions compliquées sur le fait de la prescription ;

A la distinction des diverses actions qui se rattachent soit au droit de propriété, soit à celui d'usufruit, et qui peuvent être proposées soit par le propriétaire, soit par l'usufruitier, conjointement ou séparément ;

Aux dispositions testamentaires qui peuvent être frappées de nullité, comme renfermant des substitutions fidéicommissaires ;

A l'exposition doctrinale du système que les auteurs du Code ont voulu établir sur l'exercice du droit d'accroissement dans les legs, système méconnu jusqu'à présent par les auteurs qui nous ont précédés et même par les Tribunaux qui l'ont mal saisi ;

Au développement de la théorie difficile et

toute neuve de l'échéance des fruits civils en fait de baux à ferme ;

A l'explication des règles qui ressortent d'un grand nombre d'articles du Code sur la prestation des dommages occasionés par quelques fautes, à quoi viennent se rattacher toutes les questions d'incendies, résolues d'après les principes de notre législation actuelle ;

A l'examen des règles qui déterminent les effets de la chose jugée, et au développement de celles qui concernent le droit de la tierce opposition ;

A un grand nombre de questions touchant le régime hypothécaire ;

Aux règles à suivre dans l'exercice du droit qu'ont les créanciers pour intervenir dans les affaires de leurs débiteurs, et aux effets de la subrogation judiciaire qu'ils peuvent obtenir par suite de leur intervention ;

Aux comptes, liquidations et partages de communautés ;

Aux règles touchant l'exercice de l'action Paulienne ;

Aux effets qui se rattachent aux diverses causes rescisoires ou résolutoires de nos droits ; etc., etc., etc.

On voit par cette indication bien courte, et que nous pourrions pousser beaucoup plus loin, que le lecteur peut s'attendre à trouver dans ce traité un très grand nombre de choses qui, en parlant des droits d'usufruit et d'usage, ne se présentent pas d'abord à la pensée, et qui cependant viendront se placer en leur lieu, comme dans un ordre naturel, pour l'éclaircissement des discussions qui seront agitées.

Quoiqu'il y ait peu de parties dans la législation moins susceptibles de changemens que celle qui gouverne les droits d'usufruit et d'usage, cependant notre Code civil renferme, même sur cette matière, plusieurs innovations heureuses, et il contient aussi un assez grand nombre de dispositions plus claires et de solutions mieux tranchées qu'elles ne l'étaient par les lois anciennes.

En conséquence nous avons souvent cité la disposition des lois romaines et rapporté les traductions de l'ancienne Jurisprudence, tantôt pour chercher dans cette double source un appui à nos décisions, tantôt pour faire positivement remarquer les changemens introduits par la législation nouvelle. Ce plan de travail nous a naturellement conduits à traiter plus à fond notre sujet, et à rendre nos discussions d'une utilité plus générale.

Et d'abord, nous avons été amenés de cette manière à l'examen de toutes les questions transitoires que la promulgation des lois nouvelles ne peut manquer de faire naître sur les points où elles dérogent aux anciennes.

En second lieu, signaler celles des lois romaines qui, comme empreintes d'anciennes formules tout-à-fait étrangères à nos procédures, sont trop subtiles pour être citées comme raison écrite, et ne doivent plus trouver place dans nos règles de jurisprudence, c'est prévenir des erreurs et écarter des méprises.

Enfin, démontrer la supériorité de notre droit actuel, c'est inspirer au lecteur du respect pour la loi de son pays, et c'est aussi contribuer à resserrer l'un des principaux liens qui attachent l'homme à sa patrie.

Fidèle aux devoirs de nos fonctions, nous avons dû ne voir, autant que possible, dans le Code civil des Français, que ce Code lui-même, pour l'enseigner suivant l'esprit qui lui est propre et dans toute sa pureté : nous avons donc mis toute notre application à don-

ner partout la véritable intelligence du texte,
et à en faire ressortir les principes généraux
qui régissent les diverses matières que nous
avons traitées, pour démontrer ensuite le
grand nombre de solutions qui en dérivent.
Si nous avons aussi invoqué les dispositions
les plus lumineuses du droit romain, c'est
parce que les auteurs du Code, ayant eux-
mêmes beaucoup puisé dans cette source,
nous avons dû y trouver, à notre tour, un
commentaire tout naturel sur bien des points
de la loi nouvelle.

On voit par-là que cet Ouvrage n'est point
une compilation de jugemens et d'arrêts rendus par les Tribunaux sur l'application de nos
lois nouvelles. Si parfois nous en citons quelques-uns à l'appui de nos décisions, nous en
rapportons aussi d'autres pour relever les erreurs échappées aux Magistrats sur des points
très importans dans la science du droit. Nous
ne voyons pas que les Dumoulin et les Pothier
aient souvent cité des décisions judiciaires à
l'appui de leur doctrine ; et cependant ces auteurs célèbres n'en ont pas moins rendu les
plus éminens services à la science des lois et
de la jurisprudence. Combien n'ont-ils pas
rendu d'arrêts qu'on n'a jamais réformés ?

combien n'ont-ilspasporté de décisions qui, combattues d'abord, ont fini par triompher, et se trouvent aujourd'hui reproduites dans nos lois? Sans nous comparer à d'aussi grands maîtres, pourquoi n'aurions-nous pas cherché à les imiter?

La science des arrêts n'est guère en elle-même qu'une science de fait ,puisqu'elle n'est que la connaissance d'espèces particulières; tandis que, pour nous, le but qu'il s'agit d'atteindre, est la seule chose que nous devons nous proposer dans l'exercice des fonctions qui nous sont confiées, c'est de concourir de toutes nos forces à l'établissement et à la propagation de la science de notre droit nouveau.

Dans tout ce qui touche à notre législation nouvelle, nous sommes encore bien loin de voir se former, sur chaque matière, cette *series rerum perpetuò judicatarum*, c'est-à-dire cette raison universelle qui, uniformément appliquée à l'interprétation doctrinale des lois, constitue les règles immuables de la Jurisprudence. Nous sommes encore bien loin d'un pareil état de choses, puisque, dans le nombre indéfini de questions nouvelles qui ont été agitées devant les Tribunaux, on peut à peine en trouver quelques-unes qui n'aient pas été décidées en sens contraires, par des arrêts souvent aussi nombreux d'un côté que de l'autre.

Une preuve irréfragable que les lois nouvelles sont loin d'être bien connues et profondément appréciées sitôt après leur promulgation, c'est que nous voyons souvent que la Cour de cassation, par de glorieux retours sur elle-même, adopte des principes contraires, et en vient à des décisions tout opposées aux arrêts multipliés qu'elle avait rendus pendant plusieurs années.

Ce n'est donc point dans les décisions émanées des Tribunaux, mais bien dans l'examen des lois elles-mêmes, dans la méditation des bases sur lesquelles elles reposent, et des motifs qui les ont fait porter; dans l'examen approfondi de leur texte, la comparaison et le rapprochement de leurs dispositions, qu'il faut rechercher la science du droit. La tête la plus remplie des souvenirs d'arrêts divers, doit être naturellement la plus vide d'idées sur les grands principes du droit, parce qu'elle appartient à l'homme, qui s'est fait une étude de ne penser que par les autres.

Et qu'on ne dise pas que nous manquons

au respect dû à la magistrature en parlant ainsi de ses décisions.

Ministres des lois, les Magistrats, par leurs talens, leurs vertus et leurs mœurs, seront toujours, en France, le plus bel ornement, comme le plus ferme appui de la société. Leurs personnes, leurs fonctions, nous respectons tout en eux, hors l'infaillibilité qu'ils n'ont pas.

Nous entendons seulement nous élever ici contre l'usage abusif qui s'est introduit de ne plus lutter qu'à coups d'arrêts, dans les débats judiciaires, tandis que le temps n'étant pas encore venu où la Jurisprudence pourra être formée sur l'application de nos lois nouvelles, jamais les arrêts n'ont dû avoir moins d'autorité doctrinale qu'aujourd'hui.

C'est précisément cette manière de traiter les procès, qui produit tant de divergence dans les arrêts, parce que le principe d'unité n'est que dans la loi, et que du moment qu'on en abandonne l'étude, ou qu'on se laisse entraîner par des considérations plus ou moins spécieuses, mais étrangères à son esprit, il n'y a plus de point de ralliement qui puisse fixer la marche des Tribunaux sur la même ligne.

Nous n'entendons cependant pas blâmer

l'usage où l'on a toujours été de citer les
décisions judiciaires intervenues sur des
espèces semblables ; mais nous voulons que
ce moyen ne soit que bien accessoire. Nous
ne voulons pas qu'il soit employé comme une
dispense de l'étude du droit. Nous ne voulons pas qu'il préjudicie à l'examen approfondi des règles applicables au fond de la
cause, parce que c'est toujours de là que
doivent ressortir les motifs de la décision du
Juge. En un mot, nous ne voulons pas que
le jugement d'un procès soit précisément
calqué sur le jugement d'un autre, parce
que la Jurisprudence n'est point un art
d'imitation.

C'est l'abus contre lequel nous nous éle-
vons, qui est lui-même trop peu respec-
tueux envers la magistrature : car quel est,
à le bien prendre, le rôle que joue celui qui,
fondant le succès d'un procès sur des arrêts de
Cours rendus dans d'autres affaires, prétend
par-là s'affranchir d'un examen de sa cause,
aussi approfondi et aussi scrupuleusement
médité que s'il n'avait encore aucun préjugé
à citer ? que propose-t-il en invitant ainsi son
Tribunal à juger comme un autre Tribunal,
sans lui présenter une discussion approfondie

de l'affaire qui est à décider? n'est-ce pas, en d'autres termes, comme s'il disait à ses Juges :

« Vous êtes dispensés d'avoir une con-
» science qui vous soit propre, puisque voilà
» une décision qui a été rendue par des Ma-
» gistrats pleins de probité, et que vous n'a-
» vez rien de mieux à faire qu'à prendre leur
» jugement pour le type du vôtre !

» Vous n'avez pas besoin de connaître la
» loi par vous-mêmes, ni de réfléchir sur
» son application, puisqu'une *telle* Cour a
» fait toute cette élaboration pour vous !

» C'est inutilement que vous attacheriez
» toute votre attention à l'examen de ce
» procès, puisqu'il est reconnu et authenti-
» quement notoire que c'est ainsi qu'on doit
» juger les causes de cette espèce !

» L'arrêt que je vous propose de copier en
» changeant seulement les noms des parties
» peut être erroné; mais comme vous n'aurez
» fait qu'adopter de confiance la méprise des
» autres Juges, l'erreur ne vous sera point
» imputable !

» Vous devez renoncer à l'exercice de vos
» facultés intellectuelles, pour prononcer
» sur la cause qui vous est présentée, puisque

» voilà une décision qui la préjuge et qui a
» été rendue par un Tribunal qui est votre
» supérieur dans la hiérarchie judiciaire !

» Comme avocat de la cause, je me suis
» dispensé d'en faire un sérieux examen : j'ai
» cru qu'il serait inutile de vous en présen-
» ter une discussion approfondie; parce que
» tout cela a eu lieu devant un autre Tri-
» bunal, et que je vous en offre le résul-
» tat ! »

Nous avons long-temps cherché un plan
général de division pour cet Ouvrage. Nous
l'avions d'abord divisé en grandes masses;
mais nous avons reconnu ensuite que ce premier aperçu nous obligeait à beaucoup de
divisions secondaires, et, d'encore en encore, à une foule de sous-divisions qui, au
lieu de contribuer à la clarté, n'auraient produit que de la confusion. Nous nous sommes
donc arrêté à le répartir en une seule série
de chapitres et en une seule série de numéros
qui, dans la confection de la table, serviront
à indiquer le siége des matières.

Cette division, qui est la plus simple, sera
aussi la plus commode pour le lecteur, parce
qu'en voulant savoir ce qui est dit dans l'Ouvrage sur une des matières qui y sont trai-

tées, il n'aura qu'à consulter le chapitre destiné à l'explication de cette matière.

On trouvera à la fin de chaque volume
une table des chapitres qui y seront renfermés.

Outre cette table il y en a une autre à la
fin de l'Ouvrage. Elle est divisée en trois parties : La première comprend, avec beaucoup
de détail, l'indication alphabétique des
matières, sous des mots assez multipliés pour
qu'on puisse toujours aisément les trouver.
La seconde porte le tableau de tous les articles soit du Code civil, soit de nos autres
Codes, qui sont commentés ou expliqués avec
plus ou moins d'étendue dans l'Ouvrage entier. La troisième enfin contient la série et
l'indication des lois romaines dont l'autorité
a été invoquée, ou sur lesquelles il a été fait
quelques critiques en les comparant à notre
droit nouveau.

Les articles du Code civil sont indiqués par
les numéros qu'on trouve entre deux paren-
thèses dans le texte de l'Ouvrage.

Nous n'avons pas jugé à propros de placer
en tête de chaque chapitre un sommaire indi-
catif des décisions qui y sont renfermées. Les
raisons qui nous ont décidé à négliger ce

moyen que nous voyons être employé par d'autres auteurs, sont :

1° Que les divisions énoncées en tête des chapitres servent déjà d'indication pour trouver assez promptement ce que l'on voudrait y chercher;

2° Que les feuilles employées pour le rapport des sommaires surchargent trop les volumes;

3° Enfin que la table alphabétique remplace éminemment tous les sommaires que nous aurions pu y insérer, et sera en outre d'un usage beaucoup plus facile.

TRAITÉ

DES DROITS D'USUFRUIT,

D'USAGE PERSONNEL,

ET D'HABITATION.

─────────────────────────────

CHAPITRE PREMIER.

De la nature du droit d'Usufruit.

Qu'est-ce que l'usufruit?

1. Aux termes du code civil, l'usufruit est le droit de jouir des choses dont un autre a la propriété, comme le propriétaire lui-même, à la charge d'en conserver la substance (578).

Reprenons les principaux termes de cette définition, pour en faire sentir toute la justesse.

Nous disons d'abord : *c'est le droit de jouir*, parce qu'à l'usufruitier appartient la possession naturelle de la chose : *naturaliter videtur possidere is qui usumfructum habet* (1), c'est-à-dire cette espèce de possession qu'exerce celui qui détient réellement la chose, s'en sert, ou la cultive de ses propres mains, et en perçoit par lui-même les fruits et émolumens, ou la cède à un autre qui jouit en son lieu et place, ou en son nom. *Usufructuarius vel ipse frui eâ re, vel alii*

(1) L. 12, ff. *de acquirendá possess.*, lib. 41, tit. 2.

fruendam concedere, vel locare, vel vendere potest (1).

2. Il faut donc, pour véritablement caractériser une constitution d'usufruit, que la délivrance de la chose doive être faite à l'usufruitier pour en jouir par ses mains ou par celles d'un autre qui la tienne de lui ; et en cela le legs d'usufruit diffère essentiellement du legs des revenus du fonds, lequel n'a que la nature d'une pension à payer par l'héritier qui jouit lui-même de l'héritage. *Inter fructuarium, et eum cui tantùm fructus fundi debentur, potior hæc est differentia, quòd usufructuarius possidet et propriâ auctoritate fruitur, et fructus capit, vel alii fruendum locat, alter verò non, sed fructus vice pensionis debitæ sibi solvuntur per dominum, plenum proprietarium, et possessorem* (2). Mais nous reviendrons, dans la suite, à des explications plus approfondies là-dessus.

De ce que le droit d'usufruit consiste dans la faculté de jouir, il faut tirer cette conséquence qu'en le considérant dans celui qui en est revêtu, il n'est qu'un droit purement personnel, lequel doit s'éteindre à la mort de l'usufruitier, parce que c'est là le terme nécessaire de toutes les choses qui ne consistent que dans la jouissance de l'homme.

Nous disons en second lieu : *des choses dont un autre a la propriété.* Il est en effet nécessaire à la constitution d'usufruit, que la nue propriété de la

(1) L. 12, § 2, ff. *de usufructu*, lib. 7, tit. 1.

(2) DUMOULIN, coutume de Paris, tit. 1, § 1, gloss. 1, n.° 45.

chose appartienne à l'un, tandis que la jouissance appartient à l'autre ; parce que la jouissance exercée par le maître sur son propre fonds n'est point l'effet d'un droit d'usufruit, mais un attribut de son domaine.

Néanmoins lorsqu'un droit d'usufruit a été légué sur des choses fongibles, c'est-à-dire sur des choses qui se consomment par le premier usage, ou qu'on fait consister dans le nombre, le poids ou la mesure, tels que sont l'argent, les grains, les liqueurs, du fer en barres, du métal en lingots, pris au poids, etc., etc., l'usufruitier en devient lui-même propriétaire, par la délivrance qui lui en est faite, à la charge d'en rendre autant de pareille qualité, ou la valeur ; mais sa jouissance n'est alors qu'un droit d'usufruit improprement dit, et ce n'est que par une espèce de fiction que l'obligation où il est de restituer une valeur égale, tient lieu du droit de nue propriété dans les mains de l'héritier.

5. Comme faculté de jouir d'un fonds appartenant à un autre, l'usufruit, considéré dans ce sens abstrait, est un droit incorporel : c'est un droit de servitude personnelle imposée sur la chose d'autrui. Quoique les auteurs du code ne se soient pas servis de cette expression pour le caractériser, il faut toujours en revenir à ce point de doctrine que nous tenons des Romains, que, comme un droit établi sur un héritage pour l'utilité d'un fonds appartenant à un autre maître, est une servitude foncière, de même l'usufruit est une servitude personnelle, puisqu'il n'existe qu'autant que le fonds de l'un est

asservi à la jouissance de l'autre : *Servitutes aut personarum sunt, ut usus et ususfructus; aut rerum, ut servitutes rusticorum prædiorum, et urbanorum* (1). Et qu'on ne s'effraie pas du mot, puisqu'il ne s'agit d'aucun devoir, d'aucun assujettissement imposé à la personne, et que, si nous donnons à l'usufruit la dénomination de servitude personnelle, ce n'est que par la raison qu'il n'est qu'un droit purement personnel dans celui qui le possède sur le fonds d'un autre.

Il résulte de là que pour aliéner, à titre gratuit, un droit d'usufruit, au profit du propriétaire du fonds, il suffit que l'usufruitier, maître de ses droits, y renonce formellement (621); comme il suffit de renoncer à l'usage d'une servitude foncière, ou à l'exercice d'une action, pour qu'elles soient éteintes, sans employer les formes requises pour la validité de la donation entre-vifs, ou la transmission de propriété; parce que l'effet d'une pareille renonciation n'est point une aliénation ordinaire, mais plutôt un retour à l'ordre commun (2).

4. Nous disons en troisième lieu : *droit de jouir comme le propriétaire lui-même,* pour démontrer que les droits de l'usufruitier ne se bornent pas à la perception des fruits qui peuvent naître de la chose, mais qu'ils s'étendent encore à tous les émolumens qui en tiennent lieu, à toutes les commodités qui peuvent résulter de sa possession, ainsi qu'à tous les droits

(1) L. 1, ff. *de servit.*, lib. 8, tit. 1.
(2) Voyez encore des applications remarquables au chap. 40, sous les n.° 1940 et 1942.

utiles qui peuvent être accidentellement perçus, comme inhérens à la jouissance du fonds.

Nous disons en quatrième lieu : *à la charge de conserver* : ce qui ne doit point être entendu de l'usufruit improprement dit, qui aurait été légué sur des choses fongibles ; mais de celui qui serait établi sur des fonds ou autres objets qui ne se consomment point par le premier usage, et alors ces expressions caractérisent un droit bien différent de celui du propriétaire, puisque l'usufruitier n'a droit de jouir qu'à condition de conserver, sans pouvoir disposer de la chose ni la dénaturer ; tandis que le propriétaire jouit et dispose, dissipe et dénature à son gré, par la raison qu'il est maître absolu de ce qui lui appartient (544).

Nous disons enfin : *à la charge d'en conserver la substance.* Ainsi, l'usufruitier peut faire les changemens accidentels qui, sans affecter la substance de la chose, ni intervertir l'usage auquel elle est destinée, seraient propres à lui procurer une jouissance plus avantageuse ; mais comme il ne lui est pas permis d'altérer ce qu'il doit conserver, il ne pourrait ni changer la superficie du fonds d'une manière dommageable pour le propriétaire, ni imposer des servitudes à l'héritage, ni changer la destination voulue par le maître, ni jouir sans entretenir en bon père de famille, parce qu'alors il ne conserverait pas la substance de la chose.

Pour donner une idée plus complète de la nature de l'usufruit, nous devons le considérer encore, soit dans sa constitution elle-même, soit sous le rapport de la personnalité du droit, soit sous celui des choses auxquelles il s'applique.

5. I. Considérée en elle-même, la constitution d'usufruit emporte aliénation de partie de la chose, *sed etiam ususfructûs dationem, alienationem esse* (1) : elle opère un démembrement de propriété, *separationem recipit : ut ecce, si quis usumfructum alicui legaverit, nam hæres nudam habet proprietatem, legatarius verò usumfructum* (2); car quoique l'usufruit ne soit pas une partie matérielle du fonds, il est néanmoins une portion du domaine, puisque le domaine cesse d'être plein et entier entre les mains du propriétaire, quand la nue propriété est séparée de l'usufruit.

6. De là il résulte que le maître de la nue propriété ne pourrait forcer l'usufruitier à recevoir le rachat de son usufruit, comme on peut forcer le propriétaire d'une rente foncière, stipulée même en champart, à en recevoir le rachat (530); attendu que l'usufruit étant une portion du domaine, n'est point l'objet d'une simple créance mobilière, mais bien une propriété réelle entre les mains de l'usufruitier, et que, dans l'exercice du droit privé, nul individu ne peut être contraint par un autre, à vendre ce qui lui appartient, si ce n'est pour satisfaire aux engagemens qu'il aurait contractés envers lui; tandis qu'au contraire la rente foncière, ne représentant plus le fonds, du moment qu'elle est déclarée rachetable par les lois, n'est, d'un côté, qu'une créance, et de l'au-

---

(1) L. 7, cod. *de rebus alienis non alienand.*, lib. 4, tit. 51.
(2) § 1, instit. *de usufructu*, lib. 2, tit. 4.

tre, une dette, dont le débiteur peut s'affranchir malgré le créancier.

7. Le plein domaine du fonds soumis à l'usufruit, appartient donc, sous différens rapports, tant au
légataire de l'usufruit qu'à l'héritier. Il appartient à
l'usufruitier quant à l'utilité actuelle, et à l'héritier
quant à la nue propriété, en sorte qu'on doit considérer l'usufruitier et le propriétaire comme deux
communiers qui se trouvent forcément en rapport
d'intérêts dans la même chose, quoique sous différens aspects; d'où il résulte que, dans l'exercice de
leurs droits respectifs, ils sont, à certains égards,
soumis aux obligations qui naissent de la communion
de propriété, ainsi que nous l'expliquerons plus amplement dans la suite (1).

Cependant l'usufruitier n'ayant rien dans la nue
propriété, et le propriétaire, de son côté, n'ayant
rien dans la jouissance actuelle, on ne trouve pas
entre eux le fondement d'une communion proprement dite, dans le matériel de la chose : c'est pourquoi l'un ne pourrait intenter l'action en licitation
contre l'autre, pour mettre fin à leur conflit d'intérêts; car cette action, n'ayant été introduite que pour
faire cesser les embarras, et prévenir les querelles
qui naissent de la jouissance commune ou de la co-
propriété, ne peut recevoir d'application entre l'usufruitier et le propriétaire, qui ne sont ni cojouissans,
ni copropriétaires : *Sed si fortè alius proprietatem
fundi habeat, alius usumfructum, magis est ut cesset*

_____

(1) Voy., entre autres, sous les n.os 1730 et 1911.

hæc pars orationis, quæ de divisione loquitur : nulla enim communio est (1).

Mais comme les droits de l'un et de l'autre portent sur le même objet ; comme leurs intérêts à la conservation de la chose, sont, sous beaucoup de rapports, et souvent indivisibles ; comme leurs droits respectifs sont dans une corrélation nécessaire ; comme dans l'exercice de ces droits, et dans l'accomplissement de leurs obligations, ils se trouvent fréquemment sous une mutuelle dépendance, nous devons dire dès à présent qu'ils sont dans une espèce de communion, sauf à indiquer plus particulièrement, par la suite, les conséquences qui résultent de cette vérité.

8.   La constitution d'usufruit doit nécessairement être faite à terme, soit que ce terme soit exprimé, ou seulement sous-entendu.

L'usufruit, en effet, est une propriété essentiellement temporaire ; car s'il pouvait être perpétuel dans sa durée, le droit de propriété ne serait plus rien : *ne in universum inutiles essent proprietates, placuit certis modis extingui usumfructum et ad proprietatem reverti* (2). C'est pourquoi lorsqu'il est établi au profit d'un établissement public, qui est destiné à durer toujours, la loi, dans le silence de l'homme, lui assigne un terme sous-entendu, et au-delà duquel il ne doit plus avoir lieu ; *nam si quis eos perpetuò tuetur, nulla utilitas erit nudæ proprietatis, semper abscedente usufructu* (3) : d'où nous

(1) L. 6, ff. *de rebus eorum qui sub tut.* , lib. 27, tit. 9.
(2) L. 3, § 2, ff. *de usufructu*, lib. 7, tit. 1.
(3) L. 8, ff. *de usufructu legat.*, lib. 33, tit. 2.

devons tirer cette conséquence que, si la jouissance intégrale d'un fonds avait été expressément léguée à perpétuité au profit d'une commune, le droit légué n'aurait d'usufruit que le nom, et que ce serait véritablement la propriété qui aurait été donnée.

9. II. Considéré dans celui qui en est revêtu, l'usufruit, quant au droit, est une propriété purement personnelle, incommunicable, ou incessible de l'un à l'autre, par *actes entre-vifs*, et intransmissible par la voie de l'hérédité.

L'usufruit est, pour l'usufruitier, un droit purement personnel, parce qu'il consiste dans la faculté de jouir ; faculté essentiellement corrélative à la personne qui en use ; faculté qui s'éteint nécessairement avec cette personne, parce qu'on ne peut plus être jouissant quand on n'est plus : et de là résultent plusieurs conséquences remarquables.

10. *La première*, qu'on ne pourrait léguer un droit d'usufruit à quelqu'un et à dater de son décès, attendu qu'il ne peut commencer à l'instant même où il doit finir ; *usumfructum, cùm moriar, inutiliter stipulor : idem est in legato : quia et constitutus ususfructus, morte intercidere solet* (1).

11. *La seconde*, que si l'usufruit a été établi pour un temps déterminé, comme pour dix ans, par exemple, sa durée ne devra pas s'étendre jusqu'à ce terme, si l'usufruitier meurt auparavant.

12. *La troisième*, que, quoiqu'en thèse générale on soit censé stipuler tant pour ses héritiers que pour

(1) L. 5, ff. *de usufructu legat*, lib. 33, tit. 2.

soi-même (1122), néanmoins, lorsqu'il s'agit d'un droit d'usufruit établi par acte entre-vifs, il n'est toujours acquis qu'au profit de celui pour lequel il a été nominativement stipulé, et ne peut s'étendre à ses successeurs, sans une stipulation expresse à cet égard.

13. *La quatrième*, que l'erreur dans la personne de celui au profit duquel on voudrait établir un droit d'usufruit, pourrait être proposée comme cause de nullité de l'acte, lors même que la concession de ce droit serait faite par un contrat commutatif, parce que la considération de la personne doit naturellement être une cause principale de la convention (1110), lorsqu'il s'agit de l'établissement d'une jouissance essentiellement inhérente au cessionnaire, et qui doit finir avec lui.

14. *La cinquième*, qu'une libéralité en usufruit ne devrait point être déclarée nulle, par cela seul que le donataire serait du nombre des personnes qui, dans les cas ordinaires, sont réputées personnes interposées pour faire parvenir le don à un incapable ; car il ne peut y avoir lieu à une véritable interposition de personne, concertée dans la vue de transporter l'objet de la donation entre les mains et sur la tête d'un autre, que quand la chose donnée est elle-même transmissible, ce qui ne se trouve pas dans le droit d'usufruit.

C'est sans doute par ce motif que, sous le rapport du défaut de capacité, la loi (1970) ne déclare nulle la donation d'une rente viagère, que dans le cas où le donataire est lui-même incapable de recevoir.

Nous disons *par cela seul , etc. , etc.;* car s'il s'a-
gissait d'un usufruit considérable dont les émolumens
fussent bien au-dessus des besoins du donataire , alors
il pourrait, suivant les circonstances, y avoir lieu à
la présomption de la loi, parce qu'il serait possible
que le donataire eût, dans son superflu , de quoi enrichir plus ou moins la personne prohibée.

Mais dans le cas d'une modique jouissance à vie ,
comme dans celui d'une simple pension alimentaire ,
nous ne croyons pas que la présomption d'interposition de personne soit admissible et doive rendre nulle
la libéralité.

15. Aux termes de l'article 595 du code, l'usufruitier peut jouir par lui-même, donner à ferme à un
autre, *ou même vendre ou céder son droit à titre gratuit.* Et suivant l'article 2118 , l'usufruit des immeubles peut être frappé d'hypothèque au profit des
créanciers de l'usufruitier, ce qui suppose qu'il peut
être aliéné aussi par expropriation forcée; mais ce
seroit une erreur de penser que ces dispositions de la
loi dussent être entendues d'un transport parfait;
car, puisqu'il est démontré qu'en droit, l'usufruit est
essentiellement personnel dans celui qui en est revêtu, il en résulte que la cession que l'usufruitier
peut en faire au profit d'un tiers , sans le concours
du propriétaire , ne renferme que l'exercice du droit,
et non le droit lui-même; que nonobstant cette cession, le cédant est toujours l'usufruitier en titre ; qu'il
reste toujours soumis aux obligations usufructuaires
qui pèsent sur lui, dès le principe , pour garantir la
conservation de la chose envers le maître du fonds ,

et que c'est toujours par sa mort que l'usufruit doit prendre fin.

Lorsqu'un droit d'usufruit est légué à un enfant mineur de dix-huit ans, c'est le père qui en a la jouissance, et qui en perçoit tous les émolumens utiles; et néanmoins c'est toujours l'enfant qui est le véritable usufruitier. Lorsqu'une femme apporte en dot un droit d'usufruit à son mari, c'est celui-ci qui en jouit durant le mariage, et cependant il n'est pas l'usufruitier en titre. Il en est de même de celui au profit duquel l'usufruitier a fait cession de son droit. La cession opère bien une aliénation de fait dans la jouissance; elle transporte bien au pouvoir du cessionnaire tout ce que cette jouissance peut avoir d'utile; mais elle n'opère pas un transport parfait dans le droit lui-même : elle n'en transfère que l'exercice. Le cessionnaire a si peu la qualité d'usufruitier proprement dit, que si, durant la vie du cédant, il vient à décéder, il transmet à ses héritiers les droits de jouissance qui lui sont acquis par la cession (1), ce qui ne pourrait être, si c'était un droit d'usufruit véritable qui lui eût été transféré; puisqu'il s'éteindrait par son décès.

16.   Concluons donc que l'usufruit est une propriété incommunicable et incessible, de l'un à l'autre, par acte entre-vifs, et que, si les lois déclarent qu'il peut être cédé, cela ne doit être entendu que de la jouissance de fait, ou de l'exercice de droit, et non du droit en lui-même.

17.   L'usufruit est donc une propriété essentielle-

----

(1) L. 8, § 2, ff. *de periculo et commod. rei vend.*, lib. 18, tit. 6.

ment temporaire : toujours incertaine dans sa durée, et par conséquent nécessairement incertaine aussi dans sa valeur ; et de là l'on doit tirer quelques conséquences pratiques qu'il ne sera pas inutile d'indiquer ici.

18. *La première,* que, pour régler l'application de l'article 2019 du code, portant que la solvabilité d'une caution ne s'estime qu'eu égard à ses propriétés foncières, excepté en matière de commerce, ou lorsque la dette est modique, le créancier d'une valeur notable pourrait refuser pour caution celui qui ne serait qu'usufruitier, encore que son droit d'usufruit portât sur des immeubles : car, quoique l'usufruit soit alors lui-même une propriété foncière, il est tel par l'incertitude de sa valeur, qu'il ne pourrait servir de fondement à l'état de sécurité entière dans lequel la loi veut que le créancier soit placé, quand on lui a promis, ou qu'on lui doit une caution.

19. *La seconde,* que, pour l'application de l'article 167 du code de procédure, qui veut que l'étranger demandeur ou intervenant ne soit exempt de fournir la caution *judicatum solvi* qu'autant qu'il consigne une somme jugée suffisante, ou qu'il justifie que *ses immeubles situés en France sont suffisans* pour répondre des frais et dommages-intérêts auxquels il pourrait être condamné ; sa partie adverse ne serait point obligée de se contenter de la justification d'un droit d'usufruit immobilier dont la valeur toujours incertaine ne pourrait être pour elle d'un recours assuré ; et c'est ainsi que le décidait déjà la loi romaine : *Sciendum est, possessores immobilium rerum satis-*

dare non compelli.... *Eum verò, qui tantùm usum-fructum habet, possessorem non esse Ulpianus scripsit* (1).

20. *La troisième*, que pareillement, et pour l'application de l'article 3 de la loi du 10 septembre 1807, portant que l'étranger cesse d'être contraignable par corps, en matière civile, du moment qu'il justifie qu'il possède, sur le territoire français, des immeubles d'une valeur suffisante pour assurer le paiement de sa dette, on doit décider encore qu'un droit d'usufruit immobilier n'est pas de nature à mettre sa liberté à couvert, parce qu'il est impossible d'affirmer avec sécurité qu'une valeur soit suffisante lorsqu'elle ne peut cesser d'être incertaine.

21. *La quatrième*, que, pour l'application de l'article 2212 du code portant que si le débiteur poursuivi justifie, par baux authentiques, que le revenu net et libre de ses immeubles pendant une année, suffit pour le payement de la dette en capital, intérêts et frais, et s'il en offre la délégation au créancier, la poursuite peut être suspendue par les juges, sauf à être reprise s'il survient quelque opposition ou obstacle au payement, l'usufruitier ne serait point admissible à revendiquer le bénéfice de cette délégation forcée, sur les revenus des biens dont il jouit à ce titre, à moins que la portion du prix du bail déjà acquise jour par jour, à son profit, comme fruit civil, ne fût suffisante à la garantie du créancier.

Il faut, en effet, que le débiteur poursuivi *justifie*, par baux authentiques, que le revenu *net* et *libre* de

(1) L. 15, ff. *qui satisdare cogantur*, lib. 2, tit. 8.

ses immeubles pendant une année suffit au payement qui lui est demandé : il faut que la délégation offerte au créancier, porte sur un droit certain : or on ne peut pas dire que l'usufruitier qui n'a d'autres revenus que ceux qu'il attend des biens dont il jouit à ce titre, réunisse toutes ces conditions en sa faveur, puisque son droit de jouissance est toujours incertain, et ne peut cesser d'être purement éventuel dans sa durée.

Le propriétaire, comme nous le dirons plus bas (1), peut déléguer et aliéner irrévocablement son droit de jouissance pour l'avenir ; mais l'usufruitier ne le peut pas dans un sens également absolu, puisque ce droit ne peut cesser d'être résoluble par son décès.

Si les auteurs du code ont voulu que le propriétaire pût forcer son créancier à recevoir la délégation dont il s'agit, pour surseoir à l'action en expropriation par lui intentée, c'est parce qu'elle contient, pour celui-ci, un gage autant certain que possible ; on ne pourrait donc, sans faire sortir cette disposition de la loi hors de son hypothèse, l'appliquer à la cause de l'usufruitier qui ne peut offrir qu'un gage absolument incertain dans sa valeur.

22. L'usufruit est, de sa nature, intransmissible héréditairement ; car, si l'héritier de l'usufruitier pouvait le recueillir dans la succession du défunt, comme un de ses autres biens, il en serait de même des héritiers du premier successeur, et ainsi de suite, en sorte qu'il n'aurait pas de fin, parce qu'il n'y aurait pas de raison pour s'arrêter à un successeur plutôt qu'à

(1) Voy. sous le n.º 985.

l'autre, et qu'ainsi le droit de propriété ne serait plus qu'une chose illusoire dans les mains de son maître.

Mais quoique l'usufruit, envisagé sous le rapport de la personne de celui qui en est revêtu, ne soit qu'un droit personnel qui s'éteint avec lui, il n'en est pas moins un droit réel, *jus in re*, dans la chose qui y est soumise, puisqu'il entraîne, pour le temps de sa durée, un démembrement dans la propriété; et c'est le dernier point de vue sous lequel il nous reste à l'examiner ici.

23.   III. Considéré dans l'objet auquel il s'applique, l'usufruit emprunte le corps de la chose même qui doit être livrée à l'usufruitier, pour qu'il en jouisse : la loi le place au rang des meubles ou des immeubles, suivant qu'il est établi sur des choses mobilières ou immobilières (526), et dans ce dernier cas, elle veut qu'il soit susceptible d'hypothèques, pour le temps de sa durée (2118), comme le fonds sur lequel il est assis.

L'usufruit d'un fonds doit donc être envisagé comme un immeuble particulier, civilement séparé et distinct de la nue propriété, puisque la loi veut qu'il remplisse, par lui-même, les fonctions d'un véritable immeuble; et de là résultent plusieurs conséquences remarquables :

24.   *La première,* qu'un acte constitutif d'usufruit sur un fonds, doit être passible du droit proportionnel d'enregistrement établi pour les mutations immobilières, puisqu'il emporte aliénation d'un immeuble.

25.   *La seconde,* que la donation entre-vifs d'un droit d'usufruit sur des immeubles, doit être transcrite au bureau des hypothèques dans l'arrondisse-

ment duquel les fonds sont situés, puisque la loi veut que les donations de biens susceptibles d'hypothèques reçoivent ce complément de forme extérieure, pour en assurer l'exécution (939).

26. *La troisième*, que celui qui a un droit d'hypothèque acquis sur l'usufruit immobilier, appartenant à son débiteur, ne doit pas simplement s'inscrire sur le fonds; mais doit au contraire, par déclaration expresse, s'inscrire sur l'usufruit, puisqu'aux termes de la loi (2148), l'inscription hypothécaire doit contenir l'indication de l'*espèce*, et la situation des biens sur lesquels le créancier entend conserver son privilége.

27. *La quatrième*, que dans le cas de la saisie réelle d'un droit d'usufruit, comme dans celui de la saisie d'un autre immeuble, il n'y a que les fruits échus depuis la dénonciation faite au saisi, qui soient immobilisés (1), pour être distribués avec le prix de l'immeuble par ordre d'hypothèques, attendu que ce n'est que le droit d'usufruit lui-même qui est immeuble, et non les fruits du fonds qui pourraient en avoir été détachés auparavant.

28. *La cinquième*, que celui qui, ayant acquis un droit d'usufruit sur un fonds, a fait transcrire son titre au bureau du conservateur, n'a plus rien à redouter des créanciers qui, munis de titres hypothécaires sur le fonds, n'auraient pas pris inscription dans la quinzaine de la transcription de son acte (2), et que toute inscription postérieurement prise, même

(1) Art. 689 du cod. de procéd.
(2) Art. 834 du cod. de procéd.

1. 2

en vertu de titres antérieurs à la constitution d'usufruit, ne pourrait plus frapper d'hypothèque que la nue propriété de l'immeuble ; puisque, dans le droit, l'usufruit doit être considéré comme un fonds particulier qui en aurait été affranchi par l'exécution des formalités de droit.

29. *La sixième*, que celui qui acquiert un droit d'usufruit sur un fonds grevé d'hypothèques inscrites au moment de son acquisition, peut, comme tout autre acquéreur d'immeuble, provoquer l'affranchissement de son usufruit, en faisant transcrire son titre au bureau du conservateur (2181), pour le notifier ensuite aux créanciers inscrits et les requérir à la surenchère, suivant les formes ordinaires prescrites pour la purgation des hypothèques, dans les cas de mutations volontaires (2183), comme le pourrait celui qui aurait acquis un fonds particulier faisant partie d'un domaine généralement hypothéqué par son vendeur ; sauf aux créanciers le droit d'exiger ou un supplément d'hypothèque, ou le remboursement de leurs créances, contre le débiteur qui, par ce démembrement, aurait porté atteinte à leur sécurité (1).

30. *La septième*, que dans le cas de la vente intégrale du fonds, exécutée tant sur le propriétaire que sur l'usufruitier, il serait nécessaire de fixer, par ventilation, la partie du prix correspondant à la valeur de la nue propriété, pour en faire la distribution aux créanciers du propriétaire, ou par ordre d'hy-

_____

(1) Voy. encore au chap. 19, sous le n.° 892.

pothèques, s'ils avaient conservé leur privilége sur la nue propriété, ou par contribution, si aucuns d'eux n'étaient privilégiés, et le surplus du prix devrait être aussi distribué aux créanciers de l'usufruitier, suivant l'ordre de préférence qui pourrait exister entre eux, ou par contribution ; attendu qu'il y aurait comme deux immeubles simultanément vendus sur deux différens débiteurs, et dans l'intérêt de divers créanciers dont les gages porteraient sur la nue propriété seulement, pour les uns ; et sur l'usufruit seulement, pour les autres.

CHAPITRE II.

Des Qualités qu'on doit reconnaître dans l'Usufruitier.

L'USUFRUITIER est propriétaire de son droit d'usufruit :

Il est possesseur et même en possession civile de ce droit :

Il est détenteur à titre précaire du fonds dont il jouit :

Il est établi gardien de la chose, et doit veiller à sa conservation :

Il est procureur fondé pour les actes dans l'exécution desquels ses intérêts sont indivisiblement liés avec ceux du propriétaire.

Tels sont les différens aspects sous lesquels nous devons encore, par forme d'instruction préliminaire, envisager l'usufruitier, pour en faire usage par de nombreuses applications qu'on trouvera dans la suite.

31. I. Et d'abord, l'usufruitier est propriétaire de son droit d'usufruit, puisque ce droit lui appartient; d'où l'on doit tirer cette conséquence que, quand l'usufruit a été établi sur un fonds, l'usufruitier est propriétaire foncier, mais propriétaire temporaire d'un immeuble, puisque la loi veut qu'en ce cas, l'usufruit soit considéré comme un immeuble particulier, civilement séparé et distinct du fonds ou de la nue propriété.

32. II. L'usufruitier, une fois mis en jouissance du fonds, est un vrai possesseur : il a la possession civile de son usufruit, puisqu'il en jouit en vertu d'un titre légitime et comme propriétaire.

Sous ce point de vue l'usufruitier n'est point un simple détenteur, parce qu'il possède *pro suo ;* qu'il possède, en son nom propre, le démembrement qui lui appartient dans la propriété foncière; qu'en un mot, il possède corporellement et *animo sibi habendi,* cette portion du domaine qui constitue un immeuble entre ses mains.

Il résulte de là que l'usufruitier d'un fonds doit avoir tous les avantages des interdits possessoires, soit pour intenter la complainte à l'effet d'écarter celui qui vient le troubler dans sa jouissance; soit pour obtenir sa réintégrande, quand il a été dépossédé par un autre : la loi romaine est précise à cet égard.

L'on sait que l'interdit *uti possidetis* n'a été introduit, par le Préteur, que dans la cause des possesseurs d'immeubles, pour maintenir en paisible jouissance celui qui est troublé dans sa possession : *Hoc interdictum de soli possessore scriptum est ; quem potiorem*

Prætor in soli possessione habebat (1). Or, dit Ulpien, j'estime en général que cet interdit doit avoir lieu même entre plusieurs usufruitiers, dans le cas où l'un des contendans agirait pour la défense de son usu-fruit, et l'autre pour celle de sa possession : *In summâ puto dicendum, et inter fructuarios hoc inter-dictum reddendum, etsi alter usumfructum, alter sibi defendat possessionem* (2). L'usufruitier a donc l'action en complainte, lorsqu'il est troublé dans sa posses-sion.

La loi romaine n'est pas moins précise sur l'action en réintégrande, qu'elle lui accorde dans le cas où il a été déjeté de sa possession, par voie de fait : *Undè vi interdictum necessarium fuisse fructuario apparet, si prohibeatur utifrui usufructu fundi* (3). Et elle met une bien grande différence entre l'usu-fruitier qui jouit d'un fonds, et celui qui n'en serait que le simple détenteur en qualité de mandataire ou fermier du propriétaire, puisque, dans ce dernier cas, quoique les voies de fait auraient eu lieu contre le mandataire et le fermier, elle veut que ce soit seulement le propriétaire qui soit considéré comme dépossédé, et qu'à lui seul appartienne l'action en réintégrande : *Quod servus, vel procurator, vel co-lonus tenent, dominus videtur possidere, et ideò his dejectis ipse dejici de possessione videtur, etiamsi ignoret eos dejectos per quos possidebat. Et si quis igitur alius, per quem possidebam, dejectus fuerit,*

---

(1) L. 1, § 1, ff. *uti possidetis*, lib. 43, tit. 17.
(2) L. 4, ff. *codem*.
(3) L. 3, § 13, ff. *de vi et vi armatá*, lib. 43, tit. 16.

mihi competere interdictum, nemini dubium est (1).

Cette disposition des lois romaines sur les avantages du possessoire accordé à l'usufruitier, doit encore avoir lieu dans notre jurisprudence, nonobstant que l'article 23 du code de procédure n'accorde l'exercice de ces sortes d'actions, qu'à ceux qui possèdent à titre non précaire, attendu que l'usufruitier ayant un droit propre et réel dans la chose, est loin de n'être qu'un détenteur à titre précaire ; que le code lui-même veut que le mari qui est usufruitier des biens de sa femme, exerce seul toutes les actions possessoires au sujet de ces biens, et qu'il y aurait une contradiction choquante dans l'esprit de nos lois, qui veulent que l'usufruit soit considéré comme immeuble, si, après avoir admis ce principe, on en refusait les conséquences à l'usufruitier.

33. III. L'USUFRUITIER n'a néanmoins que la qualité de détenteur du fonds dont il jouit à ce titre, et cette proposition n'est point en contradiction avec la précédente.

Il faut, en effet, comme nous l'avons déjà remarqué plusieurs fois, voir deux choses bien distinctes dans un fonds grevé d'usufruit :

Il faut y voir l'usufruit qui appartient à l'usufruitier ; usufruit qui, pour son maître, remplit les fonctions d'un immeuble particulier, civilement séparé et distinct du fonds :

Il faut y voir la nue propriété qui reste dans les mains du propriétaire.

(1) L. 1 , § 22 , ff. *codem.*

C'est au moyen de cette distinction qu'on parvient facilement à concilier un nombre considérable de textes de droit écrit qui paraissent déclarer dans un sens absolu, les uns que l'usufruitier est un vrai possesseur, les autres qu'il n'est qu'un simple détenteur.

L'usufruitier a d'abord la possession corporelle et de fait : il l'exerce physiquement par ses actes de jouissance : eh bien ! en tant que cette jouissance s'applique à son propre droit, elle n'est point une simple détention précaire ; elle prend, au contraire, le caractère d'une véritable possession civile, ainsi que nous venons de le démontrer dans le développement de la proposition précédente.

Mais lorsqu'on envisage cette jouissance comme appliquée, en fait, à la propriété qui reste dans les mains du maître ; lorsqu'on la considère relativement au fonds, pour en déterminer les effets par rapport au droit de propriété, elle n'a plus les caractères d'une véritable possession, et l'usufruitier, sous ce point de vue, loin d'être un possesseur proprement dit, possédant *animo domini*, n'est plus qu'un détenteur précaire jouissant pour et au nom du propriétaire ; et c'est là une vérité facile à démontrer.

L'usufruitier n'a droit de jouir qu'à la charge de conserver et de rendre le fonds ; il ne peut demander la délivrance de son legs que sous cette condition qui lui est imposée par la loi ; ce n'est que subordonnément à cette condition qu'il peut avoir la volonté de jouir, puisqu'elle est essentiellement inhérente à son titre de jouissance ; or, celui qui ne demande à entrer dans un fonds, et qui n'y est établi qu'à condition de le conserver pour un autre, ne peut en jouir *animo sibi habendi* : il le détient, mais ne possède pas. Il n'en est que le détenteur de fait, parce qu'il ne peut le posséder *animo domini*. La possession de droit, la vraie possession civile du fonds, reste entre les mains du maître qui en a livré l'entrée : tels sont, dit Ulpien, l'usufruitier, le fermier, ou le locataire, qui sont dans le fonds et cependant ne le possèdent pas. *Is qui rogavit ut precariò in fundo moretur, non possidet : sed possessio apud eum qui concessit, remanet. Nam et fructuarius et colonus et inquilinus sunt in prædio, et tamen non possident* (1).

34.   C'est par suite de ce principe que la loi romaine veut que, dans un acte translatif de propriété actuelle, la clause de rélocation (2), ou celle de réserve d'usufruit au profit de celui qui a aliéné son fonds, ait toute la force d'une tradition réelle, et que par l'empire de cette clause, l'acquéreur se trouve investi de la possession même du fonds dont la jouissance civile ne peut plus être exercée qu'en son nom, par le précédent propriétaire, qui, n'ayant plus que la qualité de fermier ou d'usufruitier, ne continue à jouir que pour le nouveau maître : *Quisquis rem aliquam donando, vel in dotem dando, vel vendendo, usumfructum ejus retinuerit : etiamsi stipulatus non fuerit, eam continuò tradidisse credatur, nec quid ampliùs requiratur, quò magis videatur facta traditio : sed omnimodò idem sit in his causis, usumfructum retinere quod tradere* (3).

(1) L. 6, § 2, ff. *de precario*, lib. 43, tit. 26.
(2) L. 77, ff. *de rei vindicat.*, lib. 6, tit. 1.
(3) L. 28, cod. *de donationib.*, lib. 8, tit. 54.

L'existence de l'usufruit suppose donc nécessairement la possession civile du fonds entre les mains du propriétaire (1). Voilà une vérité de principe : voyonsen les conséquences.

La possession civile du fonds appartient au propriétaire : donc l'usufruitier ne peut le prescrire (2236), quelque longue que soit sa jouissance ; puisque la possession appliquée au fonds n'est pas la sienne.

La possession civile du fonds est à celui qui a la qualité de propriétaire : donc si le fonds appartient à un tiers, la prescription n'aura pas lieu au profit de l'usufruitier, mais seulement au profit de celui qui passe pour être le propriétaire.

Nous terminerons en observant que, si la clause de rétention d'usufruit équivaut à une tradition réelle du fonds, c'est seulement lorsque l'acte peut être, par sa nature, translatif de propriété actuelle, ainsi que nous l'avons énoncé dès le principe. Car si cet effet naturellement attaché à la réserve d'usufruit, répugnait au caractère de l'acte, la clause devrait plutôt être regardée comme surabondante et inutile, et ce serait alors le cas d'appliquer la règle qui veut que les expressions dont on se sert dans une convention, soient toujours subordonnées à la nature du contrat (2).

(1) Voy. dans POTHIER, sur l'art. 285, tit. 15 de la coutume d'Orléans; et dans le journal de cassation de Denevers, an 1817, pag. 8.

(2) Voy. dans LOISEAU, au traité du déguerpiss., liv. 4, chap. 5, n.° 3.

Ainsi, lorsque le contrat par lequel on a voulu aliéner la propriété d'un fonds, avec réserve d'usufruit, est nul, la clause de rétention qui en fait partie, étant nulle en elle-même, ne peut opérer les effets d'une véritable tradition (1).

Ainsi, dans une institution contractuelle dont l'effet, quant à la transmission de propriété, est essentiellement reporté au décès de l'instituant, les clauses, soit de réserve d'usufruit, soit de retour en cas de prédécès de l'institué, ne doivent être considérées que comme des expressions d'un style impropre de la part du notaire, ou des clauses surabondantes, et inutilement voulues, par excès de précaution de la part du donateur (2); mais si l'acte de libéralité était conçu d'une manière obscure; s'il y avait du doute sur la question de savoir si c'est une institution contractuelle qu'on a voulu d'abord exprimer, ou si c'est une donation de biens présens, la clause de rétention d'usufruit ou de retour serait le plus puissant moyen de lever tous les doutes sur la nature de la libéralité, pour la faire réputer donation de biens présens.

35. On voit par ce qui est dit dans ce paragraphe et dans le précédent, que l'usufruitier et le propriétaire sont, quoique sous différens rapports, deux véritables possesseurs du même domaine, et de là l'on

(1) Voy. dans DARGENTRÉ, sur l'art. 265 de la coutume de Bretagne, n.° 5.

(2) Voy. dans CHABROL, sur la coutume d'Auvergne, chap. 14, art. 26, sect. 4; et dans DUNOD, en ses observations sur la coutume de Franche-Comté, pag. 581, n.° 14.

doit tirer cette conséquence que toute action purement réelle qui a pour objet un immeuble grevé d'u-
sufruit, telle que l'action en revendication, en déclaration d'hypothèque , en délaissement, etc., etc.,
doit être dirigée tout à la fois et contre le propriétaire
et contre l'usufruitier , puisqu'ils sont l'un et l'autre
possesseurs, et que c'est contre ceux qui se trouvent
en possession de l'héritage qu'on doit agir en vertu
des actions de cette nature (1).

36.   IV. L'usufruitier a la qualité de gardien de la
chose, puisqu'il n'a droit de jouir qu'à la charge de
conserver et de rendre , et qu'il est même obligé de
fournir un cautionnement pour la sûreté de cette
obligation.

Les devoirs que cette qualité impose à l'usufruitier
ne sont pas tels que , pour leur accomplissement , il
lui suffise de s'abstenir lui-même de tous actes qui
tendraient à dégrader le fonds ; il doit en outre protéger la chose et la défendre contre les entreprises
des tiers ; car aux termes du code (614), si pendant la
durée de l'usufruit, un tiers commet quelque usurpation sur le fonds, ou attente autrement aux droits
du propriétaire, l'usufruitier est tenu de le dénoncer
à celui-ci; faute de quoi il est responsable de tout le
dommage qui peut en résulter pour le propriétaire ,
comme il le serait de dégradations commises par lui-
même.

Ainsi, l'usufruitier qui se permettrait d'hypothéquer
ou de vendre le fonds dont il a la jouissance , ne se

_____

(1) Voy. dans Pothier , sur la coutume d'Orléans, pag.
744 , n.º 32.

rendrait pas seulement coupable de stellionat envers
le créancier ou l'acquéreur, en hypothéquant ou
vendant sciemment le fonds d'autrui (2059) ; mais il
serait encore gravement répréhensible envers le propriétaire dont il aurait compromis les intérêts, au lieu
de veiller à leur conservation.

Ainsi, l'usufruitier serait responsable de tous dommages envers le propriétaire, si par le non-usage il
avait laissé prescrire des servitudes acquises au fonds
dont il a l'usufruit : *et si fortè fuerint servitutes, non
utendo fructuario, amissæ, hoc quoque nomine tenebitur* (1).

Ainsi encore, et généralement pour tous autres
objets, l'usufruitier ne pourrait pas toujours se libérer à la fin de l'usufruit, par la restitution de la partie de la chose qui resterait entre ses mains, quoiqu'il
n'eût commis lui-même aucunes dégradations, qui
eussent été cause du dépérissement. Car il devrait
être condamné à payer l'estimation de tout ce qui
serait perdu par sa faute, comme s'il avait laissé prescrire des créances, sans en poursuivre le remboursement, ou laissé faire des anticipations sur des fonds,
sans réclamer, ni dénoncer l'entreprise au propriétaire. *Interdùm autem inerit proprietatis æstimatio,
si fortè fructuarius, cùm possit usucapionem inter-
pellere, neglexit, omnem enim rei curam suscepit* (2).

En un mot, l'usufruitier, comme gardien conservateur de la chose, doit répondre des pertes de toutes

(1) L. 15, § 7, ff. *de usufruct.*, lib. 7, tit. 1.
(2) L. 1, § 7, ff. *usufructuarius quemadmod. caveat.*, lib. 7,
tit. 9.

espèces qui peuvent arriver par son défaut de vigilance; car, outre que le texte que nous venons de transcrire ne cite le cas de la prescription que par forme d'exemple, le jurisconsulte Paul retrace positivement la règle générale dans la loi qui suit immédiatement; *nam*, dit-il, *usufructuarius custodiam præstare debet* (1); en sorte qu'il faut tenir pour constant, que l'usufruitier est responsable, même pour simples fautes d'omission, dans les soins qu'il doit à la conservation de la chose, de quelque manière qu'il en ait souffert la perte ou le dépérissement.

Ainsi, quoique les grosses réparations ne soient point à la charge de l'usufruitier, il est néanmoins obligé d'avertir le propriétaire des dégradations considérables ou des accidens de tous genres qui peuvent les occasioner, lorsque celui-ci n'est pas présent sur les lieux, afin qu'il puisse, par suite de cet avertissement, arrêter le cours de plus grands dépérissemens, en réparant avec promptitude; sans quoi l'usufruitier se rendrait passible des dommages et intérêts que pourrait souffrir le propriétaire pour n'avoir pas été averti. *Si fructuarius non denuntiaverit, cùm potuerit, proprietario probabiliter ignoranti periculum ruinæ, vel inundationis, aut aliud fiendum impensâ proprietarii, et damnum secutum fuerit, tenebitur ipsi proprietario ad interesse. Est enim velut procurator proprietarii, et tenetur ei ad omnem curam et custodiam* (2).

(1) L. 2, ff. *eodem.*
(2) DUMOULIN, coutume de Paris, tit. 1, § 1, gloss. 8, n.° 70. — Voy. encore dans BANNELIER, tom. 2, pag. 565, n.° 6, édit. in-4.° — Dans VALIN, sur la coutume de la Rochelle, art. 7, n.° 45. — Dans VOET, sur le digeste, tit. *de usufructu,* n. 33.

Nous examinerons ailleurs quel est le genre de faute ou de culpabilité nécessaire, dans l'usufruitier, pour le rendre responsable des pertes du propriétaire.

37. V. L'USUFRUITIER a la qualité de fondé de pouvoir dans les causes où ses intérêts sont liés avec ceux du propriétaire, et il peut alors exercer les fonctions de celui qu'on appelle en droit *procurator in rem suam;* et même *in rem alterius.*

Cette proposition n'est en quelque sorte qu'une conséquence de la précédente : néanmoins comme elle mérite une attention particulière, par rapport aux applications nombreuses qu'elle recevra dans la suite de cet ouvrage, nous devons encore remonter aux principes sur lesquels elle repose, et l'expliquer avec quelques développemens.

Pour cela nous exposerons successivement et aussi brièvement que possible, ce que c'est qu'un *procurator in rem suam :* quelle est la nature particulière du mandat dont ce *procurator* est chargé : comment l'usufruitier se trouve revêtu de cette espèce de mandat : quelles sont les actions à l'exercice desquelles il est applicable : enfin, quelle est l'étendue des pouvoirs que l'usufruitier peut exercer en cette qualité, et quelles en sont les conséquences.

Procurator in rem suam is dicitur, cui, in utilitatem suam, mandatæ sunt actiones. C'est celui qui agissant en vertu d'une cession, ou en vertu d'un mandat exprès ou tacite, exerce, dans son intérêt propre, l'action d'un autre (1).

_____

(1) Voy. L. 2, § 5, ff. *familiæ erciscundæ,* lib. 10, tit. 2. —L. 8, § 10 in fine, *mandat.,* lib. 17, tit. 1. — L. 8,

Cette espèce de mandat est d'une nature toute particulière, puisque le mandataire est lui-même maître de la chose, ou en tout ou en partie, suivant qu'elle est totalement ou en partie dans son intérêt ; *sed etsi in rem suam datus sit procurator, loco domini habetur, et ideò servandum erit pactum conventum* (1). D'où résulte cette conséquence que le mandant ne peut ni révoquer cette espèce de mandat, ni mettre obstacle à son exécution, et que les pouvoirs du mandataire restent les mêmes après la mort du mandant. *Procuratore in rem suam dato, præferendus non est dominus procuratoris in litem movendam, vel pecuniam suscipiendam : qui enim suo nomine utiles actiones habet, rectè eas intendit* (2).

38. L'usufruitier n'est pas uniquement *procurator in rem suam* ; il l'est encore *in rem alterius*, ou en d'autres termes, *in rem domini*, en tant qu'il doit conserver la chose pour son maître.

A la vérité ce n'est que par un mandat tacite qu'il se trouve revêtu de ce pouvoir ; mais, pour n'être que tacite, ce mandat n'en est pas moins très réel, quoiqu'il soit loin d'entraîner les mêmes conséquences qu'une procuration expresse, comme nous le ferons remarquer plus bas. Il dérive de l'obligation de veiller à la garde de la chose ; obligation qui ne peut être imposée à l'usufruitier qu'en lui accordant les moyens de la remplir.

cod. *de hæred. vend.*, lib. 4, tit. 39. — L. 4 in princip., ff. *de re judicatá*, lib. 42, tit. 1.

(1) L. 13, § 1, ff. *de pactis*, lib. 2, tit. 14.
(2) L. 55, ff. *de procuratoribus*, lib. 3, tit. 3.

Le jurisconsulte Paul avait défini l'usufruit; *jus alienis rebus utendi-fruendi, salvâ earum substantiâ :* c'est-à-dire, le droit de jouir sans altérer la substance de la chose, ou tant que dure la substance de la chose. Quoique ce texte ne fût pas absolument positif sur ce devoir de conserver, imposé à l'usufruitier; quoiqu'il pût y avoir de l'équivoque à ce sujet, néanmoins, pris égard à ce qu'il était tenu des réparations viagères, et responsable des pertes arrivées par sa négligence, les meilleurs interprètes en avaient déjà tiré cette conséquence qu'il devait être considéré comme investi des pouvoirs nécessaires pour agir et défendre dans toutes les mesures conservatoires : mais la définition qui nous est donnée dans le code, caractérise bien mieux encore soit le devoir imposé, soit le mandat délégué, par la loi, à l'usufruitier, pour la garde et la conservation des objets soumis à sa jouissance; car, lorsqu'on dit qu'il n'a le droit de jouir *qu'à la charge de conserver la substance* des choses, il est évident que cela ne signifie pas seulement qu'il doit user sans dégrader lui-même, mais qu'il est en outre chargé de protéger et défendre contre les atteintes qui pourraient être portées par des tiers.

L'usufruitier doit donc conserver le fonds, nonseulement dans son intérêt personnel et en tant qu'il lui appartient quant à l'usufruit, mais encore dans l'intérêt du propriétaire à l'égard duquel il pourrait être garant des pertes arrivées par sa faute : mais puisque la loi veut qu'il soit ainsi le gardien de la chose, et qu'il la défende contre les entreprises des tiers, sous peine d'une responsabilité personnelle, il faut en conclure qu'il est le mandataire légal pour tous les actes nécessaires à l'exercice de la garde qui lui est confiée ; parce qu'on ne peut vouloir la fin, sans vouloir aussi les moyens d'y parvenir, c'est-à-dire, en d'autres termes, que l'usufruitier a véritablement la qualité de *procurator in rem suam*, et même *in rem alterius*, revêtu d'un mandat tacite pour tout ce qui concerne la garde et l'administration de la chose, et qu'il peut utilement agir soit par actes extrajudiciaires, soit en justice, dans l'intérêt du propriétaire lui-même ; car, comme on peut stipuler au profit d'un tiers, lorsque telle est la condition d'une stipulation qu'on fait pour son propre intérêt (1121), de même on peut agir en justice pour l'avantage d'un autre, lorsque celui qui agit, poursuit un intérêt qui lui est propre, et qui est inséparable de l'intérêt de ce tiers ; or, l'usufruitier, agissant pour la conservation de la chose, agit pour son avantage, non-seulement en ce qu'il défend son droit d'usufruit ; mais aussi en ce que devant, en diverses circonstances, la garantie des pertes arrivées par sa négligence, l'action, sous ce rapport, se réfléchit encore dans son intérêt propre ; d'où il résulte qu'il ne peut être repoussé par défaut d'intérêt ni de qualité (1).

Sitôt qu'un homme est constitué usufruitier, dit Dumoulin, il est par là même établi mandataire général du propriétaire, et peut agir, en cette qualité ; soit dans les actes extrajudiciaires, soit même en justice, pour tout ce qui a rapport à la garde et à la conservation de la chose et des droits qui en sont acces-

(1) Ainsi l'a jugé la cour de cassation par arrêt du 7 octobre 1813, rapporté par Denevers, recueil de 1815, pag. 58.

soires. *Eo ipso quòd constitutus est usufructuarius, videtur sibi commissa custodia rei et mandatum generale. Ita quòd censetur procurator generalis proprietariïs, ut possit exercere illa quæ concernunt curam, custodiam, et conservationem ipsius rei et jurium ejus : nedùm extra judicium, sed etiam in judicio, undè hoc procuratorio nomine poterit nunciare novum opus, nedùm per jactum lapilli, sed etiam per prætorem, et directis actionibus confessoriïs uti, pro servitutibus fundo fructuario debitis* (1).

59.   Mais quelles sont les actions à l'exercice desquelles cette espèce de mandat est applicable ?

C'est par le concours de trois circonstances qu'on doit en reconnaître le caractère et les distinguer.

Il faut que l'action directe appartienne au propriétaire, puisque l'usufruitier doit l'intenter ou y défendre *procuratorio nomine ;*

Il faut que l'usufruitier ait un droit actuel de jouissance, acquis sur la chose qui fait l'objet de l'action, puisqu'il doit être *actor in rem suam ;*

Il faut enfin que l'action ait trait à la garde et conservation de la chose, puisque la qualité de *procurator* dérive ici de la charge de conserver.

Ainsi, lorsqu'un voisin entreprend indûment quelque construction préjudiciable au fonds grevé d'usufruit, et qu'il s'agit de demander l'interdiction de ses travaux, quoique l'action directe en dénonciation du nouvel œuvre appartienne au propriétaire de l'hé-

(1) Coutume de Paris, tit. 1, § 1, gloss. 1, n.° 15. — Voyez encore, et par comparaison, ce que nous avons dit sous le n. 2230.

ritage, l'usufruitier peut néanmoins l'intenter seul, *procuratorio nomine*, tant dans l'intérêt du maître de de la nue propriété, que dans le sien propre, parce qu'alors il agit comme gardien du fonds tout en revendiquant un droit de jouissance qui est le sien. *Usufructuarius autem opus novum nunciare suo nomine non potest; sed procuratorio nomine nunciare poterit, aut vindicare usumfructum ab eo qui opus novum faciat : quæ vindicatio præstabit ei, quòd ejus interfuit opus novum factum non esse* (1).

Ainsi encore que, quoique *ex apice juris*, l'usufruitier ne soit pas recevable à revendiquer directement et *proprio nomine* (2), un droit de servitude établi à l'avantage du fonds dont il jouit, parce que la servitude réelle fait partie de l'héritage dominant, et qu'il n'y a que le propriétaire ayant le domaine de la chose qui puisse directement et *proprio nomine*, en former la revendication, il peut néanmoins, en sa qualité de *procurator in rem suam*, agir, en ce cas, comme dans celui de la dénonciation du nouvel œuvre, ou exercer l'action confessoire utile, par la raison que son usufruit s'étendant sur le tout, la jouissance de la servitude elle-même lui est due, et qu'il doit veiller à en conserver les avantages au profit du propriétaire, au lieu de la laisser prescrire par le non-usage. *Item Juliano placet, fructuario vindicandarum servitutum jus esse secundum quòd opus novum nunciare poterit vicino et remissio utilis erit* (3).

(1) L. 1, § 20, ff. *de novi operis nunciat.*, lib. 39, tit. 1.
(2) L. 1 in princip., ff. *si ususfructus petat.*, lib. 7, tit. 6.
(3) L. unicâ, § 4, ff. *de remissione*, lib. 43, tit. 25.

Pour estimer l'étendue et fixer les bornes des pouvoirs attachés à la qualité de *procurator* dans l'usufruitier, il ne faut que se rappeler les principes d'où ils dérivent.

C'est comme chargé de la conservation de la chose qu'il est revêtu de cette espèce de mandat, et c'est comme gardien qu'il l'exerce ; il n'est donc pas mandataire général pour intenter toutes sortes d'actions, ni pour défendre dans toutes espèces de causes concernant la propriété : il ne l'est, comme le dit Dumoulin, que dans les actions qui concernent la garde, la conservation et l'administration de la chose. *Non tamen est propriè procurator generalis, sed quoad quædam, videlicet quæ respiciunt custodiam, defensionem et administrationem rei et jurium ejus. Undè tenetur conservare jura, pertinentias, et servitutes debitas proprietati, seu fundo fructuario : et si permiserit eas usucapi vel præscribi, tenetur ad interesse. Igitur habet jus agendi pro illis juribus et pertinentiis et servitutibus, videlicet per obliquum et in consequentiam actione confessoriâ usufructuarius nomine suo, vel per directum procuratorio nomine domini* (1). On doit ajouter encore que ce mandat tacite s'étend à tout ce qui, en améliorant la jouissance de l'usufruitier, améliorerait aussi le sort du propriétaire, parce que telle est nécessairement l'intention présumée de celui-ci : il faut donc tenir pour constant, comme le dit aussi Sotomayor, que si l'on doit rejeter l'opinion des auteurs qui refusent tout mandat tacite à l'usufruitier, pour agir en ce qui touche à la propriété, on ne doit

(1) Coutume de Paris, tit. 1, § 1, gloss. 1, n.° 16.

pas davantage admettre le système de ceux qui lui accordent un mandat général, pour toutes espèces d'actions ayant pour objet les droits du propriétaire dans la chose ; qu'il y a un juste milieu à garder, et que le mandat tacite de l'usufruitier doit être borné aux actes concernant la garde, la défense, l'administration, et la conservation du fonds, attendu que ce sont là les choses dont il est seulement chargé par son titre. *Deindè utramque sententiam temperandam in hunc modum, ut scilicet fructuarius non dicatur propriè procurator in rem suam, sive procurator generalis, aut generale mandatum obtinens, sed quoad quædam, videlicet quæ respiciunt custodiam, defensionem et administrationem aut conservationem rei fructuariæ et jurium ejus : hæc enim tacitè illi demandata videntur* (1).

La conséquence qu'on doit tirer de l'existence de ce mandat tacite dans l'usufruitier, c'est que, quand il en use dans les bornes qui lui sont prescrites, on ne peut le repousser par fin de non-recevoir, sous le prétexte que l'action directe n'est pas la sienne, puisqu'il a le droit de l'exercer par représentation du maître : et ce droit lui appatient toutes les fois que les intérêts du propriétaire sont indivisiblement liés avec des siens, et toutes les fois encore qu'il s'agit de prévenir quelques pertes ou de réprimer quelques entreprises dont la garantie pourrait réfléchir sur lui, s'il les laissait consommer en gardant le silence.

Mais il n'est pas permis de pousser cette conséquence jusqu'au point de prétendre que, par l'effet

(1) Sotomayor, tractat. *de usufructu*, cap. 20 , n.° 16.

de cette espèce de représentation, l'usufruitier se trouve établi contradicteur légitime pour le propriétaire, en ce sens que l'exception de la chose jugée contre lui doive peser sur ce dernier; car ce serait avoir une très fausse idée de la nature du mandat tacite dont nous parlons.

L'usufruitier est loin d'avoir la faculté de disposer de la chose, puisqu'il est obligé de la conserver; il ne peut donc avoir le droit de compromettre en jugement la propriété du fonds; il peut bien rendre meilleure la condition du propriétaire, mais il n'a pas le droit de rendre sa cause plus désavantageuse : *Fructuarius causam proprietatis deteriorem facere non debet : meliorem facere potest* (1). D'où il faut conclure que s'il peut agir *procuratorio nomine*, en vertu du mandat tacite inhérent à sa qualité de gardien, cela ne doit avoir lieu que sans préjudice des droits du propriétaire. Celui-ci peut donc toujours former tierce opposition aux jugemens rendus contre l'usufruitier, et c'est pourquoi nous avons dit, dès le principe, que ce mandat tacite, quoique très-réel dans l'usufruitier, est loin d'entraîner les mêmes conséquences qu'une procuration expresse, émanée du propriétaire; car le mandat que celui-ci aurait donné pour le mettre en qualité de cause et plaider dans son intérêt, le rendrait passible de l'exception de la chose jugée.

Nous terminerons ce chapitre en avertissant le lecteur qu'il doit se pénétrer sérieusement de ces notions sur les diverses qualités de l'usufruitier, parce qu'elles

_____
(1) L. 13, § 4, ff. *de usufructu*, lib. 7, tit. 1.

doivent servir à la solution d'un très grand nombre de questions qui seront proposées dans la suite.

CHAPITRE III.

De l'Usufruit comparé.

40. Pour bien observer les caractères propres et distinctifs d'une chose , il ne suffit pas toujours de l'examiner en elle-même; il faut la voir aussi dans ses rapports de similitude et de différence avec les autres qui s'en qui rapprochent le plus. Ce n'est que par cet examen qu'on peut le mieux se convaincre si la définition qu'on en donne est juste ; et si cette définition réunissant toutes les qualités voulues par les logiciens, ne convient qu'à la chose, et convient à toute la chose définie.

Ce motif seul serait déjà suffisant pour que le lecteur dût s'attendre à trouver , en tête d'un ouvrage approfondi, des considérations plus étendues sur la nature du droit qui y est traité ; et quand ce ne serait que pour satisfaire à cette attente , nous devrions nous livrer ici à quelques développemens qui , ressortissant de la comparaison du droit d'usufruit avec les autres droits qui peuvent affecter la propriété, fissent mieux connaître le caractère particulier de l'un , tout en donnant des notions utiles sur les autres.

Mais il est une raison plus importante encore qui nous engage à remplir cette tâche; c'est que souvent, dans la pratique des affaires, on argumente par comparaison d'une chose à une autre. Lorsque la loi se tait sur l'espèce particulière qui est en litige, on veut appliquer à cette espèce la décision qu'on trouve portée, dans le droit, pour un autre cas; cette manière de raisonner peut être juste, et l'on verra, dans la suite de cet ouvrage, que nous en avons fait usage plus d'une fois. Il est d'autant plus permis de l'employer que, comme l'observe le jurisconsulte Julien, tous les cas particuliers ne pouvant point être renfermés dans les lois, il faut bien, lorsque leur sens est clair dans une cause, que le juge s'empare du principe établi, pour en étendre l'application aux causes semblables et rendre en conséquence ses jugemens : *Non possunt omnes articuli sigillatìm aut legibus, aut senatúsconsultis comprehendi : sed cùm in aliquá causá sententia eorum manifesta est, is qui jurisdictioni præest, ad similia procedere, atque ita jus dicere debet* (1). Cette règle tracée par le droit romain, pour la direction du juge, se trouve aussi, mais implicitement, dans notre code; car, en déclarant (2) le juge coupable de déni de justice lorsqu'il refuse de juger sous prétexte du silence, de l'obscurité, ou de l'insuffisance de la loi, il faut bien qu'il lui accorde la faculté de recourir aux principes généraux, pour en faire l'application, par identité de raison, aux causes semblables.

On trouve dans le droit beaucoup de cas décidés de cette manière (3); et quand il y a véritablement iden-

---

(1) L. 12, ff. *de legibus*, lib. 1, tit. 3.

(2) Vide l. 32, ff. *ad leg. Aquiliam*, lib. 9, tit. 2. — L. 108, ff. *de verb. oblig*, lib. 45, tit. 1. — L. 7, cod. *de revocand.,donat.* lib. 8, tit. 56.

tité de rapports dans les choses , le juge , qui applique à une cause la décision portée pour une cause semblable , ne donne point une interprétation extensive à la loi ; il ne fait plutôt que soumettre à la même règle une espèce particulière qu'on doit considérer comme subordonnée à la généralité du principe qu'il invoque.

Mais cette manière de raisonner a aussi ses dangers. Poussée trop loin , elle serait une source d'anarchie dans l'administration de la justice : on ne doit donc l'employer qu'avec prudence et circonspection ; car les choses , même d'une nature différente , se ressemblent néanmoins souvent sous beaucoup de points de vue ; et si l'on doit appliquer à un cas semblable la décision textuelle portée dans un autre , on doit aussi , par le motif contraire , juger plutôt différemment , s'il y a diversité essentielle entre les espèces. Dans cette alternative , si l'on veut véritablement prendre la raison pour guide de sa conscience , ce n'est pas par quelques rapports de similitude ou de diversité accidentelles qu'on doit se décider , mais par les caractères semblables ou différens qui tiennent à l'essence même des choses : ce qui nous ramène à l'objet que nous nous sommes proposé dans ce chapitre , c'est-à-dire , à l'examen comparatif du droit d'usufruit avec les autres droits qui peuvent affecter la propriété.

Voyons d'abord quelle est la différence qui existe entre un legs d'usufruit et un legs de propriété.

COMPARAISON

Des Legs d'usufruit et de propriété.

41. Le legs d'un fonds comprend le domaine entier. Le legs d'usufruit n'a pour objet qu'un démembrement dans la propriété. Il semble donc, au premier
coup d'œil, qu'il n'y a de différence entre ces deux
legs, que dans le plus ou le moins, c'est-à-dire, qu'en
ce que l'un comprend le tout, tandis que l'autre est
borné à une partie du domaine ; mais il ne faut pas
s'arrêter là : il y a encore d'autres différences entre
ces deux dispositions considérées sous d'autres points
de vue ; différences qui ressortissent de la nature des
choses et qui sont très remarquables.

42. 1.° Si on a vendu une maison, qui, avant
l'exécution du contrat, ait été incendiée, ou détruite
par un autre accident, le vendeur doit toujours le sol,
nam et aream tradere debet, exusto ædificio ( ). Il
en est de même dans le cas du legs de la propriété ;
si l'édifice a été brûlé même pendant la vie du testateur, le légataire n'en est pas moins fondé à exiger
la délivrance du sol, *insulâ legatâ, si combusta esset,
area possit vindicari* (2). Au contraire, dans le cas
du legs d'usufruit seulement, il est certain, dit Ulpien, que la maison étant brûlée, l'usufruit n'est dû
ni sur le sol, ni sur les matériaux : *certissimum est,
exustis ædibus, nec areæ, nec cœmentorum usumfructum deberi* (3). Et telle est aussi la décision de
notre code (624).

(1) L. 21 in fin, ff. *de hæred. vel acti. venditâ,* lib. 18, tit. 4.
(2) L. 22, ff. *de legat.* 1°.
(3) L. 5, § 2, ff. *quibus modis ususfruct. amitt.,* lib. 7. tit. 4.

43.   2.° Lorsqu'il s'agit du legs de propriété, si, après son testament, le testateur a bâti sur le fonds légué, la maison cède au profit du légataire : *si areæ legatæ post testamentum factum , œdificium impositum est : utrumque debebitur , et solum et superficium* (1). Dans l'exécution de cette libéralité, on suit la maxime qui veut que l'édifice cède au sol, comme en étant l'accessoire, et qu'il soit en conséquence livré au légataire, à moins que l'héritier ne prouve d'ailleurs qu'il y a eu changement de volonté et révocation du legs de la part du testateur (2). Cette décision de la loi romaine se trouve implicitement dans l'article 1019 du code. Dans le legs d'usufruit, au contraire, il suffit que, postérieurement à l'époque de sa disposition, le testateur ait bâti sur le fonds dont il avait légué la jouissance, pour que son legs soit par cela seul révoqué de plein droit : *si areæ ususfructus sit legatus, et in eâ œdificium sit positum, rem mutari et usumfructum extingui constat* (3). La raison de cette différence, c'est que le droit de propriété s'at-tache principalement au sol dont l'existence est immuable, tandis qu'au contraire le droit d'usufruit n'est principalement attaché qu'à la superficie qui n'est qu'un accident du fonds, et qui par conséquent peut être changée, en sorte que, par la substitution d'un accident à l'autre, ou d'une superficie à l'autre, le legs d'usufruit se trouve avoir perdu son objet.

44.   3.° Les mêmes règles s'appliquent à l'hypo-

(1) L. 39, ff. *de legat.* 2°.
(2) L. 44, § 4, ff. *de legat.* 1°.
(3) L. 5, § 3, ff. *quibus mod. ususfruct. amitt.*, lib. 7 , tit. 4.

thèque. Lorsqu'une maison, qui avait été hypothéquée, se trouve détruite, le sol reste affecté de l'hypothèque ; *domo pignori data et area ejus tenebitur* (1) :
quoique, dans le même cas, l'usufruit de la maison
s'éteigne par la destruction de l'édifice. La raison de
la différence, c'est que l'hypothèque est imprimée
sur toute la chose, et frappe toutes les parties de la
chose indivisiblement, tandis que le démembrement
de propriété qui constitue l'usufruit ne repose principalement que dans la superficie. Par la constitution
d'hypothèque on a voulu pourvoir, de la manière la
plus efficace, à la sûreté du créancier ; et comme il
vaut mieux encore pour lui qu'il ait un gage dans le
sol, plutôt que de n'en avoir plus, lorsque l'édifice
vient à être détruit, on est censé le lui avoir voulu
conserver ; tandis qu'en léguant l'usufruit d'une
maison, on n'a voulu que léguer le droit de l'habiter
ou de l'occuper en totalité, conformément à sa destination ; droit qui ne peut plus exister quand il n'y a
plus de maison.

Lorsque l'hypothèque ne porte que sur l'usufruit,
elle s'évanouit par l'extinction de l'usufruit (2118),
comme l'usufruit s'évanouit lui-même par la destruction du bâtiment sur lequel seul il est établi (624).

45. 4.º Dans le cas du legs de la propriété d'un
troupeau ; si, du vivant du testateur, le nombre des
bêtes diminue tellement qu'il n'y ait plus de quoi
former un troupeau, ou une universalité propre à se
reproduire, ce qui reste, au décès du testateur, n'en
est pas moins dû au légataire, comme faisant partie

_____

(1) L. 21, ff. *de pignerat. actione*. lib. 13, tit. 7.

du tout dont la propriété lui avait été léguée : *si grege legato, aliqua pecora, vivo testatore, mortua essent, in eorumque locum aliqua essent substituta : eumdem gregem videri. Et si diminutum ex eo grege pecus esset et vel unus bos superesset, eum vindicari posse, quamvis grex desiisset esse : quemadmodùm insula legata, si combusta esset, area possit vindicari* (1). Lorsqu'au contraire on n'a légué que l'usufruit d'un troupeau, si le nombre des bêtes est tellement réduit qu'il n'y ait plus de quoi composer un troupeau, l'usufruit n'est pas dû sur ce qui reste : *cùm gregis ususfructus legatus est, et usque eò numerus pervenit gregis, ut grex non intelligatur, perit ususfructus* (2); réduction qu'un autre texte fixe à moins de dix pour un troupeau de moutons, et à moins de quatre ou cinq pour un de porcs : *quidam decem oves gregem esse putârunt : porcos etiam quinque vel quatuor* (3). Il faut cependant observer que cette loi romaine sur l'extinction du droit d'usufruit d'un troupeau, ne peut être adaptée à notre droit actuel qu'avec une modification considérable.

Elle est telle, par la généralité de ses expressions, qu'elle doit être entendue soit d'un legs d'usufruit dont le droit n'est pas encore ouvert, soit de celui qui serait déjà ouvert et acquis : néanmoins, nous verrons plus bas que, d'après les dispositions du code civil, on ne pourrait plus adopter cette décision pour l'extinction de l'usufruit qui serait ouvert et acquis à l'usufruitier.

(1) L. 22, ff. *de legat.* 1°.
(2) L. 31, ff. *quib. mod. ususfruct. amitt.*, lib. 7, tit. 4.
(5) L. 3, ff. *de abigeis*, lib. 47, tit. 14.

COMPARAISON

Des Droits d'usufruit et d'usage.

46.   L'usage est le droit accordé à quelqu'un de se servir de la chose appartenant à un autre, ou d'en percevoir les fruits et émolumens, jusqu'à concurrence de ce qui lui est nécessaire pour ses besoins et ceux de sa famille (630).

47.   Ce droit convient avec l'usufruit en plusieurs points, sous le rapport desquels il est permis d'argumenter de l'un à l'autre.

D'abord, il s'établit comme l'usufruit, ou par acte entre-vifs ou par disposition de dernière volonté, et s'éteint de même par abus de jouissance, par consolidation du droit de propriété, par la perte de la chose, par la mort de l'usager.

Comme l'usufruit, il a la nature d'une servitude personnelle, puisque c'est un droit inhérent à la personne, et qu'il ne peut s'exercer que sur la chose d'autrui.

Mais quoique le droit d'usage soit assimilé à celui d'usufruit sous plusieurs points de vue, il en diffère néanmoins essentiellement sous beaucoup d'autres.

L'usufruitier a le droit de percevoir tous les fruits du fonds, même *ad compendium;* en sorte qu'il peut vendre à son profit, tous ceux qui ne sont pas nécessaires à sa consommation : l'usager, au contraire, n'a le droit d'en prendre que jusqu'à concurrence de la mesure de ses besoins; d'où il résulte que le droit d'usufruit ne peut être sans celui d'usage, puisqu'il s'étend à toutes les commodités du fonds; et qu'au

contraire le droit d'usage peut être sans celui d'usufruit (1), puisqu'il ne s'étend qu'à une partie du produit de l'héritage qui y est soumis. Il résulte encore de
là , que si on a légué, sur le même fonds, l'usufruit à
l'un et l'usage à l'autre, c'est l'usager qui doit, en premier ordre, percevoir ce qui lui est nécessaire, puisqu'il a à exercer un droit dont la limite est déterminée
jusqu'à une quotité fixe, et que l'usufruitier ne doit
avoir que le surplus, puisque son droit est indéfini
sous le rapport de sa quantité : *Si alii usus et alii
fructus ejusdem rei legetur, id percipit fructuarius
quod usuario supererit* (2).

Il y a encore, entre ces deux droits, des différences
très remarquables , résultant de ce que celui d'usage
doit être étendu jusqu'à la quantité des émolumens
qui sont nécessaires à l'usager , et doit se terminer
seulement au point où la mesure se trouve fixée par
la nécessité ; tandis que l'usufruit comprend indistinctement tous les revenus du fonds ; car de là il
suit :

48. 1.° Que le droit d'usage, considéré en lui-
même et comme droit de servitude, est indivisible,
puisqu'on ne doit ni le restreindre au-dessous, ni le
porter au-delà de la limite qui lui est assignée par la loi
de sa nature, et qu'il s'applique, de même que l'hypothèque, à tout le fonds et à toutes les parties du
fonds qui en est grevé ; tandis que l'usufruit est un
droit divisible comme les émolumens qui en sont
l'objet, ou comme le fonds sur lequel il est établi :

(1) L. 14, § 1, ff. *de usu et habit.*, lib. 7 , tit. 8.
(2) L. 42, ff *de usufructu*, lib. 7. tit. 1

Usûs pars legari non potest : nam, frui quidem pro parte possumus ; uti pro parte non possumus (1).

2.º　Qu'il ne peut y avoir lieu au droit d'accroissement entre deux légataires conjoints dans un legs de droit d'usage, puisque la quantité que chacun d'eux doit obtenir est limitée par la mesure de ses besoins alimentaires ; *per fideicommissum fructu prædiorum ob alimenta libertis relicto, partium emolumentum ex personâ vitâ decedentium, ad dominum proprietatis recurrit* (2); tandis que le droit d'accroissement s'exerce entre les colégataires de l'usufruit, comme entre ceux de la propriété.

Cependant, si, dans le fait, les fruits du fonds sur lequel on avait assigné un droit d'usage à plusieurs, ne suffisaient pas pour satisfaire aux besoins de tous, l'un des légataires venant à manquer, les autres devraient profiter de la portion vacante, jusqu'à concurrence de ce qui leur serait nécessaire.

Sous le rapport de son étendue, le droit d'usage est plus rigoureusement personnel dans l'usager, que celui de l'usufruit dans l'usufruitier ; car l'usage étant borné à la mesure des besoins de la personne qui en jouit, mesure qui ne serait pas la même dans un autre individu, il faut en conclure que ce droit ne pourrait être ni loué, ni cédé à un autre (634), ni conséquemment hypothéqué par l'usager ; tandis que l'usufruit est susceptible d'être loué, ou cédé à un autre (595), ou hypothéqué pour le temps de sa durée (2118).

---

(1) L. 19, ff. *de usu et habit.*, lib. 7, tit. 8.
(2) L. 57, § 1, ff. *de usufructu*, lib. 7, tit. 1.

49. Mais sous le rapport de son terme, ou de sa durée, l'usufruit est, à son tour, plus rigoureusement personnel et intransmissible aux successeurs de l'usufruitier, que le droit d'usage à ceux de l'usager.

Si, en effet, le droit d'usufruit, établi sur un fonds, pouvait être perpétuellement transmissible aux successeurs de l'usufruitier, le droit de propriété ne serait plus rien, puisque le propriétaire n'aurait pas même l'expectative de percevoir un jour quelque chose sur le produit du fonds : il faut donc, de toute nécessité, que l'usufruit s'éteigne par le décès soit de l'usufruitier unique qui aurait été seul appelé à en jouir, soit par le décès des autres légataires qui pourraient avoir été nominativement appelés à la même jouissance après lui, dans le cas où le droit serait établi sur plusieurs têtes déterminées, sans qu'il puisse jamais être indéfiniment transmissible; tandis qu'au contraire le droit d'usage n'absorbant pas tous les produits du fonds, et son exercice ne rendant pas nul le droit de propriété dans les mains du maître, il n'y a pas de contradiction à le rendre perpétuel dans sa durée comme il l'est effectivement, lorsqu'il est accordé à une corporation ou à un établissement public, ainsi que nous le verrons dans la suite de cet ouvrage.

Il y a plus : on peut établir, sur une forêt, un droit d'usage aux échalas, pour l'entretien d'une vigne (1); un droit d'usage au bois de chauffage, pour les habitans d'une maison ; un droit d'usage au parcours, pour les bestiaux nécessaires à l'exploitation d'une

(1) L. 6, § 1. ff *de servit. præd. rustic.*, lib. 8, tit. 3.

ferme. Dans tous ces cas, le droit d'usage participe de la nature des servitudes réelles établies sur un fonds, pour l'avantage et l'utilité d'un héritage appartenant à un autre propriétaire, et il devient par-là même transmissible à tout successeur, même à titre singulier, qui se trouve revêtu du droit de propriété de la vigne, de la maison ou du domaine, pour l'avantage desquels il a été établi : mais ce caractère que l'usage peut emprunter de la servitude réelle, serait absolument inconciliable avec la nature du droit d'usufruit qui ne peut cesser d'être essentiellement un droit personnel.

COMPARAISON

Du Legs d'usufruit avec celui des revenus d'un fonds.

50. Léguer à quelqu'un les revenus d'un fonds, n'est pas lui léguer le fonds en propriété ; le légataire ne pourrait donc, en vertu d'une pareille disposition, revendiquer l'héritage comme sien. Cependant le domaine de la chose ne doit pas être perpétuellement inutile, ou même à charge à son maître, et c'est ce qui arriverait si le legs des revenus était, de sa nature, perpétuel dans sa durée; d'où l'on doit tirer cette première conséquence, que cette espèce de legs et celui d'usufruit sont de même nature, en ce qu'ils doivent s'éteindre l'un et l'autre par la mort du légataire, sans être transmissibles à ses héritiers, à moins d'une disposition expresse, qui les établisse sur plusieurs têtes; et c'est ainsi que le décide la loi romaine : *Patrimonii mei reditum omnibus annis uxori meæ dari volo. Aristo respondit, ad hæredem*

uxoris non transire : quia aut usufructui simile es-
set, aut huic legato, in annos singulos (1).

D'autre part, il ne faut pas confondre le revenu
d'un fonds avec les fruits en nature. Le revenu ne
s'étend pas à la valeur totale du produit; il ne comprend que ce qu'on peut tirer du fermier pour prix
de son fermage. La perception des revenus ne se
rattache point à la détention du fonds : elle ne suppose point que celui qui en profite, jouisse lui-même
de l'héritage, puisque l'objet de cette perception consiste dans une valeur de convention qui doit être
payée par le tiers détenteur cultivant le fonds.

Léguer à quelqu'un, en totalité ou en partie, les
revenus d'un domaine, n'est donc pas lui léguer le
droit d'en jouir par lui-même, mais seulement celui
d'exiger de l'héritier une prestation annuelle correspondant à la valeur totale ou partielle du produit net;
un pareil legs n'est donc point un legs d'usufruit,
puisque l'usufruitier a essentiellement le droit d'exiger la délivrance du fonds (2) : *Sempronio do, lego*
ex redactu fructuum, oleris et porrinœ, quœ habeo
in agro Farrariorum, partem sextam : quœritur an
his verbis ususfructus legatus videatur? Respondi,
non usumfructum, sed ex eo quod redactum esset par-
tem legatam (3).

Le legs des revenus et celui de l'usufruit d'un fonds
diffèrent donc essentiellement :

1.º En ce que, par le legs des revenus, on n'impose

(1) L. 22, ff. *de usufruct. legat.*, lib. 33, tit. 2.
(2) Voy. sous le nº. 2.
(3) L. 58, § 1, ff. *de usufructu*, lib. 7, tit. 1.

aucune servitude personnelle sur le fonds, comme par celui d'usufruit;

2.º En ce que le legs des revenus est totalement mobilier; tandis que celui d'usufruit d'un immeuble est immobilier dans son objet.

3.º Dans le legs d'usufruit l'héritier n'a qu'une chose à livrer, c'est la jouissance du fonds même : dans celui des revenus au contraire, l'héritier a le choix ou de livrer les fruits du fonds en nature, sauf toute déduction des frais de culture et de semence, ainsi que des impôts; ou de payer annuellement la valeur estimative du produit net de l'héritage (1); et en ce dernier cas, le legs de revenus n'est plus, dans son exécution, qu'un legs de fruits civils qui échoient jour par jour.

4.º Le legs du revenu n'emporte aucun démembrement de propriété, et n'est conséquemment pas susceptible d'être hypothéqué dans son objet, comme celui d'usufruit.

5.º Dans le cas du legs d'usufruit, l'héritier ne peut disposer que de la nue propriété du fonds; tandis que dans le cas du legs des revenus, l'héritier n'étant chargé que d'en servir la rente, peut aliéner à son gré le fonds en plein domaine : *Fundi Æbutiani reditus uxori meæ quoad vivat dari volo : quæro, an possit tutor hæredis fundum vendere, et legatario offerre quantitatem annuam, quam vivo patre-fami-*

_____

(1) *Argumentum* ex 1 . 26, § 2, ff. *de legat.* 1.º; et ex l. 32, § 8, ff, *de usufruct. legat.*, lib. 33, tit. 2. Vide et CUJACIUM ad l. 38, ff. *cod.*

hás ex locatione fundi redigere consueverat? Respon-
dit, posse (1).

6.° En exécution du legs de revenu, le légataire ne
peut pas exiger la jouissance du fonds, comme il le
peut dans le cas d'usufruit : *Item quæro, an habitare
impunè prohiberi possit? Respondit, non esse obstric-
tum hæredem ad habitationem præstandam* (2).

7.° Dans le cas du legs de revenu, le légataire n'é-
tant pas mis en possession du fonds, n'est point tenu
de le réparer comme s'il en était usufruitier.

8.° L'héritier lui-même n'est pas obligé de réparer
le fonds dont le revenu a été légué, parce que personne ne peut être obligé à rien dans son propre
intérêt. Mais, si, par son fait, il causait des dégradations qui atténuassent le revenu, il en serait responsable envers le légataire : *Item quæro, an compel-
lendus sit hæres reficere prædium? Respondit, si
hæredis facto minores reditus facti essent, legatarium
rectè desiderare, quod ob eam rem deminutum sit* (3).

9.° Dans le cas du legs d'usufruit, le légataire ayant
droit d'exiger la délivrance du fonds en l'état où il se
trouve, doit obtenir tous les fruits pendans par racines, sans aucune déduction pour frais de culture : il
n'en est pas de même dans l'exécution du legs de
revenus ; ici le montant de la prestation due au légataire ne doit être estimé que déduction faite des impenses de culture, comme dans tous comptes et rapports de fruits à faire par un tiers possesseur ; *fruc-*

(1) L. 38, ff. *de usufruct. legat.*, lib. 33, tit. 2.
(2) L. 38, ff. *eod.*
(3) L. 38, ff. *cod.*

tus eos esse constat, qui, deductâ impensâ, super-
erunt (1). Il y a plus; le légataire doit être obligé de
souffrir, en outre, une réduction égale à la charge de
l'impôt foncier assis sur l'immeuble, parce que le
montant du revenu est nécessairement diminué par
les charges qu'il doit supporter (2).

51. Lorsque le revenu d'un fonds a été légué et
que l'héritier vend cet immeuble à un tiers, pourrait-il offrir au légataire l'intérêt annuel du prix de la
vente, pour lui tenir lieu de la prestation qui lui est
due? Non, dit le jurisconsulte Scævola, parce que le
légataire ne peut être tenu de supporter la chance
d'une vente faite, à trop bas prix, par le propriétaire : *Liberto suo ita legavit : præstari volo Philoni,*
usque dùm vivet, quinquagesimam omnis reditûs,
quæ prædiis à colonis vel emptoribus fructûs ex con-
suetudine domûs meæ præstantur : hæredes prædia
vendiderunt, ex quorum reditu quinquagesima relicta
est. Quæsitum est, an pretii usuræ, quæ ex consue-
tudine in provinciâ præstarentur, quinquagesima de-
beatur? Respondit, reditûs quinquagesimas legatas,
licet prædia vendita sunt (3).

Dans le même cas, le légataire aurait-il le droit de
suite sur l'immeuble, entre les mains de l'acquéreur, pour en exiger la prestation annuelle qui ne
serait pas payée par l'héritier, comme il l'aurait, s'il
s'agissait d'une rente foncière? Non, dit Cujas (4),

(1) L. 7, ff. *solut. matrimonio*, lib. 24, tit. 3.
(2) Vid. l. 32, § 9, ff. *de usufruct. legat.*, lib. 33, tit. 2.
(3) L. 21, ff. *de annuis legat.*, lib. 33, tit. 1.
(4) In comment. ad leg. 38, ff. *de usufruct. legat.*

puisque le legs des revenus se réduit à une simple prestation annuelle, et qu'ainsi, il n'imprime aucune servitude ni réelle ni personnelle sur le fonds; c'est aussi ce que décide positivement la loi romaine : *Paulus respondit servitutem constitutam non videri, neque in personam, neque in rem* (1). **D'**où il résulte encore, comme le dit le même auteur, que, dans l'exécution de cette espèce de legs, l'héritier, même lorsqu'il continue à posséder le fonds, a le choix ou de délivrer au légataire le revenu en nature, sauf la déduction dont nous avons parlé, ou de lui en offrir l'estimation.

52. Mais, dans quelle classe doit-on ranger le legs des fruits d'un fonds? Est-il de même nature que celui d'usufruit, ou que celui des revenus?

Les fruits ne sont point un droit, mais bien une chose corporelle : l'usufruit au contraire est un droit incorporel et non pas une chose physique; donc un simple legs de fruits n'est pas un legs d'usufruit.

Néanmoins le legs des fruits *annuels* d'un fonds emporte le droit d'usufruit : *Si quis ita legaverit : fructus annuos fundi Corneliani Caio Mœvio do, lego : perindè accipi debet hic sermo, ac si ususfructus fundi esset legatus* (2). Dans ce cas, ce n'est point un legs de revenus qui a été fait, parce que le légataire doit être mis en jouissance pour percevoir ces fruits : c'est au contraire un véritable legs d'usufruit que le tes-tateur est censé avoir voulu faire, puisqu'il a accordé au légataire le droit de percevoir annuellement

---

(1) L. 12, ff. *de annuis legat.,* lib. 33, tit. 1.
(2) L. 20, ff. *de usufruct.,* lib. 7, tit. 1.

et par ses mains le produit du fonds, en nature (1).

COMPARAISON

*Du Droit d'usufruit avec celui qui appartient à l'hé-
ritier envoyé en possession des biens de l'absent.*

53. Lorsqu'un homme a été mis en déclaration
d'absence, son héritier présomptif est autorisé à demander l'envoi en possession provisoire de ses biens,
jusqu'à ce qu'il reparaisse, ou qu'on ait de ses nouvelles; sous l'obligation toutefois de rendre compte
à l'absent du cinquième des fruits, s'il revient, ou
qu'on ait de ses nouvelles dans les quinze ans depuis
sa disparition, ou du dixième s'il ne reparaît qu'après
les quinze, mais avant les trente ans (127).

Ce droit de jouissance accordé par la loi à l'héritier envoyé en possession des biens de l'absent, a
bien quelque similitude avec le droit d'usufruit;
mais, pour peu qu'on y réfléchisse, on voit cependant qu'il en diffère essentiellement.

L'envoyé en possession jouit, en effet, des biens
de l'absent, mais il n'en jouit que par rapport à la
présomption de mort du propriétaire à l'hérédité duquel il est appelé : il en jouit donc comme héritier
provisoirement mis en possession, c'est-à-dire, comme
propriétaire présumé; qualité qui est exclusive de
celle d'usufruitier.

Sous quelques rapports qu'on envisage l'usufruitier, il n'est toujours qu'un simple dépositaire-gar-

(1) Voyez dans MENOCHIUS, præsumpt. lib. 4, præsumpt. 136.

dien de la propriété, sans avoir, à ce sujet, les actions du maître. Il n'en est pas de même de l'héritier envoyé en possession ; car, quoique celui-ci ne soit également que dépositaire-gardien du fonds, comparativement à l'absent, il a néanmoins durant sa possession, même provisoire, toutes les actions du maître, lorsqu'il est question d'agir (817), ou de défendre contre des tiers (134), en sorte qu'il est à leur égard contradicteur légitime pour l'absent ; tandis que l'usufruitier ne peut jamais compromettre les droits du propriétaire.

Les droits de l'usufruitier sont immuables, parce que sa condition est fixe : ceux de l'héritier envoyé en possession sont au contraire soumis à des chances différentes, parce que sa condition n'est pas définitivement déterminée, et qu'il est possible qu'en dernière analyse il doive être regardé comme propriétaire, ou traité comme administrateur seulement.

Pour bien apprécier les droits de cette possession, il faut en faire l'application aux deux hypothèses, qui peuvent éventuellement se présenter, et qui sont celle du retour, et celle du non-retour de l'absent.

Lorsque l'absent ne reparaît pas, l'héritier, définitivement confirmé dans sa possession, n'est censé avoir joui dès le principe, que comme étant propriétaire lui-même en sa qualité de successeur légitime du premier maître de la chose, et il n'y a aucune époque à laquelle on puisse dire qu'il ait eu la qualité d'un simple usufruitier.

Si au contraire l'absent reparaît, la cause de l'héritier envoyé en possession se présente sous un autre aspect : mais elle n'est toujours pas celle d'un usufruitier ; c'est celle d'un administrateur.

Dans ce cas, en effet, la possession provisoire n'est considérée que comme un dépôt donnant à l'héritier la gestion des biens de l'absent, à charge de lui rendre compte (125); et la loi lui accorde même des pouvoirs très étendus, pour cette administration, puisqu'elle ne lui refuse que celui d'aliéner ou d'hypothéquer les immeubles (128), par acte purement libre et volontaire.

Ainsi, lorsque l'héritier présomptif obtient du tribunal la possession provisoire des biens de son parent, la justice qui, dans cette cause, stipule au nom de l'absent, nomme réellement à celui-ci, pour le cas où il reparaîtra, un administrateur ou un fondé de pouvoir chargé de tout ce qui a rapport à la conservation et à la gestion des biens. Et si cet administrateur conserve une partie des revenus lorsqu'il rend son compte, ce droit ne change rien à la nature de son titre. Il en résulte seulement qu'au lieu de le charger d'un mandat gratuit, la loi a voulu qu'il eût une récompense, pour qu'il fût engagé, par cet avantage, à employer tous ses soins dans sa gestion; en sorte que cette espèce d'association de jouissance, rémunératoire des travaux de l'administrateur comptable, n'a toujours rien qui caractérise un droit d'usufruit.

Une autre différence entre la cause de l'usufruitier et celle de l'héritier envoyé en possession provisoire, c'est que la possession de l'usufruitier est toujours précaire; que le terme lui en est connu, et qu'il n'a aucune expectative d'être un jour propriétaire du fonds : tandis que l'héritier envoyé en possession peut croire de bonne foi au décès de l'absent, et se regarder dès à présent comme propriétaire ; et en cas de doute ou d'incertitude, il a au moins l'expectative d'être confirmé dans cette propriété, si l'absent ne reparaît point.

Les actes et les droits de l'un et de l'autre ne doivent donc pas être soumis aux mêmes règles, puisqu'en principes, tout est différent dans leur cause ; et de là résultent plusieurs conséquences remarquables :

54. *La première*, que si les règles particulières établies par la loi, sur la durée des baux stipulés avec l'usufruitier, peuvent être, en certains cas, invoquées, par raisonnement de comparaison, sur l'exécution de ceux qui auraient été consentis par l'héritier envoyé en possession provisoire, on doit convenir qu'elles ne sont pas rigoureusement applicables à ceux-ci ; qu'en conséquence, et en thèse générale, l'absent qui reparaît est tenu de l'exécution des baux qui ont été faits ou renouvelés, même par anticipation, de bonne foi et sans fraude, par le possesseur provisoire ; et qu'il doit les exécuter même au-delà de la période des neuf ans dans laquelle on se trouve lors de son retour, s'ils ont été stipulés pour un plus long cours : parce qu'ils ne sont par eux-mêmes que des actes d'administration, et que le possesseur qui les a stipulés en sa qualité d'administrateur, ou de procureur fondé en titre, n'a rien fait d'incompétent ou d'étranger à ses pouvoirs.

55. *La seconde*, que si, durant l'absence déclarée, il a été rendu, sur des questions de propriété, quel-

ques jugemens contre l'héritier envoyé en possession
provisoire, l'absent qui reparaît se trouve passible de
l'exception de la chose jugée, sans pouvoir former
tierce opposition à ces jugemens, attendu qu'il y a
été représenté par un contradicteur légitime dans la
personne de l'héritier envoyé en possession; tandis
que les jugemens qui auraient été rendus contre l'usufruitier sur les droits de propriété soumis à sa jouissance ne pourraient jamais être opposés au propriétaire.

56.   *La troisième,* qu'encore que la loi n'accorde à
l'usufruitier aucune action en reprise pour les améliorations qu'il a faites dans le fonds (599), l'absent
qui reparaît ne peut néanmoins refuser de tenir compte
de celles qui auraient été faites par l'héritier envoyé
en possession provisoire, jusqu'à concurrence de l'augmentation de valeur qu'il trouve dans l'immeuble,
parce que ce possesseur doit être présumé n'avoir agi
que dans l'expectative où il était de se voir un jour
confirmé dans la propriété du fonds; que n'ayant voulu
améliorer que pour lui-même, sans agir par esprit de
libéralité envers l'absent, celui-ci se trouve soumis au
principe général qui ne permet à personne de vouloir
s'enrichir aux dépens d'autrui, et que l'exception particulière apportée à ce principe dans la cause de l'usufruitier, n'ayant pas ici le même fondement, ne doit
point être étendue à la cause de l'héritier provisoire.

57.   *La quatrième,* qu'on doit porter la même décision, et à plus forte raison encore, en ce qui concerne les grosses réparations qui, par leur nature,
sont une charge de la propriété, avec cette différence

néanmoins que les améliorations ne doivent être payées que jusqu'à concurrence de la plus-value du fonds, tandis qu'on doit rembourser toute la somme que les grosses réparations ont coûté, ou raisonnablement dû coûter..

Mais en ce qui touche aux réparations d'entretien, du moins aux réparations d'entretien ordinaire, comme, dans les termes du droit commun, elles sont une charge des fruits, l'absent et l'héritier provisoire doivent y concourir chacun dans la proportion du montant des revenus dont ils profitent.

COMPARAISON

Du Legs d'usufruit et du Legs annuel.

58.   Le legs annuel, dit Domat, est celui par lequel le testateur assigne à quelqu'un, par forme de pension, une certaine somme d'argent, ou une certaine quantité de denrées, à payer chaque année par son héritier.

Nous disons *par forme de pension ;* car si le legs était étranger à toute cause renaissante, ou plutôt s'il ne consistait que dans le don d'un capital divisé en plusieurs annuités, pour en faciliter le paiement, il serait d'une autre nature que le legs annuel; et le légataire mourant avant les années d'atermoiement, transmettrait tous ses droits à ses héritiers : *Si verò non pro alimentis legavit, sed in plures pensiones divisit, exonerandi hæredis gratiâ, hoc casu ait, omnium annorum unum esse legatum; et intra decennium decendentem legatarium, etiam futurorum an-*

norum, legatum ad hæredem suum transmittere. Quæ sententia vera est (1).

Le legs d'une rente viagère, ou d'une pension, a cela de particulier, que les arrérages en sont dus dès la mort du testateur, et avant toute demande en justice, lorsque la libéralité a été faite à titre d'alimens (1015, § 2.).

Le legs annuel peut être fait pour un temps déterminé, ou pour toute la vie du légataire ; et quoique le testateur n'ait point expressément donné à l'objet de sa libéralité, la qualification de rente viagère ou de pension, néanmoins elle ne passe point aux héritiers du légataire, sans une disposition expresse qui l'ordonne ainsi : *Si in annos singulos alicui legatum sit ; Sabinus (cujus sententia vera est), plura legata ait, primi anni purum, sequentium conditionale : videri enim hanc inesse conditionem, si vivat : et ideo mortuo eo, ad hæredem legatum non transire* (2). Le legs d'usufruit et le legs annuel ont donc cela de commun, que l'un et l'autre s'étendent à toute la vie et ne s'éteignent qu'à la mort du légataire, quand le testateur ne leur a point assigné d'autre terme.

Mais le legs annuel diffère du legs d'usufruit, 1.º en ce que celui-ci ne peut jamais être perpétuel dans sa durée, parce que cela anéantirait le droit de propriété ; tandis que le legs annuel peut être fait non-seulement au profit du légataire, mais encore pour l'avantage de ses héritiers à l'infini : *In annalibus legatis vel fideicommissis, quæ testator non solùm*

(1) L. 20, ff. *quandò dies legatorum cedat*, lib. 36, tit. 2;
(2) L. 4, ff. *de annuis legat.*, lib. 33, tit. 1.

certæ personæ, sed et ejus hæredibus, præstari voluit, eorum exactionem omnibus hæredibus, et eorum hæredum hæredibus, servari pro voluntate testatoris præcipimus (1).

Il en diffère, 2.° en ce que le legs d'usufruit, fait au profit d'une commune ou d'un établissement public, est, de plein droit, borné à trente ans dans sa durée (619); tandis que le legs annuel est présumé fait pour toujours, par cela seul qu'il a été assigné au profit d'un corps permanent, ou d'un établissement public (2).

Il en diffère, 3.° en ce que le legs d'usufruit d'un immeuble est lui-même immobilier, et emporte constitution d'une servitude personnelle sur le fonds; tandis que le legs annuel ne peut être qu'une créance mobilière.

Il en diffère, 4.° en ce que le legs d'usufruit s'éteint par la mort civile (3), comme par la mort naturelle (617) de l'usufruitier; tandis que la rente viagère ne s'éteint qu'à la mort naturelle de celui qui en est propriétaire (1982); en sorte que, dit M. Toullier (4), le payement doit en être continué pendant la vie naturelle du rentier, soit à lui, si elle a la nature de rente alimentaire, soit, dans le cas contraire, à ses héritiers, mais sans être dispensés de prouver l'existence du condamné, par un certificat de vie.

Il en diffère, 5.° en ce que, comme le dit Domat,

---

(1) L. 22, cod. *de legat.*, lib. 6, tit. 37.
(2) L. 23 et 24, ff. *de annuis legat.*, lib. 33, tit. 1.
(3) L. 8, ff. *de annuis legat.*, lib. 33, tit. 1.
(4) Le droit civil français, tom. 1, pag. 216.

si les fonds sujets à l'usufruit ne produisaient rien,
le droit de l'usufruitier se trouverait sans usage ;
mais le legs d'une certaine quantité de grains, vins ou
autres choses, est indépendant de ce qui peut se trouver dans la récolte. Et quand même un tel legs serait
assigné à prendre sur les récoltes de chaque année, il
ne laisserait pas d'être dû, lorsqu'il n'y aurait aucune
récolte ; pourvu que celles des années précédentes
pussent y suffire, et que l'intention du testateur ne
fût pas contraire : *Vini Falerni quod domi nasceretur*
quotannis, in annos singulos binos culeos hæres meus
Attio dato : etiam pro eo anno, quo nihil vini datum
est, deberi duos culeos ; si modò ex vindemiâ cætero-
rum annorum dari possit (1). *Quæ sententia, si vo-*
luntas non adversetur, mihi quoque placet (2).

59.   Suivant la disposition du droit romain, dès
que l'année est commencée, le legs annuel est acquis,
même dans le futur, pour toute l'annuité correspondante à l'année ouverte : *in omnibus quæ in*
annos singulos relinquuntur, hoc probaverunt ut initio
cujusque anni hujus legati dies cederet (3). En sorte
que le légataire peut dès lors exiger le payement entier
de la prestation due pour toute l'année (4), et que s'il
meurt sans l'avoir reçue, il transmet à ses héritiers
son droit à ce sujet (5) : cette disposition est fondée,
dit Domat, sur ce qu'il est naturel qu'un legs qui

(1) L. 17, § 1, ff. *de annuis leg.*, lib. 33, tit. 1.
(2) L. 13, ff. *de tritico et vino legat*, lib. 33, tit. 6.
(3) L. 12, § 1, ff. *quandò dies legat. cedat*, lib. 36, tit. 2.
(4) L. 1, cod. *quandò dies legat. ced.*, lib. 6, tit. 53.
(5) L. 8., ff. *de annuis legatis*, lib. 33, tit. 1.

tient lieu d'un fonds pour l'entretien, soit acquis par avance, afin que le légataire puisse ainsi pourvoir aux approvisionnemens qui lui sont nécessaires pour son année. Mais cette jurisprudence doit-elle encore avoir lieu sous l'empire de notre législation actuelle?

Nous ne le pensons pas; et la solution négative de cette question résulte, soit des principes généraux du code, soit même du texte de l'article 1980.

Et d'abord les principes généraux établis dans le code civil sur l'échéance des intérêts des rentes, résistent à ce qu'on admette encore aujourd'hui la décision de la loi romaine sur ce point; car les prestations successivement dues pour l'acquit d'une rente viagère, ne sont autre chose que des fruits civils : or, le code déclare généralement que tous les fruits de cette espèce ne s'acquièrent que jour par jour (586); donc on n'en doit pas l'annuité tout entière dès le premier jour où ils commencent à courir.

Aux termes de l'article 1015, les intérêts ou fruits de la chose léguée ne courent au profit du légataire, avant toute demande en délivance formée de sa part, que dans deux cas : l'un, si le testateur l'a expressément ordonné : l'autre, lorsqu'il s'agit d'une rente viagère léguée à titre d'alimens : or, dire que les intérêts courent, c'est dire, en d'autres termes, qu'ils échoient jour par jour, puisque leur cours n'a pas d'autre effet que celui de cette échéance journalière; donc ils ne sont point exigibles d'avance et par annuité, puisqu'on ne peut exiger le payement que de ceux qui ont couru et qui sont échus.

Enfin, aux termes de l'article 1980, la rente viagère n'est acquise au propriétaire, que dans la proportion du nombre de jours qu'il a vécu, à moins
qu'il n'ait été convenu qu'elle serait payée d'avance ;
donc, abstraction faite de toute stipulation qui en
ordonnerait le payement d'avance, la rente viagère
n'est due qu'au fur et à mesure de son échéance.

Vainement voudrait-on dire qu'il ne s'agit, dans
cet article, que de rentes viagères établies par contrat ; cette objection ne serait d'aucune considération,
soit parce que, dans ce texte, les auteurs du code
n'ont fait qu'exprimer plus explicitement le principe
déjà établi par l'article 1015, pour le cas où la rente
viagère est l'effet d'une disposition testamentaire ;
soit parce qu'il résulte de l'article 1969, que dans ce
même chapitre, on avait aussi en vue les rentes constituées par legs.

60. Le legs d'alimens est aussi un legs annuel et
viager ; mais il a un caractère particulier qui le distingue de la rente viagère ordinaire, même lorsqu'elle est léguée à titre d'alimens.

On entend par legs d'alimens proprement dit,
celui par lequel le testateur donne, soit en argent,
soit en denrées, à quelqu'un ce qu'il lui faut pour sa
nourriture et son entretien, sans fixer le montant de
la prestation qui doit remplir cet objet.

Le legs d'alimens s'étend à tout ce qui est nécessaire, non-seulement pour la nourriture de l'homme,
mais encore pour son logement et son vêtement (1),

---

(1) L. 6, ff. *de aliment. legat.*, lib. 34, tit. 1.

parce qu'il faut ces trois espèces de choses pour satisfaire aux besoins corporels de la vie.

Ce legs est de même nature qu'une pension viagère, en tant que l'un et l'autre sont également annuels; que dans l'un comme dans l'autre, le cours ou les arrérages échoient jour par jour, comme fruits civils; et qu'enfin l'un s'éteint comme l'autre par la mort naturelle seulement et non par la mort civile du légataire, lorsque le testateur n'a assigné aucun autre terme à sa libéralité.

Mais le legs d'alimens diffère de celui de la rente viagère, en ce que, quand on cède simplement à quelqu'un des alimens, la prestation à payer par l'héritier n'étant point déterminée par le testateur, doit être annuellement fixée, suivant la mesure des besoins du légataire, à moins que les parties ne conviennent, une fois pour toutes, d'un abonnement perpétuel; tandis que, dans le cas de la rente viagère, la prestation annuelle est invariablement fixée par la disposition du testateur.

Lorsqu'il s'agit de déterminer le montant de la prestation alimentaire, la loi romaine nous indique comme circonstances auxquelles on doit prendre égard, la condition du legataire, les habitudes libérales du testateur, l'affection plus ou moins grande qu'il lui portait, et le montant plus ou moins considérable des revenus de l'hérédité : *Cùm alimenta per fideicommissum relicta sunt, non adjectâ quantitate; ante omnia inspiciendum est, quæ defunctus solitus erat ei præstare; deindè quid cæteris ejusdem ordinis reliquerit; si neutrum apparuerit, tum ex facultatibus defuncti, et caritate ejus, cui fideicommissum datum erit, modus statui debebit* (1).

61. Sous les rapports de l'étendue des droits, le legs de la rente viagère se rapproche plus de celui d'usufruit, et le legs d'alimens a plus de similitude avec celui d'usage.

En effet, comme l'usufruitier a droit de recueillir tous les fruits du fonds, pour en faire son profit, soit qu'ils excèdent, ou non, ce qui est nécessaire à sa consommation; de même le légataire de la rente viagère est en droit d'en percevoir tous les arrérages lors même qu'ils seraient bien au-dessus de ses besoins et qu'ils lui fourniraient une source d'épargnes : au contraire, dans le cas d'un legs d'usage ou d'alimens, le légataire ne peut toujours obtenir que ce qui correspond à la mesure de ses besoins; et de cette différence il en résulte encore une autre : c'est que dans le legs d'usufruit ou de rente viagère, la conjonction entre colégataires doit donner lieu à l'exercice du droit d'accroissement, ce qui ne peut être dans les legs d'usage ou d'alimens, par la raison qu'ici les droits des parties prenantes sont essentiellement limités (2).

Mais, sous un autre point de vue, il y a une grande différence entre le droit d'usage et le legs d'alimens.

Celui qui lègue un droit d'usage sur un fonds, lègue un droit immobilier qui suit l'héritage en quelques mains qu'il passe, un droit de servitude personnelle qui s'exerce indivisiblement sur le fonds,

---

(1) L. 22 in princip., ff. *de aliment. legat.*, lib. 34, tit. 1.

(2) Voy. dans Voet, sur le digeste *de usufructu accrescendo*, lib. 7, tit. 2, n.° 3.

soit que l'héritage n'appartienne qu'à un, soit qu'il appartienne à plusieurs héritiers, comme si c'étoit un droit d'hypothèque; tandis que celui qui fait un legs d'alimens n'établit qu'une créance purement mobilière à la charge de toute la succession ; créance divisible et dont ses héritiers, en quelque nombre qu'ils soient, ne sont personnellement et chacun tenus que dans la proportion de leur quote héréditaire (1) ; sauf à prendre, lors du partage de la succession, les précautions sagement indiquées dans les lois tant anciennes (2) que nouvelles (826) pour assurer le payement des créanciers sur quelques objets mis en réserve, ou placés dans le lot d'un seul héritier qui en demeurerait chargé.

62. Il ne faut pas non plus confondre le legs d'alimens avec la dette alimentaire qui est fondée sur les devoirs de la parenté entre les divers membres d'une même famille.

Le legs d'alimens étant une créance fondée sur un titre, le payement en est dû sans prendre égard à la question de savoir si le légataire est réellement ou pauvre ou riche; en conséquence, qu'il parvienne ou non à meilleure fortune, par la suite, sa créance reste la même; comme si l'héritier vient à se ruiner, il n'en reste pas moins débiteur de la prestation dont il a été chargé par le testateur.

Il en est tout autrement dans la dette légale des alimens : ici l'obligation n'étant fondée que sur l'état

---

(1) Voy. dans Dumoulin, *de divid. et individ.*, part. 2, n.° 238; et dans Voet, sur le digeste *de alimentis legat.*, n.° 5.

(2) L. 3, ff. *de aliment. legat.*, lib. 34, tit. 1.

de nécessité où se trouve l'un, et sur l'état d'aisance de l'autre, si le créancier arrive à meilleure fortune, il ne lui est plus rien dû, puisque la cause de sa créance n'existe plus ; comme si le débiteur tombe dans la pauvreté, il ne doit plus rien, parce que la dette n'était fondée que sur des ressources qui ne sont plus.

Le legs d'alimens n'établit qu'une dette divisible entre les héritiers, parce que c'est une charge de la succession ; charge qui ne les atteint que dans la proportion suivant laquelle ils sont appelés à la succession.

Il n'en est pas ainsi de la dette légale des alimens : elle est indivisible, en ce sens que si plusieurs parens se trouvent ensemble au même degré, et que ce degré soit tel que la loi y attache l'obligation de fournir des alimens à un de leurs proches, mais que quelques-uns d'entre eux n'en aient pas les moyens, les autres qui sont dans l'aisance doivent fournir à tout ce qu'exigent les besoins de celui qui est pauvre ; et n'y en eût-il qu'un ayant assez de facultés pour satisfaire à cette dette, il devroit encore l'acquitter seul en son entier, parce qu'il est tenu, en vertu d'une qualité personnelle, et que c'est comme si ceux qui sont pauvres n'existoient pas, puisque la loi ne les oblige point (1).

63. Dans le cas du legs d'alimens, les divers cohéritiers qui en ont été chargés, ne peuvent cesser d'en être tous codébiteurs, parce qu'ils ne peuvent cesser d'être tous héritiers ; et comme la dette est entre eux divisée de plein droit, l'insolvabilité de l'un ne

_____

(1) Voy. dans Surdus, *de alimentis*, tit. 9, quest. 14 ; et surtout dans le journal du palais, tom. 1, p. 756.

peut aggraver la condition de l'autre. Il en est autrement de la dette légale des alimens : si quelques-uns des parens sont tombés dans l'état d'indigence, ils cessent d'en être tenus, et celui dont la fortune est suffisante, n'ayant plus de codébiteur, reste seul obligé à la prestation tout entière.

Nous avons dit plus haut que le legs d'alimens comporte la charge de fournir non-seulement les denrées de consommation pour la nourriture, mais encore le logement et le vêtement. Il en est de même de l'obligation alimentaire qui n'est fondée que sur la disposition de la loi, parce que, dans tous les cas, ces trois choses sont également nécessaires à la vie.

Et de là il faut tirer cette conséquence pratique, en fait de rapport, que l'enfant ne peut être tenu de rapporter à la succession de son père les habillemens qu'il en a reçus pour son usage ordinaire, puisque le père en les lui fournissant n'avait fait qu'acquitter sa dette.

S'il en est autrement des effets qui, outre l'habillement personnel de l'enfant, lui sont livrés comme trousseau, lors de son établissement, c'est par la raison que ces effets sont une espèce d'approvisionnement accordé par forme d'aisance dans le futur, plutôt que pour satisfaire aux besoins présens.

COMPARAISON

De la Constitution d'usufruit et du Fidéicommis.

64. La constitution d'usufruit a aussi quelque similitude avec la substitution fidéicommissaire, en ce que l'usufruitier, comme le grevé de substitution, est chargé de conserver et de rendre la chose; que l'un et

l'autre doivent faire inventaire pour établir la base du
compte qu'ils ont à rendre, et que ce n'est qu'au terme
fixé pour l'ouverture du fidéicommis, comme ce n'est
qu'au terme fixé pour la cessation de l'usufruit, que
le substitué ou le propriétaire sont en droit d'entrer
en jouissance.

Mais, si, sous ces divers rapports, il est permis d'argumenter de l'un à l'autre, il est d'autres points de vue
sous lesquels leurs conditions et leurs droits sont essentiellement différens.

Et d'abord la nue propriété du fonds dont l'usufruitier jouit, est absolument hors de son domaine,
tandis que le grevé de substitution est propriétaire de
l'héritage substitué; en sorte que, durant la jouissance
du légataire de l'usufruit, l'héritier est réellement
saisi de la propriété; au lieu que le substitué n'est
saisi de rien durant la jouissance de l'institué ;
qu'il n'a que l'expectative de recueillir après le décès
de celui-ci, et que s'il vient à mourir avant lui, la
propriété qui n'était que résoluble entre les mains
du grevé lui reste incommutablement acquise.

La restitution à faire par l'usufruitier, n'est qu'une
remise de la possession de fait, tandis que celle qu'exé-
cute le grevé de substitution est translative de la propriété entre les mains du substitué.

Lorsqu'on donne l'usufruit à l'un et la propriété à
un autre, il est nécessaire que le donataire de la propriété soit déjà existant au moment de la donation,
si la libéralité est faite par acte entre-vifs, ou au moment du décès du testateur (906), s'il s'agit de disposition à cause de mort; parce que le droit de propriété

ne peut exister avant le propriétaire : dans la substitution au contraire, il n'est pas nécessaire que le substitué soit déjà existant (1048), puisqu'il n'y a encore
à son égard aucune translation de propriété. Il suffit
qu'il soit existant au moment de l'ouverture du fidéicommis, temps auquel seulement il doit devenir propriétaire de la chose.

65. Il résulte de là que, dans le cas de la substitution, le grevé a non-seulement toutes les actions qui
sont relatives au possessoire et à la jouissance du fonds
substitué, mais encore toutes celles qui portent sur le
droit de propriété, puisqu'il est propriétaire ; que s'il
est rendu quelques jugemens contre lui, ils auront
tous leurs effets en ce qui le touche ; et si dans l'instance, il a été assisté par le concours du tuteur à la
substitution, ou que celui-ci y ait été appelé, les substitués seront passibles de l'exception de la chose jugée,
comme ayant été représentés par les contradicteurs
légitimes que la loi leur donne, en chargeant l'un de
conserver, et l'autre de veiller à la conservation
des biens substitués.

Il n'en est pas de même à l'égard de l'usufruitier :
celui-ci n'a pas les actions qui ne concernent que le
droit de propriété, puisqu'il n'est pas propriétaire ;
et en conséquence s'il était rendu contre lui quelque
jugement blessant les droits du propriétaire qui
n'auroit pas été appelé, ce dernier ne seroit pas
passible de l'exception de la chose jugée, ainsi que
nous l'exposerons plus amplement dans la suite.

COMPARAISON

De l'Usufruit et des Servitudes réelles.

66. Le droit d'usufruit a, dans son caractère propre, ses points de différence et d'identité avec le droit de servitude réelle.

1.° Il diffère de la servitude réelle, en ce qu'il n'est constitué qu'en faveur de la personne de l'usufruitier, et s'éteint au décès de cette personne; tandis que la servitude réelle, étant établie sur un fonds pour l'utilité d'un autre fonds, est perpétuelle dans sa durée, comme l'objet auquel elle s'applique.

2.° En ce que l'usufruit ne peut être légué ni stipulé pour commencer à la mort de l'usufruitier; tandis que rien n'empêche que la servitude réelle ne soit ainsi léguée ou promise pour le temps qui suivra le décès du propriétaire du fonds.

3.° L'usufruit d'un fonds est lui-même un immeuble civilement distinct et séparé de la nue propriété; immeuble qui peut être spécialement hypothéqué et aliéné au profit d'un tiers, indépendamment de la propriété; la servitude réelle, au contraire, n'est qu'une qualité inséparable du fonds, laquelle ne peut être ni spécialement hypothéquée ni aliénée qu'avec le fonds.

4.° L'usufruit établi sur un édifice seulement s'éteint par la destruction totale du bâtiment, et ne revit point par la reconstruction de l'édifice : la servitude réelle, au contraire, revit par le rétablissement de la chose (704).

67. Mais, sous d'autres rapports, l'usufruit parti-

cipe essentiellement de la nature des servitudes.

1.° Pris dans un sens abstrait, pour la simple faculté de jouir, l'usufruit, comme la servitude, est un droit incorporel; en sorte qu'à l'égard de l'un comme à l'égard de l'autre, un acte de rénonciation expresse suffit pour en opérer l'extinction.

2.° L'usufruit d'un immeuble est classé par la loi au rang des immeubles, comme les servitudes foncières (526), qui sont aussi nécessairement immobilières, puisqu'elles ne sont que des qualités de l'héritage auquel elles s'appliquent.

3.° L'usufruit ne peut être établi au profit d'une personne que sur le fonds qui appartient à une autre (578), comme la servitude ne peut être constituée sur un héritage, qu'à raison et pour l'utilité d'un immeuble appartenant à un autre maître (657); en sorte que l'un (617) comme l'autre (705) s'éteignent également par consolidation ou confusion, et qu'on applique également à l'un et à l'autre la maxime : *res sua nemini servit.*

4.° L'usufruit, comme la servitude, considérés l'un et l'autre dans l'objet auquel ils s'appliquent, sont également des charges purement réelles; charges qui n'affectent que le fonds; d'où résulte cette conséquence, que, comme le propriétaire de l'héritage grevé de servitude n'est obligé à autre chose qu'à en souffrir l'usage (698), de même le propriétaire d'un fonds grevé d'usufruit n'est obligé qu'à en souffrir l'exercice, sans pouvoir rien faire qui y mette obstacle; mais sans être tenu à aucune prestation personnelle envers celui qui a droit de jouir de l'usufruit, puisque la loi ne lui impose d'autres devoirs que celui de ne pas nuire, *par son fait*, ni de quelque manière que ce soit, aux droits de l'usufruitier (599).

COMPARAISON

De l'Usufruit et de la Jouissance fondée sur le prêt.

68. Le prêt peut avoir pour objet, ou des choses qui ne se consomment pas par le premier usage, et alors on l'appelle commodat ou prêt à usage ; ou des choses fongibles, et dans ce cas on l'appelle prêt de consommation.

Ce sont plus communément des meubles, comme un instrument, un lit, une table, une voiture, un cheval, qui sont l'objet du prêt à usage ; néanmoins, comme le dit Pothier, les immeubles peuvent aussi en être l'objet : tous les jours un ami prête à son ami sa cave, son grenier, un appartement dans sa maison (1).

Dans le prêt à usage, l'emprunteur se sert de la chose d'autrui et en use gratuitement ; comme dans la constitution d'usufruit, celui qui en a le droit, jouit des choses qui appartiennent à un autre.

Dans le prêt à usage encore, l'emprunteur doit donner à la conservation de la chose les soins d'un bon père de famille, pour la rendre en bon état, comme l'usufruitier doit veiller à la conservation des choses dont il jouit, pour les rendre à la fin, sans détériorations imputables à sa faute.

Mais le prêt ne transfère à l'emprunteur aucun droit

(1) Traité du prêt à usage, n.° 14.

réel dans la chose; il n'opère aucun démembrement de propriété, comme la constitution d'usufruit.

L'usufruitier, comme nous le verrons plus bas, peut quelquefois vendre les meubles soumis à son usufruit; l'emprunteur ne peut jamais aliéner la chose qui lui a été prêtée.

L'usufruitier est obligé à toutes les réparations d'entretien; l'emprunteur, comme le dit Pothier, n'est tenu que des impenses ordinaires, qui sont une charge naturelle du service qu'il tire de la chose prêtée.

Ainsi, lorsque c'est un immeuble qui a été prêté, l'emprunteur ne doit que les impenses nécessaires pour pourvoir aux menues réparations qu'on appelle communément locatives, et qui sont considérées comme ayant immédiatement pour cause l'usage de la chose : tandis que toutes les réparations de gros entretien pèseraient sur l'usufruitier.

Ainsi, lorsque l'usufruit a été établi sur des animaux, l'usufruitier doit non-seulement les nourrir, mais il doit pourvoir, à ses frais, à toutes les impenses extraordinaires que pourraient occasioner leurs maladies; l'emprunteur, dans le même cas, n'est obligé qu'à la nourriture, et il a l'action *commodati contraria*, pour répéter les impenses extraordinaires, à moins qu'elles ne soient absolument minutieuses.

Le maître de la chose prêtée, sans terme convenu pour la rendre, peut la répéter sitôt que l'emprunteur a consommé l'usage pour lequel le prêt avait été fait : l'usufruitier, au contraire, a le droit de garder la chose jusqu'à la mort, s'il n'y a pas eu d'autre terme fixé à sa jouissance.

69.   Il y a aussi quelque similitude et en même temps des différences essentielles entre le prêt de consommation et l'usufruit légué sur des choses fongibles.

Ils conviennent en ce que, dans le cas de cette espèce d'usufruit, comme dans celui du prêt de consommation, les choses qui en sont l'objet passent également dans le domaine de l'emprunteur ou de l'usufruitier, et que ni l'un ni l'autre ne sont obligés de les conserver. Ils diffèrent néanmoins essentiellement :

1.º En ce que le prêt est toujours un contrat qui n'a lieu que par acte entre-vifs; tandis que l'usufruit s'établit aussi par des dispositions à cause de mort.

2.º En ce que l'emprunteur n'est obligé à fournir aucune caution, s'il ne s'y est expressément soumis par l'acte de prêt; tandis que l'usufruitier doit en donner une, s'il n'en est pas dispensé par le titre constitutif de son usufruit (601).

3.º En ce que l'usufruit légué sans terme exprimé par le testateur, s'étend jusqu'à la mort de l'usufruitier (617); tandis que la restitution du prêt reçu sans terme fixé pour le remboursement, peut être exigé à la volonté du prêteur, sauf les délais d'humanité qu'il est permis aux juges d'accorder à l'emprunteur (1244), suivant ce que peuvent équitablement exiger les circonstances où il se trouve (1900).

4.º En ce que l'usufruit établi pour un temps déterminé n'en est pas moins éteint par la mort naturelle ou civile de l'usufruitier, arrivée avant le terme fixé; tandis que, dans le prêt stipulé pour un temps, les héritiers de l'emprunteur décédé avant le terme, jouissent du délai qui avait été accordé à leur auteur.

5.° L'usufruitier ou ses héritiers sont maîtres de se libérer par la restitution en nature, ou par le paiement du prix estimatif des choses qui avaient été reçues dans le principe (587) ; l'obligation est ici alternative : l'emprunteur n'a pas la même option (1892, 1897, 1902).

Si l'usufruitier ou ses héritiers optent pour le remboursement de l'estimation en numéraire, la constitution de l'usufruit participera plutôt de la vente faite à terme : si au contraire ils préfèrent la restitution en nature, l'usufruit aura plus de similitude avec le prêt ou l'échange.

70. 6.° Une autre différence bien remarquable entre l'un et l'autre, et qui n'est qu'une conséquence de la précédente, c'est qu'en cas d'option pour se libérer par le payement du prix des choses reçues, c'est au temps de la délivrance qui en avait été faite, qu'on doit se reporter pour fixer l'estimation due par l'usufruitier ou ses héritiers, si cette estimation n'a pas été consignée dans un inventaire ; attendu que dès cette époque l'obligation de l'usufruitier a été fixée, sous le rapport de l'estimation due, comme sous celui de la restitution en nature (1). Dans le prêt, au contraire, lorsque l'emprunteur ne veut ou ne peut rendre la chose en nature, il ne lui est permis de la remplacer que par une estimation (1903) de valeur égale, eu égard au temps et au lieu où la chose devait être rendue d'après la convention.

(1) Voy. dans Sotomayor, *de usufructu*, cap. 17, n.° 23.

COMPARAISON

Du Droit d'usufruit avec celui de jouissance par antichrèse.

71. Déjà nous avons vu ce que c'est que le droit d'usufruit : il faut aussi voir ce que c'est que l'antichrèse, pour pouvoir les comparer l'un à l'autre.

L'antichrèse ne s'établit que par écrit : la loi ne veut pas qu'on puisse la prouver par témoins.

C'est un contrat par lequel un débiteur livre à son créancier la jouissance d'un immeuble, pour en percevoir les fruits, à la charge de les imputer annuellement sur les intérêts de sa créance, s'il en est dû, et ensuite sur le capital (2085).

Nous disons, *livre à son créancier;* parce que l'antichrèse n'est pas un contrat simplement consensuel : c'est au contraire un contrat pignoratif qui ne se forme que par la tradition de la chose qui en est l'objet; car, puisque c'est un nantissement, il faut bien que son objet ait été livré pour que le créancier puisse dire qu'il en est nanti : et c'est pourquoi la loi veut que ce créancier soit, de plein droit, tenu de payer les contributions et de fournir aux impenses d'entretien du fonds (2086); charges qui ne pèsent jamais que sur celui qui est en jouissance, à moins qu'il n'y ait quelque stipulation qui en dispose autrement.

72. Ce contrat est utile au créancier en ce qu'il lui fournit les moyens de se payer de ses propres mains, sans frais et sans être obligé d'en venir à des saisies qui sont toujours désagréables à pratiquer, et

coûteuses dans leur résultat ; et par là même raison , le débiteur peut y trouver son avantage en ce qu'il acquiert sa tranquillité et met obstacle aux poursuites annuelles qui pourraient être dirigées contre lui.

73. Lorsque , dans la constitution de l'antichrèse, les parties ont stipulé que les fruits se compenseront avec les intérêts de la créance , ou totalement , ou jusqu'à une certaine concurrence , cette convention , si elle n'est point entachée de vice usuraire , doit s'exécuter comme toute autre qui n'est point prohibée par les lois (2089) ; mais s'il n'y a rien eu d'expressément stipulé sur la compensation des fruits du fonds, la valeur en doit être imputée conformément aux règles qui ressortent de la nature du contrat et de la fin pour laquelle il a été institué.

74. Ainsi, lorsqu'un débiteur livre son fonds en jouissance à son créancier, il suffit que la créance de celui-ci porte intérêts, et qu'il soit dit que l'immeuble est baillé en antichrèse sans qu'il soit besoin d'ajouter que les fruits seront compensés avec les intérêts de la créance , puisque tel est le but naturel de ce contrat , et qu'il suffit de désigner la chose , sans y ajouter l'énonciation des effets qu'elle doit produire.

75. Ainsi, lorsqu'il est constant que la valeur des fruits doit s'élever au-dessus du taux légitime des intérêts de la créance, les parties qui n'ont fait aucun règlement de compensation à ce sujet , sont censées avoir eu l'intention de se conformer à la règle (1254) qui veut que l'imputation se fasse d'abord sur les intérêts et jusqu'à due concurrence , et que l'excédant seulement vienne en déduction du capital.

76.   Ainsi, lorsque la créance ne porte point intérêt et n'est point encore exigible lors de la constitution de l'antichrèse, l'imputation des fruits doit entièrement être faite sur le capital, puisqu'il n'y a pas d'autre chose qui soit due, et alors le créancier est censé s'être soumis à recevoir de cette manière le remboursement de son capital par parties.

77.   Mais, si la créance qui ne portait point intérêt dès son principe, était échue, nous croyons que la seule constitution d'antichrèse devrait suffire pour lui faire produire des intérêts moratoires à compenser jusqu'à concurrence de leur montant, avec les fruits du fonds, parce que l'intention des parties doit être présumée concordante avec la nature de la négociation passée entre elles; que la fin principale de l'antichrèse étant de compenser des intérêts avec des fruits, on doit présumer que les parties ont voulu qu'il y eût des intérêts là où elles en ont établi le principe et le mode de compensation; autrement elles auraient voulu un effet sans cause : on devrait d'autant moins hésiter d'admettre cette présomption toute naturelle, qu'autrement il faudrait supposer que le créancier eût voulu se porter un grave préjudice à lui-même, soit en consentant à reculer son remboursement, soit en consentant à le morceler par des imputations successives et partielles de fruits, à faire valoir sur son capital.

78.   Si le créancier est obligé d'acquitter les impôts et les charges réelles qui pèsent sur le fonds ainsi que de fournir aux impenses d'entretien et de réparations, ce n'est que sauf son droit de reprise sur les fruits,

parce qu'il faut toujours qu'il soit entièrement payé de sa créance , tant en intérêt qu'en capital. Cette circonstance ainsi que celle qui peut résulter de l'inégalité du montant des intérêts comparé à la valeur des fruits de l'immeuble , font que par le contrat d'antichrèse les parties s'imposent nécessairement l'obligation d'un compte à régler entre elles et en définitive , à moins qu'elles n'aient , dès le principe , traité à forfait sur le tout.

Tels sont les principaux effets que l'antichrèse produit entre les parties qui l'ont souscrite ; mais elle en produit d'autres encore envers les tiers , et qu'il n'est pas moins essentiel de bien signaler. Pour en établir le principe avec autant de précision que possible , il faut soigneusement remarquer deux choses :

79. *La première*, que , par l'antichrèse, le débiteur ne cède qu'une perception de fruits à faire sur son fonds , pour servir à l'acquit de sa dette : que , de son côté, le créancier n'acquiert que l'espèce de possessoire qui lui est cédée , que toute la concession se bornant là , parce que l'antichrèse n'est que cela , il faut dire que la créance n'est point affectée sur la propriété même de l'immeuble remis en nantissement, et que le créancier n'acquiert pas , sur cet immeuble , un droit réel qui puisse lui donner la faculté de le suivre entre les mains d'un tiers , comme lorsqu'il s'agit de la constitution de l'hypothèque.

80. *La seconde*, que l'antichrèse est un contrat de garantie , par cela seul que c'est un contrat de nantissement : que , par l'effet de ce contrat , le créancier reçoit un cautionnement réel dans la chose même

qui lui est cédée : que, comme le créancier auquel on
a fourni une caution fidéjussoire, ne peut être forcé
de libérer la caution qui lui a été donnée, qu'autant
qu'on lui fait le remboursement de sa créance, en
capital et intérêt; de même le créancier nanti par
antichrèse ne peut être contraint d'abandonner la
jouissance qui lui a été cédée, qu'autant qu'il est
remboursé de sa créance (2087) : et de là il résulte
que, quoique l'antichrèse ne produise pas un droit
d'affectation par hypothèque sur l'immeuble, elle
produit néanmoins un droit de rétention qui donne
au créancier un privilége considérable, ainsi que
nous l'expliquerons dans un moment; mais, avant
d'en venir à cette application, il faut encore dire
quelque chose sur l'usage de ce contrat nouvellement
rétabli dans le nombre de nos institutions civiles,
desquelles il avait été, pour ainsi dire, entièrement
effacé.

81.   On voit par différens textes soit du digeste (1),
soit du code Justinien (2), que le contrat d'antichrèse
était connu et usité anciennement chez les Romains.
Les principes de leur droit n'y répugnaient point,
parce qu'à Rome il était alors permis de stipuler l'intérêt de l'argent prêté. *Cùm debitor gratuitâ pecuniâ
utatur, potest creditor de fructibus rei sibi pigneratæ
ad modum legitimum usuras retinere* (3). Mais depuis

(1) L. 39, ff. *de pignerat. actione*, lib. 13, tit. 7.—L. 11.
§ 1, ff. *de pignoribus*, lib. 20, tit 1.

(2) LL. 14 et 17, cod. *de usuris*, lib. 4. tit. 32.

(3) L. 8, ff. *de quibus causis pign. vel hyp. contrahatur*, lib.
20, tit. 2.

l'établissement du christianisme, les lois de l'église ayant déclaré usuraire et illicite l'intérêt de l'argent dont le sort principal ne serait pas aliéné à perpétuité, l'antichrèse fut aussi, et par voie de conséquence, généralement prohibée par ces mêmes lois. *Quoniam non solùm viris ecclesiasticis, sed etiam quibuslibet aliis periculosum est usurarum lucris intendere : auctoritate præsentium duximus injungendum, ut eos, qui de possessionibus, vel arboribus, quas tenere in pignore noscuntur, sortem deductis impensis receperunt, ad eadem pignora restituenda sine usurarum exactione ecclesiasticâ districtione compellas* (1). Cependant, comme il s'agit ici d'une matière purement temporelle, les lois de l'église n'étaient obligatoires sur ce point, qu'autant que leur exécution avait été consacrée par la jurisprudence civile, ou ordonnée par les princes ; et nous avions, à cet égard, différens usages en France, parce qu'il y avait des provinces où les canons de l'église étaient rigoureusement suivis en fait d'usure (2), et d'autres où ils n'étaient point également observés (3).

82. Mais depuis le décret du 2 octobre, sanctionné le 3 novembre 1789, qui a permis généralement en France de prêter l'argent à *terme fixe* avec stipulation d'intérêt, suivant le taux déterminé par la loi, l'antichrèse a pu y être légitimement et partout mise en

---

(1) Decret. Gregor., lib. 5, tit. 13, cap. 2, *de usuris*.

(2) Voy. dans GRIVEL, décis. 83 ; et dans BOUHIER, chap. 76, n. 148 et suiv.; et chap. 77, n. 23.

(3) Voy. dans CATELLAN, arrêts notables du Parlement de Toulouse, liv. 5, chap. 1.

usage, et ce contrat a dû, comme tous les autres, trouver sa place et ses règles particulières dans notre nouveau code.

Il ne faut pas cependant perdre de vue que, si les fruits du fonds baillé en antichrèse surpassaient visiblement en valeur l'intérêt du capital prêté, tel que le taux en est réglé par la loi du 3 septembre 1807 (1), l'excédant devrait être imputé sur le capital, lors même que, dans le contrat, il aurait été convenu entre les parties que la perception des fruits du fonds ne tiendrait lieu que du payement des intérêts tombant à la charge du débiteur. On ne conçoit pas, en effet, que la loi puisse autoriser, par voie indirecte et détournée, la perception d'un intérêt excédant visiblement le taux qu'elle-même a fixé, avec prohibition de le dépasser.

83. Nous disons *excédant visiblement* : car il faut remarquer qu'une convention faite à prix fixe sur une perception de fruits, est toujours compliquée de chances aléatoires, soit sur l'estimation des fruits dont le prix varie sans cesse, soit sur le montant du produit du fonds, qui peut être abondant, médiocre, ou nul, suivant le cours des saisons, ou celui des orvales qui peuvent être favorables ou contraires aux récoltes; d'où il résulte qu'on ne doit pas procéder ici d'après une estimation très rigoureuse : *Si eâ lege possessionem mater tua apud creditorem suum obligavit, ut fructus in vicem usurarum consequeretur; obtentu majoris percepti emolumenti propter incertum fructuum*

(1) Voy. au Bull. des lois, 4e. série, tom. 7, pag. 49.

eventum rescindi placita non possunt (1). Mais si, toutes chances calculées, il était reconnu que le revenu annuel et net du fonds dût excéder l'intérêt du capital prêté : si, par exemple, le créancier nanti du gage l'avait donné à ferme pour un prix supérieur au taux de son intérêt (2), il faudrait bien céder à l'évidence et venir au secours du débiteur.

84. Les droits du créancier nanti par antichrèse, et ceux de l'usufruitier, sont semblables en plusieurs points.

Ils n'ont l'un et l'autre que la jouissance de la chose d'autrui : leur possession, en tant qu'elle s'applique au fonds, est également précaire, et résiste par sa nature, à ce qu'ils puissent jamais prescrire l'immeuble : le créancier nanti se paye des intérêts de sa créance, par le produit qu'il perçoit sur le fonds, comme l'usufruitier se paye aussi de ses propres mains des intérêts qui peuvent lui être dus par la succession. Ils sont l'un et l'autre tenus des charges annuelles et de l'entretien du fonds, et peuvent également renoncer à leur jouissance pour se dégager de ces charges.

85. Mais leur condition est, sous d'autres rapports, bien différente, en ce que, dans l'antichrèse, le gage du créancier ne repose que sur les fruits, ou la perception des fruits : ce contrat n'opère aucun démembrement dans la propriété, et n'attribue pas à l'engagiste de droit réel sur le fonds. Il ne pourrait en conséquence hypothéquer son droit, comme l'u-

(1) L. 17, cod. *de usuris*, lib. 4, tit. 32.

(2) Voy., dans les institutions au droit français, par SERRES, page 458.

sufruitier peut hypothéquer son usufruit, et même
l'engager par antichrèse envers son propre créancier,
parce qu'il est un immeuble pour lui : *Ususfructus
an possit pignori hypothecæve dari, quæsitum est,
sive dominus proprietatis convenerit, sive qui solum
usumfructum habet? Et scribit Papinianus libro un-
decim responsorum, tuendum creditorem* (1).

La jouissance de l'engagiste est toujours précaire
dans un sens plus étendu, puisqu'il peut toujours être
évincé par le remboursement de sa créance; tandis
que l'usufruitier ne peut être dépossédé avant le
terme de son usufruit.

L'antichrèse est un contrat dont les effets passent
aux héritiers; tandis que l'usufruit ne passe pas aux
héritiers de l'usufruitier.

86. Si, dans l'antichrèse, le créancier est tenu
des charges annuelles et des impenses d'entretien du
fonds, ce n'est qu'une avance qu'il est censé faire
pour ces divers objets, puisqu'il a droit de les répéter
en compte avec le débiteur (2086); tandis que l'usufruitier qui acquitte les charges annuelles, ou qui
pourvoit aux réparations d'entretien, ne satisfaisant
qu'à sa dette personnelle, ne peut jamais avoir le
droit de les répéter en comptant avec le propriétaire,
attendu qu'il ne doit aucun compte des fruits par lui
perçus.

87. Lorsqu'un fonds, ou un droit d'usufruit a
été remis en antichrèse, les autres créanciers du propriétaire ou de l'usufruitier peuvent-ils évincer celui
qui a reçu ce nantissement?

---

(1) L. 11, § 2, ff. *de pignor. et hyp.*, lib. 20, tit. 1.

Pour la solution de cette question, il faut faire plusieurs distinctions, suivant qu'il s'agit ou de simples créanciers cédulaires, ou de créanciers hypothécaires antérieurs à la constitution d'antichrèse, ou enfin de créanciers hypothécaires postérieurs à cette constitution.

Si c'est un créancier qui n'ait aucun droit réel par hypothèque ou privilége sur le fonds baillé en antichrèse, et qui néanmoins se présente pour faire exproprier l'immeuble; quelle que soit la date de sa créance, et lors même qu'elle serait authentiquement antérieure à celle du nantissement, le créancier antichrésiste doit être maintenu dans sa jouissance, par cela seul qu'il est le premier nanti, puisqu'il a pour lui la règle *in pari causâ possessor potior haberi debet*. Et l'on trouve dans Védel, annotateur de Catellan, livre cinq, chapitre premier, la relation d'un arrêt du parlement de Toulouse, du 14 mai 1725, qui l'a ainsi jugé.

88. Si c'est un créancier hypothécaire qui se présente pour faire exproprier l'immeuble baillé en nantissement, et que son hypothèque ait été établie sur cet immeuble avant la constitution de l'antichrèse, le créancier nanti ne peut être recevable à demander sa maintenue dans la jouissance du fonds; parce qu'il n'a pas été au pouvoir de leur débiteur commun, de paralyser les effets de l'hypothèque accordée au premier, en cédant ensuite, et après coup, la jouissance de l'immeuble au second.

Le créancier nanti par antichrèse ne peut avoir le même avantage qu'un fermier qui aurait été établi sur le fonds postérieurement à la constitution de l'hypothèque, et la disparité entre la cause de l'un et celle de l'autre est immense.

Un homme, en hypothéquant son fonds, ne se prive pas de la faculté de l'administrer, et par conséquent de l'affermer, puisque l'établissement du fermage est un acte d'administration. C'est pourquoi la loi veut qu'en cas de saisie de l'héritage, faite à requête des créanciers du bailleur, le fermier qui a un bail dont la date est certaine et antérieure au commandement (1), soit maintenu dans sa jouissance ; mais alors le fermier établi par le débiteur, devient le fermier de l'adjudicataire du fonds, et reste chargé de payer à celui-ci le fermage stipulé dans le bail, ce qui n'empêche pas que la vente ne doive être portée à son juste prix, et ce qui par conséquent ne peut atténuer les effets de l'hypothèque des créanciers.

89. Mais quand il s'agit de la constitution d'antichrèse, il y a aliénation de jouissance au profit du créancier avec lequel elle a été stipulée, et cette aliénation est telle par sa nature, qu'elle peut durer indéfiniment, et que le créancier nanti n'est obligé d'en payer aucun rendage, puisque ce n'est que pour se payer lui-même qu'il a reçu cette jouissance. Si donc il pouvait la conserver, nonobstant l'expropriation du fonds provoquée par un créancier ayant hypothèque antérieure au nantissement, la vente ne pourrait être faite qu'à vil prix, puisque l'adjudicataire n'aurait ni le droit d'entrer de suite dans la jouissance effective de l'immeuble, ni celui d'en exiger

(1) Voy. l'art. 691 du code de procéd.

un revenu de la part du créancier nanti. D'où il suit que les droits antérieurement acquis au créancier hypo-thécaire se trouveraient paralysés et comme anéantis par la constitution de l'antichrèse; ce qui ne peut être.

90. Si enfin il s'agit de créanciers dont les hypo-thèques n'aient été établies sur le fonds que postérieu-rement à la constitution de l'antichrèse, ils ne peu-vent en poursuivre l'expropriation au préjudice du créancier nanti , et celui-ci doit avoir le droit de se faire maintenir dans sa jouissance, ou de se faire payer en premier ordre sur le prix de la vente.

Suivant l'expression textuelle de l'article 2087 du code : « *Le débiteur ne peut, avant l'entier acquitte-ment de sa dette, réclamer la jouissance de l'immeu-ble qu'il a remis en antichrèse.* » Or , on ne conçoit pas comment le débiteur pourrait céder à un tiers plus de droit qu'il ne lui en reste à lui-même sur cet im-meuble : donc le créancier au profit duquel il a voulu l'hypothéquer postérieurement à la constitution de l'antichrèse, ne pourrait pas non plus déposséder le créancier nanti, sans le rembourser de ce qui lui est dû, ou sans souffrir qu'il fût payé, en premier ordre , sur le prix de la vente.

91. A la vérité, lorsqu'il s'agit de donation entre-vifs, le donateur peut encore valablement hypothé-quer ou vendre le fonds donné, tant que le donataire n'a pas fait transcrire sa donation, ce qui peut entraî-ner la ruine totale du bienfait, par l'éviction entière du donataire : et il arrive de là que le donateur qui s'était dépouillé, peut encore céder à un tiers le droit

de déposséder le donataire quoiqu'il n'aurait pu le déposséder directement lui-même. Ce droit qui paraît si contraire à la raison naturelle, est néanmoins dans la raison civile ; et les législateurs ont été obligés d'en venir jusqu'à le consacrer, pour donner aux transactions sociales toute la sûreté qu'elles doivent avoir, parce que les donations entre-vifs ne se font presque jamais qu'avec réserve d'usufruit, et qu'ainsi, le donateur n'étant point dépossédé de fait en son vivant, les personnes tierces auxquelles il aurait recours pour obtenir de l'argent, pourraient toujours être induites en erreur sur ses véritables moyens de solvabilité. Voilà pourquoi l'on avait inventé la formalité de l'insinuation qui se fait aujourd'hui par la transcription de l'acte de donation sur un des registres de la conservation des hypothèques : formalité qui est destinée à instruire le public de l'existence de la donation, et dont l'accomplissement est d'une importance telle, que jusque là le donateur peut encore valablement engager envers un tiers l'immeuble qu'il a donné. Mais en tout ce qui touche aux effets des conventions, ce cas-là est unique dans le droit, et l'on est si loin de pouvoir le comparer avec la constitution de l'antichrèse, qu'ici au contraire tout est nécessairement public et patent, puisque le créancier ne peut être nanti qu'en tant qu'il est mis de fait en jouissance du fonds.

92. Ainsi, la question qui nous occupe doit être uniquement décidée d'après les règles du droit commun sur les effets des conventions ordinaires. Voyons donc encore plus explicitement quelles sont ces règles.

Celui qui possède un fonds en toute propriété, peut en aliéner la jouissance pour un temps et sous condition, comme il pourrait en aliéner le domaine entier ou la nue propriété seulement, parce que le droit de jouissance n'est pas moins dans le commerce que celui de propriété; or, en fait, la constitution d'antichrèse emporte bien certainement une aliénation de jouissance, puisqu'elle n'est que cela; et cette aliénation de jouissance est bien réellement consommée, puisque la loi veut et déclare expressément que le débiteur qui a consenti ce contrat, reste privé de la jouissance de son héritage, et ne puisse la reprendre qu'en offrant un autre payement à son créancier.

93. Si donc, après la constitution d'antichrèse, le débiteur qui l'a stipulée veut encore vendre son fonds, ou l'hypothéquer au profit d'un tiers, le droit de jouissance déjà aliéné ne pourra être transmis au nouvel acquéreur soit par vente volontaire, soit par adjudication sur poursuite hypothécaire, que sous la même condition; c'est-à-dire, que le créancier nanti ayant la priorité dans son acquisition de jouissance, pourra, vis-à-vis du nouvel acquéreur, en exiger la conservation, comme il aurait pu la retenir vis-à-vis de son débiteur lui-même, jusqu'à ce qu'on lui offre le remboursement de sa créance : *Alienatio cùm fit, cum suâ causâ dominium ad alium transferimus, quæ esset futura si apud nos res mansisset* (1). Une fois que l'aliénation de jouissance est consommée par la dation *in solutum* faite au profit du créancier, elle est dans le patrimoine de celui-ci, jusqu'à ce qu'on lui offre

(1) L. 67, ff. *de contrahend. empt.*, lib, 18, tit. 1.

un autre payement; et la raison, comme le texte du
droit positif nous disent également qu'on ne doit point
être admis à l'en priver en vertu d'un acte de vente
auquel il n'a point eu de part : *Id quod nostrum est,*
sine facto nostro ad alium transferri non potest (1).
D'autre part, le nouvel acquéreur, n'étant et ne pouvant être que l'ayant-cause du débiteur qui avait consenti l'antichrèse, ne peut faire valoir que les droits
de celui-ci, et doit souffrir toutes les exceptions qui
lui seraient opposables, s'il demandait lui-même la
jouissance du fonds : *Cùm quis utitur adminiculo ex*
personâ auctoris, uti debet cum suâ causâ, suisque
vitiis (2) : il faut donc qu'il reconnaisse que le contrat
d'antichrèse, qui avait été passé avec le créancier, forme
un obstacle à son entrée en possession comme il en
aurait formé un avec le vendeur lui-même, puisqu'il
ne fait que succéder à ses droits : *Quod ipsis qui con-*
traxerunt, obstat; et successoribus eorum obstabit (3).
Telles sont les règles inspirées par la droite raison et
consignées dans le droit positif pour fixer les droits de
ceux avec lesquels la même personne a successivement
contracté : telles sont les règles qui veulent généralement que le cessionnaire ou l'acquéreur soit obligé de
souffrir toutes les exceptions qu'on aurait pu opposer
au cédant; mais, pour peu qu'on y réfléchisse, combien ne reste-t-on pas convaincu que ces règles doivent être appliquées avec une rigueur scrupuleuse en
faveur du créancier nanti par antichrèse, quand on

(1) L. 11, ff. *de regul. jur.*
(2) L. 13, § 1, ff. *de acquirend. poss.*, lib. 41, tit. 2.
(3) L. 143, ff. *de regul. jur.*

considère que , pour se soustraire à leur application
vis-à-vis de lui , il faudrait lui arracher un payement
qu'il a légalement reçu en acquit d'une dette légitime,
et le lui arracher par suite d'obligations contractées
après coup par le débiteur qui s'en était dessaisi? comment l'imagination ne serait-elle pas révoltée à la vue
d'une pareille injustice ?

Concluons donc que le créancier , nanti par antichrèse , ne peut pas plus être dépossédé par l'acquéreur
ou le créancier hypothécaire du fonds , avec lesquels
son débiteur aurait traité postérieurement à la constitution d'antichrèse , qu'il ne pourrait l'être directement par ce débiteur lui-même ; qu'en conséquence
ce n'est qu'en lui offrant le remboursement pécuniaire
de sa créance , ou en souffrant qu'il le prélève en premier ordre sur le prix du fonds , qu'il peut être permis de le priver de la jouissance qui lui en a été cédée ,
et qu'il peut la retenir jusqu'à l'accomplissement de
cette condition , à laquelle seule son déguerpissement
forcé se trouve subordonné d'après la convention des
parties.

94. Il ne résulte cependant pas de là que la constitution d'antichrèse opère , sur le fonds , une affectation réelle de la dette , à l'égal de l'hypothèque ou
du privilége par hypothèque ; et ce serait une erreur
de le penser ainsi.

L'affectation par hypothèque , ou du privilége par
hypothèque , produit un droit réel qui suit l'immeuble
en quelques mains qu'il passe ; tandis que l'antichrèse
ne produit qu'un droit de rétention qui s'évanouit
entièrement dès que le créancier nanti est dépossédé.

L'hypothèque donne au créancier hypothécaire une action pour attaquer; tandis que le droit de rétention ne produit qu'une exception pour défendre.

Avec son droit d'hypothèque le créancier n'est point supposé être en possession du fonds; tandis que le droit de rétention n'est fondé que sur la possession et ne peut exister pour celui qui ne possède pas.

95. Pour mieux faire saisir encore la différence qui existe entre l'un et l'autre de ces droits, supposons que le créancier nanti par antichrèse, demande lui-même la vente par expropriation du fonds dont il a été mis en jouissance. Il peut certainement ouvrir cette action dans la vue de se procurer le remboursement du capital de sa créance; comme tout créancier, même simple cédulaire, peut faire vendre les fonds de son débiteur pour obtenir son payement sur le prix. Eh bien! dans cette hypothèse, le créancier nanti aura, par le seul fait de la vente exécutée à sa requête, renoncé à son droit de rétention, parce qu'on ne peut vendre et retenir tout à la fois la même chose. Cela étant ainsi, lorsqu'on paraîtra au procès-verbal d'ordre pour procéder au nantissement du prix, il se verra primé par tous les autres créanciers ayant hypothèques, quelles qu'en soient d'ailleurs les dates, et il ne pourra que venir au marc le franc ou par rétribution avec les cédulaires, parce que s'étant volontairement dépouillé de son privilége de rétention, il n'aura plus aucun droit de préférence à prétendre ni envers les uns, ni envers les autres; et c'est sur ce point que diffèrent principalement le nantissement sur gage et le nantissement par antichrèse; car le créancier nanti par

gage, peut lui-même faire vendre le meuble pour
être payé sur le prix par préférence à tous autres, parce
que ce n'est pas seulement la jouissance, mais bien la
propriété du meuble qui est affectée à son privilége ;
tandis qu'au contraire celui qui est nanti par antichrèse,
ne peut que retenir l'immeuble pour en jouir jusqu'à
ce qu'il ait été payé, parce que son gage ne consiste que
dans la jouissance du fonds.

96. Le droit de rétention dont nous parlons ici, et
sur lequel nous aurons occasion de donner encore
d'autres développemens, dans la suite de cet ouvrage (1), produit donc un privilége aussi efficace
que celui qui ressort de l'hypothèque, quoiqu'il ne
l'opère pas de la même manière. Il a son fondement
dans l'équité, parce qu'il ne serait pas juste que celui
qui est nanti d'une chose sur laquelle il a un intérêt
ou une créance légitime à faire valoir, pût être forcé
à s'en dessaisir avant qu'on l'eût satisfait. Ce privilége,
consacré dans une foule de cas par les lois romaines,
est aussi reconnu par notre code, non-seulement en
ce qui touche au créancier nanti par antichrèse, mais
encore dans beaucoup d'autres circonstances : prenons pour exemple celui du fermier, avec lequel il
a été convenu qu'en cas de vente de fonds, son bail
pourra être résolu. Nonobstant cette stipulation sur
la résolution du fermage, il est dû au fermier expulsé
une indemnité à régler à l'amiable ou par experts,
indemnité pour le recouvrement de laquelle il peut
n'avoir aucune hypothèque assise sur le fonds, puisqu'elle peut être due en vertu d'un bail sous seing

(1) Voy. au chap. 51, sous le n. 2626.

1.   7

privé, comme en vertu d'un acte authentique. Cependant la loi (1749) veut qu'en cas de vente, ce fermier ne puisse être expulsé sans avoir été préalablement payé des dommages et intérêts qui lui sont dus. Voilà donc un droit de rétention établi là où il n'y a point de créance hypothécaire, droit de rétention qui opère un privilége aussi efficace que celui de l'hypothèque, quoïqu'il n'y ait pas d'hypothèque. Pourquoi en seroit-il autrement dans le cas de l'antichrèse, où la loi déclare expressément et avec autant d'énergie, que le créancier nanti ne peut être dépossédé par son débiteur, qu'autant que celui-ci lui offre l'entier remboursement de sa dette?

COMPARAISON

De l'Usufruit et de l'Emphytéose.

97. L'emphytéose, dit Domat, est un contrat par lequel le maître d'un héritage le donne à l'emphytéote pour le cultiver et l'améliorer, et pour en jouir et disposer à perpétuité, moyennant une certaine rente en deniers, grains ou autres espèces, et les autres charges dont on peut convenir.

On voit par cette seule définition, combien l'emphytéose diffère de la constitution d'usufruit, puisque l'emphytéote, acquérant la propriété du fonds, jouit de sa propre chose, tandis que l'usufruitier n'est que jouissant de la chose d'autrui.

Ainsi en argumentant de l'un à l'autre, on peut dire que tous les droits que les lois accordent à l'usufruitier sur l'usage de la chose, doivent à plus forte raison, appartenir à l'emphytéote, mais qu'il ne serait

pas permis d'adopter l'hypothèse inverse, pour attribuer à l'usufruitier tous les droits de l'emphytéote.

Ce que nous venons de dire de l'emphytéose com-
parée à l'usufruit, doit être appliqué, par identité de
raison, aux baux à locaterie perpétuelle, ou à culture
perpétuelle, lesquels sont également translatifs de
propriété entre les mains des preneurs (1).

L'emphytéose, qui tient le milieu entre la vente
et le bail, peut être stipulée aussi, soit pour durer
pendant la vie du preneur seulement, soit pour tout
autre temps déterminé. Alors elle n'emporte pas aliénation du fonds, et, dans ce cas, elle n'est autre chose
qu'un bail plus ou moins modifié, suivant qu'elle a été
stipulée pour une durée plus ou moins étendue, ou
que la pension annuelle qui doit être payée au bailleur,
se rapproche plus ou moins de l'équivalent des fruits
qui seront perçus par le preneur; ou enfin que celui-
ci est plus ou moins chargé d'améliorer le fonds (2).

COMPARAISON

Des Droits d'usufruit et de location.

98.   L'usufruit peut être établi moyennant une
somme annuelle, à payer par l'usufruitier durant
sa jouissance, comme il peut être vendu pour un
prix une fois payé, attendu que les choses qui sont
dans le commerce peuvent être aliénées, cédées et

_____

(1) Voy. l'art. 2 de la loi du 18 décembre 1790, et le décret
du 2 prairial an 2, et dans le nouveau répert., tom. 11, pag.
477, col. 2.

(2) Voy. sur la nature de ce contrat, ce que dit Dunod en
son traité des prescript., pag. 339.

transmises par toutes sortes de conventions non prohibées par les lois, et qu'il n'existe aucune loi qui
défende ce mode d'acquérir un droit d'usufruit; quelle
sera alors la différence de ce droit d'usufruit et de celui
de location ou de bail à ferme?

Sans doute, en ce cas, il y aurait quelque ressemblance entre l'usufruit et le bail à ferme : on peut
même dire que, dans cette espèce mixte, l'un participe des qualités de l'autre : néanmoins il faut bien se
garder de les confondre comme s'ils étoient identiques,
attendu que ce n'est pas par quelques similitudes accidentelles, mais par les attributs essentiels des
choses, qu'on doit les distinguer.

Sous le rapport de sa cause, l'usufruit peut n'être
établi que par la loi; tandis que la location ne peut être
qu'un effet de la volonté de l'homme : et quand il s'a-
git de l'usufruit constitué par l'homme lui-même, il
peut l'établir tant par testament que par acte entre-vifs,
tandis que le droit de location ne peut résulter que
d'une convention.

Sous le rapport de sa cause encore, l'usufruit peut
n'être et n'est réellement le plus souvent que l'effet
d'une pure libéralité; le droit de location, au contraire,
ne peut être que l'effet d'un contrat commutatif.

99.   Quant à ses effets, la constitution d'usufruit
emporte un droit réel assis sur l'immeuble; un droit
de servitude personnelle acquis à l'usufruitier : le bail,
au contraire, ne confère au preneur d'autres droits
que ceux qui résultent de sa convention, et qui ne
produisent que des actions purement personnelles
entre lui et le maître du fonds.

L'usufruitier jouit d'un immeuble qui est le sien , puisque le démembrement de propriété qui lui est acquis, constitue un immeuble entre ses mains (526); tandis que le preneur à ferme n'est que le détenteur de l'immeuble qui lui est affermé : il ne jouit, en son nom propre, que des actions personnelles résultant de son bail, puisqu'il n'y a que ces actions qui lui soient acquises, sans aucune aliénation du domaine utile faite à son profit.

Ces caractères essentiellement distinctifs des droits d'usufruit et de location , considérés soit sous le rapport de leur cause , soit sous celui de leurs effets, entraînent une foule d'autres différences, qui n'en sont que des conséquences plus ou moins immédiates.

100. Le bailleur est obligé de rendre l'édifice en bon état de réparations de toutes espèces, avant d'en livrer la jouissance au preneur (1720), parce que telle est la condition sous-entendue dans leurs obligations réciproques : l'usufruitier est au contraire tenu de recevoir la maison dans l'état où elle se trouve (600), parce que tout son droit n'est que dans la chose.

Dans le louage, le bailleur est obligé non-seulement de mettre le preneur en possession, mais encore de lui garantir une paisible jouissance pendant la durée du bail (1719), parce que telle est la conséquence naturelle de leurs obligations personnelles et réciproques : dans la constitution d'usufruit, le propriétaire n'est tenu qu'à souffrir la jouissance de l'usufruitier, sans rien faire qui y mette obstacle, par la raison encore que les droits de celui-ci ne sont

que dans la chose, et ne portent point sur la personne du propriétaire.

L'usufruitier majeur peut abdiquer son droit (622), pour se soustraire aux charges qui y sont inhérentes et n'en sont que la suite, attendu que tout homme maître de ses droits peut y renoncer ; tandis que le preneur ne peut, sans le consentement du propriétaire, renoncer à son bail, pour se dégager de l'obligation de cultiver et de payer le prix du fermage, parce qu'il est de l'essence de toute convention légalement stipulée, que l'une des parties ne puisse la dissoudre sans l'aveu de l'autre.

Dans le bail à ferme, le preneur peut réclamer une indemnité pour non-jouissance occasionée par cas fortuit ou force majeure (1769, 1773), attendu que la garantie lui est due, même en ce cas : dans l'usufruit, toute perte semblable est pour l'usufruitier.

Le bail fait sans terme ne dure que le temps nécessaire pour que le preneur puisse recueillir tous les fruits des héritages affermés (1774) ; l'usufruit établi sans terme s'étend à la mort de l'usufruitier.

Le bail n'est pas résolu par le décès du fermier (1742) ; l'usufruit, au contraire, établi avec ou sans désignation de terme, s'éteint toujours par la mort de l'usufruitier.

Enfin, lorsqu'il s'agit de l'exécution d'un bail, les actions qui ont pour objet des réparations locatives prétendues, ou des dégradations alléguées par le propriétaire, doivent être portées d'abord à la justice de paix de la situation des lieux (1) ; tandis qu'en fait

_____
(1) Cod. de procéd., art. 3, § 3 et 4.

d'usufruit, les actions de ce genre, pour le développement desquelles il y a toujours des questions de droit plus ou moins difficiles à décider entre le propriétaire et l'usufruitier, ou ses héritiers, doivent indubitablement être soumises, en premier lieu, à la juridiction ordinaire des tribunaux d'arrondissement.

101. Mais puisque le droit d'usufruit est si différent de celui de location, comment justifier la définition que les auteurs du code nous en ont donnée, en disant simplement qu'il consiste dans *le droit de jouir des choses dont un autre a la propriété, comme le propriétaire lui-même, à la charge d'en conserver la substance?* Ne peut-on pas dire que cette définition est tellement inexacte qu'elle convient même au droit de location, puisque le locataire ou le fermier ont aussi le droit de jouir de la chose d'autrui, comme le propriétaire lui-même, à la charge d'en conserver la substance? et qu'aujourd'hui le droit de location est, comme celui d'usufruit, un droit réel, *jus in re*, puisqu'aux termes du code (1743), le fermier peut, comme l'usufruitier, revendiquer la jouissance du fonds entre les mains du tiers acquéreur avec lequel il n'a pas contracté? Ne résulte-t-il pas de là qu'il n'y a plus entre l'un et l'autre, de différence que sur la transmissibilité aux héritiers, et qu'en conséquence notre définition est d'autant plus imparfaite, qu'elle ne s'exprime pas même sur ce point?

Nonobstant ces raisonnemens, pour peu qu'on réfléchisse sur la valeur des termes, on reste convaincu que la définition de l'usufruit, telle que l'ont donnée les auteurs du code est parfaitement juste, et ne convient nullement au droit de location.

Et d'abord, le simple droit de jouir n'est par sa nature qu'un droit personnel : l'homme ne peut jouir qu'autant qu'il est vivant : conséquemment lorsqu'on n'énonce qu'un simple droit de jouir, dans l'usufruitier, il n'est pas nécessaire d'en exprimer l'intransmissibilité.

L'usufruitier a une véritable jouissance dans la chose soumise à son usufruit, puisque tous les fruits et émolumens qui en naissent lui appartiennent et cèdent à son profit. Le fermier, au contraire, ne jouit véritablement que du fruit de ses travaux dans l'étendue des avantages qui peuvent résulter pour lui de sa convention : il ne jouit pas, dans un sens proprement dit, du fonds affermé ; ou, en d'autres termes, il n'a pas de jouissance qui s'applique au fonds comme un droit réel ; car, les choses entendues dans un sens propre et rigoureux, celui-là seul jouit véritablement d'un fonds, qui en retire, à son profit, *et proprio nomine*, tous les fruits et émolumens : or, ce profit n'appartient qu'au bailleur et non au fermier, puisque celui-ci verse annuellement entre les mains du maître de la ferme, tout ce qui est censé produit net du fonds, en se réservant seulement la valeur qui peut compenser le prix de ses travaux et de ses frais de culture : c'est donc le propriétaire lui-même qui jouit, puisque c'est lui qui perçoit à son profit le revenu net du fonds ; et c'est pourquoi, parlant du fermier, les lois l'appellent seulement *possessionis alienæ detentor* (1).

_____

(1) L. 10, cod. *undè vi*, lib. 8, tit. 4.

L'usufruit est le droit de jouir, à la charge seulement de conserver la substance de la chose ; le droit
de location ne s'exerce au contraire qu'à la charge de
payer le prix du bail, puisque les réparations qui
affectent la substance de la chose ne sont point à la
charge du preneur. Dans le cas même où l'on sup-
poserait un droit d'usufruit établi moyennant une
prestation annuelle, il serait toujours essentiellement
différent de celui de location, en ce que l'usufruitier
est toujours tenu des réparations de gros entretien,
c'est-à-dire, des réparations qui affectent la substance
de la chose ; qu'il est obligé d'y pourvoir lors même
que les dégradations ne proviennent pas de son fait,
et qu'elles n'ont été causées que par accident ou vétusté ; au lieu que le fermier ou le locataire ne doivent
que les simples réparations locatives qui n'affectent
point la substance de la chose, et qui sont censées
n'être occasionées que par leur fait (1754), sans avoir
pour cause la vétusté ou la force majeure (1755) : ils
ne jouissent donc pas des effets de leurs baux , à la
charge de conserver la substance des choses , comme
l'usufruitier qui doit tout ce qui a rapport au gros
entretien (605).

102.   Enfin il n'est pas exact de dire que le droit
de location soit aujourd'hui un droit réel, *jus in re*,
comme celui d'usufruit.

Si la constitution d'usufruit suppose un droit réel,
jus in re, acquis à l'usufruitier sur le fonds, c'est
parce qu'elle opère un démembrement de propriété ;
qu'elle emporte, pour un temps, l'aliénation d'une
partie du domaine : il n'en est pas de même du droit

de location; il n'y a ici aucun démembrement de propriété, puisque c'est le bailleur qui reste encore revêtu du droit de possession, et même de jouissance proprement dite.

Si, aux termes du code (1743), le bail n'est pas, comme il l'était anciennement, résolu par la vente du fonds, ce n'est pas que le preneur ait véritablement un droit réel en vertu duquel il puisse suivre la chose, comme sienne sous le rapport du domaine utile, et la revendiquer entre les mains du tiers acquéreur; mais c'est seulement parce que les auteurs de cette disposition nouvelle de nos lois ont voulu que l'aliénation du fonds affermé ne fût consentie ou censée consentie que sous la condition que le tiers acquéreur y stipulât, on fût censé y avoir stipulé l'obligation personnelle d'entretenir le bail; ce qui donne bien au fermier un droit de rétention sur la jouissance, mais non un droit réel sur le fonds.

Déjà, dans les principes de l'ancienne jurisprudence et sous l'empire de la loi romaine, lors de la vente d'un fonds faite au nom du fisc, l'acquéreur était, de plein droit, tenu de l'entretien du bail, ou des indemnités du fermier, s'il voulait le faire sortir (1), non pas que ce dernier eût, par un simple acte de location, acquis aucun démembrement de propriété, ni aucun droit réel sur le fonds appartenant à l'Etat, mais parce que la loi avait voulu que, par un privilége particulier, le fisc ne pût être actionné en recours de la part du fermier qui serait évincé; en

(1) Voy. dans Despeisses et son annotateur, *du contrat de louage*, tit. 2, sect. 3, n° SEXTO, tom. 1, pag. 124.

conséquence de quoi la vente n'était censée faite que sous la condition que l'acquéreur serait tenu d'exécuter le bail, lors même que cette condition n'était point exprimée dans l'adjudication; *emptorem verò pensionem ejus anni accepturum, ne fiscus colono teneretur, quòd ei frui non licuisset, atque si hoc ipsum in emendo convenisset* (1). Pourquoi les auteurs du code, sans supposer aucun droit réel acquis au fermier sur le fonds, n'auraient–ils pas pu ordonner qu'une semblable condition serait toujours sous–entendue, en sa faveur, dans l'acte de vente des héritages affermés?

Cependant, suivant la doctrine enseignée par les auteurs (2), d'après la disposition de la loi romaine, les baux à longues années, c'est–à–dire ceux qui sont faits pour un espace de temps au–dessus de neuf années, participent, en quelque chose, de l'aliénation du domaine utile, et donnent au preneur un droit réel sur le fonds; droit qui déjà, dans l'ancienne jurisprudence, mettait obstacle à l'expulsion du fermier, par l'acquéreur à titre singulier : *quod, ait prætor, si actio de superficie postulabitur, causâ cognitâ dabo : sic intelligendum est, ut si ad tempus, quis superficiem conduxerit, negetur ei in rem actio. Et sanè causâ cognitâ ei qui non ad modicum tempus conduxit superficiem, in rem actio competet* (3). Doit–on con-

_____

(1) L. 50, ff. *de jure fisci*, lib. 49, tit. 14.

(2) Voy. dans Despeisses et les autres auteurs par lui cités, sur le contrat de louage, tit. 2, sect. 5, n°. NONO, tom. 1, pag. 125.

(3) L. 1, § 3, ff. *de superficiebus*, lib. 43, tit. 18.

clure de là que les baux à longues années comportent
un véritable droit d'usufruit ? Non, parce que, comme
nous l'avons déjà dit, ce n'est pas par quelques similitudes accidentelles qu'on doit juger des choses pour
confondre, dans la même classe, celles qui sont d'ailleurs d'une nature toute différente.

En admettant que le preneur à longues années ait
un droit réel acquis pour une garantie plus rigoureuse de l'exécution de son bail, il ne résulte pas de
là, comme conséquence nécessaire, que ce droit
soit un démembrement de propriété, comme l'usufruit ; on doit plutôt dire que ce n'est toujours qu'un
droit mobilier, comme celui de l'hypothèque, attendu
qu'il n'est que l'accessoire d'une obligation personnelle qui est elle-même mobilière.

103.   On trouve néanmoins, dans le nouveau répertoire, au mot *usufruit*, § 1, n° 3, une longue et
savante dissertation, dans laquelle le célèbre auteur
de cet article s'est attaché à prouver avec toute la
force du raisonnement et l'érudition qui le distin-
guent si éminemment, que les droits du bail à vie et
de l'usufruit sont de même nature ; mais nonobstant
toute la déférence qu'on doit au sentiment de cet auteur, nous n'hésitons point à adopter l'opinion contraire.

Cette question n'est pas sans importance dans la pratique des affaires ; elle mérite conséquemment d'être
examinée avec attention.

En effet, si le bail à vie emporte constitution d'u-
sufruit, il opère un vrai démembrement dans la propriété foncière ; il a la nature d'un immeuble et se

trouve passible de l'hypothèque, pour le temps de sa durée; tandis que, s'il n'a que la nature du bail, il n'est qu'un droit mobilier non susceptible d'être hypothéqué par le preneur.

Si l'on doit confondre la constitution du bail à vie avec celle de l'usufruit, de manière à donner à l'un tous les attributs que la loi assigne à l'autre, le preneur par bail à vie sera de plein droit, et sans aucune stipulation expresse, obligé à toutes les réparations de gros entretien; tandis que, s'il n'est considéré que comme locataire ou fermier, il ne sera tenu que des réparations locatives.

Si le preneur par bail à vie est usufruitier, il devra, de plein droit, payer tous les impôts fonciers et autres charges annuelles, sans qu'il soit besoin de lui imposer expressément cette obligation; tandis que, s'il n'est que locataire ou fermier, il ne doit que le prix de son bail, s'il n'a rien promis au-delà par sa convention.

Aux termes du code, le preneur à bail est responsable des accidens d'incendie, s'il ne prouve le cas fortuit : cette disposition est générale; elle doit donc être appliquée au preneur par bail à vie, comme à tout autre locataire ou fermier : identifiant la constitution du droit d'usufruit avec celle du bail à vie, doit-on conclure de là que la même responsabilité pèse aussi sur l'usufruitier?

Nous pourrions pousser plus loin les indications de cette espèce; mais celles-là suffisent pour prouver que la question proposée mérite d'être soigneusement examinée, et doit trouver ici sa place.

La question à décider est celle-ci : Un bail à vie, consenti sans mélange d'aucunes stipulations expresses qui doivent le faire dégénérer en une autre espèce, établit-il, sur le fonds, un droit réel de même nature que celui d'usufruit, et doit-on appliquer aux droits et obligations du bailleur et du preneur, les règles tracées par le code sur les intérêts respectifs du propriétaire et de l'usufruitier?

Pour écarter d'abord tout ce qui doit être étranger à la solution de cette question, nous observerons en premier lieu, que, quoique le bail à vie finisse à la mort du preneur, comme l'usufruit finit au décès de l'usufruitier, ce seul rapport de similitude est loin d'être caractéristique d'une identité absolue de nature dans les droits de l'un et de l'autre; car le droit d'usage, le legs des revenus d'un fonds, celui d'une pension viagère, s'éteignent aussi par le décès de l'usager ou du légataire, et cependant ils sont d'une nature toute différente de celle du droit d'usufruit.

Observons en second lieu, qu'il ne serait pas permis non plus de dire que le bail à vie est essentiellement différent du droit d'usufruit, par cela seul qu'il comporte une charge quelconque annuellement imposée au preneur; car l'usufruit peut aussi être établi à titre onéreux comme à titre lucratif. Celui à qui on lègue un droit d'usufruit à condition de payer annuellement une somme à un autre, n'en est pas moins un véritable usufruitier : le mari qui a la jouissance des biens totaux de sa femme, le bénéficier qui a celle des biens de son bénéfice, ne laissent pas d'être de vrais usufruitiers, quoiqu'ils doivent supporter, l'un les charges inhérentes au mariage, l'autre celles qui sont attachées à la desserte de son bénéfice.

Observons enfin, que les contrats n'étant pas de simples mots, mais bien des choses dont les attributs essentiels sont indépendans de la dénomination plus ou moins impropre qu'on pourrait leur avoir donnée, ce n'est pas à la qualification du bail à vie ou de la constitution d'usufruit qu'il faut précisément s'attacher pour en déterminer l'espèce ; mais bien aux droits et obligations qui doivent en résulter, dans l'intérêt des parties, d'après les clauses et stipulations qu'elles ont voulu insérer dans leur contrat.

104. Il n'est pas toujours facile de distinguer parfaitement les choses qui paraissent d'une nature mixte, tels que l'usufruit acquis moyennant une prestation annuelle, ou un bail à vie. Pour parvenir à cette distinction, occupons-nous d'abord à poser avec précision les principes qui doivent nous diriger dans cette recherche.

Ces principes, nous les trouvons consacrés, soit par le droit romain, soit par la loi française, et ils sont éternels comme la raison sur laquelle ils reposent.

C'est un principe constant que, pour apprécier les droits qui résultent d'une convention écrite, et en déterminer positivement la nature, on ne doit la voir que dans l'acte même qui en contient la substance et les conditions ; qu'on ne peut rien y ajouter qui soit étranger à ce qui est écrit, puisqu'aux termes du code, il n'est pas même permis de remonter à ce qui serait allégué avoir été dit avant, lors, ou depuis l'acte

(1341), pour proposer la preuve de stipulations ou de conditions qui ne s'y trouveraient pas consignées ; attendu que l'écriture n'est employée dans les actes que pour établir la preuve de tout ce que les parties ont voulu faire ; *fiunt autem scripturæ ut quod actum est probari possit* (1) ; qu'en conséquence on ne doit rien supposer de plus que ce qui est arrêté par écrit, à moins qu'il ne s'agisse de droits et d'obligations qui, quoique non exprimés, ne laissent pas d'être sous-entendus, comme étant les effets naturels de la convention dans son espèce.

Une autre maxime non moins avérée, c'est que, pour bien déterminer l'espèce d'une convention, il ne faut pas la voir seulement dans les mots, mais dans les choses ; qu'il ne faut point s'arrêter à la dénomination plus ou moins impropre qu'elle aurait reçue, soit par erreur, soit dans la vue de faire un acte simulé ; et qu'en conséquence, il faut sur ce point, distinguer soigneusement le *scriptum* et le *gestum*, comme deux choses très différentes.

Nous empruntons ces expressions du droit romain comme particulièrement propres à rendre nos idées. Le *scriptum* consiste dans le nom ou la qualification qu'on a voulu donner ostensiblement à l'acte, par l'écriture. Le *gestum*, au contraire, est ce qu'on a voulu obtenir en exécution ; c'est ce qui se rapporte à l'action exécutive du contrat et qui caractérise cette action. Eclaircissons cela par des exemples.

Pierre et Paul se présentent devant un notaire pour rédiger, en forme authentique, un acte par lequel

_____
(1) L. 4, ff. *de fide instrumentorum*, lib. 22, tit 4.

l'un déclare qu'il *fait vente* de son domaine à l'autre, pour une somme de 12,000 fr. qui lui sont payés comptant , en présence du notaire et des témoins , au moyen de quoi l'acquéreur est envoyé en possession du domaine vendu avec promesse de toute garantie. Le *scriptum* de ce contrat consiste dans la dénomination de vente qu'on lui a donnée par l'écriture ; et le *gestum* se rapporte à la numération effective du prix, à l'envoi en possession de l'immeuble , et à la garantie promise par le vendeur , parce que toutes ces choses appartiennent à l'action exécutive du contrat.

Si , au lieu d'énoncer une vente, ils déclaraient que l'un a consenti, au profit de l'autre, un bail à ferme du même domaine, pour neuf années, moyennant une TELLE somme d'argent , ou une TELLE quantité de blé payable annuellement au propriétaire, par le preneur , le *scriptum* se rapporterait à la dénomination de *bail à ferme*, et le *gestum* à la mise en jouissance du fermier, avec toute garantie de droit, d'une part, et à la délivrance annuelle du prix du fermage, d'autre part.

Souvent, dans les conventions, le *gestum* est plus ou moins sous-entendu, sans être exactement exprimé ; alors la prévoyance du législateur supplée à l'imprévoyance de l'homme, et le contrat n'en doit pas moins être exécuté dans toute l'étendue des droits et obligations que la loi attache à son espèce : *Si nihil convenit, tunc ea præstabuntur, quæ naturaliter insunt hujus judicii potestate* (1). Ainsi, quoique, dans

_____

(1) L. 11, § 1. in fine, ff. *de action. empt. et vendit.*, lib. 19, tit. 1.

I. 8

un contrat de vente, on n'ait pas stipulé, à la charge
du vendeur, d'autre obligation que celle de livrer
la chose aliénée, il n'en est pas moins tenu, de plein
droit (1626), de garantir l'acquéreur de l'éviction
totale ou partielle que celui-ci pourrait souffrir, ainsi
que des charges prétendues sur l'objet vendu, et qui
ne seraient point déclarées dans le contrat. Comme
dans le cas du bail le propriétaire est tenu de livrer
la chose en bon état de réparations de toute espèce,
et de faire, pendant la durée du fermage, toutes
celles qui peuvent devenir nécessaires, autres que les
locatives (1720), encore que les parties ne s'en soient
pas expliquées dans l'acte d'amodiation.

On voit souvent aussi que le *gestum* se trouve exprimé
d'une manière contraire au *scriptum*, et c'est là surtout
la marque distinctive des actes simulés qui ont lieu lorsque, sous l'apparence d'un acte ostensible, les parties
agissent dans la vue d'exécuter une autre convention.

Supposons, par exemple, que, dans un acte auquel
les parties donnent le nom d'échange, l'une soit con-
venue de livrer sa maison en toute propriété à l'autre
qui, de son côté, doit rendre une somme de 12,000 fr.
en contre-échange : un pareil acte sera une véritable
vente, et n'aura que le nom du contrat d'échange.
Supposons encore, pour un autre exemple, que dans
une convention à laquelle les parties donnent le nom
de vente, il soit dit que le vendeur a fait ou doit faire
remise du prix à l'acquéreur : cet acte n'aura de vente
que le nom, et ne sera, dans la vérité du fait, qu'une
donation déguisée sous l'apparence trompeuse d'une
aliénation à titre onéreux.

Dans les cas de cette dernière espèce, c'est par le *gestum* qu'on doit apprécier la nature de la convention, et appliquer cette maxime du droit romain : *Non quod scriptum, sed quod gestum est inspicitur* (1); parce que les contrats ne sont pas de simples mots, mais des choses; ce n'est donc ni l'erreur ni le mensonge renfermés dans les mots, qu'on doit prendre pour guides lorsqu'il faut apprécier l'espèce du contrat, mais la vérité des faits : *Quia in contractibus rei veritas, potiùs quàm scriptura prospici debet* (2); c'est donc seulement à ce que les parties ont voulu obtenir en exécution qu'on doit s'attacher pour déterminer la nature de la négociation, et non pas à une fausse dénomination qui, ou par méprise, ou par affectation, aurait été donnée au contrat.

Mais, pour appliquer sagement cette règle dans l'interprétation d'une convention, il faut qu'il paraisse clairement, par l'acte même, que le *gestum* n'est plus concordant avec le *scriptum*, ou que cela soit d'ailleurs démontré; car, supposer, sans preuve, que l'écriture d'un acte est mensongère, et le supposer pour détourner l'exécution directe du contrat, ce serait se jeter dans l'arbitraire au lieu de faire une juste appréciation de la chose; ce serait faire une hypothèse condamnée par l'écriture même, et en tirer une conséquence que rien ne saurait justifier.

Ainsi, toutes les fois qu'il n'est pas démontré que le *gestum* ou l'action exécutive du contrat se trouve en opposition avec le *scriptum* ou la dénomination

(1) L. 3, cod. *plus valere*, lib. 4, tit. 22.
(2) L. 1, cod. *eodem*.

donnée à l'acte, c'est l'écriture qui doit faire la loi, *credenda est scriptura* (1); alors on ne doit plus voir que la convention telle qu'elle est dénommée par les parties, parce que les contractans n'ont voulu s'expliquer ainsi, que pour choisir une espèce plutôt qu'une autre; et comme en admettant un principe, on veut virtuellement aussi toutes les conséquences qui en dérivent, il faut en conclure que si les traitans ne se sont pas expliqués sur tout ce qu'ils sont censés avoir voulu obtenir l'un de l'autre, ils n'en sont pas moins obligés à toutes les suites que l'équité, l'usage, ou la loi donnent à l'obligation d'après sa nature (1135); car en donnant leur consentement à la cause, ils sont censés avoir voulu tous les effets qu'elle doit naturellement produire.

105. Appliquons actuellement ces principes à toutes les hypothèses où il pourrait être question de comparer la constitution d'usufruit avec le bail à vie.

Supposons, en premier lieu, qu'on nous présente un acte dans lequel il soit dit que le propriétaire d'un fonds en a cédé ou aliéné l'usufruit au profit d'un autre, pour et moyennant une somme payable annuellement au maître de l'héritage, par l'acquéreur de l'usufruit, sans ajouter d'autres explications sur leurs engagemens respectifs, ni rien stipuler de plus qui puisse faire dégénérer la convention en une autre espèce.

Ne trouvant, dans cet acte, rien qui mette le *gestum* en opposition avec le *scriptum*, et par conséquent rien qui puisse nous porter à une interprétation contraire

(1) L. 37, § 5 in fine, ff. *de legat.* 3.

ou étrangère au sens littéral des mots, nous devons appliquer la règle posée ci-dessus, *credenda est scriptura* ; et dire que c'est véritablement un droit d'usufruit que les contractans ont voulu établir, puisqu'ils l'ont énoncé ainsi, et que rien ne démontre qu'ils aient voulu autre chose que ce qu'ils ont dit.

Cet acquéreur d'usufruit est donc en tout semblable à celui auquel le propriétaire du même fonds en aurait légué la jouissance à charge de payer annuellement la même pension à son héritier ou à un tiers. Tel est le principe ; voyons-en les conséquences.

C'est un droit d'usufruit et non un droit de location qui se trouve établi par cet acte ; donc l'acquéreur doit conserver la jouissance du fonds jusqu'à sa mort, quoique cela ne soit pas explicitement porté dans son titre, parce que l'usufruit établi sans terme dure naturellement jusqu'au décès de l'usufruitier ; tandis que si c'était un bail, le fermier n'aurait le droit de jouir que jusqu'à ce qu'il eût perçu tous les fruits du fonds (1774, 1776).

C'est un droit d'usufruit que les parties ont voulu établir : or, l'usufruitier n'a droit de jouir qu'à la charge de conserver la substance de la chose ; donc l'acquéreur, outre la pension promise au propriétaire, sera tenu encore de toutes les impenses nécessaires à l'acquit des charges annuelles imposées au fonds, et aux frais des réparations de gros entretien, quoiqu'on ne s'en soit pas nominativement expliqué, puisque la loi veut que toutes ces charges soient naturellement inhérentes à l'usufruit (605, 608) ; tandis que, si ce n'était qu'un bail, le preneur ne devrait que la pres-

station annuelle stipulée dans l'acte, et les simples
réparations locatives provenant de son fait (1754,
1755).

C'est un droit d'usufruit qu'on a voulu établir :
donc l'acquéreur usufruitier n'aura rien à répéter à la
fin de sa jouissance pour les améliorations qu'il pourra
faire dans le fonds (599); tandis que, si c'était un bail,
le preneur aurait une action en indemnité pour le
même objet (1).

C'est un droit d'usufruit qu'on a voulu établir :
donc l'acquéreur est tenu de prendre la chose dans
l'état où elle se trouve, puisque la loi impose généralement cette obligation à l'usufruitier (600), et que
le silence des parties à cet égard fait présumer de leur
part la volonté tacite de s'en rapporter aux dispositions générales de la loi (1135); tandis que si c'était
un bail, le propriétaire devrait au contraire mettre
la chose en bon état de toutes espèces de réparations
(1720), avant d'en livrer la jouissance au fermier.

C'est un droit d'usufruit qu'on a voulu établir : or,
l'usufruitier peut toujours renoncer à son usufruit
pour se dégager des charges qui y sont inhérentes
(621, 622), parce que son droit et ses obligations sont
entièrement dans la chose; donc l'acquéreur de l'u-
sufruit dont il s'agit ici, pourra en faire l'abandon
pour se soustraire, à l'avenir, soit au payement
de la prestation annuelle promise au propriétaire,
soit aux frais des réparations d'entretien; comme le
légataire d'un droit d'usufruit à charge de payer

(1) L. 61 in principio, ff. *locati*, lib. 19, tit. 2. — Voyez
aussi dans GARCIAS, *de expensis et meliorationibus*, cap. 6, n.° 20.

annuellement une pension à un tiers, pourrait en faire abandon, après l'avoir accepté ; comme encore celui qui, par un contrat d'arrentement, a acquis un héritage moyennant une rente foncière, peut se dégager du payement de la rente et de l'obligation d'entretenir le fonds, dans le futur, en déguerpissant l'héritage (1) ; tandis que, si c'était une location ordinaire ou à vie qu'on eût voulu contracter, le preneur ne pourrait y renoncer, parce que l'objet de cette espèce de contrat ne consiste principalement que dans les obligations personnelles respectivement consenties entre le preneur et le bailleur, et qu'il est de l'essence de toute convention, que nul ne puisse, contre le gré de l'autre partie, se dégager des obligations personnelles qu'il y a légalement consenties.

106. SUPPOSONS, en second lieu, qu'il soit dit, dans un contrat, que le propriétaire d'un domaine en a cédé et aliéné l'usufruit à un autre, pour en jouir, sa vie durant, comme un véritable usufruitier, à la charge de payer annuellement au maître du fonds une somme en argent, ou une prestation fixée en denrées ; mais qu'on ait ajouté que l'usufruitier ne sera néanmoins passible que des charges et réparations locatives.

Dans cette seconde espèce, le *scriptum* ou la dénomination donnée à la chose par l'écriture, indique bien une constitution d'usufruit, mais le *gestum* ou l'action exécutive de la convention n'appartient qu'au bail à vie, puisque le preneur n'y contracte que les

---

(1) Voy. dans Loiseau, traité du déguerpiss., liv. 4, ch. 9; et dans Pothier, traité du contrat de bail à rente, n.° 123.

obligations d'un fermier. Nous devons donc appliquer ici la règle *Non quod scriptum, sed quod gestum est inspicitur;* et si nous voulons interroger le code sur le détail et l'étendue des devoirs qu'un tel acte impose au preneur, ce n'est pas au chapitre de l'usufruit, mais à celui du louage qu'il faudra chercher, puisqu'il ne doit supporter que les charges locatives. Il en est de même quant à l'appréciation des droits respectifs des parties; car c'est une règle constante que, dans toute espèce de négociation, les droits de l'un sont toujours en correspondance avec les devoirs de l'autre. Ainsi, l'un ne peut pas être fermier que l'autre ne soit bailleur ou amodiateur; et comme, sous cette double qualité, l'un et l'autre sont nécessairement tenus de toutes les obligations respectives que la loi fait dériver du contrat de bail, sur les objets dont les parties ne se sont pas positivement expliquées; de même encore, l'un et l'autre ont respectivement à exercer entre eux tous les droits sous-entendus dans cette convention d'après sa nature propre.

Ainsi, dans cette seconde espèce, le preneur ne devra rien au-delà du payement annuel de son fermage, si ce n'est les impenses de réparations locatives; et s'il fait des constructions utiles ou autres améliorations sur le fonds, il aura une action en reprise à ce sujet.

De son côté le propriétaire sera tenu de mettre préalablement le fonds en bon état de toutes espèces de réparations : il devra par la suite faire toutes celles de gros entretien et supporter en outre toutes les charges annuellement imposées au fonds ; tandis que s'il s'agissait d'un droit d'usufruit acquis au preneur, celui-ci devrait prendre la chose dans l'état où elle se trouve; supporter toutes les impenses pour impôts et réparations d'entretien, et n'aurait aucune action en reprise pour améliorations.

107. Supposons, en troisième lieu, qu'il soit dit, dans un acte, que le propriétaire d'un domaine l'a amodié, par bail à vie, à un autre, moyennant une certaine prestation en grains, annuellement payable au maître, par le fermier, et en outre à condition que celui-ci sera tenu de supporter toutes les charges usufructuaires, ou toutes les charges et conditions que les lois imposent aux usufruitiers.

Dans cette troisième hypothèse, le *scriptum* ou la dénomination du contrat indique par le sens littéral et naturel des termes, un véritable bail à vie; mais le *gestum* ou l'action exécutive porte directement sur un droit d'usufruit, parce qu'en imposant au cessionnaire toutes les charges qui sont inhérentes à l'usufruit, il doit avoir aussi tous les droits corrélatifs qui s'y rapportent. Ainsi, soit par la raison qu'il s'agit d'une jouissance à vie, soit parce que, pour l'exercice de ce droit, le cessionnaire est soumis aux règles établies pour les usufruitiers, nous devons appliquer à cette hypothèse la règle *Non quod scriptum, sed quod gestum est inspicitur*, et dire que cet acte renferme une véritable constitution d'usufruit, établie à titre onéreux.

Nous disons , *soit parce qu'il s'agit d'une jouissance à vie, soit parce que l'exercice du droit cédé est soumis aux règles établies pour l'usufruit;* car il faut bien remarquer qu'il ne suffit pas de trouver dans un acte, des stipulations donnant lieu à des droits ou à des charges extraordinaires, pour conclure de là que la convention dégénère en une autre espèce; qu'ainsi un bail ne change pas de nature, quoique les réparations usufructuaires y soient mises à la charge du preneur. Pour être fondé à dire que le contrat dégénère véritablement de la dénomination qui lui est donnée, il faut que son exécution paraisse, en général, subordonnée aux règles établies pour une autre espèce, et que les parties l'ont ainsi voulu, même pour les détails naturellement sous-entendus entre elles et non exprimés dans l'acte.

108. Supposons, en quatrième lieu, qu'il s'agisse d'apprécier les droits résultans d'un acte pour lequel le propriétaire d'un domaine a déclaré qu'il en cédait par bail à vie la jouissance à un autre, moyennant un rendage annuel fixé en argent ou en blé, sans rien ajouter de plus, sur les obligations respectives des parties; ou pour mieux dire, sans rien ajouter qui fût étranger à la nature propre de cette convention et qui fût capable de la faire dégénérer en une autre espèce.

L'auteur de l'article du répertoire que nous avons cité, soutient que, même dans cette hypothèse, le bail à vie emporte une véritable constitution d'usufruit.

« Peut-on constituer, dit-il, un usufruit par bail?
» ou, en d'autres termes, y a-t-il quelque différence
» entre l'usufruit et le bail à vie?

    » Cette question était d'un grand intérêt avant le

» code civil, pour savoir si le preneur à vie d'une
» maison pouvait exercer contre les simples loca-
» taires qui le précédaient en date, le privilége de la
» loi *emptorem* et celui de la loi *œde*, c'est-à-dire,
» s'il pouvait les expulser purement et simplement,
» lorsqu'il ne s'était pas obligé envers son bailleur
» d'entretenir leurs baux, et si, dans tous les cas, il
» pouvait les expulser pour occuper par lui-même.

» Elle peut encore se présenter aujourd'hui pour
» différens objets, et notamment à l'effet de savoir si
» un bail à vie est passible d'hypothèque.

» Il en est certainement passible, s'il emporte le droit
» d'usufruit; car l'article 2118 du code civil déclare *sus-*
» *ceptible d'hypothèque l'usufruit des biens immobiliers*
» *et de leurs accessoires pendant le temps de sa durée.*

» Mais s'il ne diffère pas, quant à son essence, d'un
» bail ordinaire, il est meuble comme celui-ci ; et par
» conséquent il est, comme celui-ci, incapable de re-
» cevoir l'impression d'une hypothèque.

» Examinons donc s'il y a une différence réelle en-
» tre un usufruitier et un preneur à vie.

» Il y en aurait sans doute une très grande si, par
» le bail à vie, le bailleur et le preneur avaient ex-
» pressément déclaré, l'un ne vouloir pas céder,
» l'autre ne vouloir pas acquérir, un droit d'usufruit.
» Et il en serait de même, si, sans le déclarer expres-
» sément, les parties avaient fait clairement enten-
» dre que telle était leur intention ; si, par exemple,
» elles étaient convenues que le *bailleur* demeure-
» rait chargé des réparations usufructuaires, et sup-
» porterait toutes les contributions.

» Mais hors ce cas, nous n'imaginons pas quelle
» différence on pourrait assigner entre un usufruitier
» et un preneur à vie. »

L'auteur soutient, comme on le voit, que le bail à
vie conçu sans mélange d'aucune stipulation étrangère à sa nature propre, opère une véritable constitution d'usufruit; mais a-t-il bien raison ?

Dans cette espèce, le *scriptum* de l'acte, la qualification donnée à la convention, le nom employé pour
désigner la négociation, n'ont trait et ne se rapportent
qu'à un contrat de louage ou de bail; et le *gestum* ou
l'action exécutive n'a aucun caractère contraire : nous
devons donc appliquer ici la règle *credenda est scriptura*. Les termes de la convention étant clairs, on
doit croire que la volonté des contractans n'a été autre
que celle qui est indiquée par le sens naturel de leurs
expressions; on doit donc tenir pour constant qu'ils
n'ont voulu faire qu'un simple bail, puisqu'ils n'ont
parlé que d'un bail. Peu importe qu'il y ait quelque
rapport de similitude entre le bail à vie et la constitution d'usufruit, puisqu'ils diffèrent d'ailleurs si essentiellement, comme nous l'avons démontré plus haut.
Y eût-il même, dans cette question, lieu d'élever
quelques doutes, par argumentation, ce que nous
n'admettons pas, il faudrait encore s'en rapporter aux
termes de la convention, plutôt que de la faire dégénérer en une autre espèce, suivant la maxime *in re
dubiâ meliùs est servire verbis* (1) ; parce qu'on ne doit
pas arbitrairement sortir des limites que les parties se
sont elles-mêmes tracées.

(1) L. 1, § 20, ff. *de exercit. act.*, lib 14, tit 1.

Ce n'est que par forme d'interprétation sur le choix des conséquences à attribuer à une pareille convention, qu'on pourrait en faire ressortir un droit d'usufruit, puisque rien n'en porte l'expression dans les termes dont elle est conçue : mais voyons si cette interprétation ne serait pas forcée, et si elle pourrait être soutenable.

Aux termes de l'article 1135 du code, les conventions obligent non-seulement à ce qui y est exprimé, mais encore à toutes les suites que l'équité, l'usage et la loi donnent à l'obligation *d'après sa nature*.

109. Quelle est donc véritablement la nature de la convention dont il s'agit?

Ce n'est point une donation ; elle n'a point la nature d'un acte de libéralité, puisqu'elle n'a été consentie que moyennant un prix : c'est donc un contrat commutatif, par lequel l'une des parties est censée rendre à l'autre l'équivalent de ce qu'elle reçoit (1104) ; c'est-à-dire, par lequel le preneur ou fermier est censé rendre annuellement au maître du domaine l'équivalent de la jouissance qui lui est cédée par celui-ci : le prix du fermage doit donc être considéré comme équivalent à tout le revenu net du fonds, et le fermier ne doit rien au-delà puisqu'il n'a rien promis de plus.

Cela étant ainsi, ne serait-il pas contre tous les principes d'équité d'imaginer interprétativement, comme contenu dans ce bail à vie, un droit d'usufruit auquel le fermier n'avait jamais pensé, et d'imaginer ce droit comme un moyen d'étendre les obligations du preneur, jusqu'à lui faire supporter toutes les impenses des réparations de gros entretien et des char-

ges annuelles imposées au fonds ; tandis qu'aux termes
du bail, il n'a promis et ne doit autre chose que le
prix de son fermage, prix qui est censé porté à toute
la valeur de la jouissance qui lui est cédée : où est la
loi, où est l'usage qui puissent autoriser une interprétation aussi peu conforme à l'équité ? Il n'y a, et il
ne peut y avoir ni loi ni usage aussi injustes. Et loin
de là, s'il pouvait y avoir du doute, c'est encore en faveur du fermier qu'il devrait être levé, puisque la loi
veut que, dans le doute, la convention s'interprète
contre celui qui a stipulé et en faveur de celui qui a
contracté l'obligation (1162) : donc on ne doit pas admettre une pareille interprétation ; donc ce n'est pas
dans le chapitre de l'usufruit, mais bien seulement
dans celui du louage, qu'on doit interroger le code
sur les suites et les effets qui résultent d'une convention de cette nature.

Sans doute on aurait pu stipuler dans le contrat,
que le preneur serait chargé soit des impôts annuels,
soit de tel ou tel genre de réparations ; mais alors il se
serait défendu sur le prix du bail qui aurait été d'autant
moins élevé : on ne pourrait donc, sans offenser tous
les principes d'équité, appliquer à cette convention
un système interprétatif qui étendrait ainsi ses charges, et qui pourrait les porter au-delà du double de ce
qu'il avait promis.

110.   L'auteur dont nous osons combattre l'opinion, cherche à établir son système par les raisonnemens suivans :

« Tout le monde convient, dit-il, qu'il n'y a au-
» cune différence entre les droits de l'acquéreur à vie

» et les droits de l'usufruitier. En effet, vendre à vie
» la jouissance d'un immeuble, et en vendre l'usu-
» fruit, c'est évidemment la même chose. Aussi trouve-
» t-on dans la *gazette des Tribunaux*, tome 15, page 257,
» un arrêt de la grand'chambre du parlement de Paris,
» du 23 décembre 1772, qui a jugé, plaidant Rimbert
» et Picard, que l'acquéreur à vie d'une maison pou-
» vait, comme jouissant de tous les droits d'un véri-
» table usufruitier, exercer contre un locataire anté-
» rieur, le privilége de la loi *œde*.

 » Et pourquoi en serait-il autrement d'un bail à vie
» pur et simple, que d'une vente à vie ?

 » On ne pourrait en donner qu'une raison : ce se-
» rait de dire que le prix du bail à vie dépend de la vie
» du preneur et se paye chaque année ; au lieu que le
» prix de la vente à vie est fixe et se paye comptant.

 » Mais cette différence est absolument insignifiante
» quant à la nature du droit conféré par l'un et l'au-
» tre acte. »

 Observons d'abord que cette manière de prouver
une chose est essentiellement défectueuse, en ce
qu'elle ne repose sur aucun principe d'où l'on doive
déduire, comme une conséquence nécessaire, que le
bail à vie et la constitution d'usufruit soient d'une nature identique : ce n'est là qu'une argumentation par
comparaison d'une chose à une autre ; c'est-à-dire,
une argumentation qui suppose précisément la base
qu'il faudrait préalablement établir. Quelque sédui-
sante que puisse être une semblable manière de raisonner, elle ne peut figurer qu'au rang des preuves
accessoires : elle sera toujours dans le genre de celles

qui sont loin d'opérer, par elles-mêmes, une véritable conviction; car il n'y a rien dans la nature qui ne soit susceptible d'être attaqué par des objections de comparaison, et il ne nous resterait, surtout dans l'ordre moral, aucune vérité constante, si, pour révoquer en doute les principes les plus certains, il suffisait de les combattre par des objections plus ou moins fortes et dont notre faible raison ne verrait pas même de solution bien tranchée.

En usant de la même manière d'argumenter, on peut faire voir que le raisonnement transcrit ci-dessus, prouve trop ou qu'il se rétorque contre le système à l'appui duquel il est invoqué.

L'usufruit, en effet, peut être établi pour un temps déterminé, comme il peut l'être pour la vie de l'usufruitier. Si donc on veut partir de la double hypothèse que la vente de jouissance n'est qu'un droit d'usufruit établi à titre onéreux, et qu'il n'y a pas réellement de différence entre cette vente et le bail; on dira : vendre la jouissance d'un fonds pour neuf années, c'est établir un droit d'usufruit pour neuf ans : or, il n'y a pas de différence essentielle entre la vente de jouissance et le bail ; donc un bail de neuf ans est un véritable droit d'usufruit.

111.   Opposera-t-on à ce raisonnement que la comparaison que nous venons de faire ne peut avoir lieu relativement au bail de neuf ans, parce qu'il n'opère aucun droit réel acquis au preneur sur le fonds, comme quand il s'agit du bail à vie ?

La rétorsion va se représenter avec plus de force encore.

Il est vrai que, suivant la jurisprudence attestée par les auteurs et fondée sur les expressions de la loi romaine, le bail ordinaire n'opérait sur le fonds aucun droit réel acquis au fermier, et au moyen duquel il fût garanti de la crainte de se voir expulsé par le nouvel acquéreur à titre singulier ; il est vrai encore que ce droit, qu'on refusait au preneur par bail ordinaire, on l'accordait à celui qui avait amodié pour un temps plus long ; mais il n'était pas opéré seulement par le bail à vie : il l'était aussi par tout fermage consenti pour plus de neuf ans (1), suivant la disposition du droit écrit : *Et sanè causâ cognitâ ei qui non ad modicum tempus conduxit superficiem, in rem actio competet* (2). Cela étant ainsi, nous pouvons faire, avec toute justesse, le raisonnement suivant :

Le droit réel qui résulte de la location à longues années est de même nature, quel que soit d'ailleurs l'espace de temps pour lequel le fermage a été consenti ; il est donc le même dans le bail à vie que dans celui de douze ou dix-huit ans : or, dans le bail de douze ou dix-huit ans, il n'opère point un droit d'usufruit ; donc il ne l'opère point non plus dans le bail à vie.

112. Abordons actuellement, sous d'autres rapports, le raisonnement que nous avons à combattre.

L'acte de vente d'une jouissance à vie établira, si l'on veut, un droit d'usufruit à titre onéreux, puisque le droit d'usufruit n'est autre chose que le droit de jouir du fonds dont un autre a la propriété ; mais est-il

_____

(1) Voy. dans Despeisses, et les auteurs par lui cités, sur le contrat de louage, sect. 5, n.º NONO.

(2) L. 1, § 3, ff. *de superficiebus*, lib. 43, tit. 18.

bien vrai qu'il n'y ait pas de différence essentielle
entre cette vente et un bail à vie, quoique l'un et l'autre
soient faits pour le même temps ?

La vente d'une jouissance à vie est un contrat absolument aléatoire : l'intérêt du prix payé ne peut équi-
valoir à l'estimation de la jouissance annuelle, car
autrement il y aurait donation du capital : l'acquéreur
peut donc beaucoup gagner par sa longévité, comme
il peut tout perdre par une mort prématurée ; le bail
à vie n'a au contraire rien d'aléatoire, puisque le prix
ne peut en être dû que jour par jour, au fur et à mesure de la jouissance du fermier : convenons donc que,
sous ce seul rapport, il y a déjà une différence essentielle entre l'un et l'autre.

Dans le cas de la vente d'une jouissance à vie (1614),
comme dans celui de l'usufruit établi à tout autre titre (600), l'acquéreur ou l'usufruitier est également
tenu de prendre la chose en l'état où elle se trouve ;
dans le bail au contraire, le propriétaire doit préalablement pourvoir aux réparations de tous genres
(1720). Ainsi les droits des parties sont bien loin
d'être identiques dans l'une et l'autre espèce.

Dans la vente de jouissance à vie, la chose vendue
est absolument au péril de l'acheteur, en sorte que si
le fonds vient à être détruit par cas fortuit, il perd
également et la jouissance qu'il en avait acquise, et le
prix qu'il en avait payé : dans le bail à vie, tout reste,
au contraire, au péril du maître ; car, si le fonds vient
à être détruit, il ne lui sera plus dû de fermage.

Dans le cas de la vente à vie, le droit vendu, *unico
pretio,* embrasse aussi par forme de masse unique,

toutes les jouissances cédées à l'acquéreur ; c'est pourquoi il peut bien être chargé des réparations d'entretien qui sont comme le passif de cette masse de jouissance : mais dans le bail à vie tout est à jour ; le prix
en échoit jour par jour , comme la jouissance s'exerce
jour par jour : il ne serait donc ni raisonnable , ni conforme à la nature de ce contrat, de faire ici supporter
la même masse de passif au preneur.

113. Mais pourquoi toutes ces différences entre la
vente de jouissance et le bail à vie ?

C'est que le preneur par bail à vie, comme le fermier par bail ordinaire , ne sont réellement pas plus
l'un que l'autre acquéreurs d'une jouissance proprement dite. C'est le propriétaire qui seul a la vraie
jouissance du fonds , puisque c'est lui qui perçoit la
valeur de tout le produit de son héritage : le fermier
à vie, comme le fermier par bail ordinaire, étant
également tenus de rendre , ou de payer annuellement
l'équivalent de tout le produit du fonds , ne perçoivent,
en bénéfice , que le produit de leurs travaux , même
en supposant que leurs conventions soient avanta-
geuses ; en sorte que ce sont les fruits de leur industrie
qui forment l'objet de la jouissance qui leur appartient.

Voilà pourquoi le propriétaire est tenu , soit de
mettre d'abord en bon état de réparations le fonds
amodié, soit de pourvoir par la suite aux réparations
de gros entretien , soit de supporter les charges annuelles, à moins que, par des stipulations particulières,
le fermier n'en ait été chargé en considération d'un prix
plus faible convenu par le bail. Il n'y a donc véritablement aucune constitution d'usufruit dans le bail à vie.

COMPARAISON

Des Droits d'usufruit et de superficie.

114. Nous avons vu ce que c'est que le droit d'usufruit; il convient d'expliquer ce que c'est que celui de superficie, pour pouvoir mieux faire sentir la comparaison de l'un avec l'autre.

Dans le langage des lois, on entend par superficie les constructions ou plantations édifiées sur un terrain, et qui sont inhérentes au sol : *quæ suprà terræ faciem sunt.* Ainsi, les ceps d'une vigne sont la superficie du terrain sur lequel elle est implantée (1), comme l'édifice considéré en lui-même est la superficie du fonds sur lequel on a bâti : *ædes ex duobus rebus constant, ex solo et superficie* (2).

C'est par la diversité des superficies, dit Cujas, qu'on distingue les diverses espèces d'immeubles, savoir, les vignes, champs, prés, maisons et forêts : *genera agrorum distinguuntur superficie, id est, illis rebus quæ in iis nascuntur* (3). Et aux termes du code (2148), § 5), c'est par l'expression de la superficie qu'on doit indiquer, dans les inscriptions hypothécaires, l'espèce de fonds sur lequel on entend prendre ou conserver l'hypothèque.

115. Dans les termes du droit commun, la propriété d'un fonds emporte la propriété du dessus et du dessous (552); ainsi, le propriétaire d'une maison est également propriétaire soit du sol, soit de l'édifice

---

(1) L. 13 in princip., ff. *de servit. rust. præd.*, lib. 8, tit. 3.
(2) L. 23, ff. *de usucapion.*, lib. 41, tit. 3.
(3) *Ad legem* 2, ff. *de servitutibus.*

qui en est l'accessoire; et le droit de propriété étend ses effets jusque dans la région supérieure, pour écarter la construction de tout ouvrage qui pourrait être avancé dans le ciel, ou l'espace vide qui est au-dessus du sol : *quia cœlum, quod supra id solum intercedit, liberum esse debet* (1); et comme encore pour faire couper les branches des arbres qui depuis le fonds du voisin s'étendent sur le nôtre (672).

Néanmoins il est possible qu'un homme se trouve propriétaire de l'intérieur d'un fonds, tandis qu'un autre en a la surface, comme cela arrive dans le cas de la concession d'une mine faite au profit d'un autre que le maître de l'héritage (2). Et nous voyons qu'aux termes du code (553), on peut acquérir, même par prescription, un souterrain ou une cave, sous le bâtiment d'autrui; comme il est possible encore que dans le partage d'une maison, l'étage supérieur soit adjugé à l'un, tandis que le rez-de-chaussée reste à l'autre (664).

Sans entendre assimiler entièrement ces divers cas avec le contrat de superficie proprement dite, nous pouvons cependant les indiquer comme exemples, pour faire voir que, quoique la superficie et le sol ne constituent naturellement qu'un seul tout, ils peuvent cependant être civilement séparés l'un de l'autre, et que cette séparation est une des modifications possibles de la propriété.

116. La superficie d'un fonds peut donc être l'ob-

---

(1) L. 1, ff. *de servit. præd. urb.*, lib. 8, tit. 2.

(2) Voy. la loi du 21 avril 1810, bulletin 285, n.° des lois 5401, tom. 12, pag. 357, 4ᵉ série.

jet d'un contrat de louage, comme elle peut être celui d'un contrat de vente, et dans l'un et l'autre cas, l'acquéreur, où le fermier, sont investis de toutes les actions tant réelles (1) que personnelles qui résultent de la nature de leurs titres, ou pour revendiquer l'objet de l'acquisition, ou pour exiger la délivrance de la chose louée, à l'effet d'en jouir librement; *qui superficiem in alieno solo habet, civili actione subnixus est. Nam, si conduxit superficiem, ex conducto; si emit, ex empto, agere cum domino soli potest* (2). Et les droits acquis par le contrat superficiaire passent aux héritiers du preneur ou de l'acquéreur, suivant les règles ordinaires.

Lorsque le contrat d'aliénation d'un immeuble porte sur le fonds même, les droits résultant de l'acquisition sont naturellement perpétuels dans leur durée. Il n'en est pas toujours de même de ceux qui sont transmis par l'aliénation de la superficie seulement; car la superficie actuelle peut être changée ou détruite sans qu'on puisse dire que le fonds ne reste pas le même, quoiqu'il subisse dans sa face extérieure de nouvelles modifications effectuées par quelques accidens, ou opérées par la main du temps; alors la constitution de superficie doit se trouver éteinte, comme restant sans objet.

Le contrat de superficie tire son origine du droit romain. Il est défini par Loiseau (3) dans les termes suivans :

(1) LL. 73, 74 et 75, ff. *de rei vindicat.*, lib. 6, tit. 1.
(2) L. 1, § 1, ff. *de superficiebus*, lib. 43, tit. 18.
(3) Traité du déguerpiss., liv. 1, chap. 4, n.° 31.

« Les Romains, dit-il, connaissaient dans leur
» usage un contrat de superficie, *contractum super-*
» *ficiarium*, qui était le bail d'une place pour bâtir,
» à cette condition, que le preneur jouirait de la
» maison par lui bâtie tant qu'elle durait, et étant
» ruinée et démolie, la place retournait franchement
» à son maître, qui cependant en demeurait toujours
» seigneur direct, à raison de quoi, pendant le bail,
» on lui payait certaine redevance appelée *solarium*
» *quod pro solo penderetur*. »

117. Quoique la constitution de superficie ait plus
communément des maisons ou bâtimens pour objet,
elle peut avoir lieu aussi pour le droit de jouissance
des arbres qui seraient implantés dans un terrain,
ou qui y croîtraient naturellement ( ); et il n'est
pas rare de voir des cas dans lesquels des communes
sont reconnues propriétaires de divers terrains, tandis
que des particuliers ont le droit exclusif d'y planter
des arbres à fruit, ou de couper à leur profit les
arbres forestiers qui y croissent naturellement.

Il y a donc quelques caractères de ressemblance
entre la constitution d'usufruit et celle de superficie ;
car le superficiaire, comme l'usufruitier, jouissent d'un
sol qui ne leur appartient pas ; l'un et l'autre ont un
droit réel dans le fonds d'autrui, l'un et l'autre ont
l'action en revendication pour obtenir la délivrance
et la jouissance de la chose, l'un et l'autre peuvent
intenter l'action en dénonciation du nouvel œuvre (2)

(1) Voy. dans Voet, sur le dig., tit. *de superfici bus.*
(2) L. 1, § 20 ; et l. 3, § 3, ff. *de novi operis nuntiat.*, lib. 39.
tit. 1.

contre le voisin qui apporterait du trouble à leur jouissance ; le droit de l'un et de l'autre est également
un immeuble susceptible d'être hypothéqué pour le
temps de sa durée (1) ; enfin le droit de superficie
dans un bâtiment s'évanouit comme celui d'usufruit,
par la destruction de l'édifice.

Cependant ils diffèrent essentiellement, en ce que
le droit de superficie n'est pas seulement un droit de
servitude personnelle, comme celui d'usufruit, mais
un droit de propriété transmissible aux héritiers et à
tous autres successeurs (2).

CHAPITRE IV.

De la Division de l'Usufruit.

118.   Sous le rapport de sa cause, on divise l'usufruit en usufruit légal, et en usufruit conventionnel,
suivant qu'il est établi par la loi, ou par la volonté de
l'homme (579).

On appelle donc usufruit légal celui qui y est établi
de plein droit par la disposition de la loi ; et il y en
a cinq espèces particulières qui sont :

1.° L'usufruit que la loi accorde, à raison de la
puissance paternelle, aux père et mère, sur les biens
de leurs enfans mineurs, jusqu'à ce que ceux-ci soient
parvenus à l'âge de dix-huit ans accomplis, ou jusqu'à
leur émancipation ;

---

(1) L. 15. ff. *qui potiores in pignore*, lib. 20, tit. 4.
(2) Voy. dans Sotomayor, *de usufructu*, cap. 6, n.ᵒˢ 13 et
sequent.

2.° Le douaire dû aux veuves qui se sont mariées sous l'empire des coutumes , qui , en cas de survie , leur accordait un droit de jouissance plus ou moins étendu sur les biens de leur mari ;

3.° Le droit de jouissance qui résulte du fait du mariage , soit au profit de la communauté , sur les biens des deux époux mariés suivant le régime communal ; soit au profit du mari seulement , sur les biens de la femme , si les époux en se mariant ont adopté le régime dotal ;

4.° Le droit d'usufruit qui appartient aux bénéficiers sur les biens de leurs bénéfices ;

5.° Enfin le droit d'usufruit qui appartient au Roi sur le domaine de la Couronne.

Nous parlerons successivement de chacune de ces espèces particulières dans les chapitres suivans.

L'usufruit conventionnel est celui qui est établi par la volonté de l'homme.

Quoiqu'il puisse être établi par dispositions testamentaires , comme par actes entre-vifs , nous lui donnons simplement la dénomination d'usufruit conventionnel , soit pour nous conformer à l'usage adopté par les auteurs , soit parce qu'il faut bien lui assigner un nom particulier.

119.   Sous le rapport des choses sur lesquelles on peut établir un droit de jouissance , l'usufruit se divise en usufruit proprement dit et en usufruit improprement dit , ou quasi-usufruit.

L'usufruit proprement dit est celui qui est établi sur les choses dont on peut jouir en les conservant.

Tels sont les immeubles et même une grande partie des choses mobilières.

Dans cette espèce d'usufruit, la chose, quant à la nue propriété, reste dans le domaine du propriétaire, tandis que l'usufruitier en jouit à la charge de la conserver.

L'usufruit impropre ou le quasi-usufruit est celui qui a pour objet des choses fongibles, c'est-à-dire des choses qui se consomment par le premier usage, comme le vin et le blé, ou qu'on fait consister dans le nombre, le poids ou la mesure, tels que l'argent, ou le fer en barres, ou un métal quelconque en lingots, pris au poids.

Ces choses sont appelées *fongibles*, parce que, dans les diverses négociations dont elles peuvent être l'objet, elles remplissent leurs fonctions dans le genre, en ce qu'une quantité quelconque est représentée ou compensée par une pareille quantité. *Ideò dicuntur fungibiles quia una alterius vice fungitur.*

120. Lorsqu'on a légué la jouissance des choses de cette nature, l'usufruitier en devient propriétaire par la délivrance qu'il en reçoit, puisqu'il n'est tenu ni de conserver, ni de restituer précisément ce qu'il a reçu, mais seulement d'en rendre l'équivalent en estimation, ou en quantité pareille; et c'est pourquoi on appelle ce droit de jouissance, un usufruit improprement dit, ou quasi-usufruit. *Si vini, olei, frumenti ususfructus legatus erit : proprietas ad legatarium transferri debet. Et ab eo cautio desideranda est, ut quandocumquè is mortuus aut capite deminutus sit, ejusdem quantitatis res resti-*

*tuantur : aut æstimatis rebus, certæ pecuniæ nomine
cavendum est; quod et commodiùs est. Idem scilicet de
cæteris rebus quæ usu continentur, intelligendum* (1).

Il résulte de là qu'en fait de choses fongibles, il
n'y a pas de différence entre le droit d'usufruit et
le droit d'usage qui auraient été légués sur une quantité déterminée, puisque dans un cas, comme dans
l'autre, la même quantité devrait être livrée à l'u-
sager comme à l'usufruitier, et que l'un comme l'autre
ayant droit de consommer la chose, en acquerraient
également la propriété, par la délivrance qui leur en
serait faite, et seraient soumis à la même obligation
et au même cautionnement pour la restitution de la valeur estimative, ou d'une pareille quantité à la fin
de leur jouissance. *Si usus tantùm pecuniæ legatus
sit, quia in hâc specie usûs appellatione etiam fructum
contineri magis accipiendum est, stipulatio ista erit
interponenda* (2).

Il en résulte encore que le droit d'usufruit, ainsi
que celui d'usage, légués sur des choses fongibles,
ne s'éteignent, ou pour mieux dire ne prennent fin
que par la mort naturelle ou civile des légataires,
lorsqu'on n'a point fixé d'autre terme à leur jouissance; *in stipulatione de reddendo usufructu pecuniæ,
duo soli casus interponuntur, mortis et capitis dimi-
nutionis* (3); car un pareil droit ne peut cesser ni par
abus de jouissance, ni par le non-usage, ni par la
perte de la chose reçue, ni par consolidation du droit
de propriété à celui d'usufruit.

(1) L. 7, ff. *de usufruct. earum rerum*, lib. 7, tit. 5.
(2) L. 10, § 1, ff. *codem*. — (3) L. 9, ff. *codem*.

Lorsqu'on a légué le droit d'usufruit ou d'usage sur une somme ou autre chose fongible, le légataire se trouve réellement créancier de la succession, comme si la somme lui était léguée en toute propriété et sans charge de restitution, puisqu'il a le droit d'en exiger le payement, comme devant en acquérir la propriété par la délivrance qui lui en sera faite : il a conséquemment sur les immeubles de l'hérédité, l'hypothèque légale qui est accordée à tout légataire (1017), et ne doit prendre inscription qu'en son nom seul, puisqu'il est seul créancier, lors même qu'au terme de son usufruit, il devrait rendre la somme à un autre qu'à l'héritier.

121.   Les interprètes du droit romain ne sont pas d'accord sur la question de savoir si les habits et vêtemens de l'homme, ou autres meubles qui, sans se consommer par le premier usage, s'usent néanmoins plus ou moins promptement lorsqu'on s'en sert, peuvent être l'objet d'un usufruit proprement dit ; et si, en conséquence, l'usufruitier, quant à ces sortes d'objets, n'est tenu à autre chose qu'à en user en bon père de famille, et à les rendre dans l'état où ils se trouveront à la fin de sa jouissance; ou si, au contraire, on doit les estimer lors de son entrée en possession, pour les mettre à ses risques et périls, comme si c'étaient des choses fongibles, et l'obliger par là à en rendre seulement le prix à la cessation de son usufruit.

D'après la doctrine de quelques-uns d'entre eux (1),

(1) Voy. dans Cancerius, *variat. resolut.*, part. 3, cap. 20, n.os 212 et suiv.

on doit généralement ranger en deux classes les meubles livrés à l'usufruitier, suivant qu'ils sont de nature à résister plus ou moins long-temps à l'usage qu'on en fait, et dire qu'il n'y a que ceux qui s'usent promptement qu'on doive comparer aux choses fongibles.

D'autres vont jusqu'à soutenir que tous les meubles quelconques qui sont susceptibles d'être détériorés et atténués par l'usage doivent être estimés lors de l'entrée en jouissance de l'usufruitier qui, moyennant cette estimation, en acquiert le domaine, en sorte qu'ils restent à ses risques et périls, et qu'il peut dès lors les vendre et en disposer comme si c'étaient des choses fongibles, à la seule charge d'en rendre le prix estimatif à la fin de l'usufruit (1). Ils fondent cette opinion sur ce que, s'il en était autrement, et si l'usufruitier pouvait se libérer par la restitution de meubles usés, il lui serait permis de rendre moins qu'il n'aurait reçu, ce qui serait contraire à l'équité. Ils se fondent encore sur un passage des Institutes où Justinien paraît le décider ainsi pour les habillemens dont l'usufruit aurait été légué : *Constituitur autem ususfructus non tantùm in fundo et œdibus, verùm etiam in servis et jumentis et cæteris rebus (exceptis quæ usu ipso consumuntur). Nam hæ res neque naturali ratione, neque civili recipiunt usumfructum. Quo in numero sunt vinum, oleum, frumentum,* VESTIMENTA : *quibus proxima est pecunia numerata. Namque ipso usu assiduâ permutatione quodammodò extinguitur. Sed utilitatis causâ senatus*

----

(1) Voy. dans Sotomayor, *de usufructu,* chap. 17, n.os 30 et suiv.

censuit posse etiam earum rerum usumfructum con-
stitui : ut tamen eo nomine hæredi utiliter caveatur.
Itaque, si pecuniæ ususfructus legatus sit ; ita datur
legatario, ut ejus fiat, et legatarius satisdet hæredi de
tantâ pecuniâ restituendâ, si moriatur, aut capite
minuatur. Cæteræ quoque res ita traduntur legatario,
ut ejus fiant ; sed æstimatis his, satisdatur, ut si mo-
riatur, aut capite minuatur, tanta pecunia restituatur
quanti fuerint æstimatæ (1). Mais ce passage, qui ne
doit être considéré que comme un extrait du Digeste,
se trouve, sur ce point, en opposition avec les textes
les plus formels dans lesquels on voit que l'usufruit
établi sur des vêtemens ne doit point être comparé à
celui qui n'aurait que des quantités ou choses fongibles pour objet : *Et si* vestimentorum *ususfructus*
legatus sit, non sicuti quantitatis ususfructus legetur,
dicendum est ; ita uti eum debere, ne abutatur (2) :
c'est-à-dire qu'on ne doit pas confondre ce legs avec
celui des quantités dont l'usufruitier ne peut jouir
sans abuser, et qui, par cette raison, lui sont acquises
par la délivrance qu'il en reçoit, tandis que les vêtemens, quoique de nature à être promptement usés,
n'étant pas des choses fongibles, restent dans le domaine de l'héritier, et ne sont acquis qu'en jouissance
seulement à l'usufruitier, qui peut, à la fin de son
usufruit, se libérer en les restituant dans l'état d'usure
où ils peuvent se trouver, pourvu qu'ils n'aient point
été détériorés par fraude : *Si vestis ususfructus legatus*
sit, scribit Pomponius, quanquam hæres stipulatus

(1) Instit., § 2, *de usufructu*, lib. 2, tit. 4.
(2) L. 15, § 4, ff. *de usufructu*, lib. 7, tit. 1.

*sit; finito usufructu vestem reddi, attamen non obli-
gari promissorem, si eam sine dolo adtritam reddi-
derit* (1); parce qu'il n'est point de la nature des obligations de l'usufruitier qu'il soit tenu de rendre la
chose dans le même état de valeur où elle était quand
il l'a reçue.

C'est conformément à l'esprit de ces derniers textes,
que les auteurs du code ont tracé nos règles actuelles
sur l'usufruit des divers objets mobiliers, puisqu'ils
ont établi, comme un principe général, qu'il n'y a
que les choses fongibles qui viennent en compensation
l'une de l'autre (1291), comme les quantités abstraites;
que c'est seulement dans le cas où l'usufruitier reçoit
des choses de cette nature, dont il ne peut faire usage
sans les consommer, comme l'argent, les grains, les
liqueurs, etc., qu'il doit en rendre une pareille quantité ou l'estimation à la fin de sa jouissance (587); et
que si l'usufruit comprend des choses qui, sans se
consommer de suite, se détériorent peu à peu par
l'usage, comme du linge, des meubles meublans, l'u-
sufruitier a le droit de s'en servir pour l'usage auquel
elles sont destinées, et n'est obligé de les rendre à la
fin de l'usufruit, que dans l'état où elles se trouvent,
non détériorées par son dol ou par sa faute (589).

Il est évident que si, dans ce texte que nous rapportons littéralement, les auteurs du code ont cité le
linge et les meubles meublans, ce n'est que *exempli
gratiâ*, et non pas *limitandi causâ*; puisque la disposition de cet article embrasse généralement toutes

(1) L. 9, § 3, ff. *usufructuarius quemadmodùm caveat*, lib. 7,
tit. 9.

les choses qui *ne se consomment pas de suite* par l'usage qu'on en fait. D'où nous devons tirer cette conséquence, que, sans faire aucune distinction entre les meubles qui s'usent promptement et ceux qui ont naturellement une plus longue durée, il faut tenir pour constant que l'estimation qui peut en être faite n'en transfère pas la propriété à l'usufruitier, à moins qu'on n'en soit formellement convenu ; et qu'il n'y a que les choses fongibles qui lui soient acquises *potentiâ rei*, et qui restent à ses risques et périls.

Nous verrons dans la suite que l'usufruit d'un fonds de commerce n'est qu'un usufruit improprement dit, ou un quasi-usufruit, dans le sens expliqué ci-dessus, parce qu'un fonds de commerce ne peut être comparé qu'à une masse de choses fongibles représentées par la valeur estimative qu'elles ont dans l'exercice du commerce, en sorte que c'est la jouissance de cette valeur et non celle des choses représentées, qui constitue tout l'avantage légué à l'usufruitier.

122.   Mais dans quelle classe doit-on, en général, ranger les créances? Doit-on les placer au rang des meubles ordinaires, ou doit-on les considérer comme des choses fongibles ?

Il y a des auteurs qui ont prétendu qu'on devait considérer les créances comme des choses fongibles en matière d'usufruit (1), d'où résulterait cette conséquence que l'usufruitier en deviendrait propriétaire par la délivrance des titres qui lui en serait faite, et qu'il devrait rendre le montant des capitaux, lors

_____

(1) Voy. dans TULDENUS sur le Digeste, *de usufructu earum rerum*, cap. I.

même qu'il n'en aurait pas reçu le remboursement; mais c'est là une erreur, parce que, comme nous le ferons voir dans la suite, l'usufruitier n'étant généralement tenu qu'aux soins d'un bon père de famille, il ne peut être, en fait de créances, responsable que des suites de la négligence qu'il aurait apportée à en poursuivre le recouvrement.

L'objet d'une créance pécuniaire est bien une chose fongible qui se trouve acquise en toute propriété à l'usufruitier qui en touche le remboursement; mais la créance elle-même n'est point une chose fongible, autrement on pourrait payer une créance par une autre, comme on peut payer une quantité de blé ou de vin, par une quantité égale; ce qui n'est pas possible. Et, loin qu'il soit permis de confondre la créance avec le capital qui en est l'objet, c'est que l'une s'évanouit par la prestation de l'autre.

CHAPITRE V.

De l'Usufruit paternel.

Nous diviserons ce chapitre en quatre sections. Nous examinerons :

Dans la première, ce que c'est que l'usufruit paternel; à qui il appartient; quelle est son origine, et quel est l'esprit particulier du code sur cette institution ;

Dans la seconde, quelle est son étendue sous le rapport des objets auxquels il s'applique ; ou en d'autres termes, quels sont les biens auxquels il s'applique, et quels sont ceux qui en sont exceptés;

Dans la troisième, quelles sont les charges dont cette espèce d'usufruit est spécialement affectée;

Dans la quatrième enfin, quel est le terme de cette jouissance des père et mère, et comment elle peut et doit cesser.

SECTION PREMIÈRE.

Ce que c'est que l'Usufruit paternel. — Quelle est son origine. — A qui il appartient. — Quel est l'esprit particulier du code à ce sujet.

123. Aux termes de l'article 384 du code, « Le
» père, durant le mariage, et, après la dissolution
» du mariage, le survivant des père et mère, auront
» la jouissance des biens de leurs enfans jusqu'à l'âge
» de dix-huit ans accomplis, ou jusqu'à l'émancipa-
» tion qui pourrait avoir lieu avant l'âge de dix-huit
» ans. »

Voilà ce que nous entendons par usufruit paternel : mais reprenons les principales expressions de cet article.

Le père durant le mariage : tant que le père est vivant, il est seul revêtu de la puissance paternelle ; et cela est dans l'ordre naturel des choses, puisque la mère est elle-même sous la puissance du mari. Jusque là le père doit donc avoir seul les émolumens utiles, attachés à un pouvoir qu'il exerce seul.

124. *Après la dissolution du mariage :* tout est ici en rapport avec les enfans du mariage seulement ;

d'où il suit que les père et mère n'ont pas d'usufruit légal sur les biens de leurs enfans illégitimes, parce que ce droit de jouissance ne peut exister que dans le cas où la loi l'accorde.

Si l'article 383 du code accorde aux père et mère quelques-uns des effets de la puissance paternelle sur leurs enfans illégitimes mais légalement reconnus, il les restreint positivement à ce qui concerne le droit de correction; donc il en exclut le droit d'usufruit légal.

Il n'y avait pas même raison non plus d'établir ce droit à l'égard de ceux-ci comme à l'égard des autres.

D'une part, l'enfant naturel n'a pas les mêmes droits que l'enfant légitime sur la succession de ses père et mère; il est donc juste que ceux-ci n'aient pas non plus les mêmes droits sur ses biens.

D'autre part, l'enfant naturel ne peut pas forcer son père à le reconnaître; il serait donc encore contre l'équité, qu'un père qui aurait repoussé loin de lui un enfant qui n'avait rien, pût tout à coup faire une invasion dans le patrimoine de cet enfant, en le reconnaissant seulement lorsque quelques biens lui seraient acquis.

Enfin, et nous le répétons encore, le droit d'usufruit légal est un don de la loi positive; il ne peut exister que là où la loi l'établit expressément, et elle ne le donne qu'à l'égard des enfans du mariage : donc il n'existe pas envers les enfans illégitimes.

125. *Le survivant des père et mère :* autrefois, dans les pays de droit écrit, les femmes ne participaient ni à la puissance paternelle, ni aux avantages qui y

sont attachés ; conséquemment la veuve n'avait jamais
l'usufruit légal des biens de ses enfans ; mais, dans
nos mœurs, on n'a plus voulu priver les mères des
droits que la nature leur accorde ; et la loi les associe
aujourd'hui à ce bénéfice de la puissance paternelle.

Auront la jouissance : c'est-à-dire, l'usufruit, suivant que ce droit est ailleurs qualifié (389) par le
code.

Ce droit de jouissance est véritablement un droit
d'usufruit légal (601), puisqu'il n'est établi que par
la volonté de la loi.

Il est soumis aux règles générales de l'usufruit,
comme toute espèce particulière rentre sous le gouvernement du genre auquel elle appartient.

Néanmoins, comme toute espèce particulière doit
avoir son caractère propre et distinctif ; comme elle
doit être régie par des lois spéciales, quant aux qualités qui n'appartiennent qu'à elle, le droit de jouissance des père et mère a aussi des règles d'exception
qui lui sont exclusivement propres dans plusieurs
cas, soit sous le rapport de sa cause et de sa durée,
soit sous celui des objets auxquels il s'applique, soit
surtout sous celui de ses charges.

Voilà pourquoi il est nécessaire de consacrer ici
un chapitre particulier sur le développement des
droits qui, n'étant relatifs qu'à cette espèce, sortent
de l'empire des règles communes.

126. *Jusqu'à l'âge de dix-huit ans :* ainsi, après
cet âge et jusqu'à la majorité des enfans, le père ou
la mère n'est plus qu'un tuteur comptable des revenus
de leurs biens.

Ou jusqu'à l'émancipation : ainsi ce droit de jouissance n'est aujourd'hui qu'un effet accessoire de la puissance paternelle, puisqu'il s'évanouit entièrement par l'acte d'émancipation : il n'en a pas même toute la durée, puisqu'il expire au moment où les enfans ont acquis l'âge de dix-huit ans, tandis que ce n'est qu'à 21 ans qu'ils cessent d'être soumis à la puissance paternelle : c'est une récompense que la loi accorde aux père et mère pour les soins qu'ils doivent avoir de leurs enfans en bas âge, et voilà pourquoi elle cesse d'avoir lieu à l'époque où les soins les plus multipliés cessent d'être nécessaires : en un mot, c'est une espèce de traitement établi par la loi, au profit de celui qui est revêtu de cette magistrature domestique, traitement qui, dans tous les cas, doit s'évanouir avec la charge à laquelle il est inhérent ; d'où il résulte que le père émancipant ses enfans ne pourrait plus, comme autrefois, en pays de droit écrit, conserver même la moitié de l'usufruit légal de leurs biens, puisqu'il n'y a plus d'usufruit légal après l'émancipation.

Il faut encore tirer de là cette conséquence, que, quand les enfans mineurs viennent à décéder, l'usufruit légal est éteint par leur décès et ne peut durer jusqu'à l'époque où ils auraient eu leurs dix-huit ans accomplis ; parce que la mort n'est pas moins puissante que l'émancipation, pour mettre fin à la puissance paternelle (1).

127.   La constitution légale d'usufruit, comme

(1) Sur tout cela, voyez encore plus bas, sous les n°ˢ 2050 et suivans.

effet de la puissance paternelle, nous vient du droit romain dont il ne sera pas inutile de retracer ici rapidement les dispositions à ce sujet, puisque celles de notre code s'y rattachent encore à certains égards, comme à leur source primitive, et que d'ailleurs il pourrait se présenter des questions transitoires pour la solution desquelles on serait obligé de remonter encore à ces anciennes règles.

A Rome, cet usufruit n'appartint jamais qu'au père ou autres ascendans mâles du côté paternel, parce qu'eux seuls étaient revêtus de la puissance paternelle sur leurs enfans et descendans; et ce droit durait jusqu'à la mort de l'usufruitier.

Dans les premiers temps de la législation romaine, dont les principes barbares rendaient le père propriétaire de son fils, et lui donnaient droit de vie et de mort sur lui, le fils ne pouvait avoir aucune propriété; tout ce que le fils pouvait acquérir était acquis et appartenait, de plein droit, au père, que la loi lui donnait pour maître absolu (1). Il n'y avait en conséquence point encore d'usufruit paternel, puisque les enfans n'étaient pas encore propriétaires.

128. Mais cette législation inhumaine ayant été abrogée, et la faculté de simple correction ayant succédé à ce domaine proscrit par le droit de la nature, les lois accordèrent au fils de famille le droit d'avoir un patrimoine particulier connu sous le nom de *Pécule* (2), et dont on distingua par la suite quatre es-

---

(1) Instit. *per quas personas cuique acquirit.*, lib. 2, tit. 9, § 1.

(2) L. 5, § 3, ff. *de peculio,* lib. 15, tit. 1.

pèces, qui furent successivement établies en leur faveur, pour les porter au métier des armes, ou les
encourager à la culture des arts, ou stimuler leur industrie dans l'administration domestique. Ces pécules
étaient connus et distingués par les dénominations de
Pécule Castrense, *Quasi-Castrense*, *Adventice*, et
Profectice.

129. LE PÉCULE castrense qui vient en premier
ordre, fut aussi établi le premier, en faveur de l'art
militaire ; on l'accorda aux fils de famille enrôlés
comme soldats (1), ou employés au service civil des
armées (2), pour les encourager par la perspective
de jouir, en toute liberté, des choses qu'ils acquerraient à la guerre.

Cette espèce de pécule se composait : 1.° des effets
mobiliers que les père et mère ou autres parens, ou
amis, donnaient aux militaires lors de leur départ
pour l'armée (3) : 2.° des successions de leurs compa-
gnons d'armes, parens (4) ou amis (5), tant mobilières qu'immobilières, qui pouvaient leur être dévolues par testamens faits dans le service militaire
conséquemment aux affections réciproques que con-
çoivent ordinairement (6) les uns pour les autres ceux
qui courent les mêmes dangers : 3.° tout ce qu'ils
pouvaient acquérir avec leur gain militaire (7).

(1) L. 11, ff. *de peculio castrensi*, lib. 49, tit. 17.
(2) L. 6, cod. *de peculio castrensi*, lib. 12, tit. 37.
(3) L. 1, cod. *eodem*.
(4) L. 4, cod. *eodem*.
(5) L. 5, ff. *de peculio castrensi*, lib. 49, tit. 17.
(6) L. 12, ff. *de peculio castrensi*, lib. 49, tit. 17.
(7) L. 1, cod. *de peculio castrensi*, lib. 12, tit. 37.

Le fils était propriétaire absolu de cette espèce de pécule, en sorte que le père n'y avait aucun droit de propriété ni d'usufruit (1), quoiqu'il conservât d'ailleurs sa puissance paternelle sur la personne du militaire (2).

130. LE PÉCULE quasi-castrense fut établi en faveur de ceux qui cultivaient les sciences et les arts. Il comprenait les traitemens des magistrats (3); ceux des professeurs publics des sciences (4); les revenus des bénéfices (5), et tout ce que les ecclésiastiques pouvaient acquérir au service des autels (6); les honoraires des avocats (7); les prix et dons ou récompenses accordés par le gouvernement même aux personnes du sexe qui auraient bien mérité de la patrie (8).

Dans cette espèce de pécule, comme dans la précédente (9), le fils, quoique non émancipé, était réputé père de famille (10): le père n'en avait ni la propriété, ni l'usufruit (11). Le fils pouvait en jouir librement, le vendre et en disposer de toute manière (12).

(1) L. 2, cod. eodem. — L. 4, § 1, ff. eodem.
(2) L. 3, cod. eodem.
(3) L. 37, cod. de inofficios. testam., lib. 3, tit. 28.
(4) L. 1, ff. de extraord. cognit., lib. 50, tit. 13.
(5) L. 34, cod. de episcopis, lib. 1, tit. 3.
6) Novel. 123, cap. 19.
(7) L. 4, cod. de advocat. advers. judic., lib. 2, tit. 7.
(8) L. 7, cod. de bonis quæ liberis, lib. 6, tit. 61.
(9) L. 16, § 12, ff. ad S.-C. Trebellian., lib. 36, tit. 1; et d. l. 34, cod. de episcopis, lib. 1, tit 3.
(10) L. 2, ff. de S.-C. Maced., lib. 14, tit. 6.
(11) L. 6, in fine, princip., cod. de bonis quæ liberis; et l. 3, cod. de castrensi peculio.
(12) L. 1, § ult.; et l. 2, ff. de S.-C. Maced., lib. 14, tit. 6.

131. LE PÉCULE adventice se composait : 1.º de ce que le fils de famille pouvait gagner hors du domicile paternel, autrement qu'en cultivant les sciences : 2.º de ce qui lui était donné par testament ou par acte entre-vifs : 3.º de ce qui lui arrivait par successions (1).

Cette troisième espèce de pécule appartenait au fils quant à la nue propriété ; et le père en avait l'usufruit durant sa vie (2) : ainsi l'ancienne maxime, *quidquid acquirit filius, acquiritur patri*, se trouvait réduite à l'usufruit du pécule adventice ; mais la puissance paternelle avait encore des effets très considérables même à l'égard de ce pécule : le père en avait la pleine et libre administration, quel que fut l'âge du fils : il était maître de le régir comme il le jugeait à propos, sans consulter le fils et sans être obligé à la sévérité d'un compte de tuteur on d'un administrateur étranger ; *rerum habeat parens plenissimam potesta-tem, utifruique his rebus quæ per filiosfamiliâs se-cundùm prædictum modum acquiruntur, et guber-natio earum rerum sit penitùs impunita : et nullo modo audeat filiusfamiliâs vel filia vel deinceps persona, vetare eum in cujus potestate sunt, easdem res tenere, aut quomodò voluerit, gubernare* (3). Il pouvait pro-céder en justice, tant en demandant qu'en défendant, dans toutes les actions relatives à ce pécule ; mais sans espérance de répéter ses dépens ; *sumptus ex fructibus impigrè facere, et litem inferentibus resistere* (4).

(1) L. 6, cod. *de bonis quæ liberis,* lib. 6, tit. 61.
(2) L. 6, cod. *eodem.*
(3) L. 6, § 2, cod. *eodem.*
(4) L. 1, cod. *de bonis maternis,* lib. 6, tit. 60.

132. Le pécule profectice comprenait les biens ou effets provenant du père même, et dont il avait seulement donné l'administration à son fils. Ce pécule restait entièrement dans le domaine du père; cependant le fils pouvait, dans l'exercice de son administration, prendre des engagemens, à l'exécution desquels le père était tenu, *peculio tenùs*.

Telle est l'origine primitive de l'usufruit légal attaché à la puissance paternelle.

133. Les auteurs du code, tout en consignant de nouveau cette institution dans notre législation actuelle, y ont apporté de grands changemens, parce qu'ils ont puisé dans d'autres sources encore que le droit romain, c'est-à-dire, soit dans les principes du droit naturel et des gens, soit dans les dispositions coutumières concernant la garde noble et bourgeoise à laquelle les mères étaient appelées comme les pères. Ecoutons à cet égard M. Réal, orateur du Gouvernement, chargé d'exposer les motifs de la loi.

« Le législateur, dit-il, a dû établir un droit égal
» là où la nature avait établi une égalité de peines,
» de soins et d'affections : il répare, par cette équi-
» table disposition, l'injustice de plusieurs siècles; il
» fait, pour ainsi dire, entrer pour la première fois
» la mère dans la famille, et la rétablit dans les droits
» imprescriptibles qu'elle tenait de la nature; droits
» sacrés, trop méprisés par les législations anciennes,
» *reconnus accueillis par quelques-unes de nos coutu-*
» *mes, et notamment par celle de Paris,* mais qui ef-
» facés de nos codes, auraient dû se retrouver écrits

» en caractères ineffaçables dans le cœur de tous les
» enfans bien nés (1). »

Nous devons donc donner encore ici quelques notions sur l'institution de la garde coutumière, puisqu'elle est une des sources de notre législation actuelle sur la puissance paternelle, et cela est nécessaire pour l'intelligence de beaucoup de choses qui
seront dites ci-après. Pour cela, nous consulterons
les meilleurs auteurs qui ont écrit sur cette matière,
tels que Ferrière, Duplessis, et Bourjon sur la coutume de Paris, et Pothier.

« La tutelle, dit Duplessis, est au profit des mi-
» neurs, mais la garde noble au contraire est en
» faveur du gardien contre les mineurs, en ce qu'il
» a l'usufruit de leurs biens, durant leur bas âge,
» de sorte que c'est un moyen d'acquérir par la loi. »

Voilà donc une institution coutumière qui établit
aussi un usufruit légal sur les biens des enfans.

« Son origine vient des fiefs, lesquels ne pouvant
» être anciennement possédés qu'à la charge de ser-
» vir le seigneur en guerre, les mineurs en étant in-
» capables, cela était cause que l'on donnait la garde
» et l'usufruit de leurs fiefs à leur plus proche parent,
» pour en faire la fonction d'eux, et à la charge de
» les nourrir jusqu'à ce qu'ils fussent en âge; ce qui
» attirait aussi l'usufruit de tous les autres immeu-
» bles, d'où est arrivé par la suite des temps, qu'on
» a fait un droit certain et réglé par la coutume, sans
» plus considérer s'il y avait des fiefs ou non, ni

(1) Voy. dans *Locré*, tom. 4, p. 415.

» cette ancienne cause, mais la seule minorité des
» enfans.

» **De là** vient que naturellement la garde n'est que
» pour les nobles ; mais les Rois l'ont aussi accordée
» par privilége aux habitans de Paris qui ne sont pas
» nobles ; de sorte que, dans cette coutume, il y a
» garde noble et garde bourgeoise ; mais il y a deux
» différences essentielles entre l'une et l'autre : la
» première, que la garde bourgeoise n'est jamais
» donnée qu'aux père et mère, et la garde noble est
» aussi donnée aux aïeuls, etc. »

Ainsi il est évident, à vue de ces rapprochemens,
comme l'a déclaré l'orateur du Gouvernement chargé
d'exposer les motifs de la loi nouvelle, que les auteurs
du code, nourris dans les principes du droit coutumier, en ont adopté les dispositions plutôt que celles
du droit écrit, et que c'est à l'institution de la garde
qu'ils s'en sont principalement rapportés pour déterminer les émolumens qui seraient attachés à la puissance paternelle.

Néanmoins, comme le droit romain est toujours
ici le type primitif : comme il est d'ailleurs de sa destinée d'étendre partout son empire d'une manière
plus ou moins absolue, on n'a pu le perdre entièrement de vue, et nous retrouvons encore des traces
de sa puissance jusque dans ce point de notre législation, où l'on paraît s'en être le moins occupé.

134. Notre puissance paternelle, considérée sous
le rapport des émolumens qui en dérivent pour les
père et mère, n'est donc ni la même chose que la
puissance paternelle des Romains, quoiqu'elle en soit

encore une faible image ; ni la même chose que la garde qui était en usage dans les pays de coutume, quoiqu'elle lui ressemble sous plusieurs rapports : mais c'est une institution nouvelle portant l'empreinte de sa double origine, institution dont nous ne pouvons mieux indiquer le caractère propre, qu'en présentant encore quelques rapprochemens de comparaison entre elle et les deux qui l'ont précédée et dont elle émane.

A Rome, le droit d'usufruit légal ne pouvait appartenir qu'aux mâles, puisqu'eux seuls étaient revêtus de la puissance paternelle ; tandis que dans nos provinces coutumières, la mère devenue veuve avait aussi le droit de garde, et qu'aujourd'hui, dans toute la France, la femme qui survit au mari a également la puissance paternelle sur ses enfans mineurs, et conséquemment l'usufruit légal sur leurs biens (384).

A Rome, la puissance paternelle ainsi que l'usufruit qui y est attaché, n'appartenaient pas seulement au père, mais à tout ascendant mâle du côté paternel qui se trouvait premier chef de la famille à défaut de père et mère, les aïeuls ou aïeules étaient concurremment appelés au droit de garde noble ; tandis que la garde bourgeoise n'était jamais donnée qu'aux père et mère ; comme aujourd'hui, dans toute la France, nul autre ascendant que le père ou la mère ne peut être revêtu de la puissance paternelle en tant qu'elle donne le droit de jouissance sur les biens des enfans (373, 384).

A Rome encore, l'usufruit légal s'étendait jusqu'à

la mort du père ou autre ascendant usufruitier (1);
tandis que celui qui était inhérent à la garde ne durait
que jusqu'à l'âge de vingt ans envers les enfans mâles, et jusqu'à quinze ans envers les filles, s'ils étaient
nobles; et seulement jusqu'à quatorze ans pour les
garçons et douze pour les filles, lorsqu'ils n'appartenaient point à la classe des nobles; en sorte que, depuis cet âge atteint par les enfans, le gardien n'était
plus usufruitier, mais seulement tuteur comptable
des revenus de ses mineurs (2); comme aujourd'hui,
dans toute la France, le père ou la mère cesse d'être
usufruitier des biens de ses enfans du moment que
ceux-ci sont âgés de dix-huit ans révolus, et n'est
plus, dès cette époque, que leur tuteur comptable.

Dans quelques coutumes, le survivant des père et
mère, gardien de ses enfans, gagnait de plus, en acceptant la garde, le mobilier dépendant de la succession du prédécédé, lequel lui demeurait acquis en toute
propriété; mais ce bénéfice qui n'était pas partout
attaché à la garde, n'était plus, dans le dernier état
du droit écrit, inhérent à la puissance paternelle des
Romains, et ne l'est pas non plus à la puissance paternelle, décrétée par le code.

Chez les Romains, la majesté de la puissance paternelle ne permit jamais de placer un tuteur ou un curateur à côté du père : dans les pays de coutume, au
contraire, on nommait un tuteur ou un curateur pour
surveiller l'administration du gardien; comme nous

(1) L. 7, § 1, cod. *ad S.-C. Tertullian.*, lib. 6, tit. 56.
(2) Voy. dans *Pothier,* introduction à la coutume d'Orléans,
tit. des fiefs, n.º 343.

faisons nommer aujourd'hui un subrogé tuteur pour surveiller celle du survivant des père et mère.

En ce qui touche aux obligations de l'usufruitier, le gardien était, comme le père ou la mère sont aujourd'hui, tenu de toutes les charges usufructuaires, pour la conservation, l'entretien du fonds, et le payement des impôts; et en cela leur condition est identiquement la même que celle de l'usufruitier paternel des Romains.

Le gardien était obligé, comme le survivant des père et mère l'est aujourd'hui, de prendre sur son usufruit les impenses nécessaires pour nourrir, entretenir et élever ses enfans mineurs, et pour payer les frais funéraires du prédécédé (1) ; tandis qu'aucun de ces objets n'a jamais été une charge de l'usufruit légal des Romains.

Le gardien était de plus tenu d'acquitter toutes les dettes mobilières de la succession. Les capitaux des rentes passives ne tombaient pas à sa charge, parce que les rentes ayant alors la nature d'immeubles dans le patrimoine du créancier, étaient par une conséquence toute naturelle, considérées comme dettes immobilières dans la succession du débiteur. Mais il n'en 'était pas ainsi des arrérages annuels : ils n'étaient à tous égards que l'objet d'une créance ou d'une dette mobilière ; en conséquence de quoi le gardien était tenu d'acquitter ceux qui étaient échus (2), même

____

(1) Voy. dans *Bourjon*, sur la garde noble et bourgeoise, chap. 10, sect. 1, n.º 1; et dans *Renusson*, traité de la garde, chap. 7, n.ᵒˢ 49 et suiv.

(2) *Bourjon*, *ibid.*, n.º 8. — *Ferrière* sur l'art. 26. de la coutume de Paris, glose 2, n.º 2.

avant l'ouverture de sa garde mais cette charge
des dettes mobilières, qui fut toujours étrangère à
l'usufruit légal des Romains, n'est imposée aujour-
d'hui à notre usufruit paternel, que quant aux arrérages et intérêts des capitaux.

L'acceptation de la garde devait être faite en jugement, et elle avait tous les effets d'un contrat irrévocable : l'acceptation de notre usufruit paternel n'est
point soumise à cette formalité solennelle : l'usufruitier accepte simplement ou refuse le bénéfice qui
lui est déféré par la loi : son acceptation n'opère en
lui aucun engagement irrévocable dans le futur, en
sorte qu'il n'est soumis, à cet égard, qu'aux principes du droit commun, qui permet toujours à l'usufruitier de renoncer à sa jouissance pour en abdiquer
les charges.

Suivant quelques auteurs, l'acceptation de la garde
obligeait le gardien, même *ultrà vires emolumenti* (1);
mais cette exorbitante obligation ne peut plus être
une charge de notre usufruit paternel, puisque l'u-
sufruitier peut toujours y renoncer pour se soustraire
aux charges qui en dérivent; en sorte qu'à cet égard,
nous rentrons encore ici sous l'empire du droit
commun.

Ces notions, quoique faiblement esquissées, suffisent pour indiquer jusqu'à quel point les dispositions
de notre code sur les droits et charges pécuniaires
attachés à la puissance paternelle, ont été puisées
dans celles des coutumes touchant la garde noble et
bourgeoise, et pour faire voir que c'est encore dans

(1) Voy. dans *Duplessis*, traité de la garde, chap. 3 et 4.

les commentateurs de ces dispositions coutumières
qu'il faut rechercher les principes de la jurisprudence
française sur plusieurs genres de difficultés qui peuvent se présenter dans l'application du code concernant principalement les charges de notre usufruit paternel, ainsi que nous aurons soin de le faire remarquer plus particulièrement en traitant de ces charges :
mais il est nécessaire d'observer aussi que, si nous
devons consulter les anciens monumens sur ce point
pour rechercher, jusque dans son origine, l'esprit
de la loi nouvelle, nous ne devons néanmoins le
faire qu'avec précaution, par rapport aux nuances
plus ou moins fortes, et même aux différences très
remarquables qui se trouvent entre les dispositions
du code et celles des coutumes; différences qui donnent à la loi nouvelle un esprit qui lui est propre, et
dont nous ne devons pas nous écarter.

Pour mieux encore saisir l'esprit propre du code à
ce sujet, il faut observer que la loi qui défère la puissance paternelle au père ou à la mère, lui défère aussi
la tutelle sur ses enfans; mais que la puissance paternelle, qui est un droit utile dans celui qui en est revêtu, est bien différente de la tutelle, qui n'est qu'une
charge tout à l'avantage des enfans; que non-seulement
la tutelle et la puissance paternelle sont très distinctes,
mais qu'elles sont séparables; que la privation de l'une
n'opère pas la déchéance des droits de l'autre, et qu'en
conséquence la mère qui n'accepte pas la tutelle, ou
le père qui en est excusé ou exclus, n'en doivent pas
moins conserver l'un et l'autre les droits de la puissance paternelle et l'usufruit qui y est attaché.

135. Quant à la distinction des pécules, elle n'é-
toit point dans les coutumes, et nous ne la retrouvons
pas non plus dans le code civil, telle qu'elle étoit dans
le droit romain.

SECTION II.

De l'étendue du Droit d'usufruit légal sous le rapport des objets auxquels il s'applique.

136. Suivant le code, le père, durant le mariage,
et, après la dissolution du mariage, le survivant des
père et mère, ont la jouissance des biens de leurs
enfans mineurs de dix-huit ans. C'est, comme on le
voit, un droit d'usufruit universel par sa nature ; droit
qui doit en conséquence s'étendre à tous les biens qui
n'en seroient pas formellement exceptés. Tel est le
principe général sur ce point.

Les père et mère ont donc généralement l'usufruit
légal des biens des enfans sur la personne desquels ils
exercent en même temps la puissance paternelle et la
tutelle. Le concours de ces deux qualités de tuteur et
d'usufruitier, fait que celui qui en est revêtu se trouve
saisi de toutes les actions qui ont rapport soit à la propriété, soit à la jouissance du fonds, et que c'est contre
lui que tous les légataires ou autres créanciers doivent
diriger les leurs.

137. Suivant ce qui est porté au chapitre 2 de la
novelle 118, lorsque le père succédoit à un de ses enfans, avec les frères et sœurs germains du défunt,
l'usufruit paternel n'avoit pas lieu sur les portions
dévolues à ceux-ci : *nullum usum ex filiorum aut fi-*

liarum portione, in hoc casu valente patre sibi penitùs vindicare; quoniam pro hâc usûs portione, hœreditatis jus et secundùm proprietatem per præsentem dedimus legem. Nous ne retrouvons pas le même point de droit établi par notre code. Nous voyons bien que si les père et mère d'une personne morte sans postérité lui avaient survécu, et qu'elle ait laissé des frères et sœurs, les père et mère emportent chacun un quart, et les frères et sœurs l'autre moitié de la succession (748); que, s'il n'y a que le père ou la mère qui ait survécu, il n'a toujours que le quart, et les frères et sœurs le surplus (749); mais nous ne voyons nulle part que le père et la mère soient exclus de l'usufruit légal des portions de ceux de leurs enfans qui seraient encore mineurs de dix-huit ans; d'où il faut conclure que les droits des uns et des autres sont soumis à la règle générale dont venons de parler.

138.   Lorsqu'une succession est dévolue à des enfans mineurs de dix-huit ans, le père y ayant intérêt, par rapport à son droit d'usufruit, le concours de sa volonté est-il nécessaire à l'acte d'acceptation?

Aucun tuteur, pas même le père, ne peut accepter ni répudier une succession échue au mineur, sans une autorisation préalable du conseil de famille, et encore l'acceptation ne doit avoir lieu que sous bénéfice d'inventaire (461).

L'accomplissement de cette formalité est nécessaire autant pour la succession testamentaire que pour la succession *ab intestat*, puisque les légataires, soit universels (1009), soit à titre universel (871), sont te-

nus des dettes et charges de la succession , comme s'ils
étaient les héritiers de la loi.

Ainsi, soit qu'il s'agisse d'un legs universel, ou d'un
legs à titre universel, fait à des enfans mineurs; soit
qu'il s'agisse d'une succession légitime ouverte à leur
profit, le père, en sa qualité de tuteur, doit avoir *l'autorisation préalable* du conseil de famille, pour en faire
l'acceptation, et jusqu'à l'accomplissement de cette formalité, il est, sous tous les rapports, non-recevable à
agir.

Il ne pourrait être recevable à agir comme tuteur, au
nom de ses enfans en les supposant héritiers, puisque la
loi subordonne cette qualité à l'accomplissement préalable d'une condition à laquelle il n'aurait pas satisfait.

Il ne pourrait agir dans son intérêt personnel, et
comme ayant l'usufruit légal des biens de la succession; car, quoiqu'il ait en sa faveur la vocation de la
loi quant à l'usufruit, néanmoins la qualité d'usufruitier légal dans le père est nécessairement subordonnée à celle d'héritier dans les enfans.

Il en serait autrement dans la succession testamentaire, si le testateur, léguant seulement la nue propriété aux enfans, avait donné l'usufruit au père;
alors ce ne serait plus comme ayant l'usufruit légal des
mineurs, mais comme étant légataire de la jouissance
des biens du défunt, que le père aurait droit d'agir
dans son intérêt personnel; et, sous ce rapport, sa
qualité d'usufruitier n'étant point subordonnée à celle
d'héritier dans les enfans, il pourrait, sans l'autorisation du conseil de famille, revendiquer en son propre nom l'usufruit qui lui aurait été donné.

139. Mais, à supposer que le père ne soit point légataire de l'usufruit de la succession dévolue à ses enfans, et qu'il n'ait d'autre droit personnel à réclamer que celui d'usufruit légal, s'il voulait accepter, et qu'au contraire le conseil de famille votât pour le refus; ou si le père vouloit répudier la succession contre l'avis du conseil délibérant pour l'accepter, quelles seraient les conséquences d'une pareille discordance de volontés?

Supposons d'abord que le père vote pour la répudiation, tandis que les autres membres ou la majorité des autres membres du conseil auront arrêté, par leur délibération, que la succession sera acceptée; l'acceptation aura lieu, attendu que ce n'est pas au vote du tuteur, mais à celui du conseil, que la loi subordonne l'exercice de ce droit des mineurs.

Mais, en ce cas, si le père, sans se rendre à la majorité des votans, persistait, sans réserve dans sa volonté de refuser, volonté qui, aux termes de l'article 883 du code de procédure, devrait être consignée dans le procès-verbal de la délibération, cela suffirait-il pour le rendre non-recevable à se prétendre ensuite usufruitier des biens de l'hérédité? pourrait-on dire que, d'une part, il lui aurait été impossible de voter purement et simplement, pour la répudiation de la succession, sans renoncer pour leur propre compte, à l'usufruit légal des biens qui la composent; que, d'autre côté, le conseil de famille, délibérant dans la vue de rendre autant meilleure que possible la condition des mineurs, est censé accepter au moins tacitement, à leur profit, même les effets de la renonciation du père en ce qui le concerne ; d'où il suit que si , malgré le refus du père, la succession est acceptée dans le seul intérêt des mineurs , elle doit leur appartenir franche de tout droit d'usufruit paternel ?

Nous ne pensons pas que le père devrait être exclus de son usufruit légal sur les biens de l'hérédité, par cela seul qu'elle aurait été acceptée contre son avis , pour ses enfans ; parce que c'est un principe constant en droit , que ce qu'un homme fait *tutorio nomine* , ne doit porter aucun préjudice à ses droits personnels (1).

La vocation de la loi pour le père , quant à l'usufruit étant nécessairement subordonnée à l'accomplissement de celle des enfans, quant à la propriété , il ne peut être exact de dire que le père ait renoncé à son usufruit lorsque le droit n'en étoit pas encore ouvert.

Supposons actuellement que le conseil de famille délibère et arrête que la succession sera répudiée ; le père, sans se pourvoir contre cette délibération, pour la faire annuler , se verra-t-il forcément privé de son droit d'usufruit ?

La loi romaine vouloit que , dans ce cas, le père fût maître de revendiquer en toute propriété et jouissance les biens de la succession répudiée par son fils en puissance (2) ; mais cette disposition n'était qu'une suite ou un reste de la maxime *quidquid acquirit filius acquiritur patri* , laquelle n'est ni dans la lettre

---

(1) L. 26, cod., *de administratione tutorum*, lib. 5, tit. 37.
(2) L. 8, cod. *de bonis quæ liberis*, lib. 6, tit. 61.

ni dans l'esprit de notre code : en conséquence de
quoi l'on doit décider que le père ne devrait avoir ni
la propriété ni l'usufruit des biens de l'hérédité répudiée au nom de son fils.

Il n'en auroit pas la propriété, parce qu'il ne seroit
ni légataire ni héritier lui-même.

Il n'en auroit pas l'usufruit, puisque la loi ne l'é-
tablit à son profit, que sur les biens du fils, et que
ceux de cette hérédité se trouveroient dévolus à d'autres personnes par suite de l'acte de répudiation.

Mais, quoique le père ne puisse accepter ou répudier
la succession dévolue à son fils mineur, sans une autorisation préalable du conseil de famille, la délibération
que ce conseil aurait prise, contre son vœu, pourrait
n'être pas un obstacle insurmontable pour lui ; attendu
que la loi permet généralement au tuteur de se pourvoir contre les délibérations du conseil de famille,
pour les faire réformer quand il en a de justes motifs.

C'est donc une règle générale que les biens acquis
aux enfans, à titre d'hérédité ou autrement, sont soumis à l'usufruit paternel, jusqu'à ce que les enfans
aient acquis l'âge de dix-huit ans révolus ; mais, d'a-
près les dispositions du code, cette règle souffre exceptions ;

1.º Dans le cas du divorce prononcé entre les père
et mère ;

2.º Dans celui où la mère survivante convolerait
à secondes noces ;

3.º Dans celui où les biens seroient acquis aux enfans par l'effet d'une industrie séparée ;

(1) Art. 883 du cod. de procéd.

4.° Dans celui où les biens n'auraient été donnés aux enfans que sous la condition que leurs père et mère n'en auraient pas la jouissance;

5.° Dans celui où une succession serait dévolue au profit des enfans, par rapport à l'indignité de leur père ou de leur mère;

6.° Enfin, dans celui où le survivant des père et mère aurait omis de faire inventaire des biens de la communauté.

Chacune de ces exceptions mérite des observations particulières, que nous allons successivement mettre sous les yeux du lecteur.

PREMIÈRE EXCEPTION.

140.   Suivant l'article 386 du code, l'usufruit paternel n'a pas lieu au profit de celui des père et mère contre lequel le divorce aurait été prononcé.

Celui des époux contre lequel le divorce a été prononcé, a, par un délit grave, brisé les nœuds les plus sacrés; il a porté le plus grand préjudice aux enfans; il a donc justement mérité d'être exclus, soit dans le présent, soit dans le futur, de tout droit de jouissance sur leurs biens; et c'est véritablement là un cas d'exception à la règle générale qui veut que l'usufruit légal soit inhérent à la puissance paternelle et la suive, puisque le divorce n'en fait pas cesser le droit sur la personne des enfans (303), dans celui des père et mère contre lequel il a été prononcé.

Ainsi, à supposer que le divorce ait été prononcé contre le père, et que la mère vienne à mourir, le père survivant n'aura pas la jouissance des biens de la

succession maternelle ; cependant il en aura l'administration, comme tuteur de ses enfans mineurs ; mais
il leur devra compte des revenus qu'il n'aura perçus
que pour eux.

Ainsi, dans la même hypothèse, si c'est le père
contre lequel le divorce a été prononcé, qui soit mort
le premier, la mère survivante aura tous les droits de
l'usufruit légal, puisqu'il n'y a que celui au tort duquel il a été prononcé, qui doive être exclus de cet
usufruit.

Ainsi, enfin, si le divorce a eu lieu par consentement mutuel, les père et mère doivent être également
déchus du droit d'usufruit paternel, puisqu'en ce cas
le lien conjugal a été brisé au tort de l'un comme à
celui de l'autre, et que la loi les regarde comme coupables d'un préjudice si grave envers les enfans,
qu'elle adjuge à ceux-ci la moitié de leurs biens, à dater du jour de leur première déclaration en divorce
(305). Cette décision était déjà textuellement portée
contre le père divorcé, par le droit romain (1).

141. Mais, supposons qu'au moment où le divorce
a été prononcé au tort du père, les enfans mineurs
aient déjà eu quelques biens acquis, l'usufruit, dont
ce père demeure privé par l'effet du divorce, est-il de
suite réversible à la mère, ou si ce sont les enfans qui
doivent profiter de la déchéance encourue par le père ?

L'usufruit légal est un effet de la puissance paternelle ; nul effet ne peut subsister avant sa cause ; or,
même dans le cas du divorce prononcé contre le mari,
la mère n'a point encore la puissance paternelle ; donc

---

(1) Voy. au chap. 11 de la novelle 134.

elle ne peut pas avoir encore l'usufruit légal : mais, après la mort du père, si la mère lui survit et que les enfans soient encore mineurs de dix-huit ans, l'usufruit sera ouvert à son profit; parce qu'alors, se trouvant revêtue de la puissance paternelle, elle devra en avoir tous les accessoires et les effets. Ecoutons Locré sur cette question :

« On demandera, dit-il, si l'usufruit passe à la
» mère lorsque le divorce a été prononcé contre le
» père?

» Il en est certainement ainsi lorsque le père di-
» vorcé vient à mourir; car l'article 384 appelle la
» mère survivante.

» Mais le même article s'oppose à ce que, jusque là,
» cette mère en jouisse ; car, ce n'est que dans le cas
» de survivance que la loi le lui accorde, parce qu'a-
» vant ce moment elle n'a pas la puissance paternelle.
» Il serait même dangereux de donner aux femmes
» cette sorte d'intérêt à obtenir le divorce. Au reste la
» mère n'a pas à se plaindre; ses droits demeurent
» les mêmes que si le divorce ne fût pas survenu. A
» la vérité il était possible qu'elle profitât des fruits
» qui proviendraient des biens de ses enfans, parce
» qu'ils tombaient dans la communauté : mais il était
» possible aussi qu'elle n'en profitât pas, parce que
» le mari étant le maître de la communauté, il avait
» le droit de dissiper les revenus ; et d'ailleurs, cette
» considération tombe, lorsqu'il n'y a pas de com-
» munauté, ou que les conventions matrimoniales en
» limitent les effets.

» L'article 386 n'est donc pas attributif; il n'est

» qu'exclusif : son effet se réduit à exclure de la jouis-
» sance le père, si le divorce a été prononcé contre
» lui; la mère, en cas de *survie*, quand c'est elle qui
» a donné lieu à la dissolution du mariage. Il dépouille
» enfin celui des époux qui a, ou qui acquiert, par
» la suite, des droits à la jouissance; il n'ajoute rien
» aux droits de l'autre. »

142. Le père ou la mère contre lequel la séparation de corps aurait été prononcée, devrait-il être
aussi déchu du droit d'usufruit paternel?

Pour soutenir l'affirmative, on peut dire que la
séparation de corps n'est obtenue que pour les mêmes
causes pour lesquelles le divorce pouvait être demandé; que les mêmes causes doivent opérer les
mêmes effets contre l'époux condamné, puisqu'il y a
même préjudice porté aux enfans, par sa faute; qu'en
conséquence on doit la même indemnité à ceux-ci.

Nous croyons néanmoins qu'on ne doit pas déclarer
déchu du droit d'usufruit paternel, l'époux contre
lequel la séparation de corps a été prononcée, parce
que la loi ne le dit point, et qu'on ne doit point étendre
une disposition pénale à un cas pour lequel elle n'a
point été portée.

Il n'en est pas de l'usufruit légal comme d'une libéralité faite par un époux à l'autre. Lorsqu'il s'agit
d'une donation faite par l'époux innocent à l'époux
coupable, on conçoit qu'elle doit être révoquée par
la condamnation à la séparation de corps, comme par
le jugement admettant le divorce, parce que la cause
d'ingratitude est la même, et que l'époux donataire
partage le sort de tous les ingrats, qui généralement

doivent être privés des libéralités reçues de la part du bienfaiteur outragé.

Mais lorsqu'il s'agit de l'usufruit légal des père et mère, il n'y a pas de disposition générale dans la loi qui en prononce la déchéance dans le même cas, parce que l'un ne le tient point de la libéralité de l'autre; il ne tient pas même de la libéralité des enfans, mais absolument de celle de la loi : il ne doit donc en être privé que dans les cas où la loi le déclare ainsi.

D'ailleurs, il n'est pas vrai de dire que la séparation de corps soit aussi préjudiciable aux enfans que le divorce des père et mère. La séparation peut ne durer que pendant un temps; elle ne donne pas lieu de craindre la survenance d'autres héritiers : tandis que le divorce, tel qu'il était décrété dans le code, devait opérer une séparation perpétuelle, et rendant les époux à leur liberté, leur accordait le droit de contracter d'autres unions, et d'introduire par là d'autres héritiers dans la famille.

SECONDE EXCEPTION.

143. Aux termes du même article 386, l'usufruit légal cesse à l'égard de la mère dans le cas d'un second mariage.

C'est encore là une exception formelle à la règle générale qui veut que l'usufruit légal soit attaché à la puissance paternelle; puisque la veuve qui se re-marie conserve néanmoins, quoiqu'avec moins d'é-tendue, cette puissance sur la personne de ses enfans mineurs, tandis qu'elle perd le droit de jouissance qu'elle avait sur leurs biens.

Dans ce cas d'exception, comme dans le précédent,
la privation est générale, puisque le droit d'usufruit
cesse totalement d'avoir lieu dans la personne : il ne
reste donc aucune espèce de biens dans le domaine
présent ou à venir des mineurs, qui doive être encore
passible de l'usufruit paternel.

Cette exception est fondée sur ce qu'il ne doit pas
être permis à la mère qui convole à de secondes
noces, de porter dans une autre famille les revenus
de ses enfans du premier lit, et d'enrichir ainsi, à
leur préjudice, son nouvel époux (1). Et comme la
même raison n'existe pas à l'égard du père, on n'a
pas voulu qu'il souffrît la même privation dans le
cas où il viendrait à se remarier.

144. Mais si la mère devenait veuve une seconde
fois et avant que les enfans du premier lit eussent
atteint leurs dix-huit ans, pourrait-elle reprendre la
jouissance de leurs biens?

Nous ne le pensons pas, parce qu'un droit qui est
éteint ne peut revivre sans une cause qui lui rende
l'existence : les biens étant devenus libres entre les
mains des enfans ne pourraient être de nouveau
asservis à la jouissance de la mère, qu'autant qu'il y
aurait à cet égard quelque disposition dans le code,
et il n'y en a point.

L'usufruit légal ne prend fin de cette manière que
par la raison que la loi veut qu'il cesse alors d'être
un accessoire de la puissance paternelle. Cet effet étant
une fois opéré, la mort du second mari ne peut rien
changer dans les droits acquis aux enfans : parce

(2) Voy. dans LOCRÉ, tom. 4, p. 466.

qu'elle n'est qu'un simple fait et non une restitution, en entier, de la mère dans ses droits primitifs.

Nous irons plus loin encore. Et nous dirons qu'on devrait porter la même décision dans le cas d'un jugement qui déclarerait nul le second mariage de la mère, à moins qu'il n'y eût des violences exercées contre elle ; car c'est au fait libre du convol à secondes noces que la loi attache la privation de l'usufruit dans la veuve, et non aux suites plus ou moins étendues du second mariage.

Quoiqu'une veuve se trouve trompée dans son attente sur les résultats d'un second mariage qu'elle a voulu contracter au préjudice des enfans du premier lit, elle n'en est pas moins en faute à leur égard, et le jugement qui déclare nul le second mariage qu'elle avait librement voulu contracter, est lui-même la preuve du fait qui devait opérer la déchéance de son droit.

145. Puisque la privation dont il s'agit ici n'est prononcée par la loi qu'au regard de l'usufruit légal, il faut en conclure qu'elle n'aurait pas lieu par rapport à l'usufruit qui aurait été assuré par contrat de mariage, ou légué par testament de la part du mari au profit de sa veuve ; car si, d'après le droit romain, la veuve qui se remariait n'était pas privée des libéralités qui lui avaient été faites en usufruit seulement, par son mari (1) ; à plus forte raison doit-elle les conserver aujourd'hui sous le code qui ne prononce pas contre les secondes noces les peines établies par l'ancienne jurisprudence.

(1) Voy. la novelle 22, chap. 23.

146. Lorsque la veuve, sans s'être remariée, vit dans un état d'impudicité notoire, et donne le jour à des enfans naturels, doit-elle être aussi privée du bénéfice de l'usufruit légal des biens de ses enfans légitimes?

Cette question n'est pas sans quelque difficulté : car, on peut dire pour la veuve, qu'il n'est pas permis de lui appliquer une peine qui n'est pas textuellement décrétée contre elle par la loi ; qu'il n'en est point du cas où elle se trouve, comme de celui où elle se serait remariée et aurait par là porté son usufruit en dot à un nouvel époux ; qu'alors elle se serait mise elle-même dans l'impossibilité d'en employer les émolumens à l'entretien et à l'éducation de ses enfans, ce qui en aurait changé la destination ; mais qu'il n'en est pas ainsi dans l'état où elle est, et qu'en conséquence le motif, sur lequel les auteurs du code ont fondé cette déchéance, lui est étranger.

Mais, d'autre part, on peut dire, avec beaucoup plus de force, en faveur des enfans légitimes, que s'abandonnant à la débauche, leur mère s'est rendue bien plus répréhensible envers eux, que si elle avait convolé à de secondes noces, puisqu'au lieu de les porter à la vertu, elle leur donne l'exemple d'un dé-règlement de mœurs ; qu'ayant mérité de perdre la tutelle par une inconduite notoire (444), et ses enfans devant cesser de lui être confiés, il serait injuste qu'elle conservât encore la jouissance de leurs biens, lorsqu'elle s'est rendue indigne de conserver l'administration de leur personne ; que dans tous les temps les veuves, vivant dans un état d'impudicité notoire, ont été déclarées par les lois, bien plus coupables envers leurs enfans, que celles qui contractaient de nouveaux mariages (1); que toujours elles ont été soumises aux peines des secondes noces, parce qu'il serait répugnant autant aux principes de la raison qu'à ceux de la morale, d'accorder plus de droit à l'état de débauche d'une femme, qu'à celui d'épouse légitime, *non enim amplius aliquid habebit castitate, luxuria* (2); que la justice exige ici la même condamnation, au moins par forme de dommages et intérêts envers les enfans; que tel a toujours été le sentiment des auteurs tant anciens (3) que modernes (4); que telle a toujours été aussi la jurisprudence des Tribunaux français, comme on peut le voir soit dans le dictionnaire de Brillon, au mot *Veuve*, n.ᵒˢ 21 et suiv., soit dans le dictionnaire des arrêts modernes, au mot *Usufruit*, n.ᵒ 18, où l'on rapporte un arrêt de la cour de Limoges, du 16 juillet 1807 et même un autre du 2 avril 1810, par lesquels cette question a été ainsi jugée.

147. Suivant l'article 305 du code, dans le cas de divorce par consentement mutuel, la propriété de la moitié des biens de chacun des deux époux est acquise, de plein droit, aux enfans nés de leur mariage : et néanmoins les père et mère en conservent la jouis-

(1) Voy. la loi 7 au cod. *de revocandis donat.*, lib. 8, tit. 56.
(2) Novel. 39, cap. 2 in fine.
(3) Voy. dans Surdus, *de alimentis*, tit. 7, quest. 24; — Dans Garcias, *de conjugali quæstu*, n.ᵒˢ 39 et suiv.
(4) Voy. dans Bretonnier sur Henrys, liv. 4, chap. 6, quest. 66, n.ᵒ 13. — Coquille, sur la coutume du Nivernois, quest. 147.

sance jusqu'à la majorité de leurs enfans, à la charge
de pourvoir à leur nourriture, entretien et éducation,
conformément à leur fortune et à leur état. Ce droit
de jouissance doit-il être aussi considéré comme éteint
par le convol de la mère divorcée?

Nous ne le pensons pas; parce que ce n'est point
ici le cas de l'usufruit légal ordinaire dont il est question au titre de la puissance paternelle.

L'usufruit légal finit à l'époque où les enfans ont
leurs dix-huit ans; celui-ci doit durer jusqu'à leur
majorité.

L'usufruit légal dont il est question au titre de la
puissance paternelle, est établi sur les biens des enfans; ici il frappe sur les biens de la mère elle-même.

Dans la constitution de l'usufruit légal, la loi fait
un don; dans la réserve dont il s'agit ici, elle s'abs-
tient seulement d'étendre sa confiscation sur la jouissance actuelle du propriétaire.

Si la veuve qui se remarie perd son usufruit légal,
c'est parce que la loi ne lui en avait fait le don que
sous cette condition; or la jouissance que la veuve
divorcée conserve sur ses propres biens, n'est point
un don de la loi; donc elle ne doit pas être subordonnée à une condition qui n'est apposée par la loi
qu'à sa propre libéralité.

Cette disposition de la loi envers les père et mère
divorcés est véritablement une disposition pénale,
puisqu'elle emporte confiscation de la moitié de leurs
biens au profit des enfans; mais comme, d'une part,
elle leur en réserve l'usufruit jusqu'à la majorité de
ceux-ci, et que, d'autre côté, il ne peut être permis

I.

d'étendre la peine au-delà du prescrit de la loi, nous devons en conclure que, dans tous les cas, la mère est en droit de conserver cette jouissance jusqu'à la majorité de ses enfans.

TROISIÈME EXCEPTION.

148.   L'usufruit légal des père et mère ne s'étend point aux biens ou effets que les enfans peuvent acquérir par un travail ou une industrie séparés (387).

Ainsi, pour que l'enfant de famille jouisse de son pécule, en toute propriété, il n'est pas nécessaire, chez nous, comme il l'était chez les Romains, qu'il l'ait acquis à l'occasion de l'art militaire, ou en cultivant les sciences, puisqu'il suffit qu'il l'ait amassé par un travail ou une industrie séparés ; d'où il résulte que la distinction des pécules castrenses et quasi-castrenses n'a plus d'application dans le système de nos lois actuelles.

D'ailleurs, l'usufruit légal étant aujourd'hui borné au moment où les enfans ont atteint l'âge de dix-huit ans accomplis, on ne pourrait guère supposer qu'ils eussent pu, avant cette époque, acquérir quelque chose dans l'art militaire, ou en cultivant les sciences, pour dire qu'on doit encore conserver l'idée des pécules castrenses et quasi-castrenses.

149.   Mais que doit-on comprendre sous la dénomination de biens acquis par un travail ou une industrie *séparés?* faut-il que le fils soit hors de la communion du père pour qu'on puisse dire que ses gains lui sont acquis par un travail ou une industrie *séparés?*

Nous ne le pensons pas ; car il n'est pas nécessaire qu'il y ait séparation de communion, pour que l'industrie du fils s'exerce sur un objet séparé de l'administration du père : s'il fallait au fils mineur de dix-huit ans une séparation d'habitation, pour pouvoir revendiquer la jouissance de ses épargnes, ou pour que le père, son tuteur, fût obligé de lui en rendre compte, le système de la loi serait en contradiction avec lui-même, puisque l'enfant ne peut avoir de domicile propre tant qu'il est mineur non émancipé (108); et qu'il ne lui est pas même permis de quitter la maison paternelle de son propre mouvement, si ce n'est pour enrôlement volontaire, et après ses dix-huit ans révolus (374). Il suffit donc que le travail ou l'industrie du fils soient exercés sans connexité avec le travail ou l'industrie du père, pour qu'on puisse dire qu'il y a entre eux travail ou industrie séparés, quoique l'un soit en communion d'habitation avec l'autre. C'est ainsi que, sans être séparée d'habitation avec son mari, la femme marchande publique exerce néanmoins un commerce séparé (220), lorsque le mari lui-même n'est pas commerçant, ou lorsque le négoce de la femme ne porte que sur des objets étrangers au négoce du mari.

L'expression *séparés* se rapporte au travail comme à l'industrie de l'enfant ; mais pour qu'il y ait séparation dans le travail du fils, il faut que l'application en soit faite à des objets étrangers aux intérêts du père, et avec le consentement au moins tacite de celui-ci, parce que le fils domicilié avec le père doit sa coopération aux travaux domestiques du ménage.

Ainsi, sous le rapport du travail séparé, l'usufruit paternel ne doit point s'étendre à ce que le fils peut gagner comme homme de journées, ni en servant comme domestique à gages chez autrui.

Il faut également que l'industrie du fils soit appliquée à des objets étrangers aux affaires du père, parce que celui-ci a aussi le droit d'employer les talens naissans de son fils, dans l'exercice du négoce qu'il peut avoir entrepris.

Ainsi, sous le rapport d'industrie séparée, l'usufruit paternel ne s'étend pas sur ce que le fils peut gagner en remplissant les fonctions de maître d'études chez un instituteur, ou dans un collége; celles de commis ou d'écrivain dans une administration; celles de secrétaire ou de clerc dans un bureau autre que celui de son père.

Il ne s'étend pas non plus sur les gains que le fils, quoique résidant avec le père, peut faire dans l'exercice d'un métier ou de quelque genre d'industrie qui lui seraient personnels, dès qu'il agit pour son compte propre et sans l'intervention du père, ou hors du genre d'industrie exercé par celui-ci.

Mais, dans ces divers cas, si le fils n'avait d'ailleurs pas d'autres biens dont le père eût la jouissance, et qu'il fût nourri dans la maison paternelle, le père serait en droit de lui demander compte de sa nourriture, parce que l'obligation légale de fournir à quelqu'un des alimens, cesse dès que celui-ci peut y pourvoir par ses propres ressources (209), et qu'ainsi le père pourrait obliger le fils à souffrir que ses dépenses d'entretien fussent précomptées sur les produits de son travail ou de son industrie (1) ; d'où il résulte que cette exception à l'usufruit paternel ne peut avoir pour objet que des intérêts bien modiques.

Quoique le père n'ait pas l'usufruit sur les gains que le fils mineur de dix-huit ans peut faire par travail ou industrie séparés, il n'est néanmoins pas privé de tout droit à cet égard : il est le tuteur du fils, et par conséquent l'administrateur légal de ses biens ; il a, en cette qualité, l'exercice de toutes les actions du maître pour forcer le recouvrement et exiger le payement de ce qui peut être dû au fils ; mais s'il n'en fait pas emploi au profit de celui-ci, il en devra l'intérêt, puisqu'il n'en a pas l'usufruit, et cet intérêt devra être rapporté dans son compte de tutelle.

150. Que devrait-on décider à l'égard du trésor découvert par le fils âgé moins de dix-huit ans? le père ou la mère revêtus de la puissance paternelle en auraient-ils l'usufruit légal?

L'usufruit légal des père et mère sur le patrimoine de leurs enfans s'étend en général à tous les biens de ceux-ci : telle est la règle du droit commun.

Néanmoins, pour donner de l'émulation aux enfans, et les encourager au travail ou à l'exercice de quelque genre d'industrie, les auteurs du code ont voulu que les gains qu'ils auraient faits par un travail ou une industrie séparés, fussent exempts de la charge de l'usufruit paternel.

Toute la question proposée se réduit donc à savoir si le trésor se trouve dans cette exception car

_____

(1) Vid. l. 5, § 7, ff. *de agnoscendis et alendis liberis*, lib. 25, tit. 3.

autrement il reste sous l'empire de la loi générale.

« Le trésor, porte l'article 716 du code, est toute » chose cachée ou enfouie sur laquelle personne ne » peut justifier sa propriété, et qui est découverte par » le pur effet du hasard. » Il appartient pour moitié à celui qui le trouve dans le fonds d'un autre ; mais ce n'est qu'autant que la découverte est le pur effet du hasard : cette participation de l'inventeur n'est donc point le fruit de son industrie, puisqu'il faut au contraire, qu'il n'ait pas fait industriellement la découverte, pour qu'il ait le droit d'en profiter : le trésor n'est pas non plus le prix naturel du travail, puisque sa découverte n'est qu'accidentelle au travail, et que c'est une chose qu'on ne se proposait point d'obtenir en travaillant. Il n'est également pas le prix d'encouragement décerné par la loi, puisqu'il est essentiellement un objet imprévu : c'est donc un pur don de la fortune soumis à l'usufruit légal des père et mère, puisqu'on ne peut le ranger dans la classe des biens qui en sont affranchis.

Il en serait de même du trésor trouvé, par un tiers, dans l'héritage du fils de famille : la moitié cédant au fils comme propriétaire du fonds, ne serait toujours qu'un pur don de la fortune, puisque le trésor n'est ni une partie intégrante, ni une partie accessoire, ni le fruit de l'immeuble dans lequel il est découvert, ainsi que nous l'avons établi ailleurs : et de là on doit tirer encore cette conséquence, que les père et mère doivent en avoir l'usufruit légal, lors même qu'ils n'auraient pas la jouissance du fonds dans lequel la découverte aurait été faite.

QUATRIÈME EXCEPTION.

151. L'usufruit légal ne porte point sur les biens
qui sont donnés ou légués aux enfans sous la condition expresse que les père et mère n'en jouiront pas
(587) : le donateur, qui pourrait s'abstenir de faire
aucune libéralité, doit être le maître d'en borner les
effets au profit de la personne qui est le seul objet
de ses affections.

Nous disons *sous la condition expresse*, parce que
ce sont les termes du code. Pour que l'usufruit paternel n'ait pas lieu sur les biens donnés aux enfans mineurs de dix-huit ans, il est donc nécessaire que les
père et mère en soient formellement exclus par l'acte
de libéralité; et de là il résulte qu'il faut écarter la
doctrine des auteurs (1) qui ont écrit, que, quand le
père est institué héritier conjointement avec ses enfans, par un étranger, il ne doit pas avoir l'usufruit
légal sur les portions d'hérédité dévolues à ceux-ci,
par cela seul qu'il aurait au-delà de la part qui lui a
été assignée par le testateur. Car alors le père ou la
mère ne revendique point l'usufruit des biens du défunt, mais seulement la jouissance de ceux de ses enfans, et il doit l'obtenir du moment que le testateur
ne l'a point prohibé, ni déclaré d'une manière expresse, qu'il voulait que le fils seul profitât de sa
portion tant en propriété qu'en jouissance.

152. Dans les principes de l'ancienne jurisprudence, lorsque la mère, instituant son fils héritier,
avait prohibé l'usufruit légal au père, cette prohibi-

(1) Voy. dans Lapeyrère, lettre V, n.° 74.

tion n'avait d'effet qu'à l'égard des biens donnés qui excédaient la légitime de l'enfant, parce qu'il n'y a que cet excédant qu'on puisse dire être totalement à la disposition de l'homme. En conséquence la portion légitimaire n'en restait pas moins soumise à la jouissance du père, par la raison que le fils n'était toujours censé la recevoir que des mains de la loi, qui en disposait elle-même, en usufruit au profit du père (1). On doit porter encore aujourd'hui la même décision à l'égard de la réserve légale des enfans, et dire que, si le testateur ou le donateur est, par rapport à sa qualité d'ascendant, obligé de laisser une partie de ses biens au fils de famille, il ne peut prohiber efficacement au survivant des père et mère l'usufruit légal sur cette portion, parce que les enfans ne tiennent également cette nouvelle légitime que de la loi, qui elle-même en attribue la jouissance au père ou à la mère survivant.

Néanmoins, comme l'observe M. Touillier, célèbre professeur en droit à Rennes (2), s'il s'agissait d'une donation entre-vifs, faite avec prohibition d'usufruit légal, et acceptée sans aucune réserve ni protestation par le père ou la mère agissant pour les mineurs, cette acceptation pure et simple pourrait lui être opposée comme une renonciation tacite au droit d'usufruit qui s'ouvre, au profit du père, au moment même

(1) Voy. dans FACHINÉE, *controvers. juris*, lib. 5, cap. 21; — LAPEYRÈRE, lett. V, n.º 80; — CATELLAN, liv. 4, chap. 80; — CHABROL, sur la coutume d'Auvergne, chap. 11, art. 2, sect. 1, tom. 1, p. 157; — BANNELIER, tom. 4, p. 55, n.º 1533, édit. in-4.º; — DESPEISSES sur l'usufruit, sect. 4, n.º 13 *Tertio*.

(2) Le droit civil franç. par M. TOUILLIER, tom. 2, pag. 348.

où les enfans acquièrent la propriété des biens donnés.

Quant à la quotité disponible, comme le donateur aurait pu en disposer au profit d'un étranger, et exclure par là le survivant des père et mère de toute jouissance à cet égard, il a pu également en disposer, au profit des enfans, avec prohibition d'usufruit légal, parce que ceux-ci ne peuvent être d'une condition pire que l'étranger, sur cet objet.

153. Pour se bien pénétrer du véritable sens du texte de notre code, portant que l'usufruit paternel ne s'étend pas sur les biens donnés aux enfans *sous la condition expresse* que les père et mère n'en jouiront pas, il faut observer que la loi n'assigne aucunes expressions sacramentelles, dont le disposant soit tenu de se servir pour mettre obstacle à cette jouissance; qu'il suffit en conséquence que la volonté par lui exprimée soit telle qu'en l'exécutant dans l'intérêt des enfans, le père ou la mère doive être exclus de l'usufruit des biens donnés; car, en exprimant une disposition incompatible, dans son exécution intégrale, avec l'exercice du droit paternel, le donateur fait réellement une libéralité sous la condition expresse que les père et mère n'en profiteront pas; et de quelque manière que la volonté ait été déclarée dans l'acte, elle doit nécessairement faire la loi, puisqu'il était pleinement le maître.

Ainsi, lorsqu'un père est nommé légataire avec son fils, si le testateur avait dit qu'il léguait la moitié de ses biens au père, et que l'autre moitié appartiendrait au fils, non-seulement en propriété, mais encore en jouissance, du moment de son décès; le père n'aurait pas la jouissance de la portion du fils, parce qu'en déclarant d'une manière expresse que cette jouissance ne doit appartenir qu'au fils, dès l'instant du décès du testateur, c'est suffisamment exprimer qu'elle ne doit point appartenir au père, et qu'au contraire il doit en être privé.

Ainsi encore, dans le cas d'un fidéicommis, si le père, nommé légataire, était chargé de rendre les biens à son fils, avant que celui-ci eût atteint ses dix-huit ans, il ne pourrait en retenir l'usufruit, parce que la restitution dont le fiduciaire est grevé, doit embrasser la chose toute entière; qu'étant chargé de rendre le tout, il doit rendre le tout; et qu'il y aurait de la contradiction à lui accorder le droit de reprendre, à titre d'usufruit paternel, une portion du domaine que, suivant la volonté du testateur, il est chargé de restituer en totalité (1); que le testateur, en exprimant la charge de rendre ou de transmettre sa libéralité toute entière au fils avant qu'il eût atteint l'âge de dix-huit ans, a, par là, suffisamment exprimé que dès lors le père n'en devait plus jouir. Nous pouvons ajouter que la question a été ainsi décidée en Conseil d'état sous le Gouvernement précédent, le 30 janvier 1811, à l'égard des majorats qui ne sont autre chose que des substitutions fidéicommissaires perpétuelles (2).

C'est par application de ce principe que la cour

(1) Voy. dans SURDUS, *de alimentis;* et les auteurs par lui cités, tit. 7, quest. 14, n.ᵒˢ 30 et 31. — *Facit etiam,* l. 50, ff. *ad S.-C. Trebellian.,* lib. 36, tit. 1.

(2) Voy. au bull., 4.ᵉ série, tom. 14, pag. 143.

royale de Paris a rendu un arrêt le 24 mars 1812, dans une espèce qu'il ne sera pas inutile de retracer ici.

Par son testament du 12 fructidor an 11, le sieur Sévenet avait fait un legs de 2000 francs au sieur Compigny, son petit-fils, dans les termes suivans : « Enfin je laisse et lègue au même Compigny, mon » petit-fils, la somme de deux mille francs en argent » comptant, à prendre sur ma succession mobilière ; » de laquelle somme moitié sera conservée pour être » employée à son éducation, ou à lui faire prendre » un état, et les autres mille francs seront placés le » plus solidement et le plus avantageusement qu'il » sera possible, dans le plus court délai. »

Le jeune Compigny, légataire, n'avait encore que sept ans, et était sous la puissance paternelle de son père.

Le testateur avait nommé un sieur Cretté pour son exécuteur testamentaire, et avait ajouté, par rapport au legs fait à son petit-fils : « Il est entendu que le- » dit citoyen Cretté, exécuteur testamentaire, tou- » chera tout ce qui est légué audit fils Compigny, et » en fera l'emploi et le placement comme dessus, et » ce jusqu'à sa majorité. »

Le placement de la somme léguée avait été fait par l'exécuteur testamentaire, conformément à la disposition du testateur, d'après un avis du conseil de famille.

C'est dans cet état de choses que le père du légataire prétendit être en droit de profiter des intérêts du legs, comme ayant l'usufruit légal des biens de son enfant mineur de dix-huit ans.

Il soutenait qu'en réglant la manière dont le legs serait placé, le testateur n'avait voulu pourvoir qu'à la conservation du capital, et non priver le père de sa jouissance légale; qu'en tous cas, le legs n'ayant point été fait sous la condition expresse qu'il ne jouirait pas de la somme léguée, il devait en avoir la jouissance aux termes de l'article 387 du code.

Cette contestation élevée entre le père et l'exécuteur testamentaire fut portée au tribunal de Paris, où, par jugement du 9 mai 1811, le père fut déclaré non-recevable, « attendu qu'il résulte de la disposition » du testament de M. Jean–Baptiste Sévenet, relative » au legs de 2000 fr. au profit du mineur Compigny, » son petit–fils, que l'intention expresse du testateur » a été que cette somme et ses produits profitassent » en entier au légataire. » Cette sentence ayant été déférée à la Cour de Paris, elle en adopta simplement les motifs, et la confirma par son arrêt du 24 mars 1812 (1).

154. LE PÈRE doit-il avoir la jouissance de l'usufruit qui serait légué au fils mineur de dix-huit ans?

On peut dire pour la négative que le profit d'un legs de cette nature est tout entier dans la jouissance, puisqu'il n'y a que la jouissance de léguée; qu'ainsi, en l'accordant au père, ce serait substituer un légataire, étranger à la volonté du testateur, au lieu et place du légataire qu'il avait voulu; que par cela seul que l'usufruit n'est légué qu'au fils, la volonté

_____

(1) Voy. dans le recueil de SIREY, tom. 12, au supplément, pag. 329.

du testateur est suffisamment exprimée pour en exclure le père, puisqu'autrement il ne resterait rien qui appartînt au fils durant la jouissance du père.

Nonobstant ces raisonnemens, il nous paraît incontestable que le père doit avoir la jouissance de l'usufruit légué au fils, puisqu'il a généralement la jouissance de tout ce qui lui appartient, et que le droit d'usufruit légué au fils est réellement la propriété ou le bien de celui-ci.

Vainement dit-on que tout l'avantage d'un legs de cette nature ne consistant que dans la jouissance, le testateur est censé en avoir exclus le père, par cela seul qu'il ne le fait qu'au profit du fils ; car il n'est pas permis d'arguer d'une exclusion tacite là où la loi veut qu'il y ait une exclusion expresse ; et le testateur n'ayant ni prohibé la jouissance au père, ni déclaré qu'il entendait que le fils en profitât seul dès le moment de son décès, est au contraire censé avoir subordonné sa disposition à la règle du droit commun.

Quand l'usufruit a été légué au fils, quoique le père ait le droit d'en percevoir les émolumens utiles pendant un temps, c'est toujours le fils qui est réellement l'usufruitier vis-à-vis du propriétaire du fonds, parce que c'est sur sa tête que repose le droit légué ; d'où il résulte que la jouissance du père doit prendre fin par le décès du fils, parce qu'alors il y a extinction dans la chose. Il en était autrement par le droit romain : l'usufruit ainsi acquis durait jusqu'à la mort du père, nonobstant que le fils fût prédécédé (1) ; mais c'était là un reste de la maxime : *quidquid ac-*

_____

(1) Voy. l. 17, cod. *de usufructu*, lib. 3, tit. 33.

quirit filius, acquiritur patri, qui n'est pas à considérer parmi nous comme chez les Romains.

Lorsque le père entre en jouissance de l'usufruit légué à son fils, c'est à lui à faire inventaire, puisqu'il a la double qualité d'usufruitier dans son intérêt, et de tuteur administrant dans l'intérêt du fils. Nous croyons même que c'est à lui à en supporter les frais, sans répétition contre le fils, parce qu'il en doit un de son chef, et qu'il n'y en a pas deux à faire.

Quant au cautionnement à fournir pour la sûreté du propriétaire, c'est le fils qui en est le débiteur direct, puisque c'est lui qui est l'usufruitier vis-à-vis du maître du fonds ; mais, comme le propriétaire ne doit pas souffrir de ce que le père vient, pendant un temps, occuper la place du fils, la caution doit être tenue de répondre des dégradations que pourrait commettre soit le père durant sa jouissance, soit le fils lorsqu'il sera lui-même en possession.

CINQUIÈME EXCEPTION.

155. Aux termes de l'article 730 du code, « les » enfans de l'indigne venant à la succession de leur » chef, et sans le secours de la représentation, ne » sont pas exclus par la faute de leur père ; mais celui- » ci ne peut, en aucun cas, réclamer, sur les biens » de cette succession, l'usufruit que la loi accorde » aux père et mère sur les biens de leurs enfans. »

Ces expressions, *ne sont pas exclus par la faute de leur père,* ne sont point limitatives et ne doivent pas être restreintes au seul cas de l'indignité du père : les derniers termes de l'article nous indiquent assez que les droits des enfans sont les mêmes quand c'est leur mère qui s'est rendue indigne.

Ainsi, lorsque le père ou la mère se sont rendus indignes de succéder, et qu'il n'y a pas d'autres parens plus proches en degrés que leurs enfans, ou qui doivent exclure ceux-ci par droit de représentation; ce sont les enfans, venant alors de leur chef, qui doivent recueillir la succession qui aurait été dévolue à leur père ou à leur mère; et comme l'indigne n'en doit aucunement profiter, la loi veut qu'il soit exclus même du droit d'usufruit paternel sur les biens de cette hérédité.

Cette cause d'exception à l'usufruit légal n'est pas universelle : elle ne porte que sur les biens de la succession dont l'indigne est évincé : si donc les enfans avaient déjà d'autres biens, ou s'il venait à leur en échoir par la suite et durant leur minorité de dix-huit ans, le père ou la mère n'en aurait pas moins la jouissance, quoiqu'il eût été exclus de celle de la succession dont il s'était rendu indigne.

Lorsque le père et la mère sont vivans l'un et l'autre, si c'est la mère qui s'est rendue indigne de la succession à laquelle ses enfans se trouvent appelés, de leur chef, à son défaut, le père n'en doit pas moins avoir l'exercice de son usufruit légal, parce qu'il ne doit pas souffrir de la faute d'autrui, et qu'à son égard les biens dévolus à ses enfans rentrent sous l'empire de la règle commune.

Mais, s'il avait été déclaré complice du crime qui a rendu la mère indigne, il devrait lui-même être

écarté de toute prétention à l'usufruit légal sur les
biens de la succession, parce que la cause de l'indignité lui serait applicable dans la mesure de ses intérêts, comme à la mère.

Si, au contraire, c'est le père qui s'est rendu indigne, l'usufruit dont il reste privé cède au profit de ses
enfans, sans être d'abord réversible à la mère, soit
parce que, du vivant du mari, elle n'a point la puissance paternelle, soit parce que si on l'admettait de
suite à le revendiquer, c'est le père lui-même qui en
profiterait, comme ayant la jouissance des biens de
sa femme ; mais après la mort du père déclaré indigne,
la mère survivante, se trouvant revêtue de la puissance paternelle, sera en droit d'en réclamer tous les
effets, et par conséquent de revendiquer l'usufruit
légal des biens de la succession possédée par ses enfans qui seraient encore mineurs de dix-huit ans.

156. L'exclusion pour cause d'indignité n'a pas
lieu de plein droit : il faut qu'il y ait un jugement qui
déclare l'héritier coupable du crime auquel cette peine
est attachée, et qui le condamne en conséquence à
relâcher les biens de la succession dont il peut avoir
joui plus ou moins long-temps, et alors il est tenu de
rendre aussi tous les fruits qu'il a perçus depuis l'ouverture de l'hérédité (729) ; soit parce que c'est là une
partie accessoire de la peine à laquelle il est condamné,
soit parce qu'ayant la conscience de son crime, il ne
peut revendiquer les avantages du possesseur de
bonne foi.

Si, nonobstant la condamnation du père ou de la
mère, ils conservaient encore la tutelle de leurs en-

fans, comme cela peut être, suivant la nature de la
peine prononcée contre eux, c'est seulement à la fin
de leur administration qu'ils seraient tenus de rendre
compte des fruits ou revenus de la succession, ou de
l'emploi qu'ils en auraient dû faire au profit des mineurs, suivant les règles auxquelles est soumise la gestion des tuteurs.

Il serait possible aussi que le père ou la mère déclarés coupables du crime emportant indignité fussent
condamnés à une peine qui emportât la déchéance de
la tutelle (1); alors le tuteur donné aux enfans aurait
une action pour se faire remettre l'administration des
biens de ceux-ci, et pour forcer l'indigne à la restitution des fruits perçus pendant son indue jouissance.
Cependant, si, au moyen de cette restitution, le père
ou la mère se trouvaient réduits à l'état d'indigence,
il devrait leur être fourni des alimens sur le bien des
enfans, parce que ceux-ci ne peuvent cesser d'être
soumis aux devoirs de la piété filiale envers les auteurs
de leurs jours : *Sed paternæ reverentiæ congruum est,
egenti fortè patri officio judicis ex accessionibus hæ-
reditariis emolumentum præstari* (2).

157. Mais, dans ce cas, le père ou la mère qui
serait actionné en délaissement de la succession, par
le tuteur donné aux enfans, pourrait-il, par rapport
à son état de pauvreté, demander à jouir du bénéfice
de compétence, en se retenant sur les biens de l'hérédité ce qui serait rigoureusement nécessaire pour ses
alimens?

(1) Voy. les art. 28, 34 et 42 du cod. pénal.
(2) L. 50 in fine, ff. *ad S.-C. Trebellianum*, lib. 36, tit. 1.

I.   13

Le bénéfice de compétence est un privilége particulier, accordé à certaines personnes, en vertu duquel
le débiteur, poursuivi en payement de sa dette, et
discuté dans ses biens, peut, par exception, demander à retenir ce dont la jouissance lui est nécessaire
pour subsister.

Dans les termes du droit ancien, ce bénéfice appartenait entre'autres au donateur poursuivi en payement
de la donation par le donataire, et aux ascendans et
descendans entre eux, poursuivis les uns par les autres en payement de toute espèce de dettes civiles : *Actio in id quod facere possit, danda est : ita ut et ipsi
donatori aliquid sufficiens relinquatur. Quod maximè
inter parentes et liberos observandum est* (1). Quoique
notre code ne porte pas explicitement les mêmes dispositions, nous croyons qu'on doit encore suivre, à
cet égard, les principes de l'ancienne jurisprudence.

Ce privilége est fondé sur ce que, quand le créancier doit des alimens au débiteur, il y aurait de la contradiction à exproprier entièrement celui-ci, sans lui
laisser de quoi subsister ; parce qu'alors le créancier
se trouverait obligé de lui rendre, d'une main, une
portion de ce qu'il lui aurait enlevé de l'autre : or, la
même raison existe d'après le code, puisqu'il veut
également que les ascendans et les descendans se fournissent des alimens (205, 207), et que le donataire
en doive au donateur qui se trouve dans le besoin (955);
donc on doit encore admettre parmi nous l'usage du
bénéfice de compétence.

(1) L. 30, ff. *de re judicat.*, lib. 42, tit. 1.

Mais doit-il avoir lieu dans le cas de la question proposée? C'est ce que nous ne pensons pas.

Ce bénéfice, en effet, n'a été introduit, et n'a jamais été admis qu'en faveur du débiteur de quantités poursuivi pour dettes mobilières et personnelles, et exproprié dans ses biens. Il n'appartient point et ne peut appartenir au détenteur de la chose d'autrui contre lequel l'action en revendication est exercée par le maître; *fundum quis donavit. Si non restituat, ut quivis possessor damnandus est* (1); autrement il faudrait l'accorder même au voleur pour conserver une partie de la chose volée (2): or, la demande formée par le tuteur des enfans mineurs, contre le père ou la mère déclarés indignes, pour obtenir la restitution des biens de la succession dont ils sont déchus, est une action en revendication de biens d'autrui dont ils ne sont que détenteurs pour s'en être indûment emparés: donc ils ne peuvent invoquer le bénéfice de compétence en leur faveur: mais l'action alimentaire leur reste.

158.   Le père ayant renoncé à une succession, qui se trouve par là dévolue à ses enfans mineurs, doit-il être non-recevable à en exiger ensuite l'usufruit légal, comme il en serait déchu s'il avait été déclaré indigne?

Pour soutenir l'affirmative, on peut présenter les motifs suivans:

Lorsque, pour cause d'indignité, le père est privé

(1) L. 41, § 1, ff. *de re judicat.*, lib. 42, tit. 1.
(2) Voy. dans Surdus, *de alimentis*, tit. 1, quest. 78, n.° 39 et 49; et dans Cujas sur la loi 41, ff. *de re judicatâ*.

d'une succession qui se trouve par là dévolue à ses enfans, il n'en doit point retenir l'usufruit, parce qu'il
est exclus du tout : il ne doit pas le retenir davantage
quand il abdique volontairement la succession, parce
qu'il renonce également au tout.

Suivant la loi romaine, la renonciation au droit d'u-
sufruit pouvait être tacite, puisqu'il suffisait que le
père eût laissé jouir son fils, pour que celui-ci fût
exempt de rendre aucun compte et de faire aucun
rapport de sa jouissance (1). A plus forte raison devons-nous la faire résulter aujourd'hui d'un acte for-
mel d'abandon par lequel le père renvoie tous ses
droits à ses enfans.

En admettant qu'il eût renoncé, par rapport à l'insolvabilité de la succession, on ne pourrait supposer,
en même temps, en lui, la volonté de profiter d'une
chose qu'il n'aurait repoussée que pour l'avoir jugée
de nulle valeur ou onéreuse ; il aurait donc voulu renoncer réellement à tous ses droits.

Mais ce n'est pas sous ce seul point de vue que la
question doit être envisagée. Un père qui renonce à
une succession qui se trouve par là dévolue à ses enfans, leur fait nécessairement une libéralité, par le
transport qui s'opère de ses droits sur leur tête ; il ne
peut donc être recevable à leur reprendre une partie
de ce qu'il a voulu leur donner. S'il leur avait fait
une donation ordinaire d'un fonds, sans s'en rien réserver, il ne serait certainement pas recevable à leur
en reprendre l'usufruit : il doit en être de même ici,

(1) Voy. l. 6, § 2, *verb. sin autem*, cod. *de bonis quæ liberi,* s
lib. 6, tit. 61.

parce que la renonciation dont il s'agit ne peut avoir des effets moins étendus qu'une donation.

Nonobstant tous ces raisonnemens, nous croyons qu'il faut tenir pour constant que le droit d'usufruit légal doit encore avoir lieu dans ce cas ; parce que la qualité d'héritier abdiquée par le père, n'a rien de commun avec celle d'usufruitier dont il veut se prévaloir ensuite ; que par conséquent la renonciation qu'il a faite à l'une de ces qualités, ne doit point le priver des avantages inhérens à l'autre ; qu'un premier bienfait accordé à ses enfans, par l'acte de renonciation , ne peut être, pour eux, un titre qui les autorise à exiger un nouveau sacrifice de sa part ; qu'ayant renoncé à la succession , c'est, pour lui, comme s'il n'avait jamais été appelé à la recueillir, et pour ses enfans, comme s'ils y avaient été appelés en premier ordre ; qu'ainsi on ne pourrait lui refuser le droit d'usufruit légal, en ce cas , sans contrevenir aux dispositions de la loi qui le lui accorde généralement sur toutes les successions dévolues à ses mineurs ; qu'enfin , pour faire cesser le droit d'usufruit, par la volonté de celui qui en est revêtu, la loi veut qu'il y ait formellement renoncé (621), tandis qu'il n'y a point ici de renonciation formelle.

SIXIÈME EXCEPTION.

159. Suivant l'article 1442 du code, « le défaut » d'inventaire après la mort naturelle ou civile de l'un » des époux, ne donne pas lieu à la continuation de » la communauté; sauf les poursuites des parties in- » téressées, relativement à la consistance des biens

» et effets communs, dont la preuve pourra être faite
» tant par titre que par la commune renommée.

» S'il y a des enfans mineurs, le défaut d'inven-
» taire fait perdre en outre à l'époux survivant, la
» jouissance de leurs revenus ; et le subrogé tuteur
» qui ne l'a point obligé à faire inventaire, est soli-
» dairement tenu avec lui de toutes les condamna-
» tions qui peuvent être prononcées au profit des mi-
» neurs. »

L'article 2, chapitre 11 de la coutume d'Auvergne,
contenait une disposition semblable contre le père
ayant l'usufruit légal des biens de ses enfans, lorsqu'il
venait à se marier sans avoir préalablement fait inventaire.

160. Tout tuteur est tenu de faire, dans les dix
jours de l'entrée en jouissance de ses fonctions, procéder à l'inventaire des biens de ses mineurs (451) ;
c'est là la première base du compte qu'il devra rendre
à la fin de son administration. Mais, en thèse générale,
l'omission de cette formalité conservatoire n'entraîne
d'autres peines que celles de droit, lesquelles ne peuvent consister que dans la destitution pour infidélité
dans la gestion du tuteur (444, § 2), suivant les circonstances, et dans la condamnation aux dommages et
intérêts que les mineurs pourraient ressentir de sa
mauvaise administration (450) : nous ne voyons généralement pas d'autres peines prononcées dans le code.
Ici, la loi va plus loin : elle ne veut pas que le survivant des père et mère qui a exposé ses enfans mineurs
à des pertes, en omettant de faire inventaire, puisse
en être quitte en leur offrant toute indemnité de droit ;

elle veut qu'il soit en outre puni par la privation de sa
jouissance. C'est donc là tout à la fois une disposition
d'exception, puisqu'elle étend ses effets au-delà de la
règle commune; et une disposition pénale, puisqu'elle prive le tuteur d'un droit qui lui est personnel,
sans se borner au désintéressement des mineurs. C'est
en partant de cette idée prédominante, comme d'un
principe que nous croyons juste, que nous allons
présenter quelques réflexions sur cet article du code.
Reprenons-en les principales expressions.

161. *Le défaut d'inventaire après la mort naturelle
ou civile de l'un des époux, ne donne pas lieu à la
continuation de la communauté.* Par ces dernières
expressions, les auteurs du code ont voulu abroger,
pour l'avenir, la disposition des coutumes qui accordait aux enfans mineurs le droit de demander la continuation de la communauté, ou, en d'autres termes,
la faculté d'exiger, comme associés du survivant des
père et mère, leur part dans ce que celui-ci pouvait acquérir, tant qu'il n'avait pas fait inventaire des biens
de la communauté, c'est-à-dire des effets communs
entre eux et lui,

Il est clair, à vue de ce texte, que la disposition de
la loi sur la nécessité de faire inventaire, n'a ici pour
objet que les biens de la communauté qui aurait existé
entre les père et mère, c'est-à-dire les effets qui,
par la mort de l'un des époux, se trouvent communs
entre le survivant et ses enfans mineurs, héritiers du
prédécédé. Et de là il résulte que si les père et mère
avaient été mariés conformément au régime dotal,
le survivant d'eux qui ne ferait point inventaire de la

succession de l'autre, ne devrait pas être, par cela seul, condamné à souffrir la privation de son usufruit légal, parce qu'on ne doit point appliquer une loi pénale et d'exception hors le cas pour lequel elle a statué.

Pourquoi la peine dont il s'agit ici est-elle également prononcée contre les deux époux? C'est par la raison que leur condition est la même quand le mariage a été contracté en communauté; car quel que soit alors le survivant d'eux, il peut également abuser des effets communs qui sont sous sa main.

162.   Il n'en est pas de même quand le mariage a été contracté conformément au régime dotal : dans ce cas, si c'est la mère qui vienne à mourir en premier ordre, les enfans n'ayant rien de son chef, dans les effets mobiliers du ménage, et ne succédant qu'à ses reprises dotales dont les actions sont le plus souvent entièrement fixées par son contrat de mariage, il n'y a pas la même nécessité de faire inventaire, pour mettre obstacle aux soustractions; et par conséquent on ne doit pas étendre au cas de régime dotal la disposition pénale qu'on ne trouve portée dans la loi que pour le cas de dissolution de communauté.

Il faut encore tirer de là une autre conséquence; c'est que si une fois le survivant des époux a assuré la conservation de son usufruit par un inventaire régulier des effets de la communauté, et qu'il échoie, par la suite, encore quelques autres successions à ses enfans mineurs de dix-huit ans, il aura le droit d'en jouir, lors même qu'il n'en aurait pas également fait inventaire, puisque cette espèce de commise n'est

prononcée que pour le cas d'omission d'inventaire
des effets de la communauté; et qu'il serait contraire
aux principes d'étendre une disposition pénale et
d'exception au-delà de son hypothèse (1).

163. *Sauf les poursuites des parties intéressées,*
relativement à la consistance des biens et effets com-
muns, dont la preuve pourra être faite, tant par ti-
tre que par la commune renommée. L'enquête par
commune renommée est celle en exécution de laquelle les témoins sont appelés pour déclarer quelle
est leur opinion sur la valeur estimative de la masse
des biens dont on recherche la consistance.

Dans les enquêtes ordinaires, le témoin ne doit
dire que ce qu'il a vu ou entendu. S'il déclaroit son
opinion, il donnerait lieu à le faire suspecter, parce
que cette déclaration indiquerait sa partialité en faveur de l'une ou l'autre des parties. Une fois qu'il a
déposé de ce qu'il a vu ou entendu, et qu'il a répondu
aux interpellations qui lui sont adressées sur les circonstances du fait attesté, ses fonctions sont entièrement remplies; et c'est au juge seul qu'il appartient
de tirer les conséquences qui peuvent résulter des
faits attestés.

Il n'en est pas de même dans l'enquête par commune renommée. Ici le témoin ne doit pas se borner
à déclarer ce qu'il a vu ou entendu. Il doit énoncer
son opinion sur la valeur estimative des choses dont
on recherche la consistance, comme s'il avait été

(1) Voy. une question toute pareille, ainsi décidée dans
CHABROL, sur la coutume d'Auvergne, chap. 11, art. 2, sect. 3,
quest. 1, vers la fin.

nommé expert pour en faire l'appréciation ; et les élémens de son opinion peuvent résulter non-seulement
de ce qu'il a vu par lui-même, mais encore de l'opinion publique telle qu'il a pu l'apprécier dans le
temps, et c'est là ce que nous indiquent assez ces expressions, *par commune renommée.*

Il y a donc dans l'enquête par commune renommée quelque chose d'exorbitant sur les enquêtes ordinaires; mais ce moyen est juste à l'égard de celui qui,
omettant de faire inventaire, a voulu se ménager la
faculté d'abuser de tout; et c'est là la première voie
répressive que la loi veut qu'on emploie contre celui
des époux qui a négligé de faire constater le montant
de la communauté, que ses enfans, quel que soit leur
âge, sont appelés à partager avec lui : mais s'il y a
parmi eux des mineurs, la loi ne borne pas là toute
la peine que mérite le défaut d'inventaire.

164.   *S'il y a des enfans mineurs, le défaut d'inventaire fait perdre, etc....* Ainsi le défaut d'inventaire ne donne pas seulement aux enfans le droit d'é-
tablir la consistance de la communauté par l'enquête
extraordinaire de la commune renommée; il leur
donne aussi celui d'exiger le rapport de tous les fruits
de leurs biens.

Ainsi, il ne suffirait pas même au survivant des
époux de reproduire exactement toute la part des enfans dans la communauté, pour se soustraire au rapport des fruits, puisque la commise de son droit de
jouissance est opérée par la seule omission d'inventaire, sans prendre égard à d'autres causes.

Ainsi encore, il n'est point nécessaire que les enfans obtiennent un jugement en déchéance contre le survivant des père et mère, pour le rendre passible du rapport des fruits, et le forcer à en faire la restitution. La peine dont il s'agit ici n'est pas seulement comminatoire, et le rapport des fruits n'est pas seulement dû dès le jour de la demande; car il est évident que, par ces expressions, *le défaut d'inventaire fait perdre en outre,* la loi veut que la peine soit encourue de plein droit; d'où il suit que lors du compte qu'il doit rendre à la fin de sa tutelle, le survivant des époux doit être, de plein droit, soumis au rapport des fruits des biens de ses enfans, à dater du jour de la mort du prédécédé, sauf toute déduction légitime; à moins qu'il ne produise un inventaire de la communauté, régulièrement fait dans le temps.

Nous disons *régulièrement fait;* car du moment que la conservation du droit d'usufruit est subordonnée à la confection d'un inventaire de la communauté, il faut que cet inventaire ait été légalement consommé : il serait absurde d'entendre la loi autrement, et de vouloir satisfaire à une condition qu'elle impose, par un acte qu'elle réprouve.

165. Pour que l'inventaire soit légal, il faut, en premier lieu, qu'il ait été fait avec un contradicteur légitime. Puisqu'il doit être la loi commune de toutes les parties intéressées, il est nécessaire que toutes y aient été représentées lors de sa confection. Ce légitime contradicteur est le subrogé tuteur qui doit préalablement être nommé par le conseil de famille des mineurs pour la défense de leurs droits, partout où ils se trouvent en opposition d'intérêt avec leur

tuteur direct (420), et spécialement pour assister, en leur nom, à l'acte dont il s'agit (451).

Nous ne pensons pas que le subrogé tuteur puisse, régulièrement parlant, se faire représenter lui-même à l'inventaire, par une fondé de pouvoirs ; soit parce que ses fonctions ne sont pas de nature à être sous-délégué sans nécessité ; soit parce que la loi (451) paraît exiger sa présence personnelle à cet acte qui est de la première importance pour les intérêts des mineurs (1).

On conçoit néanmoins que si un service public, une mission du Gouvernement, ou une autre cause indispensable retenait le subrogé tuteur dans l'éloignement, il en devrait être de lui comme du tuteur direct (426), qui n'ayant pas fait valoir ses excuses (430), ne peut gérer que par le ministère d'autrui, c'est-à-dire, par un agent établi sous sa responsabilité (454), lorsque, revêtu d'une fonction qui le retient éloigné, il se trouve dans l'impossibilité d'agir par lui-même.

La seconde condition requise pour que l'inventaire soit légal, c'est qu'il ait été fait pardevant notaire. Sous la coutume de Paris on exigeait cette forme authentique dans la cause du survivant des père et mère qui voulait mettre obstacle à la continuation de la communauté avec ses enfans mineurs (2). Nous croyons qu'on doit l'exiger également aujourd'hui à

___

(1) Voy. dans Ferrière, sur l'art. 240 de la coutume de Paris, glose 2, n.° 14.

(2) Voy. dans Ferrière, sur l'art. 240, glose 2, n.° 8; et au même tom., pag. 575, n.° 12.

l'égard de celui qui veut conserver son droit d'usufruit paternel. Il nous paraît du moins incontestable
qu'il faudrait de grandes raisons d'équité pour qu'on
dût se contenter d'un inventaire sous seing privé, et
qu'il faudrait surtout que les circonstances, dans lesquelles les parties auraient agi, les plaçassent bien
au-dessus de tout soupçon de fraude.

166. Nous verrons plus bas que, pour procéder
en toute rigueur en cette matière, l'inventaire doit
être fait par acte authentique, puisqu'il faut qu'il ait
une date certaine.

Le notaire est un surveillant impartial, sous les
yeux duquel on n'oserait commettre de soustractions :
sa présence et sa coopération garantissent que les intérêts des mineurs seront respectés. Il y a plus; il est
l'homme de la loi spécialement délégué pour les opérations de ce genre.

Suivant l'article 451 du code, le tuteur paraissant
à l'inventaire pupillaire doit y déclarer s'il lui est dû
quelque chose par le mineur; et cette déclaration doit
être faite sur la réquisition de *l'officier public* pré-
posé pour recevoir cet acte : donc l'inventaire pupillaire doit être reçu par un officier public.

Aux termes de l'arcle 1456, lorsque c'est la femme
survivante qui fait inventaire, elle doit l'affirmer
sincère et véritable *devant l'officier public qui l'a reçu :*
dans le cas de la question qui nous occupe, on ne doit
pas moins exiger du père que de la mère, puisque
la condition de l'inventaire est ici imposée à l'un
comme à l'autre; il faut donc employer le ministère
d'un officier public pour y procéder, puisqu'il doit

être affirmé sincère et véritable *devant l'officier public qui l'a reçu* : or, suivant l'article 10 du décret du 6, sanctionné le 27 mars 1791, sur l'ordre judiciaire, la confection des inventaires a été placée dans les attributions des notaires ; et cette disposition se trouve implicitement confirmée par l'article 943 du code de procédure civile : donc, pour être légal, l'inventaire doit être fait pardevant notaire (1).

Enfin, la succession de l'époux prédécédé ne doit être acceptée que par bénéfice d'inventaire (461) ; ce qui nous renvoie toujours à procéder par devant un notaire, parce que l'inventaire dont il s'agit doit servir à l'acceptation bénéficiaire.

167.   Lorsqu'il n'est question que d'un inventaire pupillaire ordinaire, les frais en doivent être pris sur les biens des mineurs, comme étant la première dépense de l'administration du tuteur, parce que l'inventaire n'est alors fait que dans l'intérêt et pour l'avantage des pupilles.

Il n'en est pas de même ici. L'inventaire qui doit avoir lieu pour constater le montant de la communauté, est fait dans l'intérêt réciproque de tous les communiers ; les frais en doivent donc être pris sur la masse commune et supportés pour une moitié par les enfans, et pour l'autre moitié par le survivant des père et mère (2).

Il ne suffirait pas que le prémourant des père et mère eût donné ou légué son mobilier à l'autre, pour

_____

(1) Voy. encore dans le nouveau Répertoire, au mot. *Inventaire*, § 1.

(2) Voy. dans BANNELIER, tom. 1, pag. 281, édit. in-4°.

que celui-ci pût se soustraire à l'obligation de faire
inventaire, parce qu'il faudrait encore constater le
montant de la communauté, pour savoir s'il n'y aurait pas inofficiosité dans la donation ou le legs, et si,
pour former la réserve légale des enfans, on ne devrait pas opérer un retranchement sur la libéralité (1).

168. La troisième condition requise pour que
l'inventaire soit légal, c'est qu'il ait été fait de bonne
foi, sans recélés, ni soustractions frauduleuses; car,
comme l'héritier (792), ou la veuve (1460), qui ont
commis des recélés, perdent le droit de renoncer à la
succession ou à la communauté, et de profiter du bénéfice d'inventaire (801), de même le survivant des
époux qui s'est rendu coupable de soustractions, au
préjudice de ses enfans, doit être, vis-à-vis d'eux,
privé de l'effet que la loi ne peut attacher qu'à un
inventaire fidèle et sincère, et non à l'œuvre du mensonge et de la fraude. Il est égal, dit Chabrol sur
cette question (2), de ne pas remplir une forme que la
loi indique, ou de la remplir imparfaitement ou abu-
sivement.

Ce n'est donc pas, comme le dit encore Chabrol en
l'endroit cité, ce n'est pas seulement l'usufruit des
choses omises que le survivant devrait perdre, mais
bien la totalité de son droit.

La loi qui veut que le subrogé tuteur soit tenu solidairement de toutes les condamnations qui peuvent

(1) Voy. Ibid., dans le même auteur.
(2) Sur la coutume d'Auvergne, cap. 11, art. 2. sect. 3,
quest. 1.

être prononcées au profit des mineurs, s'il n'a pas fait faire inventaire de la communauté (1442), lui impose par là même le devoir de poursuivre le rétablissement de toutes soustractions qui auraient eu lieu ; car obliger quelqu'un à procurer un inventaire, ou l'obliger à le faire faire fidèlement, c'est la même chose : si donc le survivant des époux s'était rendu coupable de recélé, le subrogé tuteur devrait, sous peine de sa garantie personnelle, agir pour le contraindre à la production des objets soustraits, et le faire déclarer déchu de son droit d'usufruit, selon la gravité des circonstances de fait et l'importance des soustractions.

Mais, comme le dit Pothier (1), on ne doit pas facilement présumer que les omissions de choses non comprises dans l'inventaire, aient été malicieuses : et lorsque la fraude n'est pas constante, on ne peut demander autre chose sinon que les objets qu'on avait omis de comprendre dans l'inventaire y soient ajoutés. Il faut aussi, pour qu'il y ait lieu aux peines du recélé, que la malice ait été persévérante. Si le survivant, après avoir détourné des effets, les avait, avant aucune poursuite, ajoutés à l'inventaire, il n'y aurait pas lieu à la peine. Louet, R., n.° 48.

Le même auteur indique divers objets qui ne doivent pas être compris dans l'inventaire de la communauté. Quel que soit le survivant des époux, on doit lui laisser un habillement complet, ses manuscrits et ouvrages d'esprit. On doit laisser à l'homme son épée, ses marques de décoration et sa robe de cérémonie.

(1) Introduction au tit. 10 de la coutume d'Orléans, n.° 96.

Ce que dit cet auteur touchant l'habillement complet qu'on doit laisser à l'époux survivant, il l'enseigne d'après la teneur de diverses coutumes qu'il rapporte lui-même en son traité de la communauté, sous le n.º 569. Mais, ces dispositions coutumières étant abrogées, nous croyons qu'aujourd'hui ce point de doctrine ne doit plus être suivi à la lettre, et qu'on doit aller plus loin, en laissant à l'époux survivant non-seulement un habillement complet, mais encore et généralement toutes les nippes, linges, hardes et vêtemens servant immédiatement à l'usage de sa personne, lorsque la quantité n'en est pas excessive, ou n'excède pas la mesure d'un honnête entretien, eu égard à la fortune et à la condition de la personne.

La raison de cela, c'est que la communauté doit fournir à l'entretien, et par conséquent à l'habillement des époux; d'où il résulte que celui d'entre eux, pour lequel on en fait faire, ne reçoit que ce qui lui est dû quand on les lui remet, et qu'en conséquence il ne peut en devoir aucun rapport. Aussi l'article 1492 du code veut que la femme, qui renonce à la communauté, retire néanmoins les linges et hardes à son usage.

169. *Fait perdre en outre à l'époux survivant la jouissance de leurs revenus;* ces dernières expressions sont remarquables : elles ne portent pas seulement que le père ou la mère qui n'aura pas fait inventaire sera privé de l'usufruit de la part qui revient aux enfans dans la communauté, mais généralement de la jouissance de *leurs revenus;* ce qui comprend tout : d'où il faut tirer cette conséquence que, si les mineurs

avaient déjà quelques autres biens acquis avant le décès du prémourant des père et mère, ou s'il leur en
arrivait postérieurement, le survivant qui n'aurait
point satisfait à la condition qui lui est imposée de
faire inventaire de la communauté, pour avoir la
jouissance de leurs revenus, ne pourrait, dans cet
état de choses, ni conserver son usufruit légal sur les
uns, ni l'acquérir sur les autres.

Au reste, il faut observer que la privation d'usufruit dont il est ici question, ne doit être entendue
que de l'usufruit légal, et non pas de celui qui pro-
viendrait d'un autre titre, comme d'un legs ou d'une
donation. Si, par exemple, les conjoints s'étaient
donné mutuellement l'usufruit de leurs biens par
contrat de mariage, le droit du donataire n'étant pas
alors un bénéfice de la loi, elle ne peut plus le soumettre à des conditions que les parties ne se sont pas
imposées elles-mêmes : elle n'a voulu grever que ce
qui procède de sa propre libéralité. L'usufruit dont
la loi dispose en faveur du survivant des père et mère,
est véritablement celui des biens de ses enfans; mais
l'usufruit qu'un contrat de mariage donne au mari est
celui des biens de sa femme (1).

170.   Une question importante qu'il nous reste à
examiner sur cet article, consiste à savoir dans quel
délai l'inventaire doit être fait par le survivant des
père et mère pour la conservation de son droit.

Peut-on impunément retarder l'accomplissement
de cette mesure voulue par la loi? Suffirait-il qu'un

(1) Voy. dans CHABROL, sur la coutume d'Auvergne, chap.
11, art. 2, sect. 3, quest. 6.

père, parvenu à l'époque où il devra rendre son compte pupillaire, fît préalablement un inventaire de la communauté, pour se soustraire au rapport des revenus de ses enfans, sous prétexte que la loi ne prescrit ici aucun délai de déchéance?

A mesure que les enfans parviennent à leur majorité, ils peuvent demander leur compte de tutelle. Supposons donc que l'aîné d'une famille plus ou moins nombreuse, étant devenu majeur, exige le sien, et que, faute de représenter un inventaire de la communauté, le père se voie forcé à la restitution des fruits dès le décès de la mère : averti par là des suites de sa négligence, pourrait-il encore faire inventaire à l'égard de ceux de ses enfans qui n'ont pas leurs dix-huit ans accomplis, afin de parer au même rapport qui pourrait lui être demandé un jour de leur part?

En un mot, suffirait-il de faire inventaire plusieurs années après la dissolution de la communauté, soit pour garder les fruits perçus avant de l'avoir fait, soit pour gagner ceux qui ne seraient échus qu'après avoir rempli cette condition?

Pour résoudre ces questions, il faut d'abord examiner quelle est la nature de la condition prescrite au survivant des époux.

La loi lui impose le devoir de faire inventaire de la communauté, et elle subordonne l'exercice de son droit d'usufruit à l'exécution de cette condition; mais, en fait, il peut négliger de l'accomplir; ce n'est donc là qu'une condition potestative : or, dans les principes du droit l'évènement de la condition potestative,

quand son accomplissement consiste dans un fait positif, n'opère que du jour où il a lieu : on ne lui donne
pas d'effets rétroactifs (1), par la raison qu'étant dépendant de la volonté de l'homme en faveur duquel
il doit produire son effet, celui-ci ne peut être censé
avoir voulu profiter de la chose avant de s'être soumis
à ce qu'il devait faire pour l'obtenir. Cela doit être
vrai, au moins quand c'est la loi qui impose la condition, encore qu'on pourrait le contester quand la
condition est conventionnelle.

171. Si, dans la question qui nous occupe, on devait suivre avec rigueur cette règle de non-rétroacti-
vité, il faudrait dire que le survivant des époux devrait toujours perdre les revenus échus avant qu'il
eût fait inventaire ; mais cela ne peut-être : il ne serait pas juste d'appliquer ici ce principe sans tempérament, soit parce que la confection d'un inventaire
n'est pas un fait instantané, mais successif, soit parce
qu'il s'agit d'une disposition pénale, et qu'on ne peut
imposer un devoir à quelqu'un, et le punir de l'omission, sans lui avoir donné le temps moralement nécessaire pour le remplir. Il faut un espace de temps
quelconque, passé lequel seulement l'omission de l'inventaire doit être envisagée comme étant l'effet d'une
négligence coupable, parce qu'on ne peut appliquer
de peine que là où il y a faute à punir : il faut donc

_____

(1) Vide l. 9, § 1 ; et l. 11 in princip., ff. *qui potiores in
pignor.*, lib. 20, tit. 4 ; l. 47, § 1, ff. *de fidejussor.*, lib. 46,
tit. 1. — Dans MONTVALON, *epitome juris*, n.° 1047. — Dans
GOMES, *variarum resolut.*, cap. 11, n.° 30. — Dans DUMOULIN,
sur l'art. 136 de la coutume de Paris, n.° 3.

que le survivant des père et mère ait un délai durant lequel il lui suffise d'avoir fait inventaire, pour jouir de son usufruit rétroactivement et sans interruption depuis le jour de la mort du prédécédé ; mais quel est ce délai, et à quoi pouvons-nous nous rattacher pour le déterminer, puisque la loi ne le fixe pas ?

Aux termes de l'article 451 du code, le tuteur doit, dans les dix jours de son entrée en fonctions, requérir la levée des scellés et faire immédiatement procéder à l'inventaire des biens des mineurs : ce qui ne signifie pas que l'inventaire doit être terminé dans les dix jours, mais seulement qu'il doit être de suite commencé comme chose urgente. Cette disposition est applicable à la cause des père et mère, comme à celle de tout autre tuteur : mais un inventaire commencé n'est pas ce que la loi exige d'eux : elle veut un inventaire légalement consommé ; ce n'est qu'à la perfection de cette mesure conservatrice, qu'elle subordonne leur droit de jouissance, et il s'agit ici, non de dommages et intérêts, mais d'une véritable peine à infliger : il faut donc assigner un terme au-delà duquel ils doivent être réputés coupables de négligence si, sans avoir éprouvé d'obstacle involontaire, ils ne l'ont pas terminé ; cependant la loi ne porte aucune disposition particulière là-dessus.

172. Cela étant ainsi, nous croyons qu'on doit s'en référer, sur ce point, au délai ordinaire de trois mois qui sont accordés à l'héritier bénéficiaire et à la veuve, pour faire inventaire à l'effet de s'assurer s'ils doivent, ou non, accepter la succession ou la communauté ;

sauf au survivant des père et mère à se pourvoir en
justice pour demander une prorogation de délai dans
le cas où, par des retards involontaires, il n'auroit
pas pu terminer l'inventaire durant les trois mois.

Pour faire sentir la justesse de cette décision, supposons que ce soit la mère qui soit prédécédée : si le
père survivant veut en tous points, se conformer à
la loi, il n'acceptera la succession au nom des enfans
mineurs que sous bénéfice d'inventaire (461) ; et pour
cela, il aura le délai ordinaire de trois mois : or, l'inventaire qui sera fait dans l'intérêt des enfans comme
héritiers bénéficiaires, sera nécessairement commun
entre eux et leur père, et il serait absurde d'exiger
qu'on en fît deux, puisqu'il n'en faut qu'un : donc
il suffit à la conservation des droits du père qu'il l'ait
fait dans les trois mois.

Supposons, au contraire, que ce soit par le prédécès du père que la communauté se trouve dissoute;
outre qu'il y aura même raison d'accorder à la mère
le délai de trois mois pour faire, comme tutrice, l'inventaire bénéficiaire de ses enfans mineurs, elle a
encore le même délai pour faire cette opération dans
son intérêt propre, comme commune (1456). Jusque
là elle ne peut être accusée d'aucun retard; donc il lui
suffit également d'avoir fait inventaire dans les trois
mois.

173. Le survivant des père et mère doit donc
avoir trois mois pour la confection de son inventaire
pupillaire. Nous ajoutons que, hors le cas de nécessité, on ne doit pas lui accorder un plus long délai,
parce que la loi prescrit cette mesure comme une

chose urgente. Si cependant il éprouvait des obstacles tels qu'il ne pût le terminer dans ce délai, les retards involontaires ne devraient porter aucun préjudice à son droit de jouissance. On ne pourrait par cela seul, l'en déclarer déchu, parce qu'il ne peut y avoir de peine à prononcer là où il n'y a pas de faute à punir; mais comme son inculpabilité ne pourrait uniquement dépendre de sa propre opinion, il devrait encore, en ce cas, se pourvoir au tribunal d'arrondissement, pour demander, contradictoirement avec le subrogé tuteur, et en connaissance de cause, une prorogation de délai proportionnée aux circonstances. Ce n'est que par ce moyen qu'il pourrait mettre ses droits à couvert; parce que ne devant point être juge dans sa propre cause, il serait obligé de faire prononcer l'autorité compétente sur le mérite de son excuse.

Lorsque le survivant des époux a laissé passer les trois mois sans satisfaire au devoir que la loi lui impose, ni justifier des obstacles qui l'en ont empêché, il est clair qu'il doit être, jusque là privé de la jouissance des biens de ses enfans, puisqu'il n'a pas satisfait au devoir qui lui était imposé pour l'obtenir : mais alors pourrait-il, après un délai plus ou moins long, un an, deux ans ou trois ans, par exemple, être admis à purger la demeure; et quel serait dans son intérêt et celui de ses enfans l'effet d'un inventaire par lui exécuté, après l'avoir ainsi négligé plus ou moins long-temps.

174. Nous avons fait voir plus haut que la confection d'inventaire dont est tenu le père ou la mère, pour conserver son usufruit, est l'objet ou le terme

d'une condition potestative, et que l'accomplissement des conditions de cette nature n'a point d'effet rétroactif, à moins qu'il n'ait eu lieu dans le délai de droit, et de là nous devons tirer cette conséquence, qu'un inventaire tardif, ou fait hors des délais dont nous avons parlé, ne peut donner au survivant des père et mère le droit de conserver les fruits perçus auparavant : mais pourra-t-il faire siens ceux qu'il percevra depuis, et jusqu'à ce que ses enfans aient leurs dix-huit ans accomplis ?

La difficulté de cette question est plus dans le fait que dans le droit. Nous croyons que, pour la résoudre équitablement, on doit admettre cette distinction : ou au temps de l'inventaire, la consistance de la communauté n'a pas éprouvé encore d'altérations assez notables pour empêcher qu'elle soit exactement constatée par les documens ordinaires ; ou elle a subi des changemens tels qu'il ne serait plus possible de s'assurer de l'exactitude de l'inventaire, autrement qu'en recourant au moyen de l'enquête.

Dans le premier cas, c'est-à-dire, lorsque les effets de la communauté existent encore en nature, ou qu'il n'y en a que peu de distraits, sans qu'on aperçoive de soustractions frauduleuses ; l'inventaire pouvant encore être fait avec exactitude, en y comprenant la valeur des objets distraits et déclarés de bonne foi, doit avoir son effet dans le futur en faveur du survivant des époux, parce qu'il peut dire qu'ayant enfin satisfait à l'obligation qui lui était imposée, il n'y a plus de raison de lui refuser, pour l'avenir, les droits attachés à l'accomplissement de cette condition.

Dans le second cas, c'est-à-dire, lorsqu'à l'époque où l'on a voulu procéder à un inventaire, les élémens de la communauté n'étaient plus assez présens pour en faire la reconnaissance, sans s'en rapporter à l'arbitraire du déclarant, ou sans se livrer à des souvenirs vagues et incertains, en sorte que pour en rechercher toute la consistance, le moyen de l'enquête par commune renommée fût jugé nécessaire, la condition imposée au survivant des père et mère devrait être considérée comme absolument défaillante, et son droit d'usufruit comme entièrement périmé; car l'inventaire n'était exigé que pour éviter l'embarras d'une enquête sur le redressement des soustractions et omissions possibles, il y aurait de la contradiction à lui accorder son entier effet, comme condition imposée à l'usufruitier, lorsqu'il faut encore recourir aux moyens ruineux et incertains qu'on devait prévenir en le faisant à temps utile.

175. Cette décision ressort du texte même de l'article du code que nous expliquons, puisqu'il veut que, quand on a négligé de faire inventaire de la communauté, tandis que les effets en étaient actuels et présens, les enfans soient admis à la preuve par commune renommée contre le survivant des père et mère, et que celui-ci soit, *en outre,* privé de la jouissance de leurs revenus.

176. On pourrait nous opposer ici, par comparaison, ce qui se pratiquait sous la coutume de Paris, relativement à la continuation de la communauté. Suivant cette coutume, le survivant des époux était obligé de faire inventaire pour ne pas rester en so-

ciété avec ses enfans mineurs ; comme il est obligé
par le code à prendre la même précaution pour ne
pas perdre son usufruit. Lorsqu'il n'avoit pas satisfait
à cette condition dans les délais de droit, il étoit tenu
de souffrir la continuation de la communauté pour
le temps antérieur, comme il doit perdre aujourd'hui
les avantages de son usufruit pendant le même temps ;
mais quelle que fût l'époque à laquelle il eût fait inventaire, la rupture de la communauté étoit opérée
pour l'avenir (1). Pourquoi, dira-t-on, n'en seroit-il
pas de même relativement à la conservation du droit
d'usufruit, pour le temps postérieur à la confection
de l'inventaire ?

Cette comparaison n'est pas exacte ; car, si la jurisprudence ancienne avoit admis que la communauté
pouvoit être dissoute même par un inventaire tardif
et composé d'élémens plus ou moins incertains, c'est,
comme le disent les auteurs, par la raison que personne ne peut être tenu de demeurer en communion ;
que l'état de communion forcée peut-être, par cela
seul qu'il est forcé, préjudiciable aux intérêts de tous
les communiers ; qu'ainsi le survivant des père et
mère qui se proposait de dissoudre la communauté,
pouvait toujours y parvenir, puisqu'on n'auroit pu
l'en empêcher, et qu'il ne tendoit qu'à une chose qui,
dans les principes du droit commun, n'auroit dépendu
que de sa seule volonté ; c'est pourquoi il lui étoit
permis de parvenir à cette fin, même en recherchant
dans la commune renommée les élémens de son in-

(1) Voy. dans FERRIÈRE, sur l'art. 241 de la coutume de
Paris, glose 1, n.° 6.

ventaire; mais cette raison ne peut être applicable à la cause de celui qui veut éviter aujourd'hui la privation de son usufruit, parce qu'il est sensible que la loi qui subordonne l'exercice de cette jouissance à la condition d'un inventaire fidèle et régulier, afin d'écarter l'arbitraire, et d'éviter, pour les enfans, les embarras d'une enquête par commune renommée, ne peut vouloir qu'on admette comme capable de justifier l'accomplissement de cette condition, un simulacre d'inventaire, qui laisse subsister tous les inconvéniens et toutes les incertitudes qu'elle voulait prévenir.

177. En résumé, il résulte de tout ce que nous avons dit sur les délais de l'inventaire dont il s'agit ;

1.° Que le survivant des père et mère qui a fait inventaire dans les trois mois, doit jouir de son usufruit à dater rétroactivement du jour de la dissolution de la communauté;

2.° Qu'il en est de même de celui qui ne l'a terminé que plus tard, par rapport à des obstacles involontaires, à raison desquels il a obtenu en justice une prorogation de délai;

3.° Que, hors ces deux cas, celui qui a fait un inventaire tardif, doit rendre compte aux mineurs, des revenus de leurs biens perçus avant qu'il eût satisfait à cette formalité;

4.° Que si l'inventaire, quoique tardif, a été fait de bonne foi, sans soustractions ni recélés, et qu'il ait pu être exécuté assez exactement pour qu'on doive s'en référer à ce qui y est porté, sans recourir à la voie des enquêtes, il doit être suffisant pour mettre obstacle au rapport des revenus des mineurs, échus depuis sa confection ;

5.º Enfin, que tout inventaire qui n'aurait été fait que par commune renommée, ou qui serait assez imparfait pour laisser encore lieu à cette espèce d'enquête sur la consistance de la communauté, doit être rejeté comme insuffisant pour l'accomplissement de la condition imposée au survivant des père et mère, et qu'il y a déchéance entière du droit d'usufruit.

SECTION III.

Des Charges dont l'usufruit paternel est spécialement affecté.

178. L'article 385 du code établit, dans les termes suivans, les charges dont l'usufruit paternel est affecté.

« Les charges de cette jouissance seront :

» 1.º Celles auxquelles sont tenus les usufruitiers ;

» 2.º La nourriture, l'entretien et l'éducation des enfans, selon leur fortune ;

» 3.º Le payement des arrérages ou intérêts des » capitaux ;

» 4.º Les frais funéraires et ceux de dernière ma-» ladie. »

Cet article est digne de plus d'une remarque.

Il se trouve au titre de la puissance paternelle, c'est-à-dire au titre spécialement consacré à fixer les caractères civils de ce pouvoir ; à déterminer ses effets et ses conséquences sur les biens des mineurs ; et à assigner les charges particulières que la loi y attache.

Après avoir déclaré dans le premier paragraphe de cet article, que l'usufruit paternel serait soumis généralement aux charges qui affectent tout autre usufruit, les auteurs du code se seraient arrêtés là, s'ils n'avaient rien entendu exprimer de plus, dans les trois paragraphes suivans : et comme il n'est pas permis de supposer un langage rédondant et inutile dans la loi, nous devons dire que les trois espèces particulières, signalées par les trois derniers paragraphes, ne sont point comprises sous le genre qui est énoncé dans le premier ; d'où il résulte que ces trois dernières espèces de charges sont exclusivement propres à l'usufruit qui dérive de la puissance paternelle, et ne pèsent point sur l'usufruitier qui jouit à tout autre titre.

Reprenons actuellement les quatre paragraphes les uns après les autres, pour les accompagner chacun des explications particulières qui doivent s'y rapporter.

PREMIÈRE ESPÈCE

De Charges imposées à l'usufruit paternel.

179. 1.° *Celles auxquelles sont tenus les usufruitiers:* c'est-à-dire, que le père ou la mère, ayant l'usufruit légal des biens de leurs enfans mineurs, sont tenus de faire inventaire (600) à leur entrée en jouissance, et de jouir en bon père de famille (601); qu'ils doivent, comme tout autre usufruitier, veiller à la conservation de la chose, et pourvoir aux réparations d'entretien, sous peine d'être déchus de leur droit

(618); qu'ils doivent acquitter toutes les charges annuelles (608), et toutes autres charges qui peuvent
peser sur l'usufruit établi à titre conventionnel, sauf
néanmoins l'obligation de fournir un cautionnement
dont ils sont dispensés par une disposition particulière (601); mais, comme les père et mère usufruitiers des biens de leurs enfans mineurs, sont aussi
leurs tuteurs, la dispense de donner caution à raison
de leur usufruit, se trouve moins préjudiciable aux
intérêts des enfans, parce qu'elle est en quelque sorte
compensée par le cautionnement réel, ou l'hypothèque
légale qui frappe les biens des père et mère comme
tuteurs (2121), pour la responsabilité de toutes les
dégradations ou malversations qu'ils pourraient commettre dans leur administration et jouissance (450).

180. Suivant le sentiment des anciens auteurs (1),
le père usufruitier légal et universel des biens de ses
enfans en puissance, ayant l'exercice de toutes les actions concernant la jouissance et la propriété, devait
être personnellement chargé de tous les frais de procès, même dans les cas où l'usufruitier conventionnel
n'en aurait pas été tenu ; mais les textes du droit écrit,
sur l'interprétation desquels reposait cette opinion,
étant aujourd'hui abrogés, et le code ayant établi une
règle générale sur ce point (613), nous ne devons
plus faire de distinction entre l'usufruit légal et l'usufruit conventionnel, par rapport à cette espèce de
charge dont nous parlerons spécialement dans la
suite.

(1) Voy. dans GARCIAS, de expensis et meliorationibus, cap. 11,
n°s, 6 et suiv.

181. Ainsi, tout ce qui sera dit dans le cours de cet ouvrage sur les droits, les obligations et les char_ges de l'usufruitier en général, doit recevoir également son application et envers l'usufruitier paternel, et envers l'usufruitier conventionnel, puisque la loi soumet l'un aux mêmes charges que l'autre (385, § 1), et ne distingue principalement ces deux espèces d'usufruit que sous le rapport de leurs causes (579), sauf néanmoins les modifications que nous allons indiquer, quant aux charges, dans l'explication des trois derniers paragraphes de notre article.

Mais, pour les bien saisir, il faut se rappeler ce que nous avons dit dans la première section de ce chapitre, sur les sources dans lesquelles les auteurs du code en ont puisé les dispositions touchant la puissance paternelle. Nous avons fait voir que nourris dans les principes du droit coutumier, c'est principalement dans la disposition des coutumes sur la garde noble et bourgeoise qu'ils ont pris le type de la nouvelle institution qu'ils avoient à établir, et que l'orateur du gouvernement a proclamé lui-même la vérité de ce fait à la tribune du Corps législatif.

Il est surtout évident que la disposition de notre code sur les charges dont nous allons parler, ne dérive pas d'une autre origine, puisque nous la trouvons textuellement dans l'article 267 de la coutume de Paris, touchant les charges de la garde noble et bourgeoise.

DEUXIÈME ESPÈCE

De Charges imposées à l'usufruit paternel.

182. 2.° *La nourriture, l'entretien et l'éducation des enfans, selon leur fortune :* c'est-à-dire que le père ou la mère, ayant l'usufruit légal des biens de ses enfans mineurs, ne doit pas seulement les nourrir, les habiller convenablement, et les loger; mais qu'il doit encore les faire instruire, leur donner des maîtres, et les envoyer aux écoles, suivant leur état et condition, et l'étendue de leurs facultés, pour les mettre à même de remplir un jour leurs devoirs d'hommes religieux et de bons citoyens, dans les fonctions où ils pourront être appelés. *Non solùm alimenta pupillo præstari debent; sed et in studia et in cæteras necessarias impensas debet impendi pro modo facultatum* (1).

Il est bien constant que c'est là une charge propre à l'usufruit légal des père et mère, et qu'elle est étrangère à tout usufruit conventionnel; car, dans les termes du droit commun, l'usufruitier n'est jamais tenu de fournir des alimens au propriétaire du fonds dont il joui, à moins qu'il n'y ait quelque autre cause de cette obligation.

La loi romaine imposait déjà au père l'obligation de nourrir et élever ses enfans; mais elle ne l'attachait pas à la même cause; elle voulait que le père fût obligé de les nourrir et entretenir par le seul devoir imposé par la nature, et non par rapport à l'usufruit légal qu'il

(1) L. 6, § 5, ff. *de Carboniano edicto*, lib. 37, tit. 10.

pouvait avoir sur leurs biens : *Ipsum autem filium vel filiam, filios vel filias, et deinceps, alere patri necesse est, non propter hæreditates, sed propter ipsam naturam et leges quæ à parentibus alendos liberos imperaverunt* (1). On voit par là qu'en adoptant ici le principe de la jurisprudence coutumière touchant la garde, les auteurs du code ont encore introduit sur ce point, une innovation remarquable pour les pays de droit écrit.

183. Ainsi, le père ou la mère, acceptant l'usufruit paternel, contracte personnellement une nouvelle obligation civile de nourrir et élever ses enfans mineurs auxquels les biens appartiennent, puisque cette obligation est attachée à sa jouissance, et qu'elle en est une condition pour tout le temps de sa durée.

Nous disons *une nouvelle obligation civile;* car elle est fondée sur une cause toute différente de celle qui résulte du fait du mariage (203), et qui impose aux père et mère le devoir de nourrir, entretenir et élever leurs enfans, par cela seul qu'ils leur ont donné la vie.

Lorsque l'obligation dont il s'agit ici, n'a pour cause que le fait de la paternité, on en doit estimer l'exécution moins largement, et elle cesse d'avoir lieu en tout ou en partie, dès que les enfans peuvent par leur travail ou industrie, suivant leur condition, acquérir de quoi satisfaire, en tout ou en partie, à leurs besoins; *si modò, cùm opificem te esse dicas, in eâ valetudine es ut operi sufficere non possis* (2); parce qu'elle n'est

____

(1) L. 8, § 5, cod. *de bonis quæ liberis,* lib. 6, tit. 61.
(2) L. 5, § 7, ff. *de agnosc. et alend. liber.,* lib. 25, tit. 3.

fondée que sur la nécessité, et que cette cause n'existe
plus du moment que les enfans ont des ressources
qui leur sont propres (209), ce qui néanmoins doit
toujours être entendu comparativement au plus ou
moins d'aisance des père et mère.

Il n'en doit pas être de même de l'obligation inhérente à l'usufruit paternel. Tant que les père et
mère jouissent de quelques biens de leurs enfans mineurs, ils doivent être tenus de les nourrir et entretenir, et de pourvoir à leur éducation, nonobstant
que ceux-ci auroient acquis, par leurs travaux ou industrie, d'autres biens qui ne seraient pas soumis à
l'usufruit légal, et que les enfans mettraient en
épargne; parce que la loi déclare généralement et
sans restriction que la jouissance dont il s'agit n'appartient à l'usufruitier que sous la condition de supporter cette charge; qu'on ne doit pas séparer la cause
de son effet, et qu'en conséquence l'usufruit des père
et mère étant le même, leur obligation doit être aussi
la même, nonobstant les acquisitions industrielles des
enfans.

184.   Si les revenus des biens soumis à l'usufruit
n'étaient pas suffisans pour satisfaire à cette charge,
nonobstant ce qu'en ont dit quelques auteurs (1), nous
croyons que les père et mère n'en seraient pas moins
tenus d'y pourvoir intégralement sur leurs propres,
et sans espoir de répéter l'excédant de la dépense, pour
tout le temps de leur jouissance; parce que telle est la
condition à laquelle ils se sont soumis eux-mêmes.

(1) Voyez dans Ferrière, sur l'art. 267 de la coutume de
Paris, glose 2, n.º 12.

A la vérité l'usufruitier est toujours maître de renoncer à son droit de jouissance, pour se dégager des charges qui y sont attachées, ainsi que nous l'exposerons plus au long dans la suite : mais, tant qu'il juge à propos de le conserver, il doit les supporter toutes, parce qu'elles lui sont intégralement imposées par la loi (1).

185. Mais devrait-on porter encore la même décision dans le cas où les enfans seraient jouissans de biens propres acquis autrement que par leur travail ou industrie ; et quel serait, dans l'intérêt des père et mère, le résultat des libéralités qui pourraient être faites au profit de leurs enfans seulement ?

Ces questions peuvent être relatives à trois hypothèses différentes, que nous allons présenter l'une après l'autre

186. Supposons d'abord que les enfans n'ayant encore aucune propriété, il leur soit fait une donation avec prohibition d'usufruit : le père ou la mère n'aura pas, dans son intérêt propre, la jouissance des biens donnés aux mineurs, puisque l'usufruit lui est prohibé ; mais il n'en aura pas moins l'administration, puisqu'il est tuteur de ses enfans : il percevra donc les revenus des biens ainsi donnés, et il ne les percevra qu'à la charge d'en rendre compte à la fin de sa tutelle.

Actuellement, pour savoir quelle influence doit avoir cette libéralité sur les intérêts personnels des père et mère, il faut remarquer qu'avant la donation, et lorsque les enfans n'avaient encore rien, le père

(1) Voyez **plus** bas au chap. 10, sous le n.° 380.

ou la mère était obligé, *pietatis officio*, de prendre
sur ses propres biens les impenses nécessaires à
l'entretien et à l'éducation des mineurs (203),
mais cette obligation, qui résulte du fait de la paternité, n'est imposée par la loi aux père et mère qu'autant que les enfans n'ont point encore de ressources
propres avec lesquelles on puisse satisfaire à leurs
besoins (209) : elle n'était donc précédemment imposée qu'à raison d'un état de choses qui n'existe plus ;
elle doit donc être considérée comme éteinte, tant
que les biens donnés aux mineurs pourront fournir
aux dépenses nécessaires à leur entretien et à leur
éducation.

Ainsi, le père ou la mère profitera indirectement
de la donation faite aux enfans même avec prohibition d'usufruit, en ce qu'il se trouvera, par ce moyen,
dégagé de l'obligation alimentaire qui pesait sur lui ;
en sorte que, dans le compte de tutelle, on ne pourra
forcer le tuteur au rapport des revenus des mineurs,
qu'en lui allouant, en déduction, toutes les dépenses
suffisamment justifiées et utilement faites pour leur
entretien et leur éducation (471) ; et que si ses impenses sagement faites s'élèvent au-dessus de la
somme des revenus des enfans, il devient d'autant
leur créancier légitime, ayant droit de répétition (1)
sur le capital même de ceux-ci, comme ayant acquitté
une charge qui ne peut peser que sur eux, tandis
qu'ils ont des ressources propres pour y satisfaire.

On peut objecter contre cette décision que, nonobstant la donation faite aux enfans, le père a pu conti-

_____

(1) Voy. dans Surdus, *de alimentis*, tit. 6, quest. 8, n.° 105.

nuer leur éducation dans le même esprit qu'auparavant, c'est-à-dire avec l'intention de fournir lui-même
aux dépenses nécessaires pour cet objet ; qu'on doit
présumer en lui cette intention, puisqu'il n'a pas dû
changer d'affection pour ses enfans ; que, s'il en était
autrement, il n'aurait pas manqué d'émettre quelques
réserves ou protestations à cet égard, et de faire régler la dépense à prendre sur le bien des pupilles ;
qu'ainsi l'on doit croire que c'est toujours *pietatis
officio* qu'il a voulu fournir à leur entretien sur son
propre patrimoine, ce qui ne peut lui donner aucune
action en répétition.

Sans doute, s'il était prouvé par quelques faits que
le père a voulu, dans le temps, fournir sur ses propres revenus, aux dépenses de ses enfans, il ne pourrait plus lui être permis de les répéter en compte (1).
Mais cette intention ne peut être présumée de plein
droit dans un tuteur comptable, quelle que soit d'ailleurs sa qualité, attendu que celui qui gère les affaires
d'autrui est toujours censé agir dans l'esprit du compte
qu'il doit rendre à la fin, et par conséquent dans
l'intention de pouvoir balancer ses recettes par ses
dépenses (2) ; et qu'il ne peut y avoir aucune induc-
tion à tirer contre le père, de ce qu'il n'a pas fait
régler les dépenses de ses pupilles, puisque les père
et mère exerçant la tutelle de leurs enfans ne sont
pas tenus de cette formalité (454).

(1) Vid. 1. 27, § 1, ff. *de negot. gest ;* lib. 3, tit. 5 ; et l. 32,
§ 2. ff. *de condict. indeb.*, lib. 12, tit. 6.

(2) Voy. l. 34, ff. *negot. gestis*, lib. 3, tit. 5. — Voy. aussi
dans DUPERRIER, liv. 1, quest. 19.

187. Supposons, en second lieu, que l'un des époux soit décédé, laissant des enfans mineurs ; que sa succession ait été acceptée, tant dans l'intérêt des enfans comme héritiers, que dans celui du survivant des père et mère comme usufruitier ; que dans cet état de choses, les mineurs reçoivent une donation ou un legs fait de la part d'un étranger, avec prohibition d'usufruit légal : quel devra être le résultat de cette libéralité sur les droits respectifs du survivant des époux et de ses enfans ?

Le survivant des père et mère sera, en sa qualité de tuteur de ses enfans, obligé d'administrer, à leur profit, les biens à eux récemment donnés, et de rendre compte de tout le produit de ces biens, sans rien pouvoir en imputer sur les impenses nécessaires à leur entretien et éducation, lors même que les revenus de la succession de l'époux prédécédé auraient été entièrement absorbés par les besoins des mineurs.

Lorsque l'époux survivant accepte l'usufruit légal de la succession du prédécédé, il contracte, par ce seul fait, l'obligation de fournir aux dépenses d'ali-mens et d'éducation des enfans, pour tout le temps de sa jouissance, puisque ce n'est que sous la condition de supporter cette charge, que le droit de jouir lui est acquis ; donc il doit la supporter après comme avant la donation qui a été faite depuis à ses enfans.

Il ne faut pas confondre ce cas avec celui où l'obligation des père et mère ne dérive que du seul fait de la paternité.

Quand les père et mère ne sont obligés de fournir des alimens à leurs enfans que *pietatis officio,* ce

devoir qui n'était fondé que sur la loi de la nécessité (1), cesse d'être obligatoire , parce qu'il n'a plus
de cause, dès le moment que les enfans ont acquis
quelques biens propres ; mais ici le quasi-contrat par
lequel le survivant des père et mère s'est obligé envers
ses enfans, en acceptant l'usufruit de leurs biens,
reste toujours avec la même cause , et par conséquent
est toujours également obligatoire.

188. Supposons, en troisième lieu, qu'un des
époux prédécédé ait, par son testament, donné tous
ses biens à ses enfans, en prohibant généralement
l'usufruit envers le conjoint survivant. Nous avons
fait voir plus haut, que cette prohibition doit être sans
effet sur la réserve légale des enfans mineurs de dix-
huit ans, attendu qu'ils ne la tiennent ou ne sont
toujours censés la tenir que des mains de la loi, qui
elle-même en donne l'usufruit au survivant des père
et mère : il n'y aura donc que la quotité disponible
qui sera soustraite à l'usufruit légal. Dans cette hypothèse, où le patrimoine des mineurs se trouvera en
partie soumis à l'usufruit légal, et partie soustrait à cet
usufruit, le père ou la mère usufruitier sera-t-il obligé
de fournir à toutes les impenses nécessaires à leur
entretien et éducation, ou n'en sera-t-il tenu que
proportionnellement à la partie de ce patrimoine dont
il aura la jouissance ?

Les auteurs qui ont traité de la garde noble et bourgeoise, ont agité une question semblable , pour le cas
où l'époux prédécédé aurait laissé des biens situés en

_____

(1) Voy. dans Dargentré, sur la coutume de Bretagne , art.
452, glos. 2, n.º 2.

partie sous une coutume qui admet la garde avec ses charges, comme celle de Paris, et en partie sous une autre coutume qui ne serait attributive d'aucun usufruit légal au profit du survivant des père et mère. Ferrière, sur l'article 267 de la coutume de Paris (1), enseigne, d'après la doctrine de Dumoulin, qu'en ce cas le gardien n'est tenu d'acquitter les dettes qu'à proportion des biens dont il jouit; d'où résulterait cette conséquence que les frais d'entretien et d'éducation des enfans ne devraient être supportés qu'en partie par le gardien, puisqu'ils sont une partie des dettes ou charges de l'usufruit des biens; mais, dit Pothier (2), « quoique le gardien noble ne jouisse » pas des biens de ses mineurs, qui sont situés dans » des lieux régis par des lois qui ne lui donnent pas » cette jouissance, l'émolument de la garde qu'il a » dans les biens régis par notre coutume, ne laisse » pas de l'obliger pour le total, aux frais d'entretien » du mineur, et aux charges de la garde, et non pas » seulement au prorata des biens dont il jouit, comme » l'a mal décidé Renusson; car ce n'est que sous ces » charges que la coutume lui défère l'émolument de » la garde. »

Nous croyons que, conformément à l'opinion de ce dernier auteur, on doit décider aussi, sous l'empire du code, que le survivant des père et mère est tenu de toutes les dépenses nécessaires à l'entretien et à l'éducation des enfans, lors même qu'il ne jouirait pas de

(1) Glose 2, r.° 10.
(2) Introduct. à la coutume d'Orléans, titre des fiefs, n.° 347 in fine.

tous les biens provenant de la succession du prédécédé,
par rapport à la prohibition d'usufruit faite par celui-
ci ; et qu'il ne peut se dispenser d'y fournir, parce
qu'en ce cas-là même, son usufruit a toute l'étendue
que la loi a voulu lui donner, en permettant la prohibition du surplus : il a donc tout l'usufruit légal, il faut
donc qu'il supporte toute la charge indivisiblement
affectée, par la loi, à cette espèce d'usufruit.

189. Il résulte de là que si un étranger avait fourni aux enfans leur nourriture ou leurs vêtemens, ou
autres objets utiles à leur entretien ou éducation, il
aurait une action directe contre le père ou la mère
usufruitier, pour en obtenir le payement, puisque
c'est aussi dans l'intérêt de celui-ci et à sa décharge
que la fourniture aurait été faite (1).

190. Il en résulte encore que, s'il y avait de la
négligence de la part de l'usufruitier dans les soins
qu'il doit apporter à l'entretien et à l'éducation de ses
enfans, le subrogé tuteur serait fondé à agir contre
lui pour le forcer à l'exécution de ses devoirs, même
pour le faire déclarer déchu de la tutelle directe et du
bénéfice de l'usufruit légal ; sauf à réduire ses droits à
une simple pension alimentaire, s'il était dans le besoin.

Cette décision est fondée sur ce que, la loi ne lui
accordant l'usufruit des biens que sous la condition
de remplir cette charge envers ses enfans, il ne peut
lui être permis de diviser ce que la loi a voulu indivisiblement ; que, si l'usufruitier encourt la déchéance
de son droit lorsqu'il néglige d'entretenir les fonds, à

(1) Voy. dans Surdus, *de alimentis*, tit. 6, quest. 16.

plus forte raison doit-il être passible de la même peine
lorsqu'il est gravement coupable sur le défaut d'entretien des enfans qui en sont propriétaires, et que
la loi le charge de soigner en premier ordre (1).

191. Lorsque les enfans n'ont pas vécu dans la
maison paternelle, celui qui leur a fourni des alimens
a-t-il toujours contre le père ou la mère usufruitiers,
une action en remboursement?

On peut dire en général, pour l'affirmative, que
celui qui a fourni aux impenses de nourriture et entretien des enfans, a payé une dette qui pèse sur le
père; qu'il en est de lui comme de toutes personnes
qui, acquittant la dette d'un autre sans mandat du débiteur, acquièrent contre lui l'action *negotiorum gestorum,* pour en obtenir le remboursement : *Cùm
pecuniam ejus nomine solveris, qui tibi nihil manda-
verat : negotiorum gestorum actio tibi competit, cùm
eâ solutione debitor à creditore liberatus sit* (2) ; que,
le père étant devenu plus riche d'autant, puisque c'est
autant qu'il a épargné, il n'y a rien qui ne soit raisonnable dans cette répétition.

Sans doute, en thèse générale, celui qui, agissant
sans mandat, a utilement fait une dépense dans l'intérêt d'un autre, doit avoir l'action *negotiorum gestorum,* pour en répéter le montant, et cette action peut
avoir pour cause les alimens et autres objets de nécessité fournis à un enfant ; mais cette règle n'est pas invariable dans son application. Pour se former de justes

(1) Voy. dans Chabrol, sur la coutume d'Auvergne, chap.
11, art. 2, sect. 3, quest. 7.
(2) L. 43, ff, *de neg. gest.,* lib. 3, tit. 5.

idées à cet égard, il faut observer qu'on est facilement présumé donner ce qu'on accorde librement et sans y être contraint par aucune obligation : *Donari videtur quod nullo jure cogente conceditur* (1) ; que, si l'on peut redemander ce que l'on n'a payé que par erreur, il n'est jamais permis de répéter ce que l'on a voulu donner : *Cujus per errorem dati repetitio est, ejus consultò dati donatio est* (2) ; que, lorsque c'est par un mouvement de charité ou d'affection qu'une chose est remise à quelqu'un, elle lui est censée donnée : *Pietate erogata data censentur*, à moins qu'il n'y ait d'ailleurs de justes motifs de présumer une intention contraire dans celui qui la remet ; que ce qui est fourni à quelqu'un pour ses alimens tombe spécialement sous l'empire de cette présomption, parce que la cause déterminante est toute dans l'humanité ; que l'intention de répéter, quoique possible, n'est pas naturelle dans la prestation alimentaire, parce que celui qui donne des alimens à quelqu'un n'est point censé faire un acte de commerce : il n'est au contraire présumé faire qu'un acte inspiré par la charité ou par l'affection particulière et par l'intérêt qu'il porte à celui auquel il fournit les moyens de subsister : si c'est par affection paternelle, dit l'empereur Gordien, que vous avez nourri vos belles-filles, et que vous avez payé les maîtres employés à leur éducation, vous n'avez aucune action en répétition de vos dépenses : *Si paterno affectu privignas tuas aluisti, seu mercedes pro his aliquas magistris expendisti, ejus erogationis*

(1) L. 29, ff. *de donat.*, lib. 39, tit. 5.
(2) L. 53, ff. *de divers. regul. juris.*

tibi nulla repetitio est : mais s'il était prouvé, ou si l'on avait de fortes raisons de présumer que ce n'était que des avances que vous entendiez faire pour les répéter un jour, vous auriez l'action *negotiorum gestorum,* pour en demander le recouvrement : *Quod si ut repetiturus ea quæ in sumptum misisti, aliquid erogasti; negotiorum gestorum ibi intentanda est actio* (1). J'ai répondu, dit encore le jurisconsulte Modestin, que l'oncle qui avait nourri sa nièce par amitié, n'avait point à cet égard d'action contre sa sœur : *Titium, si pietatis respectu sororis aluit filiam, actionem hoc nomine contra eam non habere respondi* (2).

Ainsi l'on doit dire qu'en thèse générale, le parent qui, par affection particulière envers un enfant, a voulu le tenir chez lui, ne doit pas avoir d'action en répétition du prix des alimens qu'il lui a fournis, parce qu'il est censé avoir agi par esprit de libéralité.

192.   Si, au contraire, l'enfant n'avait été placé chez un parent, que sur les instances du père, ou ensuite d'une délibération du conseil de famille, ou en vertu d'un ordre de la justice, on ne devrait pas présumer la libéralité.

Dans tous les cas, on doit avoir égard aux facultés de celui qui a fourni les alimens, attendu qu'un homme qui est dans l'aisance doit être plutôt présumé libéral que celui qui n'a pas le même avantage.

193.   Mais, lorsque les alimens ont été fournis par

(1) L. 15, cod. *de negot. gest.,* lib. 2, tit. 19. Voy. encore la glose sur cette loi.

(2) L. 27, § 1, ff. *de negot. gest*, lib. 3, tit. 5.

un étranger, comme serait un maître de pension ;
lorsqu'il s'agit d'objets nécessaires à l'habillement pris
chez un marchand, il n'y a pas de doute, dans ces
cas et autres semblables, que les père et mère ne
soient passibles de l'action en payement des fournitures utilement employées à la nourriture et à l'entretien de l'enfant, suivant son état et sa condition.

194. Le parent qui administre les biens d'un enfant n'est pas censé lui faire don de la nourriture qu'il
lui fournit, mais plutôt la prendre sur les revenus
mêmes de l'enfant, et dans la vue d'en répéter la valeur dans son compte (1).

195. Lorsqu'il s'agit d'enfans exposés ou abandonnés par leurs père et mère, celui qui les a recueillis et nourris peut répéter ses impenses contre
les père et mère, s'ils se présentent ensuite pour revendiquer les enfans quand ils sont élevés ; parce que,
comme le dit Cujas (2), il n'est censé les avoir nourris
que dans l'espérance d'être un jour dédommagé par le
produit de leurs travaux.

196. Mais le ravisseur qui a enlevé un enfant n'a
pas d'action en répétition des impenses que sa nourriture, son entretien et son éducation peuvent lui avoir
coûté (3).

197. Une autre question qui doit encore trouver
ici sa place, consiste à savoir si ces enfans, qui n'ont
pas été nourris à la maison paternelle, tandis que le
père jouissait de l'usufruit de leurs biens, n'auraient

(1) L. 34, ff. de negot. gest., lib. 3, tit. 5.
(2) Observat., lib. 16, cap. 36.
(3) L. 1, cod. de infant. expositis, lib. 8, tit. 52.

pas eux-mêmes une action en indemnité à faire valoir contre lui. Ne pourraient-ils pas le forcer à rapporter dans son compte pupillaire les arrérages de la pension alimentaire qui leur était due, et à raison desquels il n'a rien déboursé ?

Pour examiner cette question d'une manière générale et sous ses différens rapports, il est nécessaire de faire encore plusieurs distinctions.

Il faut d'abord distinguer le cas où les alimens ne sont dus que *pietatis officio*, de celui où ils sont dus en vertu d'un titre.

198.   Lorsque les alimens ne sont dus que *pietatis officio*, c'est-à-dire, lorsque la dette alimentaire n'est uniquement fondée que sur la disposition de la loi, qui veut que ceux qui sont parens entre eux à certains degrés, se fournissent mutuellement des alimens dans le besoin, le sentiment commun des auteurs est que les arrérages ne peuvent être répétés pour le temps passé, lorsque celui qui était créancier de la prestation alimentaire a vécu sans la recevoir (1), et sans contracter de dettes à cet égard : soit qu'il ait subsisté par le moyen de son travail ou de son industrie, soit qu'il ait reçu sa nourriture de la libéralité de quelques parens ou amis.

La raison de cette décision est que l'obligation légale de fournir à quelqu'un des alimens, n'a lieu que pour le cas de nécessité : or, par cela seul qu'un homme a vécu sans recevoir la prestation alimentaire, et sans contracter de dettes à ce sujet, il est démontré

(1) Voy. dans Surdus, *de alimentis*, tit. 1, quæst. 32, n.° 40.

qu'elle ne lui était pas nécessaire pour vivre, et conséquemment qu'elle ne lui était pas due. Comme elle ne pouvait être due que pour le faire vivre, et qu'il a vécu sans cela, il n'y aurait plus de cause aujourd'hui pour en demander les arrérages : *Officio enim judicis ideò alimenta decernuntur, ut quis vivat nec fame pereat; nemo autem in præteritum vivit, licèt vixerit* (1). Mais si celui auquel les alimens étaient dus avait contracté des dettes pour vivre, il pourrait exiger les arrérages de sa pension, si le débiteur n'avait d'ailleurs pas d'autre exception à lui opposer que celle qui résulterait de la circonstance qu'il aurait vécu plus ou moins long-temps sans en avoir formé la demande (2).

199. Lorsque la dette alimentaire est fondée sur un titre, comme, par exemple, lorsqu'il s'agit de l'exécution d'un legs d'alimens fait au profit de quelqu'un, les arrérages en sont dus pour le temps passé (3) quand il ne les a pas reçus, si d'ailleurs la prestation n'était subordonnée à aucune condition à laquelle le pensionnaire eût refusé de se soumettre. La raison de cette décision, c'est que, quand les alimens sont dus en vertu d'un titre, ce n'est plus qu'une dette ordinaire, purement soumise aux règles du droit commun: on n'a plus à examiner si le pensionnaire est riche ou pauvre, s'il est dans le besoin ou non, ou s'il y a nécessité de satisfaire à la prestation pour lui donner de quoi vivre ; mais seulement si la créance est fondée sur

___

(1) Codex Fabrian., lib. 4, tit 7, def. 20.

(2) Voy. dans CANCERIUS, *variarum resolutionum*, part. 1, cap. 16, n.os 19 et 20

(3) Voy. le même auteur, ibid.

un titre valable. Et du moment que le titre est reconnu légitime, la cause de la dette reste, tant qu'elle n'a pas été acquittée. C'est pourquoi la loi romaine permet de transiger sur les arrérages de cette espèce (1), ce qui suppose qu'il est permis de les demander.

En partant de ces notions, pour les appliquer à la cause de l'enfant qui a vécu hors du domicile paternel, il faut décider que, s'il n'a pas des biens dont le père ait l'usufruit, il n'y a aucune répétition à faire, contre celui-ci, pour arrérages d'alimens; à moins que le fils n'ait contracté des dettes pour vivre : car, en ce cas, les personnes qui, sans agir par esprit de libéralité, lui auraient fait des avances dont l'emploi serait justifié, auraient une action en remboursement contre le père.

200. Mais doit-on encore porter la même décision dans le cas où l'enfant a des biens dont le père jouit?

Pour soutenir qu'en ce cas, l'enfant qui n'a point été nourri à la maison paternelle doit avoir le droit de demander une indemnité pour arrérages de pension, on peut dire que la dette des alimens n'est point alors fondée sur le simple fait de la paternité, mais bien sur un titre, attendu que, par l'acceptation de l'usufruit, il s'opère un quasi-contrat en vertu duquel l'usufruitier est tenu d'en supporter les charges et par conséquent de fournir à l'entretien des enfans, comme s'il y avait une convention expresse à cet égard; que ce quasi-contrat doit avoir tous les effets d'une con-

(1) L. 8, cod. *de transact.*, lib. 2. tit. 4.

vention, *do ut des,* puisqu'il est formé sous les mêmes conditions; qu'ainsi la prestation alimentaire due dans ce cas par le père, est véritablement fondée sur un titre; qu'elle a une cause indépendante de la nécessité, et qu'en conséquence elle doit arrérager comme si elle était due en vertu d'un legs fait par un testament.

Ces raisonnemens peuvent bien nous porter à décider qu'effectivement en ce cas, la créance du fils doit être considérée comme fondée sur un titre; mais cela ne suffit pas encore pour en conclure qu'elle soit de nature à arrérager, pour le passé, dans tous les cas.

C'est un principe constant et reconnu par tous les auteurs (1), que, quand des alimens ont été légués, ou sont dus, à charge par le pensionnaire de les recevoir au domicile du débiteur, et que, sans cause jugée légitime, il a déserté ce domicile pour vivre ailleurs, on ne lui en doit point les arrérages pour le temps de son absence, parce qu'il a lui-même manqué à la condition à laquelle sa créance était subordonnée : *Si eâ conditione Aulazanus legata testamento præstari voluit, si cum focariâ suâ matreque ejus moraretur, et per eum stetit quominùs voluntati testatoris pareret; cùm suâ sponte scripturæ testamenti non obtemperaverit, ad petitionem non admittitur* (2). Or il est incontestable que, si la loi oblige les père et mère de

---

(1) Voy. dans SURDUS, *de alimentis,* lib. 4, quæst. 5; — dans SOTOMAYOR, *de conjecturis ultim. voluntatum,* cap. 60, n.° 28; — dans CANCERIUS, *variar. resolut.,* part. 1, cap. 16, n.° 15.

(2) L. 3, cod. *de cod. incertis,* lib. 6, tit. 46.

nourrir les enfans dont ils perçoivent les revenus, elle astreint aussi les enfans à rester au domicile paternel, pour y être nourris et élevés : donc ils ne pourraient pas déserter sans motifs cette résidence, et exiger ensuite des arrérages de pension.

Toute la question se réduit donc à savoir si c'est par une cause légitime que l'enfant a quitté la maison paternelle, pour vivre ailleurs ; et si cette cause est telle que, nonobstant l'éloignement de l'enfant, la condition à laquelle ses droits alimentaires sont subordonnés, doive être réputée accomplie.

201. Ainsi, à supposer qu'un enfant n'ait quitté la maison paternelle que pour éviter les mauvais traitemens d'un père trop dur à son égard, ou pour fuir les excès qu'une marâtre se permettait envers lui, il est hors de doute qu'on lui devrait adjuger des arrérages de pension pour le temps passé hors du domicile paternel, puisque d'une part, la prestation alimentaire lui était due en vertu du quasi-contrat du père, et que, d'autre côté, il n'aurait pas tenu à lui de satisfaire à la condition qui lui était imposée de jouir de cette prestation au domicile paternel : *Item consultus de tali scripturá, et tecum sint semper, volo. Quæro, cùm manumissi ab hærede, cum eo morati diù sint, sed ob graviorem servitutem ab eo discesserint : an alimenta his debeantur, quæ negavit se præstare, nisi vice servitutis his uteretur ? Respondi secundùm ea quæ proponerentur deberi* (1). Dans ces cas la condition sous laquelle la prestation alimentaire était due, doit

---

(1) L. 13, § 1, ff. *de aliment. legat.*, lib. 34, tit. 1. Vide et l. 13, ff. *de annuis legat.*, lib. 33. tit. 1.

être réputée accomplie soit par rapport à l'impossibilité morale où l'enfant s'est trouvé d'y satisfaire réellement, soit parce que les reproches qu'on est en
droit d'adresser au père le rendent non-recevable à se
prévaloir du défaut d'accomplissement réel de cette
condition.

202. Ainsi, au contraire, à supposer qu'il n'y
ait aucun reproche à faire au père sur l'éloignement
de son enfant ; que, par exemple, l'enfant ait été nourri
et entretenu *gratis* par un parent ou un ami, il n'y
aura pas lieu à répéter des arrérages de pension au
père qui n'en devait la prestation qu'à son domicile,
et qui n'a point mis d'obstacle à l'accomplissement
de cette condition : à plus forte raison doit-il être à
l'abri de toute répétition à ce sujet, si c'est par esprit
d'indépendance et d'insubordination que l'enfant avait
déserté la résidence paternelle.

203. Mais le survivant des père et mère qui a l'usufruit légal des biens de ses enfans mineurs, et qui, par
rapport à cette jouissance est tenu de pourvoir à leur
entretien, est-il en droit de profiter en outre du produit de leurs travaux domestiques ? Les enfans ne pourraient-ils pas, au contraire lui en demander compte ;
par la raison qu'ils ne sont point obligés de gagner
leur vie, puisque l'usufruitier légal est tenu de fournir toutes les dépenses nécessaires à ce sujet ?

Lorsqu'il s'agit d'un tuteur étranger, qui tenant
avec lui son mineur, profite des travaux de celui-ci,
il doit rapporter en compte l'estimation du bénéfice
qu'il a pu retirer des services de son pupille (1), parce

(1) Voy. dans Surdus, *de alimentis*, tit. 9, cap. 39, n.° 17.

que celui-ci ne peut être tenu à rien envers son tuteur, qu'à l'indemniser des dépenses qu'il aurait faites pour lui.

Il n'en est pas de même des enfans à l'égard de leurs père et mère. Si la loi impose à ceux-ci le devoir de les élever convenablement, elle les oblige par là même à les former au travail, sans les laisser vivre dans l'oisiveté ; et comme elle veut encore que les enfans ne puissent quitter la maison paternelle sans le consentement des père et mère, si ce n'est pour enrôlement volontaire, et après l'âge de dix-huit ans (374), il est nécessaire de convenir qu'elle veut aussi, par conséquence ultérieure, qu'ils y consacrent leurs peines et leurs travaux, sans pouvoir en demander récompense comme s'ils étaient des personnes salariées. C'est d'ailleurs un principe bien reconnu par les auteurs qui ont le plus approfondi cette matière, que, quand les alimens sont dus à quelqu'un par la disposition de la loi (1) ; ou même lorsqu'ils sont dus par la disposition de l'homme, mais qu'ils n'ont été légués qu'à condition que le légataire les recevrait (2) au domicile et dans la communion du débiteur chargé de les fournir, le pensionnaire ne peut se soustraire à cette condition, ni refuser sa coopération aux travaux domestiques, qu'autant qu'on en exigerait un service trop pénible pour lui (3). A plus forte raison

(1) Voy. dans CANCERIUS, *variarum resolut.*, part. 1, cap. 16, n.º 21.

(2) Voy. dans SURDUS, *de alimentis*, tit. 4, quest. 29, n.ᵒˢ 52 et suiv.

(3) Voy. l. 13, § 2, ff. *de aliment. legat.*, lib. 34, tit. 1.

doit-on le décider ainsi dans la cause des enfans vis-
à-vis de leur père et mère.

204. Néanmoins, lorsqu'il ne s'agit pas de la coopération aux travaux domestiques du ménage, lorsqu'au contraire il est question de travail appliqué à
quelques objets d'art ou d'industrie personnels à
l'enfant; il est sensible que les père et mère ne peuvent en revendiquer le bénéfice, puisqu'ils n'ont
pas même l'usufruit légal sur ce que le mineur peut
ainsi gagner (387).

TROISIÈME ESPÈCE

De Charges imposées à l'usufruit paternel.

205. 2.° *Le payement des arrérages* ou *intérêts
des capitaux :* telle est la troisième charge imposée à
l'usufruit légal des père et mère, outre celles qui,
aux termes du droit commun, pèsent sur l'usufruit
ordinaire.

Les expressions *arrérages* ou *intérêts* ne sont point
ici synonymes. Il ne faut pas croire que par le mot
arrérages on doive entendre simplement les intérêts
échus et non encore payés, quoique souvent nous
l'employions en ce sens, suivant l'usage ordinaire.

Dans le langage propre de la jurisprudence française, le mot *arrérages* s'entend spécialement du rendage annuel qui procède des rentes constituées à perpétuité, et dont le remboursement ou le rachat ne
peut être exigé par le créancier, tant qu'elles sont
servies par le débiteur. Telle est la dénomination que
cette espèce de revenu a reçue, depuis long-temps,

par nos anciennes ordonnances (1). Le mot *intérêts* s'entend au contraire des revenus ou fruits civils qui résultent de capitaux ou autres dettes exigibles qui portent intérêts, soit par l'effet de quelques stipulations, soit par la nature de la créance. Cette distinction, consignée dans nos anciennes ordonnances, a passé dans le langage des auteurs qui ont écrit sur le droit français (2); et elle se trouve indiquée dans un très grand nombre d'articles du code, où l'on voit que quand il n'est question que de rentes, on n'emploie que le mot *arrérages* pour en exprimer le revenu (3), que quand il s'agit tout à la fois de rentes et d'autres créances, les fruits civils qui en procèdent reçoivent la dénomination d'*arrérages* par relation aux rentes, et d'*intérêts* par relation aux autres créances (4); et qu'enfin on n'emploie que le mot *intérêts*, lorsqu'il ne s'agit que de créances non rentuelles (5).

206. Mais de quels arrérages ou intérêts s'agit-il ici? Sont-ce les arrérages à échoir dès l'ouverture de l'usufruit paternel seulement, ou bien l'usufruitier est-il tenu aussi d'acquitter ceux qui étaient déjà échus, et non payés précédemment?

(1) Art. 71, ordonn. du mois d'avril 1510; Néron, tom. 1, pag. 86.—Art. 149 et 150, ordonn. de janvier 1629, idem, p. 811.

(2) Voy. dans le dictionnaire de BRILLON, au mot *intérêt*, n.° 53; et dans DOMAT, liv. 3, tit. 5, sect. 1, n.° 1, et tit. 7, sect. 4, n.° 20.

(3) Voy. les art. 588, 1978, 1979, 1983.

(4) Voy. les art. 584, 1155, 1212, 1254, 1409 §3, 1512, 2277.

(5) Voy. les art. 456, 474, 602, 609, 612, 856, 1153, 1207, 1378, 1440, 1473, 1479, 1548.

Cette question est déjà prévenue de réponse par tout ce qui a été dit dès le principe de nos explications sur le sens de cet article du code ; et nous regardons comme constant que la charge dont il s'agit ici doit être spécialement entendue des arrérages, et intérêts échus et non payés encore, à l'époque de l'ouverture de l'usufruit paternel, quel qu'en soit d'ailleurs le montant. Cette décision est fondée sur les raisons suivantes :

1.° Dans le premier paragraphe de l'article que nous commentons, les auteurs du code imposent à l'usufruit paternel toutes les charges qui pèsent sur l'usufruit en général, de quelque nature qu'il soit : ils ajoutent en outre trois autres espèces particulières de charges spécifiées dans les trois paragraphes suivans ; donc dans ces trois derniers paragraphes ils ont entendu parler de trois espèces de charges auxquelles n'est pas soumis l'usufruit conventionnel ; or les arrérages ou intérêts échus dès le jour de l'ouverture de l'usufruit seulement, sont toujours, de plein droit, à la charge de tout usufruitier universel ou à titre universel : donc il ne s'agit pas ici des arrérages ou intérêts échus durant la jouissance de l'usufruitier légal ; donc il s'agit de ceux qui seraient échus avant son entrée en possession.

2.° Les arrérages et intérêts sont placés dans la même catégorie que les charges énoncées dans le second et le quatrième paragraphes ; or les frais funéraires et ceux de nourriture, dont il est question dans ces deux paragraphes, ne sont pas, suivant le droit commun, des charges usufructuaires : donc il en est de même

des arrérages et intérêts dont il s'agit ici ; donc ce ne
sont pas ceux qui seraient échus depuis l'ouverture
de l'usufruit seulement , parce qu'ils seraient charge
ordinaire imposée à tout usufruitier ; donc ce sont
ceux qui peuvent être échus et non payés auparavant, sans préjudice de ceux à échoir postérieurement,
lesquels, à plus forte raison , pèsent aussi sur l'usufruit paternel.

3.° L'article que nous commentons a été tiré des dispositions du droit contumier sur la garde noble et
bourgeoise, ainsi que nous l'avons fait voir plus haut ;
or le gardien était tenu non-seulement de tous les
arrérages à échoir durant sa jouissance , mais même
de tous ceux qui étaient déjà échus et non payés au moment de l'ouverture de son droit, parce qu'ils faisaient
partie des dettes mobilières qui pesaient sur lui (1) :
donc, dans l'esprit du code dont cette disposition
est tirée des anciennes coutumes, ces arrérages sont
aussi à la charge de l'usufruit légal des père et mère.

207. Les auteurs du code, en imposant cette obligation au père ou à la mère comme une des charges
spécialement et exclusivement affectées à l'usufruit paternel , sont encore allés beaucoup moins loin que les
auteurs des anciennes coutumes sur le règlement des
charges de la garde , puisque ceux-ci avaient obligé le
gardien à payer même les dettes mobilières de toutes
espèces qui pourroient peser sur les successions dévolues aux mineurs ; tandis qu'aujourd'hui le père

(1) Voy. dans FERRIÈRE , sur l'art. 267 de la coutume de
Paris, glose 2, n°. 2 ; et dans BOURJON, au titre de la garde ,
chap. 8, sect. 2, n.°ˢ 5 et suiv.

ou la mère qui accepte l'usufruit légal n'est tenu que des arrérages ou intérêts, et non des capitaux des dettes mobilières.

Il y a plus : les père et mère, en leur qualité d'usufruitiers, ne sont pas tenus des arrérages de toutes espèces qui seraient échus avant l'ouverture de leur droit de jouissance ; ils sont bien tenus des arrérages ou intérêts de toute nature et sans distinction, échus durant leur usufruit, parce qu'à l'égard de ceux-ci, ils rentrent sous l'empire de la loi commune qui en charge tout usufruitier universel ou à titre universel ; mais en ce qui touche aux arrérages ou intérêts échus et non encore payés avant l'usufruit légal, la disposition du code étant portée au-delà des principes du droit commun, et devant, par là, être considérée comme une disposition d'exception, doit être aussi rigoureusement renfermée dans les termes dans lesquels nous la trouvons conçue ; or nous voyons que l'usufruitier paternel ne doit que le payement *des arrérages ou intérêts des capitaux* : donc il ne doit pas les arrérages de rentes foncières échus avant son usufruit, parce que ces sortes d'arrérages ne sont pas des arrérages de capitaux ; donc il ne doit pas les arrérages des rentes viagères, échus avant l'ouverture de son droit, parce que la rente viagère n'est pas le revenu d'un capital, mais le produit d'une convention aléatoire.

208. Ainsi, lorsqu'un des époux vient à décéder laissant des enfans mineurs, le survivant n'est en droit de se saisir des biens de la succession, pour en jouir en qualité d'usufruitier, que sous la condition

de porter quittes ses mineurs des arrérages et intérêts des capitaux déjà échus, et dont la succession peut être grevée ; sans préjudice de l'obligation de satisfaire en outre à toutes les autres charges usufructuaires.

Ainsi encore, lorsque les enfans mineurs succèdent à quelques autres parens, ou sont nommés légataires universels, ou à titre universel, par un étranger, le père ou la mère appelé à jouir de l'usufruit légal de leurs biens, doit acquitter les mêmes charges et supporter les mêmes obligations, en ce qui concerne l'hérédité ouverte par le décès d'un parent et déférée par la loi à ses enfans, ou celle à laquelle ils ont été appelés par les dispositions testamentaires d'un étranger.

209. Lorsqu'il y a plusieurs enfans appelés concurremment à recueillir une succession dont leur père ou leur mère ont l'usufruit légal, les charges de cet usufruit doivent être supportées vis-à-vis de chacun d'eux, comme s'il y avait autant de successions qu'il y a d'héritiers et de portions dévolues à chacun d'eux ; en sorte que, comme l'usufruit cesse successivement à mesure que les mineurs les plus avancés en âge arrivent à dix-huit ans, de même les obligations de l'usufruitier s'évanouissent pour toutes charges ou prestations ultérieures.

QUATRIÈME ESPÈCE

De Charges imposées à l'usufruit paternel.

210. **4.° *Les frais funéraires et ceux de dernière maladie :*** ce qui doit être entendu des frais funéraires et de dernière maladie de celui des époux qui est prédécédé, ou de toute autre personne dont la succession serait dévolue en propriété aux enfans mineurs, et en usufruit légal à leur père ou à leur mère; et c'est encore là une disposition puisée dans le droit coutumier sur le règlement des charges de la garde noble et bourgeoise (1), disposition qui impose à notre usufruit paternel une troisième espèce de charge absolument étrangère à tout autre usufruit.

Les auteurs anciens avaient été long-temps divisés sur la question de savoir si, sous l'empire de la coutume de Paris, le survivant des père et mère devait, en sa qualité de gardien, supporter les frais funéraires du prédécédé. Ce qui faisait le point de la difficulté, c'est que cette coutume, chargeant le gardien généralement de l'acquit des dettes mobilières du défunt, ne s'expliquait point explicitement sur les frais funéraires : les uns soutenaient donc que ces frais ne devant avoir lieu qu'après la mort, ne pouvaient être considérés comme dette du défunt, mais qu'ils devaient seulement être envisagés comme dette de l'héritier chargé de procurer la sépulture à celui dont il recueille le patrimoine, et qu'en conséquence ils ne devaient pas peser sur le gardien. D'autres, partant

(1) Voy. dans RENUSSON, traité de la garde, chap. 7, n.° 49.

du texte de la loi romaine, qui veut que le défunt soit encore censé contracter pour les impenses de ses funérailles, *qui propter funus aliquid impendit, cum defuncto contrahere creditur, non cum hœrede* (1), et qui assure, par privilége, le recouvrement de cette dette sur les biens de l'hérédité, *impensa funeris semper ex hœreditate deducitur : quœ etiam omne creditum solet prœcedere, cùm bona solvendo non sunt* (2), voulaient que le gardien en fût tenu : c'est ce dernier sentiment qui avait prévalu dans l'usage, par suite de la jurisprudence des arrêts (3); et c'est ce point de l'ancienne jurisprudence coutumière que les auteurs du code ont adopté, pour en faire une disposition positive de notre loi actuelle.

Au reste, tout en puisant cette disposition de notre droit nouveau dans la jurisprudence coutumière sur la garde des mineurs, on en a considérablement modifié l'étendue, puisque, comme on l'a déjà remarqué, les coutumes mettaient à la charge du gardien toutes les dettes mobilières de la succession ; tandis que, d'après le code, l'usufruitier légal ne doit payer que les arrérages ou intérêts des capitaux, les frais funéraires et ceux de dernière maladie. Les auteurs de la loi nouvelle devaient nécessairement être amenés à ce tempérament, par la considération que le code n'était pas seulement destiné à régir les provinces coutumières, mais encore les pays de droit écrit dans lesquels l'usufruit légal avait toujours été d'un tout

(1) L. 1, ff. *de religios. sumpt. funer.*, lib. 11, tit. 7.

(2) L. 45, ff. *codem.*

(3) Voy. Renusson, traité de la garde, chap. 7, n.° 61.

autre avantage pour l'usufruitier : ils ont cru que, pour ne pas trop blesser le sentiment qui naît des habitudes, il fallait faire une espèce de transaction entre les diverses provinces, et adopter un parti moyen entre les usages coutumiers et ceux de droit écrit. Voilà pourquoi ils n'ont pas imposé à notre usu-fruit légal toutes les charges qui pesoient sur le droit de garde; comme ils ne lui ont pas donné non plus toute l'étendue qu'il avait dans les pays de droit écrit.

211. Mais ces expressions, *les frais funéraires et ceux de dernière maladie*, ne sont-elles relatives qu'à la personne dont la succession est déférée aux enfans? Puisqu'elles sont conçues d'une manière si générale, ne devrait-on pas les entendre aussi des frais fu-néraires et de dernière maladie des enfans eux-mêmes?

La négative est incontestable, et il est évident que ce texte n'a aucun rapport aux frais funéraires et de dernière maladie des enfans.

1.° Il est certain que cette disposition du code à été puisée dans celle du droit coutumier sur les règlemens des charges de la garde. Il est constant encore, qu'en remontant à la disposition coutumière sur ce point de droit, les frais dont il s'agit n'étaient pris que relati-vement à l'auteur de la succession déférée aux enfans mineurs (1) : or on doit supposer dans la loi l'esprit de son origine, lorsqu'il n'est pas évident qu'elle a été faite dans un esprit d'innovation; *sed posteriores*

_____

(1) Voy. dans Renusson, traité de la garde, chap. 7, n.° 59; — dans Bourjon, *idem*, chap. 10, sect. 1, n.ᵒˢ 1 et 2; — dans Duplessis, *idem*, chap. 3.

leges ad priores pertinent , nisi contrariæ sint (1) :
donc on doit reconnaître, dans ce texte, la même
intention que dans le droit coutumier dont il a été
emprunté ; donc il n'a aucun rapport aux frais funéraires et à ceux de dernière maladie des enfans.

2.° Les obligations imposées à l'usufruitier doivent
toujours tourner au soulagement du propriétaire ;
ce n'est que dans l'intérêt personnel des enfans, et
pour les décharger des frais dont il s'agit, que la loi
a voulu les faire supporter par l'usufruitier de leurs
biens : ces frais ne peuvent donc être ceux de leurs
propres funérailles, ni de leur dernière maladie,
parce que ce ne serait plus à leur décharge, mais en
dégrèvement de leurs héritiers, que l'usufruitier devrait les acquitter. Ce serait un impôt sur le malheur,
comme si un père, affligé de la perte de ses enfans,
à la succession desquels il ne serait appelé que pour
une part, devait encore, par surcroît de douleur,
payer lui seul une dette qui affecte l'hérédité tout
entière.

3.° Enfin, il y aurait de l'absurdité à vouloir que
l'usufruitier fût tenu de supporter, en cette qualité,
une charge qui ne peut affecter le bien qu'au moment
où il n'y a plus d'usufruit, tels que seraient les frais
funéraires des enfans dont la mort fait cesser l'usufruit légal que le père ou la mère avait sur leurs
biens.

212.　Une question autrefois controversée consistait à savoir si les frais du deuil de la veuve étaient
aussi une charge de la garde. Renusson rapporte

(1) L. 28, ff. *de legibus*, lib. 1, tit 3.

plusieurs anciens arrêts qui avaient adopté l'affirmative (1) ; par la raison que l'habit de deuil de la femme est un accessoire de la pompe funèbre du mari, et dès lors on a regardé comme un point de jurisprudence constant, attesté et enseigné par la plupart des auteurs, que les frais du deuil de la veuve doivent être considérés comme faisant partie des frais funéraires de son époux (2), et que la créance dont ils sont l'objet doit être assurée par les mêmes priviléges.

La même doctrine doit-elle être encore suivie aujourd'hui ?

Aux termes du code civil, soit que le mariage ait été contracté suivant le régime communal (1481), soit qu'il ait été contracté par adoption du régime dotal (1570), les frais du deuil de la femme doivent également lui être fournis par les héritiers du mari, et sur la succession de celui-ci : d'où il résulte bien que, pour le payement de cette créance, la veuve a, sur les immeubles de cette succession, une hypothèque légale qui remonte au jour de la célébration de son mariage (2135), puisque c'est là un de ses droits matrimoniaux pour la sûreté desquels la loi (2121) lui accorde généralement cette hypo-

(1) Voy. RENUSSON, traité de la garde, chap. 7, n.° 63.

(2) Voy. dans ROUSSEAU de la Combe, au mot *deuil*, n.° 1 ; — dans DUPERRIER, quest. notables, liv. 5, au mot *dot* ; — LEBRUN, traité de la communauté, liv. 2, chap. 3, n. 47 ; — BANNELIER, tom. 4, pag. 164, n.° 1635, édit. in-4.° ; — POTHIER, traité de la communauté, n.° 678 ; — CHABROL, sur la coutume d'Auvergne, chap. 14, art. 45, quest. 7, tom. 2, pag. 464 ; — CATELLAN, en ses arrêts, liv. 6, chap. 26 ; — le nouveau Répertoire, au mot *deuil*, § 1, tom. 3, pag. 646.

thèque ; mais doit-on l'associer aussi à l'exercice du privilége qui affecte les meubles (2101) pour le payement des frais funéraires?

Nous croyons qu'on doit adopter l'affirmative sur cette question ; parce qu'il n'est pas moins vrai de dire aujourd'hui, comme on le décidait autrefois, que le deuil de la veuve fait partie de la pompe funèbre du mari ; que cette vérité est de tous les temps comme la raison sur laquelle elle repose ; et que nous n'apercevons rien dans la loi nouvelle qui puisse faire présumer que ses rédacteurs aient voulu abroger ce point de doctrine enseigné par tous nos meilleurs auteurs, et généralement adopté par les tribunaux français.

Tel est aussi le sentiment de M. Persil dans son excellent commentaire des dispositions du code sur les priviléges et hypothèques (1).

213. De là résulte une conséquence remarquable et qui revient directement à notre objet, c'est que si le mari a laissé, pour héritiers, des enfans mineurs de dix-huit ans, la mère ayant l'usufruit légal de la succession paternelle qui leur est dévolue, n'aura d'ailleurs aucun frais de deuil à réclamer sur les biens de cette succession, par la raison que les frais de ce deuil faisant partie des frais funéraires qui généralement sont une charge de l'usufruit légal, la veuve s'en constitue elle-même débitrice en acceptant cet usufruit, en sorte que réunissant en sa personne la double qualité de débitrice et de créancière, il y a nécessairement confusion et extinction de la dette.

214. On voit par tout ce qui a été dit ci-dessus,

_____

(1) Tom. 1, pag. 55, 2.ᵉ édit.

que l'usufruit paternel n'est pas établi à titre purement
gratuit, mais plutôt à titre onéreux, puisqu'il comporte des charges qui ne sont point naturelles à l'usufruit ordinaire ; lesquelles consistent : 1.° dans le
payement des intérêts et arrérages déjà échus lors du
décès de celui dont la succession qui en était grevée se
trouve dévolue en usufruit au père ou à la mère de
l'héritier ; 2.° dans le payement des frais funéraires
et de dernière maladie de la personne dont les mineurs
ont recueilli l'hérédité ; 3.° dans celui des impenses
nécessaires à l'entretien et à l'éducation des enfans.
Ces charges sont comme le prix de la jouissance des
père et mère, puisqu'elle ne leur est accordée que sous
la condition qu'elles seront par eux acquittées. Sur
quoi il faut observer que, comme elles sont imprimées
à la chose au moment de la tradition, c'est-à-dire à
l'usufruit, au moment où il est transféré par la loi sur
la tête du père ou de la mère, elles ont toute la nature
de charges réelles qui affecte le fonds en quelques
mains qu'il passe : elles ne sont pas tant les dettes personnelles du père ou de la mère, que les dettes
réelles de l'usufruit, parce que c'est l'usufruit qui
doit, et que le payement n'en est dû par le père ou la
mère qu'autant qu'il jouit de l'usufruit.

215. Il faut bien se garder de confondre l'obligation qui est personnelle dans son principe, avec
celle qui a pour objet une charge réelle affectant le
fonds dans les mains de son possesseur : lorsque l'obligation est purement personnelle, elle suit toujours
la personne du débiteur, et passe à tous les héritiers
qui le représentent. La charge réelle au contraire n'est

due par la personne qu'autant qu'elle jouit de la chose qui en est grevée, et elle reste d'ailleurs intégralement inhérente au fonds pour le suivre en quelques mains qu'il se trouve; en sorte que, pour en obtenir l'acquittement, c'est seulement à celui qui jouit de l'héritage qu'on doit s'adresser, comme étant lui seul tenu de toute la dette échue durant sa possession : *æs quidem alienum pro portione ex quâ quisque defuncto hæres extiterit, præstari oportet. Annonas autem is solvere debet, qui possessiones tenet et fructus percipit* (1). Telle est la nature des charges inhérentes à l'usufruit paternel; d'où il suit que le père ou la mère, renonçant à son usufruit légal, serait par là même exempt du payement des charges dont il s'agit, comme il le serait des impenses de réparations, puisque c'est la chose elle-même qui les doit : *cùm usufructuarius paratus est usumfructum derelinquere, non est cogendus domum reficere, in quibus casibus usufructuario hoc onus incumbit* (2).

216. Il faut néanmoins faire ici une distinction entre les frais de nourriture, entretien et éducation des enfans, et les deux autres espèces de charges extraordinaires qui pèsent sur l'usufruit paternel.

Lorsqu'il s'agit des frais d'entretien et éducation des enfans, l'usufruitier peut encore s'en dégager pour l'avenir, en renonçant à l'usufruit qu'il avait d'abord accepté, parce que ces sortes d'impenses échéant jour par jour, et étant inhérentes au droit d'usufruit, l'obligation de les fournir à l'avenir doit

(1) L. 2, cod. *de annonis et tributis*, lib. 10, tit. 16.
(2) L. 64, ff. *de usufructu*, lib. 7, tit. 1.

cesser d'exister du moment que le droit d'usufruit se trouve éteint par la renonciation de l'usufruitier.

Mais à l'égard des arrérages et intérêts des capitaux déjà échus lors du décès de l'auteur de la succession dont l'usufruit est déféré, par la loi, au père ou à la mère des héritiers mineurs ; comme encore à l'égard des frais funéraires et de la dernière maladie, il suffit qu'il y ait eu acceptation du droit d'usufruit, pour que l'usufruitier soit tenu du payement intégral de toutes ces charges, parce qu'ici tout est déjà échu au moment de l'acceptation du droit qui ne peut être séparé de ses charges : en sorte qu'on ne peut accepter l'un, sans se soumettre à la prestation des autres. Et de là résultent plusieurs conséquences remarquables.

217. *La première*, que si, d'une part, les frais funéraires et de la dernière maladie, ainsi que les intérêts et arrérages des capitaux déjà échus, formaient une somme considérable, et que, d'autre côté, l'usufruit paternel ne fût que d'une courte durée, ou ne portât que sur peu de revenus, ou, si l'on veut, fût absorbé par la nourriture des enfans, il pourrait arriver que l'usufruitier se trouvât tenu *ultra vires emolumenti*, et tel serait nécessairement l'effet de l'engagement qu'il se serait imposé par son quasi-contrat d'acceptation : engagement qui, sur ce point, participe de la nature des obligations aléatoires, puisque la durée du droit d'usufruit est toujours incertaine ; tandis que les arrérages et intérêts dont il s'agit, ainsi que les frais de deuil et de dernière maladie, constituent une somme fixe et déterminée : en sorte qu'après s'être obligé à la payer, en acceptant le droit

qui ne lui est dévolu que sous cette condition, il est toujours possible que son usufruit vienne à cesser avant qu'il ait pu en percevoir des émolumens suffisans pour être récompensé des payemens qu'il aurait faits.

218. *La seconde*, que nonobstant l'obligation où est l'usufruitier de payer, à la décharge des mineurs, les intérêts et arrérages des capitaux, ainsi que les frais funéraires et de la dernière maladie, les actions des créanciers leur restent tout entières contre les héritiers et sur les biens de la succession du défunt; car, l'usufruitier n'étant tenu de l'acquit de ces charges que comme possesseur de la chose qui en est grevée, il n'y a ni changement ni novation dans l'obligation personnelle des héritiers : d'où il faut conclure encore qu'en cas de saisie, soit du mobilier, soit des immeubles de la succession, soumise à l'usufruit paternel, les créanciers des frais funéraires et de dernière maladie auraient le droit de jouir du privilége que la loi accorde aux créances de cette nature, soit sur la généralité des meubles (2101), soit même sur les immeubles (2104).

219. *La troisième*, qu'en cas de saisie mobilière des fruits du fonds, faite sur le père ou sur la mère, par ses créanciers personnels, les enfans seraient en droit d'intervenir pour demander la main-levée dans leur intérêt personnel, ou pour se faire adjuger sur le prix des récoltes, et par privilége, le montant des sommes nécessaires à leur nourriture, entretien et éducation, puisque c'est là une charge qui affecte, à leur profit, la perception des fruits de leurs héritages,

comme si c'était un tribut à payer au prince (1); et que d'ailleurs le père ou la mère n'aurait pu accorder à son créancier plus de droit qu'il n'en avait lui-même sur les fruits saisis.

Cette décision devrait être surtout rigoureusement suivie, dans le cas où il serait notoire que le père où la mère n'aurait pas d'autres ressources suffisantes pour fournir convenablement à la nourriture et à l'éducation de ses enfans.

220. Si, au contraire, il était notoire que le père ou la mère eût d'ailleurs des moyens suffisans pour satisfaire à la dépense dont il s'agit, les enfans, se trouvant alors sans intérêt dans leur opposition, ne devraient pas être écoutés.

Mais dans le doute sur ce point, l'action des enfans étant fondée en droit, ce serait au créancier saisissant à prouver le défaut d'intérêt actuel dont on vient de parler, pour pouvoir les écarter de leur intervention.

221. Que s'il s'agissait d'une saisie réelle faite de l'usufruit même, lors de la faillite ou déconfiture du père, les enfans pourraient également intervenir et faire déclarer que l'acquéreur ne sera mis en possession du droit d'usufruit exproprié, qu'à la charge de fournir, pour l'avenir, les impenses nécessaires à leurs nourriture, entretien et éducation; et que telle serait toujours la condition tacite de son adjudication, lors même que les enfans ne seraient pas intervenus pour le faire ainsi déclarer, puisque c'est là une charge réelle

(1) Voy. dans CHABROL, sur la coutume d'Auvergne, chap. 11, art. 2, sect. 3, quest. 8, à la fin

qui affecte la chose en quelques mains qu'elle passe.

222.   Les enfans ne peuvent être tenus de former aucune inscription pour conserver cette espèce de privilége sur l'usufruit paternel, parce que la charge par eux réclamée est comme un retranchement sur la chose même, retranchement connu et indiqué par la nature de cette chose; retranchement qui en diminue la valeur et la fait vendre d'autant moins, puisqu'on ne peut ni l'aliéner ni l'acquérir franche de cette charge : *Hâc in re*, dit Cujas (1), *œs alienum valdè distat ab onere, quod rei cohæret : nam œs alienum certam rem non minuit. At onus quod rei impositum est, minuit eam rem, ut stipendium prædiis provincialibus impositum.* L'obligation de l'adjudicataire de l'usufruit paternel, sur la prestation des alimens dus aux enfans, est donc toujours au moins tacitement consentie, comme inhérente à la nature de la chose adjugée; car, comme celui qui achète un droit d'usufruit ordinaire, n'acquiert que le droit de jouir de la chose, à la charge d'en conserver la substance, puisque l'usufruit n'est que cela, et par conséquent à la charge de pourvoir aux réparations d'entretien, lors même qu'on ne s'en est pas expliqué; de même celui auquel on adjuge un droit d'usufruit paternel, n'acquiert que le droit de jouir des biens des enfans, à la charge de fournir les impenses nécessaires, à leurs nourriture, entretien et éducation, puisque cette charge est aussi inhérente à cette espèce d'usufruit, que celle qui a pour objet l'entretien des fonds.

223.   Mais sur qui repose l'obligation de former,

(1) Ad legem 50, ff. *de judiciis.*

au nom des enfans, les opposition et intervention dont nous avons parlé plus haut? est-ce au père ou à la mère contre lequel la saisie aurait été faite, ou est-ce au subrogé tuteur qu'il appartient d'agir au nom des mineurs ?

Si c'est sur la mère survivante que la saisie des fruits ou de l'usufruit ait été faite, et qu'elle ait refusé la tutelle de ses enfans (394), ou en ait été déchue; c'est au tuteur, qu'on aura dû ou qu'on devra nommer, qu'il appartiendra d'agir au nom des mineurs.

Si c'est sur le père que la saisie ait été faite, et que son état de déconfiture soit tel qu'il fasse preuve d'une inconduite ou d'une incapacité notoire contre lui, il devra être destitué (444) de la tutelle, à la diligence du subrogé tuteur (446); et ce sera au tuteur élu en remplacement à agir pour les pupilles.

Si l'on admet au contraire qu'il n'y ait aucun motif de destitution contre le père ou la mère sur lequel la saisie a été faite, ce sera à lui à agir en sa qualité de tuteur, attendu que tant qu'il en conserve les fonctions c'est à lui à les remplir.

Dans cette position, le père a deux qualités bien distinctes l'une de l'autre, celle de débiteur saisi par le créancier avec lequel il a contracté, et celle de tuteur de ses enfans. Comme débiteur saisi, il ne peut repousser l'action d'un créancier envers lequel il s'est valablement obligé; mais comme tuteur il n'est plus le même homme : ici il est ses enfans, puisqu'il les représente; il peut et doit donc agir *tutorio nomine*, pour revendiquer leur droit et privilége sur la chose saisie.

224. Quoique les charges de l'usufruit paternel, dont nous venons de parler, soient purement réelles dans leur principe, néanmoins elles deviennent l'objet d'une obligation personnelle dans l'usufruitier, qui, en acceptant l'usufruit, a par une conséquence nécessaire, voulu se soumettre à en supporter les charges qui l'affectent, et qui en sont le passif inséparable; et de là il résulte encore une conséquence qu'il est important de remarquer.

C'est que les créanciers des frais funéraires et de la dernière maladie, comme encore ceux des intérêts et arrérages des capitaux peuvent se pourvoir par action personnelle contre l'usufruitier, pour le faire condamner au payement de ce qui leur est dû, et qu'en exécution du jugement obtenu contre lui, ils pourront le faire saisir dans ses propres meubles, pour être payés sur le prix; mais dans ce cas il n'y aurait plus de préférence pour les frais funéraires et de dernière maladie, parce que ce privilége ne porte que sur le mobilier de la succession de celui pour les funérailles ou la dernière maladie duquel ces frais sont dus.

225. Dans l'hypothèse dont on vient de parler, lors même que les créanciers des intérêts et arrérages des capitaux seraient munis de titres authentiques et exécutoires, ils n'en seraient pas moins obligés de recourir d'abord à la justice, pour obtenir un jugement contre l'usufruitier, avant de pouvoir le faire saisir dans ses propres meubles, puisque, d'une part, il faut que le créancier soit muni d'un titre exécutoire sur son débiteur, pour pouvoir le faire saisir dans ses effets (1); et que, d'autre côté, l'usufruitier n'est tenu des charges dont il s'agit, que par l'effet du quasi-contrat résultant de l'acceptation de son usufruit; lequel quasi-contrat ne peut être considéré comme un titre portant exécution parée pour le créancier.

A la vérité, les titres exécutoires contre le défunt sont aussi exécutoires contre l'héritier personnellement (877), parce qu'il représente la personne du défunt dont il n'est en quelque sorte que la continuation; mais l'usufruitier, même à titre universel, ne peut être soumis à cette règle, puisqu'il n'a point la qualité d'héritier, et qu'il n'est point le représentant de la personne du défunt.

226. UNE autre espèce d'usufruit légal, que nous n'avons pas indiquée jusqu'à présent, a lieu en partage d'hérédité. Lorsque le père ou la mère se trouve appelé à la succession de son enfant, concurremment avec des collatéraux de l'autre ligne, autres que les frères ou sœurs, ou descendans des frères ou sœurs du défunt, la loi accorde au survivant des père et mère, ainsi obligé de partager l'hérédité de son enfant, l'usufruit du tiers des biens auxquels il ne succède pas en propriété (754); mais cet usufruit n'a rien de commun avec l'usufruit paternel ordinaire, puisque ce n'est pas sur les biens des enfans, mais sur ceux des héritiers collatéraux des enfans qu'il est établi : ainsi il reste dans les termes du droit commun, soit sous le rapport de sa durée jusqu'à la mort de l'usufruitier, soit sous celui des charges qui sont naturellement inhérentes à l'usufruit conventionnel.

(1) Art. 551 du cod. de procéd.

SECTION IV.

Quand et comment finit l'Usufruit paternel.

227.   L'usufruit paternel finit, 1.° lorsque les enfans ont atteint l'âge de dix-huit ans accomplis. Dès ce moment, le père ou la mère ne perçoit plus le revenu des biens de ses mineurs que comme tuteur chargé d'en faire l'emploi à leur profit, ou d'en rapporter la valeur dans son compte pupillaire.

228.   2.° Il finit par l'émancipation accordée aux enfans avant l'âge de dix-huit ans (384); ce qui peut avoir lieu lorsqu'ils ont leurs quinze ans révolus (477).

Dans ce cas, celui des père et mère qui consent à l'émancipation, ne conserve pas, comme dans le cas précédent, l'administration légale des revenus de l'enfant émancipé, parce que celui-ci est, par l'acte d'émancipation même, mis en possession de fait de ses biens, pour en jouir par lui-même, ou les amodier et en percevoir le rendage (481).

L'usufruit paternel étant éteint par l'acte d'émancipation, les charges qui pesaient sur l'usufruitier, à raison de sa jouissance, s'évanouissent aussi pour l'avenir; et c'est bien là le cas de dire que, *cessante causâ, cessat effectus.*

229.   Ainsi le père, qui a émancipé son fils, n'est plus obligé à le nourrir tant que celui-ci a du bien; et ce n'est que dans le cas où ce fils tomberait ensuite dans l'indigence, que l'obligation de venir à son secours revivrait dans le père.

Mais, si au temps de l'émancipation il était dû quelque chose pour impenses alimentaires du fils, à raison des temps précédens, le père devrait encore en supporter le payement, comme dette échue à sa charge.

Le père doit aussi, et par la même raison, supporter le payement de tous les arrérages de rentes ou intérêts des capitaux, échus jusqu'au jour de l'émancipation, ainsi que celui des frais funéraires et de dernière maladie.

230. Suivant la loi romaine (1), le père qui émancipait son enfant, conservait l'usufruit de la moitié des biens de celui-ci, à moins qu'il n'y renonçât; mais aujourd'hui il ne pourrait pas même se réserver cet avantage, puisque le code ne lui accorde la jouissance des biens de ses enfans mineurs de dix-huit ans, que jusqu'à l'émancipation de ceux-ci.

Nous terminerons ce chapitre par l'examen de quelques questions relatives à la matière qui y est traitée.

PREMIÈRE QUESTION.

231. *Lorsque l'enfant émancipé donne lieu, par sa conduite, à la révocation de son émancipation, et qu'elle est prononcée contre lui avant qu'il n'ait atteint ses dix-huit ans, l'usufruit paternel doit-il revivre sur ses biens?*

Voyez, sur cette question, notre ouvrage sur l'état des personnes, tome 2, page 266.

---

(1) L. 6, § 3, cod., *de bonis quæ liberis*; l. 6, tit. 61; — et § 2, Instit., *per quas personas cuique*, lib. 2, tit. 9.

SECONDE QUESTION.

232.   *Lorsqu'après l'émancipation ou la majorité de ses enfans, le père a par le fait, continué à jouir de leurs biens, quel doit être le résultat de cette continuation de jouissance? Les enfans qui ont gardé le silence sur la continuité de cette possession, ont-ils le droit d'exiger un rapport de fruits contre leur père?*

Il est incontestable que le père doit rendre compte des fruits qu'il a perçus depuis que ses enfans ont été affranchis de la puissance paternelle, parce qu'autrement il les retiendrait sans cause légitime. Déjà la loi romaine était formelle à cet égard : *Si pater usumfructum prædiorum in tempus vestræ pubertatis matri vestræ reliquit, finito usufructu postquàm vos adolevistis, posterioris temporis fructus perceptos ab eâ repetere potestis, quos nullâ ratione sciens de alieno percepit*(1) : et le code n'est pas moins positif sur cette question, puisqu'il veut (389) que le père ne soit administrateur des biens de ses enfans qu'à la charge de rester comptable, non-seulement quant à la propriété, mais encore quant aux *revenus* de ceux dont il n'a pas la jouissance.

Dans cette position, lors même qu'en fait le père aurait ignoré les conséquences que la loi fait résulter de l'émancipation, ou de l'âge de dix-huit ans acquis à ses enfans, il ne pourrait en tirer avantage pour se donner la qualité de possesseur de bonne foi qui fait les fruits siens. Il ne le pourrait, par la raison qu'il

_____
(1) L. 5, cod., *de usu et habitat.*, lib. 3, tit. 33.

serait sans titre (1), et qu'il n'est permis à personne
d'ignorer le prescrit de la loi, et surtout d'alléguer
cette ignorance lorsqu'il s'agit de gagner ce qui ne
nous appartient pas : *juris ignorantia non prodest acquirere volentibus* (2). Cette question, plusieurs fois
portée devant les Tribunaux, a été ainsi décidée, d'a-
bord par arrêt de la Cour de Limoges le 13 fructidor
an 12, confirmé par celle de cassation le 18 novembre
1806; ensuite par arrêt de la Cour de Besançon le 2
juillet 1811, confirmé aussi en cassation par arrêt de
rejet du 5 août 1812 (3).

TROISIÈME QUESTION.

233.   *Quelle est la prescription dont le père pourrait faire usage pour repousser l'action de ses enfans
quand ils viennent lui demander compte du revenu de
leurs biens dont il n'avait pas l'usufruit?*

Lorsque les enfans mineurs ont des biens sur lesquels l'usufruit légal n'a pas lieu, ils n'en sont pas
moins sous la tutelle de leur père qui administre leur
bien et perçoit leurs revenus, à la charge d'en rendre
compte lorsqu'ils seront, par le fait de l'émancipation,
ou par l'âge, affranchis des liens de la puissance paternelle. Ces revenus perçus durant la tutelle doivent
donc être un des objets du compte pupillaire du père;
or, suivant l'article 475 du code, toute action du mineur

(1) Voy. dans CHABROL, sur la coutume d'Auvergne, chap. 14,
art. 48, quest. 3.

(2) L. 7, ff. *de juris et facti ignorantiâ*, lib. 22, tit. 6.

(3) Voy. au nouveau Répertoire, tom. 14, pag. 403 et 409
au bas.

contre son tuteur, relativement aux fais de la tutelle, se prescrit par dix ans, à compter du jour de la
majorité : le père pourra donc opposer cette prescription pour les revenus qu'il aura perçus durant sa tutelle.

234. Mais, s'il a continué à administrer et percevoir après la cession de la tutelle, le compte qu'il
devra, pour cette administration, doit rentrer sous
l'empire de la règle du droit commun ; ce n'est plus
ici un compte pupillaire, puisqu'il ne s'agit plus de
revenus échus durant la tutelle et administrés par un
tuteur.

Suivant la règle commune, c'est-à-dire, suivant la
règle établie généralement pour tous les droits des
mineurs, la prescription ne court pas contre eux : elle
ne commencera donc à avoir son cours que depuis la
majorité des enfans. C'est là nécessairement son
point de départ (2252); mais quelle devra en être
la fin ?

Aux termes de l'article 2262 du code, toutes les actions tant réelles que personnelles, sont prescrites par
trente ans, sans que celui qui allègue cette prescription soit obligé d'en rapporter un titre, ou qu'on
puisse lui opposer l'exception déduite de la mauvaise
foi ; parce que ce long espace de temps fait présumer tout ce qui est possible : telle est la règle générale.

Mais, suivant l'article 2277, les arrérages des rentes, les loyers des maisons, le prix des baux à ferme,
les intérêts des sommes prêtées, et généralement tout
ce qui est payable par année, ou à des termes *pé-*

riodiques plus courts, se prescrivent par cinq ans.

Le père contre lequel ses enfans formeraient une demande en restitution de fruits ou intérêts, pour vingt-neuf ans, pourrait-il efficacement invoquer la disposition de ce dernier article, pour soutenir qu'il n'en doit que de cinq ans ?

Il nous paraît évident que non ; parce que cette dernière disposition du code n'est qu'une exception à la règle générale sur la prescription trentenaire : exception qui ne porte que sur les espèces particulières qui y sont signalées et qu'il ne serait pas permis d'étendre plus loin, parce qu'il est de principe que la règle générale doit conserver tout son empire sur les cas qui n'en sont pas formellement exceptés. Il ne s'agit, en effet, dans ce texte sur la prescription quinquennale, que des prestations qui doivent être faites par le débiteur qui a terme ; c'est à-dire par le débiteur qui ne doit payer qu'à *des termes fixes et périodiques*, soit que ces termes échoient chaque année seulement, soit qu'ils échoient à des intervalles plus courts, mais toujours périodiquement : or le père qui retient indûment la jouissance des biens de son enfant émancipé, n'a aucun terme à invoquer pour y renvoyer l'échéance de son obligation : il peut être à chaque instant actionné, et à chaque instant il est tenu de la restitution du capital et des intérêts : sa cause est donc absolument étrangère à celle d'un débiteur d'arrérages ou de prestations quelconques qui n'échoient qu'à des termes périodiques, avant lesquels on ne peut lui en demander le payement.

255. La même décision doit être adoptée dans tous

les cas où il s'agit d'intérêts moratoires, et l'on doit dire
que le créancier a le droit d'en exiger de vingt-neuf ans.

Cette distinction entre la prescription des prestations
qui n'échoient qu'à des termes fixes et périodiques, et
celle des intérêts moratoires, n'est point arbitraire :
elle est fondée sur la nature des choses.

Lorsqu'il s'agit d'arrérages ou de prestations qui
n'échoient qu'à des termes fixes, il y a réellement autant de dettes distinctes les unes des autres, qu'il y a
de termes échus ; et ces dettes ne sont pas seulement
distinctes entre elles, mais encore avec le capital lui-
même, puisque leurs échéances sont absolument différentes de la sienne : c'est pourquoi l'on applique
une prescription particulière à chacune d'elles en déclarant qu'on ne peut en répéter que pour cinq ans, ce
qui opère successivement l'extinction de la sixième, au
fur et à mesure qu'on passe le terme des cinq années,
et cela sans déroger au droit du capital qui n'est prescriptible que par trente ans.

Au contraire, lorsqu'il s'agit d'intérêts moratoires,
il n'y a véritablement qu'une dette qui comprend dans
la même masse la somme des arrérages échus jour
par jour à la charge du débiteur qui est en demeure :
cette dette d'intérêts, qui a pour cause l'indue conservation du capital, ne saurait être considérée comme
une créance indépendante et séparée du capital même,
puisqu'ils sont simultanément et également exigibles :
elle n'en est donc pas détachée, et elle ne cesse pas d'en
être une partie purement accessoire : pourquoi elle ne
doit être périmée qu'avec lui, et par la prescription
trentenaire.

236. Cela est tellement vrai que, si le débiteur se présente pour payer son créancier et qu'il n'offre à celui-ci que les intérêts seulement, ou que le capital seulement, les offres seront, avec justice, refusées comme insuffisantes, par la raison qu'il ne faut qu'un seul payement, et que le créancier n'est pas tenu de le diviser ; tandis que, quand il s'agit d'un capital aliéné ou à perpétuité ou pour un temps, mais dont le terme n'est pas encore échu, les offres des arrérages ou intérêts peuvent être faites seules et doivent être acceptées indépendamment du capital, dont ils sont absolument détachés.

QUATRIÈME QUESTION.

237. *Lorsqu'un père, ayant ses enfans dans sa communion, a perçu les revenus de leurs biens sans en avoir l'usufruit légal, ou après que cet usufruit a cessé, comment doit-on établir le compte qui peut être requis de part ou d'autre, entre eux ?*

Il faut faire une distinction entre les enfans qui n'auraient pas travaillé utilement dans la communion et pour le compte du père, et ceux dont les travaux auraient été utiles pour lui.

A l'égard de ceux qui, par rapport soit à leur âge, soit à leurs infirmités ou incapacité, ou autres causes, n'auraient pas, d'une manière utile pour le père, coopéré aux travaux communs du ménage, on ne doit leur rendre compte des revenus de leurs biens, qu'à la charge de précompter en déduction le montant des impenses faites pour leurs nourriture, entretien et éducation.

1.   18

Il est, en effet, certain, soit d'après les principes
du droit ancien, soit d'après ceux de notre droit nouveau (203 et 209), que les frais soit d'éducation (1),
soit même de simple nourriture et entretien (2), ne
doivent être à la charge personnelle du père que quand
les enfans n'ont aucune ressource soit dans leurs revenus, soit même dans le produit de leur travail, pour
satisfaire à ces sortes d'impenses. En conséquence de
quoi, si le père les a fournies tandis qu'il était en jouissance des biens de ses enfans, on ne doit pas refuser
de les lui allouer en compte, parce qu'il est tout naturel de présumer qu'il a entendu les prendre sur les
revenus des enfans plutôt que sur les siens propres (3).

238. A l'égard de ceux des enfans qui auraient
utilement travaillé dans la communion paternelle, on
doit porter une tout autre décision; et sans leur accorder le droit d'exiger des gages, dans la supposition
où leur travail aurait, par sa valeur, plus ou moins
notablement excédé les frais de leurs nourriture et
entretien, on doit, dans tous les cas, les admettre à
compenser l'un des objets avec l'autre, pour forcer
le père à rendre un compte plus étendu; en sorte que,
si les travaux des enfans étaient de valeur égale ou
supérieure à celle de leurs nourriture et entretien, le
rapport de leurs revenus leur serait dû tout entier;
tandis qu'il ne leur serait dû qu'une partie proportionnelle, si leur coopération aux travaux communs
n'était équivalente qu'à une partie des impenses

(1) L. 58, ff. *de hæredit. petitione*, lib. 5, tit. 3.
(2) L. 5, § 7, ff. *de agnoscend. et alend. liberis*, lib. 25, tit. 3.
(3) L. 34, ff. *de negot. gestis*, lib. 3. tit. 5.

faites pour leurs nourriture, entretien et éducation.

La raison de cette décision, c'est que quiconque emploie une autre personne à son service, est tenu de la nourrir par cela seul qu'il profite de son travail : *Non solùm autem libertum, sed etiam alium quemlibet operas edentem, alendum, aut satis temporis ad quæstum alimentorum relinquendum. Et in omnibus tempora ad curam corporis necessariam relinquenda* (1) : le travail et la nourriture sont donc ici deux choses qui viennent immédiatement en compensation l'une de l'autre, en sorte que si le prix du travail vaut celui de la nourriture, leur valeur se balançant nécessairement, le compte à rendre par le père doit nécessairement aussi porter sur tous les revenus des enfans.

Si l'on ne doit pas présumer que le père ait la volonté de fournir gratis des alimens à son enfant, lorsque celui-ci a des biens, et que d'ailleurs il ne coopère pas aux travaux du ménage ; il est bien moins naturel encore de croire que l'intention du fils soit de travailler gratis pour le service de son père, et de lui payer encore une pension pour sa nourriture : cependant, comme les droits de l'un sont aussi sacrés que ceux de l'autre ; comme le fils ne peut avoir moins de droit dans son travail que le père n'en a dans ses fournitures alimentaires ; comme dans cette réciprocité de droits, l'abandon gratuit n'est pas moins subordonné à la volonté du fils en ce qui le touche, qu'à celle du père en ce qui concerne celui-ci, il faudrait aller jusqu'à présumer un excès de désintéressement

(1) L. 50, § 1, ff. *de operis libert.*, lib. 38. tit. 1.

dans le fils, tandis qu'au contraire on ferait au père l'injure de présumer qu'il n'a pas même eu l'intention d'être juste : mais non ; il faut dire avec Surdus d'après la loi romaine, qu'en règle générale, celui-là doit la nourriture à l'autre qui profite de son travail : *Regulariter tenetur quis alere eos quorum operâ et ministerio utitur* (1). C'est pourquoi, ajoute-t-il encore ailleurs, lorsqu'il s'agit d'opérer un partage entre deux frères communiers, occupés aux travaux de la campagne, dont l'un est marié et a des enfans, tandis que l'autre n'en a point : quoique les enfans du premier aient été nourris dans la communion de leur père et de leur oncle, ce dernier ne peut faire aucune répétition d'impenses à ce sujet, si, en somme, le prix des travaux des enfans peut balancer celui de leurs nourriture et entretien : *Etiam ad rusticos quorum si alter habebat filios, alter non ; habens filios non tenetur tempore divisionis reficere fratri impensam factam pro alendis filiis, si illi præstabant servitia digna alimentis* (2).

239. Ainsi, quoique les enfans qui ont travaillé chez leurs père et mère n'aient pas d'action pour en exiger un gage à raison de leurs services, néanmoins lorsque les père et mère veulent les forcer au payement de la nourriture qu'ils leur ont fournie, soit en imputant le prix de cette nourriture sur le compte de leurs revenus, ou autrement, les enfans doivent être admis à imputer en déduction le prix des services qu'ils ont rendus aux père et mère ; et c'est là

(1) *Tract. de alimentis,* tit. 1, quæst. 83, n.° 1.
(2) Ibid., n.° 8. Vide et tit. 6, quæst. 11, n.° 6.

un de ces cas assez fréquens dans le droit, où l'on est autorisé à retenir ou à compenser par exception ce que l'on n'aurait pu demander par action directe (1).

CINQUIÈME QUESTION.

240. *Celui qui fait une donation ou un legs, au profit d'un enfant mineur, peut-il prohiber au père ou à la mère du donataire, non-seulement l'usufruit légal, mais encore l'administration des biens donnés?*

Pour discuter cette question d'une manière proportionnée à son importance, et descendre dans un détail approfondi de toutes les raisons pour et contre, nous commencerons par le rapport d'une espèce jugée en 1807 par la Cour de Besançon. On trouvera dans les motifs de l'arrêt rendu par cette Cour, à peu près tout ce qu'on peut dire de plus fort pour établir que le testateur ne peut aller jusqu'à prohiber au père l'administration des biens donnés à l'enfant mineur. C'est dans le nouveau Répertoire, aux mots *Puissance paternelle*, que nous trouvons la relation entière de cette espèce.

Le 9 fructidor an 12, testament par lequel le sieur Henrion de Magnoncour institue pour son héritier universel Flavien-Henrion Magnoncour son neveu, encore mineur et sous puissance de son père.

Dans une clause de ce testament, il est dit que le testateur veut et entend « que les biens compris en la-

---

(1) Vid. § 3o, Instit., *de rerum division.;* — l. 7, § 4, ff. *de pactis*, lib. 2, tit. 14; — l. 33, in fine; et l. 64, ff. *de condiction. indebit.* lib. 12, tit. 6; — l. 6, ff. *de compensationib.*, lib. 16, tit. 2, et passim alibi.

» dite institution soient administrés jusqu'à la majorité
» de son dit héritier institué, par M. Gabriel Magny,
» homme de loi, qu'il nomme curateur *ad hoc*, ou
» exécuteur testamentaire, le priant de vouloir bien
» lui donner cette marque d'amitié, et de se concerter
» avec la mère et l'aïeul maternel dudit héritier, pour
» son éducation, et employer les revenus annuels et
» la portion d'iceux qui sera jugée suffisante pour son
» éducation, après le prélèvement des charges de sa
» succession, et des honoraires et déboursés dudit
» curateur, tels qu'ils seront honnêtement réglés,
» selon les peines et les démarches qu'il fera. » Et par
une disposition subséquente, le testateur déclare, en
tant que de besoin, ôter au père de son héritier institué, la jouissance, l'usufruit et même l'administration des biens qu'il laisse à celui-ci.

Le testateur décède le 30 floréal an 13.

L'héritier institué étant encore mineur, le sieur
Henrion Magnoncour son père se pourvoit devant le
tribunal civil de l'arrondissement de Vesoul, pour se
faire adjuger, non la jouissance, mais l'administration des biens compris dans l'institution.

Le sieur Magny s'oppose à cette demande, et con-
clut à l'exécution pure et simple du testament.

Le 10 février 1806, jugement qui, accueillant les
moyens du sieur Magny, déboute le sieur Henrion
Magnoncour père, et ordonne que le testament sera
exécuté selon sa forme et teneur.

Sur l'appel interjeté de cette sentence, arrêt de la
Cour de Besançon, le 15 novembre 1807, par lequel
cette Cour :

« Considérant, 1.º que les articles 384 et 387 du
» code, en accordant au père, durant le mariage, et
» après la dissolution du mariage, au survivant des
» père et mère, la jouissance des biens de leurs en-
» fans, jusqu'à l'âge de dix-huit ans accomplis, ou
» jusqu'à l'émancipation, décident qu'elle ne s'éten-
» dra pas aux biens que les enfans pourront acquérir
» par un travail ou une industrie séparés, *ni à ceux*
» *qui leur sont donnés ou légués, sous la condition*
» *expresse que les père et mère n'en jouiront pas;*
» qu'ainsi la loi accorde au testateur la faculté de pri-
» ver le père de l'usufruit des biens légués à son fils;
» qu'il n'en est pas ainsi de l'administration; que, sui-
» vant les articles 389 et 390 du code, le père est,
» durant le mariage, administrateur des biens per-
» sonnels de ses enfans mineurs; après la dissolution
» du mariage, la tutelle des enfans mineurs ap-
» partient de plein droit au survivant des père et
» mère; et que l'article 397 décide que *le droit in-*
» *dividuel de choisir un tuteur, parent ou même*
» *étranger, n'appartient qu'au dernier mourant*
» *des père et mère;* que de ces différens articles il
» résulte que l'administration des biens appartient
» sans distinction aux père et mère; qu'elle fait partie
» de la tutelle légale et du gouvernement de la famille;
» que le père ne saurait en être privé sans une déroga-
» tion, une exception formelle au principe général,
» au moyen de la faculté qui serait accordée à cet
» égard au testateur, par la loi : ce qui ne se trouve
» nulle part dans ses dispositions; que dans le droit
» romain la novelle 117 avait accordé à celui qui dis-

» posait de ses biens, en faveur d'un fils de famille,
» le droit de priver le père ou l'aïeul, sous la puissance
» desquels il était constitué, non-seulement de l'usu-
» fruit desdits biens, mais encore de toute espèce d'ad-
» ministration ; mais que cette dérogation au droit
» commun ne se trouve point consacrée par le nouveau
» code ; que vainement prétendrait-on que, dans le
» silence de la loi nouvelle, on doit recourir aux lois
» anciennes ; car l'article 7 de la loi du 30 ventôse an
» 12 veut que, dans les matières comprises dans ce
» code, le droit romain cesse d'avoir force de loi gé-
» nérale ou particulière ; et en réglant la puissance
» paternelle et la tutelle, le législateur a voulu éta-
» blir, à cet égard, une législation complète, fixe et
» uniforme ; il a prévu tous les cas où la tutelle et l'ad-
» ministration pourraient être divisés. Ainsi l'article
» 417 porte que, *quand le mineur domicilié en France*
» *possédera des biens dans les colonies, ou réciproque-*
» *ment, l'administration de ces biens sera donnée à*
» *un protuteur ;* et en accordant au testateur la faculté
» de faire des dispositions officieuses, en faveur de ses
» petits-enfans ou neveux, l'article 1055 décide que
» *celui qui fera lesdites dispositions peut, par le même*
» *acte, ou par un acte postérieur, en forme authen-*
» *tique, nommer un tuteur chargé de l'exécution de*
» *ces dispositions :* si donc la loi eût entendu que le
» père pourrait être privé de l'administration des biens
» légués à son fils, elle se serait expliquée à cet égard
» et aurait donné au testateur la même faculté qu'elle
» lui accorde pour les dispositions officieuses ; que
» d'ailleurs la prohibition introduite par la novelle

» 117, avait pour but de tempérer la rigueur de la
» puissance paternelle, qui durait jusqu'au décès du
» père ou jusqu'à l'émancipation, et qui mettait le
» fils dans une telle dépendance, qu'il n'aurait pu for-
» cer son père à lui rendre compte, et qu'ainsi la pro-
» hibition de l'usufruit fût devenue illusoire sans celle
» de l'administration. Ces motifs ne subsistent plus
» aujourd'hui, puisque la puissance paternelle finit à
» la majorité de l'enfant, et que l'article 389 du code,
» en établissant le père administrateur des biens de
» ses enfans, le rend comptable *des revenus de ceux*
» *dont il n'a pas la jouissance ;* qu'enfin l'adminis-
» tration d'un étranger serait incompatible avec l'ar-
» ticle 450 du code, qui veut que le tuteur représente
» le mineur *dans tous les actes civils ;* car un tuteur,
» un père ne pourrait plaider en justice, contracter,
» transiger sur les biens d'une succession qu'il n'ad-
» ministre pas, avec des titres qu'il n'a pas en son
» pouvoir, et puisqu'il doit représenter le mineur
» dans tous les actes civils, il doit par là même être
» investi de l'administration : d'où il résulte qu'en
» appliquant les dispositions de la novelle 117, ce
» serait établir une exception, une dérogation au droit
» de la puissance paternelle, aussi contraire à l'esprit
» qu'au texte de la loi ; que la clause insérée dans le
» testament de Magnoncour oncle, qui prohibe au
» demandeur l'administration des biens légués à son
» fils, pour la confier à l'avocat Magny, est contraire
» aux lois ; que cette clause est aussi contraire aux
» bonnes mœurs, en ce sens qu'elle tend à inspirer
» au fils Magnoncour du mépris, de la défiance contre

» son père, et à affaiblir ainsi la puissance paternelle,
» qui est une des bases fondamentales de l'ordre social ;
» qu'ainsi, et sous tous les rapports, la clause doit être
» réputée non écrite, et qu'il y a lieu à réformer le
» jugement qui en a ordonné l'exécution.

　　» La Cour, sans avoir égard à la clause insérée dans
» le testament de Magnoncour oncle, qui prohibe à
» l'appelant l'administration des biens légués à son
» fils, et nomme le sieur Magny, intimé, curateur
» *ad hoc*, laquelle clause est, au besoin, déclarée
» comme non avenue et réputée non écrite, or-
» donne que le sieur Magnoncour, appelant, en sa
» qualité de père et de tuteur légal de son fils, de-
» meurera seul chargé, sous sa responsabilité, en
» conformité de la loi, de l'éducation et de l'admi-
» nistration des biens de son fils ; fait défenses au
» sieur Magny de s'immiscer ultérieurement dans
» ladite administration, en aucune manière ; le con-
» damne à rendre compte à l'appelant de la gestion
» qu'il aurait eue jusqu'à présent, par devant le Tri-
» bunal de première instance séant à Besançon, que
» la Cour commet à cet effet, comme aussi à lui res-
» tituer tous les titres, papiers et autres objets con-
» cernant la succession Magnoncour oncle. »

　　On ne peut disconvenir que les motifs de cet arrêt
ne présentent une suite de raisonnemens qui peuvent
séduire au premier coup d'œil ; mais pourraient-ils
soutenir l'examen d'une critique sérieuse ? Est-il bien
certain que les circonstances particulières de la cause
n'aient influé en rien sur cette décision ? Et si, sans
prendre égard à ces circonstances, la Cour de Besan-

çon avait voulu déclarer nulle, *comme contraire aux lois et aux bonnes mœurs*, la clause du testament par laquelle le testateur avait prohibé au père la gestion des biens donnés à son fils, se serait-elle réellement conformée à la lettre du code, et en aurait-elle bien saisi l'esprit? C'est ce dont il est au moins permis de douter, et c'est ce que nous ne pensons pas.

En fait, il est constant que le sieur Magnoncour, père du jeune légataire, est un des plus riches propriétaires du département de la Haute-Saône : il est constant que l'administration des biens légués au fils n'aurait pu être confiée à des mains plus sûres que les siennes, ni à un gérant meilleur économe que lui. Ce sont là des choses notoires dans toute la province dans laquelle le procès a été jugé tant en première instance qu'en cause d'appel. Quoique nous ne voyions rien dans les motifs de l'arrêt qui nous démontre littéralement que ces circonstances aient influé sur la détermination des Juges qui l'ont rendu, il n'est cependant guère possible de le supposer autrement; car, dans une cause dont l'objet principal est tout dans l'intérêt d'un mineur, comment supposer qu'on ait fait une entière abstraction des circonstances au moyen desquelles cet intérêt se trouvait parfaitement à couvert, en prenant le parti adopté par cette Cour?

241. Supposons, pour un moment, que le patrimoine légué au jeune Magnoncour n'eût consisté qu'en effets mobiliers; supposons encore qu'au lieu d'être riche et bon économe, son père n'eût été qu'un homme insolvable, tombé en faillite ou en déconfiture; n'est-il pas à croire que la Cour de Besançon, pénétrée de

cette vérité que les intérêts des mineurs sont spécialement placés, par la loi, sous la sauve-garde de l'autorité publique, eût conservé l'exécuteur testamentaire
dans les fonctions d'administrateur qui lui avaient été
déléguées par le testament, plutôt que de prononcer
indirectement la ruine du mineur, en ordonnant la
remise de sa fortune mobilière entre les mains dissi-
patrices d'un homme qui n'aurait offert aucune garantie sur le compte à rendre de sa gestion ?

Cependant, le père de famille qui a éprouvé des
revers de fortune ; le père qui a mal administré son
patrimoine ; le père, en un mot, qui est tombé en déconfiture, n'en est pas moins revêtu de la puissance
paternelle sur ses enfans ; il n'en est pas moins leur
tuteur ; il n'en doit pas moins conserver sa tutelle jusqu'à ce qu'on l'en ait fait déclarer indigne, par une
procédure spécialement instruite à ce sujet. Si donc il
était réellement vrai de dire que la clause par laquelle
le testateur prohibe au père l'administration des biens
donnés au fils, pour la confier à un exécuteur testamentaire, est contraire aux lois et aux bonnes mœurs ;
cette clause, disons-le, serait aussi nulle dans la cause
du père tombé en déconfiture que dans celle du père
opulent, puisque l'un est revêtu de la puissance paternelle comme l'autre, que ses enfans lui doivent le
même respect, et que sa personne est également sacrée
pour eux, que celle de l'autre pour les siens. Tous les
raisonnemens faits par la Cour de Besançon pour
justifier son arrêt, seraient les mêmes en points de
droit, et pourraient être présentés avec le même fondement dans l'hypothèse que nous avons faite, que

dans celle où cet arrêt a été rendu ; néanmoins, comme nous l'avons déjà dit, il est à croire que si les mêmes juges avaient eu à prononcer dans cette dernière supposition, ils auraient porté une décision tout opposée ; d'où nous devons conclure, malgré tout notre respect pour les décisions de cette Cour, que le véritable point de doctrine sur cette question n'a été ni traité ni établi dans les motifs de cet arrêt.

242. Mais quel est donc, sous le rapport de sa conformité soit aux principes de la morale, soit au prescrit de la loi, la nature d'une clause de cette espèce insérée dans un testament ?

Ce n'est qu'après un mûr examen des circonstances de fait qu'il est possible de porter une juste décision sur cette question.

S'il appert par le testament même, ou par quelques circonstances de fait, ou s'il est d'ailleurs prouvé que la clause qui prohibe au père l'administration des biens donnés au fils, n'est qu'une disposition *ab irato*, qu'elle n'a été consignée dans le testament que par des motifs de colère, ou de ressentiment, ou de haine, ou de mépris pour le père, et non pour prescrire une précaution salutaire aux intérêts de l'enfant ; c'est alors le cas de dire qu'il faut la considérer comme non écrite ; et sans contredit elle doit être déclarée nulle, parce que la morale réprouve les actes de vengeance, et que la justice ne peut sanctionner l'œuvre de la passion.

Mais lorsque rien ne démontre, lorsque rien ne prouve que la clause du testament ne soit qu'une disposition *ab irato*; lorsqu'il paraît que cette clause a été inspirée plutôt au testateur par un sentiment de défiance qu'il aurait conçu sur la solvabilité, ou la prodigalité et l'esprit de dissipation du père, ou même sur son ignorance et son incapacité aux affaires ; lorsqu'en un mot il paraît que le testateur n'a prescrit cette précaution que dans l'intérêt du mineur, et pour assurer l'exécution de son bienfait, nous croyons que toute la question doit être réduite dans les termes suivans :

243. En fait, la clause par laquelle le testateur a prohibé au père l'administration des biens donnés au fils, est-elle, ou non, dans l'intérêt du mineur ?

Si l'on n'accuse point le père d'être un dissipateur; s'il ne s'accuse pas lui-même par sa mauvaise administration, ou par un désordre connu dans ses propres affaires ; s'il jouit de la réputation d'un homme probe et éclairé ; si, dans sa fortune personnelle, il offre une garantie suffisante pour répondre de sa gestion, et qu'il en fasse preuve ; si, en un mot, il paraît démontré que c'est par une opinion erronée sur la solvabilité et sur les moyens du père, que le testateur lui a prohibé l'administration, cette clause doit être rejetée, non comme immorale ou contraire aux lois, mais comme inutile au but que le testateur s'est proposé d'atteindre, et comme fondée sur une fausse cause ; en sorte qu'on doit croire que, si l'auteur de la libéralité avait connu le véritable état des choses, il se serait abstenu d'une disposition qui ne peut être qu'injuste envers le père, du moment qu'elle se trouve sans avantage pour le fils : *falsam causam legato non obesse verius est : quia ratio legandi legato non cohæ-*

ret. Sed plerùmque doli exceptio locum habebit, si probetur aliàs legaturus non fuisse (1). La vérité étant reconnue, la justice ne doit pas sanctionner une mesure qui n'avait été prescrite que par erreur. D'autre part, les enfans étant sans intérêt pour que l'administration de leurs biens soit placée hors de la règle commune, nul ne doit être recevable à exiger cette exception pour eux.

Mais si la conduite du père l'accusait lui-même de dissipation; s'il y avait un désordre notoire dans ses affaires; s'il paraissait incapable d'administrer, soit par défaut de facultés mentales, soit par ignorance ou inexpérience; s'il ne prouvait pas qu'il fût suffisamment solvable pour répondre de sa gestion; si sa fortune, livrée aux hasards du commerce, ne présentait pas une garantie connue et assurée; si, après avoir interrogé le conseil de famille, ou prescrit tout autre moyen d'instruction, il restait aux yeux de la justice le moindre doute raisonnable sur la question de savoir si les intérêts des mineurs seraient en parfaite sûreté, en confiant au père l'administration qui lui a été prohibée par le testateur, il faudrait obéir à la loi du testament, et la clause devrait recevoir toute son exécution.

244. La question ainsi entendue, voyons actuellement si l'on peut dire, avec raison, que la clause dont il s'agit est contraire aux bonnes mœurs ou aux lois.

Et d'abord, comment concevoir qu'un testateur qui prohibe au père l'administration des biens donnés

(1) L. 72, § 1, ff. *de condition. et demonst.*, lib. 35, tit. 1.

au fils, pour la confier à un exécuteur testamentaire, fasse un acte immoral, lorsque, se défiant de la prodigalité ou de la solvabilité du père, il n'agit que dans la vue d'assurer l'exécution de sa libéralité, et de mettre les intérêts du fils hors des atteintes des dissipations du père ? Rien n'est assurément plus conforme à la saine morale, que l'esprit d'ordre et de conservation : donc le testateur qui n'est guidé que par cet esprit dans la précaution qu'il prescrit pour conserver le bien de son légataire, ne fait qu'un acte de sagesse; donc il ne peut encourir le reproche d'avoir offensé les principes de la morale.

On a toujours vu et on ne cessera jamais de voir un désordre affligeant pour les mœurs dans la conduite du père de famille qui se montre dissipateur : donc la disposition du testateur, qui vient mettre obstacle à ce désordre, ne peut être encore, sous ce point de vue, que très conforme à la saine morale.

Lors même qu'on ferait abstraction de tout esprit de dissipation ou de prodigalité dans le père; si, dans sa fortune personnelle, il ne présente pas assez de garantie pour répondre de sa gestion, et des restitutions qu'il devra faire, comment y aurait-il de l'immoralité à mettre obstacle aux dissipations possibles de sa part ? Et, puisque les dissipations qu'on peut craindre seraient alors consommées sans retour, la précaution prise pour les éviter n'est-elle pas dictée par la plus saine raison ?

L'incapacité est placée par la loi au nombre des causes de destitution de la tutelle (444); comment pourrait-il être immoral d'en prévenir les funestes effets, en écartant de l'administration du patrimoine des mineurs un père qui, par son ignorance ou son inaptitude, pourrait chaque jour mettre ses enfans sur le penchant de leur ruine ?

Un père qui perçoit et dépense des revenus qui ne lui appartiennent pas ; un père qui sait qu'il devra un jour rendre compte de sa gestion, sans avoir les moyens de se libérer, commet un véritable vol au préjudice de ses enfans : comment donc ne pourrait-on, sans offenser les principes de la morale, prévenir le danger, et mettre obstacle même à la possibilité de cette espèce de vol ?

Mais, dit-on, cette clause est contraire aux bonnes mœurs, en ce qu'elle tend à inspirer aux enfans du mépris ou de la défiance contre les auteurs de leurs jours, et à affaiblir la puissance paternelle, l'une des bases de l'ordre social.

Ce n'est là qu'une confusion d'idées et de mots. Lorsque la disposition n'a point été faite *ab irato ;* lorsque le testateur n'a eu en vue que la conservation des biens des enfans ; lorsqu'il n'est pas constant qu'il se soit trompé sur les moyens de garantie du père, cette objection est sans application à la question.

D'une part, le testateur disposant en maître de ce qui lui appartient, et ne devant personnellement aucun témoignage de déférence au père de son légataire, ne peut être tenu d'adopter une forme plus respectueuse à son égard, vu surtout que cette forme s'opposerait au but qu'il se propose, qui est d'assurer l'exécution de son bienfait.

D'autre côté, le respect dû aux père et mère par

les enfans, impose bien à ceux-ci le devoir de ne jamais agir, par des motifs injurieux, contre les auteurs de leurs jours; mais ce respect n'est pas toujours
tel qu'on doive, en silence, lui faire le sacrifice de
la fortune des enfans, lorsque leurs intérêts sont en
opposition avec ceux des père et mère : la loi est loin
de l'entendre ainsi, puisqu'elle veut que le père ou
la mère soient, comme tous autres tuteurs (405 et
444), poursuivis, au nom des enfans, pour se voir
déclarer indignes et déchus de la tutelle, lorsqu'ils
administrent mal leurs biens, quoique le jugement de
destitution frappe d'une espèce d'infamie, puisque le
tuteur destitué ne peut plus être membre du conseil de
famille (445).

Enfin, la clause prohibitive de l'administration,
n'ayant aucun rapport au pouvoir du père sur le gouvernement de la personne des enfans, ne touche en
rien à la puissance paternelle, et ne peut conséquemment tendre à l'affaiblir.

245. C'est surtout à Rome qu'on fut jaloux des
prérogatives de cette puissance; et néanmoins, suivant
le prescrit de la novelle 117, il était permis au testateur de faire un legs au fils de famille, sous la condition que le père n'en aurait ni l'usufruit, ni l'administration : *sub hâc definitione aut conditione, si
voluerint, ut pater, aut qui eos habent in potestate;
in his rebus neque usumfructum, neque quodlibet
habeant participium;* en sorte que si les légataires
étaient majeurs, ils acquéraient l'administration et la
pleine propriété des objets qui leur étaient donnés :
res autem ita relictas sive donatas positis sub potestate

personis, siquidem perfectæ sint ætatis; licèt sub po-
testate sint, licentiam habeant quo volunt modo dis-
ponere; que s'ils étaient encore mineurs, l'administration des biens légués devait être confiée à l'exécuteur
testamentaire nommé par le testateur : *si verò ætate*
minores sint; per quem perspexerit testator, aut dona-
tor, hæc gubernentur, donec illi quibus donata sunt
aut relicta, ad perfectam ætatem veniant; que si le
testateur n'avait nommé lui-même aucun administrateur, ou si celui qui avait été nommé refusait d'accepter cette charge, ou venait à décéder avant la majorité des enfans, on devait recourir au juge des lieux
pour faire décerner un curateur *ad hoc,* sans qu'en
aucun cas il fût permis au père de revendiquer l'administration qui lui avait été prohibée par l'auteur de
la libéralité : *si verò forsan is qui reliquerit, aut donat,*
nullum in his dispensatorem ordinaverit, aut ab eo
datus hujusmodi gubernationem subire noluerit, aut
moriatur antequàm illi perfectæ fiant ætatis, jubemus
judicem competentem curatorem fide dignum cum
legitimâ fidejussione, rebus talibus ordinare. L'empereur Justinien ne crut pas, par cette disposition,
porter atteinte à la puissance paternelle; et les auteurs
qui ont écrit sur cette novelle, en parlent comme
d'une chose conforme à la raison et n'ayant rien de
répugnant aux bonnes mœurs (1). Cependant, aux
termes du droit romain, toute condition contraire aux
bonnes mœurs, et qui aurait été insérée dans un tes-

(1) Voy. dans Cujas, sur la novelle 117. — dans Sotomayor,
tractatu de usufructu, cap. 3, n.° 59; — dans Voët, lib. 26,
tit. 2, n.° 5.

tament, était déjà déclarée nulle et comme non écrite ;
*conditiones contra edicta Imperatorum, aut contra
leges, vel quæ contra bonos mores sunt, pro non scrip-
tis habentur* (1) : or les principes de la morale n'ont
pas changé depuis la promulgation du nouveau code ;
ce qui était reconnu conforme à ces principes ,
doit encore l'être aujourd'hui : donc la clause dont il
s'agit ici, n'a rien de contraire aux bonnes mœurs.

246.   Mais cette clause n'a-t-elle également rien
de contraire au prescrit de nos lois ?

Cette seconde question peut être résolue en bien
peu de mots.

Il est permis de prohiber l'usufruit au père, pour
que l'enfant profite seul de la libéralité qui lui est
faite : or la prohibition de l'usufruit ne serait qu'un
avantage illusoire pour l'enfant, si l'administration
devait nécessairement être laissée au père, lors même
que celui-ci ne serait qu'un dissipateur, ou un homme
insolvable : donc la permission de prohiber l'usufruit
emporte virtuellement celle de prohiber aussi l'administration, toutes les fois que cette mesure doit être
favorable aux intérêts du mineur.

C'est un principe constant et général que, quand la
loi nous accorde un droit, elle nous accorde au moins
tacitement et par voie de conséquence, tout ce qui
est nécessaire pour l'exercer, encore qu'elle ne s'en
soit pas expliquée, parce qu'on ne peut vouloir la fin,
sans vouloir aussi les moyens d'y parvenir : *Cui jurisdictio data est, ea quoque concessa esse videntur,*

(1) L. 14, ff. *de condit. instit.,* lib 28, tit. 7.

sine quibus jurisdictio explicari non potuit (1) : donc la loi qui permet la prohibition de l'usufruit, permet aussi celle de l'administration, lorsque cette précaution est nécessaire ou utile pour assurer la parfaite exécution de la libéralité au profit de l'enfant.

Nous ajoutons qu'on ne trouve, dans tous nos codes, aucune disposition qu'on puisse dire être prohibitive d'une pareille condition apposée par le testateur à sa libéralité, et que plusieurs fois elle a été approuvée par les arrêts des Cours.

Le sieur Daniel fait son testament en 1779 ; il nomme les mineurs Bataille, enfans d'un gazier de Paris, légataires universels de tous ses biens, et veut que l'administration en appartienne, pendant leur minorité, au sieur Dubois. Le père et la mère demandent la nullité de cette dernière clause ; ils soutiennent qu'elle leur fait injure, et qu'il n'est pas permis à un testateur de dépouiller un père et une mère de la tutelle naturelle de leurs enfans, pour la donner à un étranger. Sentence du Châtelet qui, sans avoir égard à leur demande, confirme la disposition du testateur, et charge le sieur Dubois de la gestion et administration des biens donnés, jusqu'à la majorité des enfans. Appel. La cause portée à la grand'chambre du Parlement de Paris, M. l'avocat général Séguier a dit que le testateur avait pu apposer à sa libéralité telle condition qu'il avait jugée à propos ; que d'ailleurs il avait pu craindre qu'un gazier ne fût pas en état de gérer et administrer les biens qu'il laissait aux mineurs, d'une manière aussi avantageuse que celui qu'il

_____

(1) L. 2. ff. *de jurisdictione*, lib. 2. tit. 1.

en chargeait et dont il connaissait vraisemblablement
la capacité. Sur ces raisons, arrêt du 20 juin 1781,
qui met l'appellation au néant, avec amende et
dépens (1).

Par son testament du 12 fructidor an 11, le sieur
Sévenet fait un' legs de 2000 francs au sieur Compigny son petit-fils, encore en bas âge; il nomme un
exécuteur testamentaire qu'il charge de toucher le
legs fait à son petit-fils, et d'en faire l'emploi et le
placement jusqu'à ce que le légataire ait atteint sa
majorité. Procès de la part du père, qui prétend avoir
droit aux intérêts des sommes placées par l'exécuteur
testamentaire. Sentence du Tribunal de la Seine du 9
mai 1811, qui déclare qu'il résulte de la disposition
du testament, que l'institution expresse du testateur
a été que la somme léguée ne profitât qu'au légataire.
Sur l'appel, arrêt de la Cour royale de Paris, du 24
mars 1812, qui adoptant les motifs du Tribunal de
première instance, confirme son jugement (2).
Comme on le voit, dans cette espèce, l'administration
du legs avait été ôtée au père, pour être confiée à un
exécuteur testamentaire; et loin que cette disposition
eût été improuvée, les Tribunaux ont au contraire
conclu de là, que la prohibition de l'administration
emportait celle de l'usufruit légal, quoique le testateur
n'en eût pas explicitement parlé.

247. Jusqu'à présent nous avons raisonné principalement dans l'hypothèse où le testateur aurait lui-

---

1) Voy. dans le nouveau Répertoire, au mot *tutelle*, sect. 2,
§ 1; n.º 5.

(2) Voy. dans SIREY, tom. 12 au supplément, p. 329.

même pourvu à l'administration des biens donnés à l'enfant, en nommant l'administrateur qui devrait en être chargé ; mais, s'il avait simplement prohibé l'administration au père, sans la déléguer ou la confier à une personne de son choix, le père ne devrait toujours pas l'avoir. Le testateur serait alors censé s'en être rapporté au choix qui serait fait par le conseil de famille, et le subrogé tuteur devrait le convoquer pour provoquer sa délibération à cet égard.

248. Nous pourrions terminer ici cette discussion ; mais il ne sera pas inutile de jeter encore quelque jour dans le vague des raisonnemens accumulés à l'appui du système contraire. On en sentira tout le vide dès qu'on se sera bien pénétré de l'esprit du code sur la nature de la puissance paternelle, et de la tutelle.

La puissance paternelle est un véritable droit dans les père et mère ; droit qu'ils ne tiennent que de la nature et de la loi : nul ne pourrait donc le leur ôter de son autorité privée.

Cette puissance a pour objet immédiat et principal, le gouvernement de la personne des enfans ; nul ne peut donc encore, sous ce rapport, en modifier ou restreindre l'exercice, puisque son objet n'est point à la disposition de l'homme : il n'y a que l'autorité publique qui pourrait, pour des causes graves, soustraire les enfans à la direction du père, si, au lieu d'être le roi, il n'était que le tyran de sa famille.

249. Il n'en est pas de même de la tutelle en tant qu'elle porte sur l'administration des biens des mi-

neurs. Ici, c'est moins un droit dans le tuteur quun e
charge qui lui est imposée : charge qui ne porte que
sur des intérêts pécuniaires, qui, par leur nature,
sont entièrement dans la disposition de l'homme, et
ne sont soumis qu'aux règles du droit privé ; il n'y a
par conséquent rien dans le droit public qui s'oppose
à ce que l'exercice de la tutelle puisse être restreint,
sous ce point de vue, par la volonté du testateur.

Ces principes étant une fois sentis, comment pourrait-on encore soutenir sérieusement qu'un père, en
sa qualité de tuteur, pût avoir le droit de réclamer
contre la disposition qui lui ôte la gestion des biens
donnés à son enfant, lorsqu'il est reconnu que cette
disposition est favorable aux intérêts du mineur?

La tutelle est tout en faveur des mineurs, puisque
le tuteur n'en doit tirer aucun profit, et que, de quelque condition qu'il soit, il doit être destitué, du
moment qu'il administre mal : donc le père ne peut
jamais se prévaloir de sa qualité de tuteur, pour exiger
une chose contraire aux intérêts du mineur ; car c'est
une maxime constante et consignée dans un grand
nombre de lois, qu'il ne peut être permis, en aucun
cas, de rétorquer contre quelqu'un ce qui n'a été
établi qu'à son avantage : *quod favore quorumdam
constitutum est, quibusdam casibus ad læsionem
eorum nolumus inventum videri* (1).

Supposons qu'un homme soit dans le dessein de

(1) L. 6, cod. *de legibus et constit. princip.*, lib. 1, tit. 14;
— idem, l. 19, in fine, cod. *de fide instrument.*, lib. 4. tit. 21;
— l. 5, § 1, in fine, cod. *de secundis nuptiis*, lib. 5, tit. 9;
— l. 25, ff. *de legibus*, lib. 1, tit. 3.

faire une donation entre-vifs au profit d'un mineur
en puissance de père; mais qu'il ne veuille la consentir
qu'à condition qu'il gardera lui-même l'administration
des biens qu'il se propose de donner, jusqu'à ce que
le donataire ait atteint sa majorité, et que le père ne
voulant pas souscrire à cette condition, la libéralité
n'ait pas lieu; pourrait-on dire que ce tuteur légal fût
sans reproche envers son mineur? Et ne mériterait-il
pas plutôt la destitution pour avoir porté la vanité jusqu'à écarter un bienfait important qu'on voulait accorder à son enfant? Eh bien! que la libéralité soit faite
par acte entre-vifs, ou par disposition à cause de
mort; que le donateur se réserve à lui-même l'administration, ou qu'il la commette à un tiers, la condition apposée à la libéralité n'est-elle pas toujours la
même? Et n'est-il pas toujours du devoir du père d'y
souscrire pour l'avantage de son enfant, s'il ne veut
encourir le reproche d'être un mauvais tuteur?

On oppose qu'aux termes de l'article 397 du code,
le droit individuel de choisir un tuteur n'appartient
qu'au dernier mourant des père et mère; et l'on voudrait conclure de là qu'un testateur étranger ne peut
nommer un administrateur pour gérer les biens qu'il
lègue à des mineurs : mais cette disposition du code
est ici sans application, puisqu'il ne s'agit ni d'un
tuteur donné à la personne des enfans, ni même d'un
administrateur général des biens qu'ils peuvent avoir
d'ailleurs; mais seulement d'un administrateur ou
conservateur particulier dont les fonctions sont bien
différentes de celles d'un tuteur.

Déjà, dans l'ancien ordre de choses et sous l'em-

pire de la loi romaine, le droit individuel de donner
un tuteur aux enfans n'appartenait qu'à l'ascendant
mâle qui les avait en sa puissance au moment de son
décès : *Nemo potest tutorem dare cuiquam, nisi ei
quem in suis hæredibus cùm moritur habuit, habitu-
rusve esset, si vixisset* (1). Cependant un testateur
étranger qui léguait quelques biens à des pupilles,
pouvait nommer aussi un administrateur particulier
pour la gestion de ses biens, et les meilleurs auteurs
qui aient écrit sur cette matière (2), ne voyaient rien,
en cela, qui fût contraire à la loi des tutelles : pourquoi en serait-il autrement aujourd'hui?

Nous terminerons en observant que l'administrateur *ad hoc*, nommé soit par le testateur, soit par le
conseil de famille, pour la gestion des biens légués
aux mineurs, n'étant qu'un mandataire spécial, n'a
que les actions nécessaires à l'exercice de son mandat, pour ce qui touche à l'administration qui lui est
déléguée ; mais que pour tout ce qui peut excéder les
bornes de cette administration, comme pour tous autres objets, c'est le tuteur de droit qui a l'exercice
des actions des mineurs, parce que les pouvoirs dont
il est revêtu lui sont délégués à titre universel.

(1) L. 73, § 1, ff. *de regul. jur.*
(2) Voy. dans Voet, sur le digeste, *de testamentariâ tutelâ,*
lib. 26, tit. 2, n.º 5.

CHAPITRE VI.

Du Douaire.

Le douaire, dans son institution, appartient au droit coutumier.

250. Il consiste dans une jouissance à vie, que les coutumes accordaient à la veuve sur les biens du mari prédécédé.

Plusieurs de ces coutumes assuraient aux enfans la propriété des biens dont elles déféraient l'usufruit à la mère survivante; mais nous ne devons rappeler ici que ce qui a rapport à ce droit de jouissance, puisque le droit d'usufruit est le seul objet de ce traité. Il ne doit pas même entrer dans notre plan de faire un travail approfondi sur cette espèce particulière d'usufruit, soit parce que l'institution du douaire ne se trouve plus dans notre code, et que les coutumes qui l'avaient jadis établi sont actuellement abrogées; soit parce que deux auteurs célèbres, *Renusson* et *Pothier*, nous ont laissé, sur cette matière, des traités qui sont entre les mains de tous les jurisconsultes.

Cependant, comme il est toujours permis de stipuler un douaire dans les contrats de mariage, quoiqu'aujourd'hui la loi n'en établisse point de plein droit, et comme le douaire coutumier lui-même doit encore avoir lieu, même dans le futur, et durant bien des années, par suite des mariages qui ont été célébrés avant nos lois nouvelles, nous ne pouvons nous dispenser d'en parler succinctement, ne fût-ce que par rapport aux questions transitoires que le passage d'une législation à l'autre ne manque jamais de faire naître.

On distingue deux espèces de douaire : l'un qu'on appelle *préfix* ou *divis*, et l'autre qu'on appelle *coutumier*.

251. Le douaire préfix ou divis, est celui qui a été fixé par une clause expresse du traité nuptial conclu, avant le mariage, entre les époux qui ont préféré en déterminer ainsi le montant ou l'objet, plutôt que de s'en rapporter à la disposition de la coutume sous l'empire de laquelle ils se sont mariés.

Le douaire peut être abonné de cette manière : soit en usufruit ou jouissance de fonds, soit au moyen d'un revenu annuel ; soit pour une somme une fois payée.

Les coutumes n'étaient point impératives sur la constitution du douaire : tout en accordant cette faveur à la femme, elles lui permettaient d'y renoncer avant la célébration du mariage : on pouvait en conséquence convenir aussi, dans le traité nuptial, qu'il n'y aurait point de douaire.

De même aujourd'hui, quoique notre code n'établisse aucun douaire au profit de la veuve, comme il ne renferme aucune disposition prohibitive à ce sujet, il est toujours permis d'en stipuler un par le traité de mariage, sauf la réduction prescrite par la loi pour le cas d'inofficiosité vis-à-vis des légitimaires.

252. Le douaire coutumier est celui qui résulte

simplement des dispositions de la coutume à laquelle les parties n'ont pas voulu déroger par un traité préalable à la célébration du mariage.

Les différentes coutumes n'étaient point uniformes sur la quotité du douaire qu'elles accordaient à la veuve.

A Paris (1), le douaire coutumier consistait dans l'usufruit de la moitié des héritages possédés par le mari au jour de la bénédiction nuptiale, et de la moitié de ceux qui lui étaient échus, en ligne directe, durant le mariage.

La coutume de Troyes était, sur ce point, conforme à celle de Paris (2).

En Normandie, le douaire ne consistait que dans l'usufruit du tiers des immeubles dont le mari était saisi au jour du mariage, et du tiers de ceux qui lui étaient échus en ligne directe (3).

Il serait inutile de nous livrer à une plus grande énumération : il suffit d'observer que, sous ces coutumes, la constitution du douaire municipal, ou en d'autres termes, le douaire coutumier était semblable à une libéralité en usufruit d'une portion déterminée de biens présens que le mari aurait faite, par traité nuptial à son épouse, sous la condition de survie de celle-ci, en sorte que le mari, irrévocablement lié à cet égard, ne pouvait aliéner ses immeubles au préjudice du douaire, et que, s'il n'avait pas laissé, dans sa succession, des fonds en suffisante quantité

(1) Art. 248 de la coutume.
(2) Art. 86 de la cout. de Troyes.
(3) Art. 367 de la cout. de Normandie.

pour remplir la veuve de la jouissance qui lui était
due, elle était en droit d'attaquer les tiers acquéreurs, même à titre onéreux, pour les évincer en
usufruit jusqu'à due concurrence.

Il y avait d'autres coutumes qui fixaient le douaire
par relation à la dot que la femme avait apportée à son
mari. Telle était celle de Franche-Comté, qui décla-
rait la femme bourgeoise douée à la tierce partie de
sa dot (1). Sous cette coutume le douaire de la femme
bourgeoise ne consistait que dans la jouissance d'un
capital, si la dot n'avait été apportée qu'en argent;
et au cas contraire, si la femme avait été dotée en
fonds, son douaire lui était dû en jouissance d'immeubles : mais dans l'un et l'autre cas, la constitution du douaire avait aussi les effets d'une donation
conditionnelle de biens présens, en usufruit, au préjudice de laquelle le mari ne pouvait, après la célébration du mariage, hypothéquer ou aliéner ses
fonds.

Enfin il y avait d'autres coutumes qui n'assignaient
le douaire de la veuve, que sur les biens à venir du
mari : telle était celle de Bourgogne, portant (2) que
la femme est douée sur la moitié des héritages anciens dont le mari est mort vêtu et saisi. Ici la constitution du douaire coutumier n'était comparable
qu'à une simple donation de biens à venir; en sorte
que le mari pouvait, en aliénant tous ses propres
anciens, anéantir l'expectative du douaire de la
veuve, sans que celle-ci eût aucun recours en in-

(1) Art. 3, tit. 2, *des gens mariés.*
(2) Art 6, tit. 4.

demnité contre les héritiers qui n'auraient recueilli aucun des biens dont l'espèce seule est passible de la charge du douaire : ni aucune action en éviction contre les tiers acquéreurs qui lui auraient répondu que son douaire ne lui ayant été tacitement promis que sur les anciens dont le mari serait mort vêtu et saisi ; il ne pouvait lui être dû sur les fonds aliénés par celui-ci en son vivant (1).

Le douaire coutumier n'étant, pour la femme, qu'une jouissance à vie, n'est autre chose qu'un droit d'usufruit qui s'éteint par la mort de l'usufruitier, mais la constitution de cette espèce d'usufruit est d'une nature toute particulière.

Quoique semblable à une donation, néanmoins ce don de la loi n'a pas uniquement la pure libéralité pour cause, soit parce qu'il a été établi en récompense de la jouissance de la dot et des soins et travaux de la femme, soit parce qu'il est destiné à étendre, même après le décès du mari, l'exécution de l'obligation qu'il avait contractée de fournir, en son vivant, des alimens à son épouse ; en sorte qu'il est, sous ce rapport, comme une condition tacitement opposée à l'union des époux : et de là les auteurs ont tiré cette conséquence, que la douairière a droit d'exiger, pour sa jouissance, une garantie qui ne serait pas due à un simple légataire d'usufruit, ainsi que nous le verrons plus bas.

253. Considérée dans sa nature propre, la constitution du douaire tient tout à la fois de la dispo-

(1) Voy. dans TAISAND, sur l'art. 6, tit. 4, de la cout. de Bourgogne ; et dans BANNELIER, tom. 4, pag. 62, édit. in-4.°

sition à cause de mort, et de la disposition entre-vifs.

Elle participe de la disposition à cause de mort, en ce que le douaire est soumis à la condition de survie de la part de la douairière dont le droit ne peut être ouvert que par la mort du mari (1).

Elle participe de la disposition entre-vifs, en ce que le droit du douaire se rattache au contrat de mariage comme une condition sous-entendue dans l'union des époux.

254. Dans son espèce mixte, le douaire est un droit d'usufruit légal, et conventionnel tout à la fois.

C'est un droit d'usufruit légal, puisqu'il a sa cause primitive dans la disposition de la loi municipale qui établit cette récompense au profit de la femme survivante.

C'est un droit d'usufruit conventionnel, parce qu'il est censé stipulé entre les époux lors de leur union : en sorte qu'il est assuré à la veuve comme s'il y en avait eu une convention expresse lors de la célébration du mariage.

Il en est de la constitution du douaire, comme de celle de la communauté. Lorsque deux époux se sont mariés sans traité nuptial, la femme se trouve asso-

---

(1) Il y avait des coutumes sous lesquelles on jugeait que la mort civile du mari ne donnait pas lieu à l'ouverture du douaire : devrait-on encore aujourd'hui décider ce point de droit suivant ces coutumes, à l'égard de la femme qui se serait mariée sous l'empire de l'une d'elles, mais dont le mari aurait été frappé de la mort civile depuis la publication du code?

Voyez, sur cette question, ce que nous en avons dit dans notre ouvrage sur l'état des personnes et la loi préliminaire du code, tom. 1, pag. 32.

ciée aux acquisitions, comme si les parties en étaient
convenues par un contrat exprès : elle a part aux bénéfices faits dans le ménage, par cela seul qu'il n'y a
pas eu de convention par laquelle elle ait renoncé à
cette faveur que la loi attache à son mariage. De
même, lorsque les époux se sont unis sous une coutume accordant un douaire, il est dû à la veuve comme
lui ayant été tacitement promis ; et c'est comme s'il y
en avait eu une convention expresse, du moment
qu'elle n'y a pas renoncé dans un traité préalable à la
célébration du mariage.

Cette convention tacite sur l'établissement du
douaire, comme sur celui de la communauté, est fondée sur ce que, la loi constitutive du droit commun en
ayant fait une condition de l'association des époux,
pour tous les cas où les parties n'y auraient pas renoncé, ceux qui se sont mariés sans autre contrat
sont censés s'y être soumis et avoir adopté pour eux
les dispositions de la loi, comme s'ils s'en étaient
formellement expliqués ; car, voulant faire un acte
conforme au droit commun, ils n'ont pu avoir d'autre
intention que celle de se soumettre aux obligations
que ce même droit attache à l'acte de célébration de
leur mariage. Ils se trouvent donc sous l'empire de la
règle tracée dans l'article 1135 du code civil portant
que, « les conventions obligent non-seulement à ce
» qui y est exprimé, mais encore *à toutes les suites*
» *que l'équité, l'usage ou la loi* donnent à l'obliga-
» tion d'après sa nature » ; règle reconnue de tous
les temps comme une chose de principe en fait de
convention : *Ea enim quæ sunt moris et consuetu-*

dinis, in bonæ fidei judiciis venire debent (1). Et comme
une convention tacite a la même force qu'une convention expresse, *sed etiam tacitè consensu convenire
intelligitur* (2), il est nécessaire de convenir, comme
nous l'avons énoncé, que le douaire coutumier est
véritablement, sous ce rapport, un droit d'usufruit
conventionnel. Et de là résultent plusieurs conséquences qu'il faut remarquer ici.

255. *La première*, que, du vivant même du mari,
la femme est déjà conditionnellement créancière de
son douaire, puisqu'il lui est dû sous la condition de
sa survie, en vertu d'une convention irrévocable de
sa nature, et qui, quoique tacite, a pour elle toute la
force d'une stipulation expresse : *Eum qui stipulatus
est sub conditione, placet etiam pendente conditione
creditorem esse* (3).

256. *La seconde*, qu'en sa qualité de créancière,
quoique sa créance ne soit que conditionnelle, la
femme a déjà, du vivant du mari, une hypothèque
légale sur les biens de celui-ci, pour sûreté de son
douaire mobilier, soit coutumier, soit conventionnel ;
hypothèque en vertu de laquelle elle peut prendre
inscription (2132) et faire tous actes conservatoires de
ses droits, suivant ce que peuvent exiger les circonstances : comme, par exemple, intervenir dans la
discussion des biens du mari pour demander que les
créanciers qui sont postérieurs à elle, et qui se trouvent en ordre d'être nantis, ne touchent que sous la

---

(1) L. 31, § 20, ff. *de œdil. edict.*, lib. 21, tit. 1.
(2) L. 2, ff. *de pactis*, lib. 2, tit. 14.
(3) L. 42, ff. *de obligat. et act.*, lib. 44, tit. 7.

caution et à charge de rapport, en cas que sa survie donne ouverture à son douaire.

257. *La troisième*, que, nonobstant qu'aujourd'hui les lois n'accordent plus de douaire aux femmes en France, il en est néanmoins dû un, pour le cas de survie, à toutes celles qui se sont mariées avant la loi abolitive des coutumes, parce que leur droit, à ce sujet, remonte à l'époque de leur contrat, *uniuscujusque contractûs initium spectandum et causam* (1); et que le code (2), en prohibant tout effet rétroactif, veut, par une conséquence nécessaire, que les conventions formées antérieurement, soient exécutées dans toute l'étendue qu'on avait voulu leur donner dans le principe : *Nam hoc servabitur quod ab initio convenit* (2).

258. Mais quelle est l'époque précise de l'abrogation des anciennes coutumes sur le fait du douaire? Cette abrogation était-elle déjà une suite de la loi du 17 nivôse an 2, ou n'a-t-elle eu lieu que par la promulgation du code civil?

Cette question a été longuement et fortement discutée soit par-devant les Cours d'appel de Liége, de Metz et de Nancy, soit par-devant celle de cassation qui paraît avoir définitivement fixé la jurisprudence à cet égard, en déclarant que les gains de survie, établis entre époux par les anciennes coutumes, avaient été abolis par la loi du 17 nivôse. Trois arrêts consécutifs ont été rendus, en ce sens, dans cette dernière Cour, les 20 octobre 1807, 6 mars 1811 et 8 janvier 1814 : les deux premiers par la section civile, et le

---

(1) L. 8, in fine princip., ff. *mandati*, lib. 17, tit. 1.
(2) L. 23, ff. *de regul. jur.*

dernier par les sections réunies sous la présidence du ministre grand-juge (1).

Après avoir rappelé sommairement ces notions sur la nature du douaire, il nous reste à examiner quelques-unes des questions transitoires qui peuvent naître du changement de notre législation sur cette matière.

PREMIÈRE QUESTION.

259. *La plupart des coutumes déclaraient qu'au décès du mari, la veuve était saisie de son douaire soit préfix, soit coutumier : cette saisine peut-elle encore avoir lieu au profit de la femme mariée sous l'empire de ces coutumes, et quelle peut être la conséquence de cette disposition du droit ancien, par rapport aux douaires qui ne seraient ouverts que sous le droit nouveau?*

Pour mettre la solution de cette question à portée même des commençans, il faut encore remonter aux idées élémentaires qu'on doit avoir de la saisine et de ses effets.

Et, d'abord, qu'est-ce que la saisine ?

On peut dire en général que la saisine consiste dans l'investiture de la possession.

Celui-là, en effet, a la saisine d'une chose, qui est revêtu des droits du possessoire sur cette chose. C'est par cette raison que l'action en maintenue dans la possession d'un héritage en laquelle on est troublé par un tiers, était appelée par l'article 1 du titre 18 de

(1) Voy. dans le nouveau Répertoire, aux mots *gains nuptiaux*, tom. 5, pag. 496 et suiv., et au tom. 16, pag. 367.

l'ordonnance de 1667, et par nos anciens praticiens, complainte en cas de saisine et nouvelleté.

Complainte, c'est-à-dire action au possessoire, par laquelle on se plaint du fait d'un tiers :

En cas de saisine, c'est-à-dire en cas qu'on soit saisi de la possession du fonds, parce qu'autrement l'action n'aurait pas de cause ;

Et nouvelleté, c'est-à-dire en cas d'innovation, ou de trouble nouvellement causé à notre possession.

Il y a deux espèces de saisine, qui sont : la saisine naturelle et de fait, et la saisine civile ou de droit.

La saisine naturelle est celle qui a lieu lorsque l'acquéreur ou le nouveau propriétaire d'un fonds en prend la possession réelle et de fait en vertu de son titre.

La saisine civile ou de droit est celle qui, conformément à l'ancienne maxime du droit coutumier, *le mort saisit le vif*, a lieu par le seul empire de la loi, lorsqu'elle déclare (724) que l'héritier est saisi, de plein droit, des biens, droits et actions du défunt.

C'est cette espèce de saisine qui était accordée à la veuve, par les coutumes, pour la jouissance de son douaire, comme elle est accordée à l'héritier pour le revêtir de la possession des biens de l'hérédité, lors même que, dans le fait, il n'est pas encore entré en jouissance.

260. La saisine civile est donc une fiction par laquelle la loi répute de plein droit celui qui en est revêtu, possesseur du fonds, quoiqu'il n'en ait point encore pris la possession naturelle, et lui accorde par

là tous les avantages du possessoire, comme si, par le fait, il s'était déjà présenté sur l'héritage pour y faire son entrée en jouissance.

Cette saisine produit deux effets bien distincts.

Le premier consiste en ce que celui qui a la saisine a aussi les actions possessoires, soit en maintenue pour le cas de simple trouble, soit en réintégrande pour le cas du dessaisissement réel ; et c'est là une conséquence nécessaire de ce qu'il est réputé possesseur, comme s'il avait réellement pris la possession dans laquelle il se plaint d'être troublé.

Le second consiste en ce que les fruits ou revenus de la chose sont dus à celui qui a la saisine, encore qu'il n'ait point formé de demande en délivrance réelle. Ils lui sont dus dès le moment même où il a été saisi, parce qu'ayant titre, et étant de plein droit saisi de la possession, on ne pourrait lui refuser la qualité de possesseur légitime à laquelle le gain des fruits est toujours attaché.

Ce second effet de la saisine n'est pas aussi identiquement lié à sa cause que le premier, car on conçoit que la restitution des fruits et levées peut être due à un propriétaire ou à un usufruitier, même pour le temps où il n'était pas en possession du fonds ; tandis qu'on ne concevrait pas comment un homme pourrait avoir les actions possessoires au sujet d'un héritage dont il ne serait pas possesseur.

Les coutumes qui accordaient à la veuve la saisine de son douaire, avaient pour motif principal de lui en faire gagner les fruits et revenus dès l'instant de a mort du mari. Les réd; icteurs de ces coutumes n'a-

vaient pas voulu qu'une femme pieuse, absorbée par
la douleur, souffrît dans ses intérêts pécuniaires, de
ce qu'elle les aurait oubliés, pour ne penser qu'à la
perte qu'elle éprouvait par la mort de son époux. Ils
avaient voulu, en conséquence, que cet avantage sur
la perception des fruits fût comme une condition de
la convention tacite du douaire. C'est pourquoi c'était
un point de jurisprudence constant que, sous ces coutumes, les fruits étaient dus, de plein droit, à la douairière, dès le moment de l'ouverture de son droit;
tandis que, sous les coutumes qui ne prononçaient pas
la saisine à son profit, elle ne gagnait les fruits que du
jour de la demande en délivrance (1) de son douaire.

261. Mais quelles doivent être aujourd'hui les conséquences de cette disposition coutumière sur la saisine, à l'égard de la douairière dont le droit n'est ouvert que sous nos lois nouvelles ?

La saisine civile considérée en elle-même ; ou, en
d'autres termes, la fiction par laquelle une personne
est réputée possesseur d'une chose dont elle n'a réellement pas pris possession, ne peut être qu'un pur effet de la loi : elle ne peut être l'effet immédiat d'une
convention, parce que les conventions n'ont d'effet
qu'entre les parties contractantes ; tandis que la saisine
opère ses effets même à l'égard des tiers, puisqu'elle

(1) Voyez à ce sujet dans DUNOD, en ses observations sur la
coutume de Franche-Comté, pag. 361, n.° 8 ; — dans BOUHIER,
sur celle de Bourgogne, chap. 76, n.° 51 ; — dans VALIN, sur
celle de la Rochelle, art. 45, n.° 36 ; — dans RENUSSON, traité
du douaire, chap. 2, n.°⁵ 4 et 5 ; — POTHIER, traité du douaire,
n.°⁵ 159, 160, 188 et 194.

donne les actions possessoires contre quiconque se porterait à troubler le saisi dans sa possession.

Il résulte de là que, relativement aux actions possessoires, la veuve ne peut aujourd'hui prétendre à la saisine de son douaire ; car elle ne pourrait l'avoir, ni en vertu des anciennes coutumes qui ne l'accordaient qu'après le décès du mari, et qui auraient déjà cessé d'être en vigueur à l'époque de ce décès ; ni en vertu de nos lois nouvelles, puisqu'elles n'accordent la saisine qu'à l'héritier légitime (724) et au légataire universel qui ne se trouve point en concurrence avec l'héritier de la réserve (1006).

Il n'en est pas de même de l'effet secondaire qu'on faisait dériver de la saisine, pour attribuer à la veuve les fruits de son douaire dès l'instant de son ouverture ; et nous croyons qu'elle doit encore en profiter aujourd'hui, contre les héritiers du mari.

Nous avons déjà fait remarquer que cet effet est loin d'être identique avec la saisine, et qu'il n'est nullement inséparable du possessoire, puisque les fruits d'un fonds peuvent être dus à celui qui ne le possède pas.

C'est ainsi que le légataire particulier n'est jamais saisi de son legs ; que toujours il est obligé d'en demander la délivrance (1014), et que cependant les fruits lui en sont dus dès le moment de l'ouverture de son droit, lorsque le testateur a déclaré sa volonté à cet égard dans son testament (1015, § 1). C'est ainsi encore que, dans le cas même où le douaire ne consistait que dans une pension viagère, les arrérages en étaient dus à la veuve, dès le décès du mari, sous les coutumes de saisine, quoique l'objet de sa créance ne fût pas susceptible d'un possessoire proprement dit.

Le gain des fruits dont il s'agit, se réfère à la disposition de l'homme, parce qu'il fait partie de la libéralité consentie par le donateur à la charge de sa succession. La veuve doit donc en profiter si cet avantage lui a été promis, ou s'il est censé lui avoir été promis et assuré par son mari dans la convention expresse ou tacite à laquelle se rattache son douaire préfix ou coutumier : or, il n'est pas possible de le décider autrement, puisque, comme nous l'avons fait voir plus haut, les parties ayant contracté conformément à l'esprit et à la lettre de la loi en vigueur lors de leur union, sont censées avoir stipulé et promis ce qui était écrit dans cette loi; d'où il suit que le gain des fruits, dès le moment de l'ouverture du douaire, fait partie de la créance voulue de part et d'autre.

SECONDE QUESTION.

262. *Quelles sont, aux termes de notre législation actuelle, les mesures conservatoires dont la femme peut et doit faire usage du vivant de son mari, pour qu'il ne soit porté aucune atteinte à son douaire ?*

Le douaire coutumier se rattachant au mariage, comme une condition sous laquelle il a été célébré, la femme a, pour cette espèce de créance, les mêmes sûretés que pour ses autres conventions matrimoniales, en sorte qu'on ne doit faire ici aucune distinction entre le douaire préfix et le douaire coutumier, et qu'on doit appliquer à l'un et à l'autre les mêmes

principes que s'il s'agissait d'une donation faite en
contrat de mariage, par le mari à sa femme, sous la
condition de survie de la part de celle-ci.

Le douaire peut être mobilier ou immobilier.

Il est mobilier lorsqu'il n'a pour objet qu'une somme
d'argent une fois payée, suivant qu'il en avoit été convenu dans le traité nuptial; ou lorsqu'il consiste dans
une pension viagère annuellement payable à la veuve
jusqu'à son décès.

Il est immobilier lorsque son objet consiste dans la
jouissance des immeubles du mari : immeubles dont la
veuve est véritablement usufruitière.

Voyons d'abord, quelles sont les mesures conservatoires propres au douaire mobilier; et ensuite nous
nous expliquerons sur ce qui concerne la conservation
du douaire immobilier.

263.   Lorsque le douaire est mobilier, la femme
n'a, durant la vie du mari, qu'une créance éventuelle,
puisqu'elle doit survivre pour en recueillir le bénéfice;
mais cette créance n'en est pas moins susceptible d'hypothèque, laquelle peut elle-même être conditionnelle (2132); et la femme a pour sûreté de ses droits
à cet égard, une hypothèque légale sur les biens du
mari, à dater du jour de la célébration de son mariage
(2135, § 2), ou du jour du contrat nuptial par lequel
son douaire lui avait été expressément assuré (2194).

Suivant l'article 52 de l'édit des hypothèques, pu-
blié en juin 1771, les femmes n'étoient point dans
l'obligation de former opposition aux lettres de rati-
fication, ni de prendre à cet effet inscription au greffe
de la situation des biens, pour conserver l'hypothèque

de leur douaire en cas de vente des biens de leur mari ;
mais aujourd'hui, quoique l'hypothèque qui est accordée aux femmes pour cet objet, comme pour les
autres conventions matrimoniales, existe indépendamment de toute inscription sur les biens du mari
(2135, §2), tant qu'ils sont entre ses mains, ou que
le tiers acquéreur ne l'a pas purgée, il ne suffirait
pas de s'en tenir là, pour la conservation de leurs
droits : car, si on a négligé de prendre inscription
pour sûreté des conventions matrimoniales de la
femme, son privilége s'évanouit lorsque les biens du
mari sont aliénés, et que l'acquéreur a satisfait aux
formalités prescrites par l'article 2194 du code, pour
la purgation de cette espèce d'hypothèque : il faut donc
prendre inscription au nom de la femme, pour prévenir tout danger à cet égard, et conserver intacte
l'expectative de son douaire mobilier.

Lorsque cette formalité conservatoire a été remplie,
c'est l'article 2195 qui en règle les effets. Il porte que
s'il a été pris inscription du chef de la femme, et s'il
existe des créanciers antérieurs qui absorbent le prix
en totalité, ou en partie, l'acquéreur est libéré du
prix ou de la portion du prix par lui payée aux créanciers placés en ordre utile, et que l'inscription du chef
de la femme doit être rayée en totalité ou jusqu'à due
concurrence ;

Que, si au contraire, l'inscription de la femme est
la plus ancienne, l'acquéreur ne peut faire aucun
payement du prix au préjudice de cette inscription ;
et, dans ce cas, les inscriptions des autres créanciers
qui ne viennent pas en ordre utile, seront rayées.

264. Il résulte de ces expressions, qui sont les termes de la loi :

1.º Qu'en général pour assurer l'effet de toutes ses créances sur son mari, la femme n'a d'autres précautions à prendre que celle de l'inscription hypothécaire, puisqu'à ce moyen la loi surveille elle-même pour lui assurer l'intégralité de ses droits;

2.º Que si l'immeuble du mari était aliéné pour cause d'utilité publique, la femme aurait une action pour que le prix fût placé en remploi sur un autre assignat, puisque, d'une part, on ne pourrait faire de payement à son préjudice; et que, d'autre côté, le fonds vendu étant sorti du commerce, ne serait plus passible d'aucune hypothèque (2118);

3.º Que si les créances inscrites au nom de la femme ne sont subordonnées à aucune condition, telles que ses reprises dotales, et qu'elles absorbent la totalité du prix des biens vendus sur le mari, les inscriptions des créanciers postérieurs à elle doivent être rayées;

4.º Qu'au contraire, lorsqu'il s'agit d'une créance éventuelle, comme le douaire, les créanciers postérieurs ne peuvent être obligés de souffrir la radiation de leur hypothèque tant que le mari est vivant, et qu'ils n'ont pas touché, au moins à charge de rapport, ce qui reste du prix entre les mains de l'acquéreur; parce qu'il est impossible de dire qu'ils ne viendront pas en ordre utile, tant qu'il y a éventualité dans les droits de la femme.

265. C'est une question de savoir si, dans cette dernière hypothèse, l'acquéreur est en droit de se retenir le montant de la somme correspondant à

l'inscription de la femme, sauf à en payer annuellement l'intérêt ; ou s'il peut être forcé à le verser provisoirement entre les mains des créanciers postérieurs
qui se trouvent en ordre utile, et qui devraient définitivement être pourvus si le douaire n'avait pas lieu.

D'un côté, on peut dire que la loi interdisant à
l'acquéreur toute faculté de payer au préjudice de
l'inscription de la femme, l'immeuble restera toujours
grevé de cette inscription entre ses mains : qu'il y aurait de l'injustice à exiger de lui un payement qu'il
lui est défendu de faire sous peine de s'exposer à
payer deux fois ; que faisant ce payement, sans être
libéré envers la femme, l'insolvabilité, qui pourrait
survenir dans les créanciers qui l'auraient reçu, serait
totalement à sa charge, ce qui aggraverait sa condition, et étendrait la mesure de ses obligations hors
des limites prescrites par la loi de son contrat; qu'à
supposer même que les créanciers, qui n'auraient reçu
qu'un payement provisoire, ne devinssent pas insolvables, sa condition n'en serait pas moins trop dure
encore, puisqu'il resterait directement soumis aux
actions et à la discussion de la veuve, et aux embarras
d'un recours qu'il ne peut être juste de lui faire supporter en outre du prix stipulé dans son contrat.

Néanmoins nous croyons qu'on ne pourrait refuser
d'admettre les créanciers à toucher provisoirement en
fournissant un cautionnement suffisant pour la sûreté
du rapport, en cas qu'il y ait lieu au douaire de la
femme. Car s'il est vrai de dire que la femme ait sur
la somme restant entre les mains de l'acquéreur un
droit éventuel, avec hypothèque à laquelle on ne peut

préjudicier, il est vrai aussi que les créanciers, en
ordre utile, ont un droit actuel sur cette somme, et
qu'elle leur appartient pour le cas où le douaire n'aura
pas lieu. A la vérité, leur droit est résoluble au cas de
survie de la femme; mais la résolution n'en doit avoir
lieu que quant à la restitution du capital, et non pour
les intérêts; ils ont donc un droit irrévocablement acquis sur la jouissance actuelle : conséquemment ils
peuvent la demander, et ils doivent l'obtenir.

266. S'il arrive un jour que le douaire ait lieu, et qu'il
ne doive consister que dans une jouissance, la femme,
à son tour, devra fournir aussi un cautionnement pour
le toucher, puisqu'en dernière analyse le capital devra
retourner et rester définitivement aux créanciers.

267. Mais si, dans l'intervalle du nantissement à
la mort du mari, les créanciers ainsi que leurs cautions
devenaient insolvables, sur qui pèseraient les suites
de cet événement? est-ce la veuve qui devrait souffrir la perte de son douaire; ou est-ce l'acquéreur
qui devrait payer deux fois, et qui n'aurait qu'un
recours illusoire ?

Nous croyons que c'est sur l'acquéreur que devrait
retomber la perte causée par cet évènement, à moins
que la femme, comparant à la distribution, n'eût
consenti au payement versé entre les mains des créanciers. Car, du moment que la créance de la femme a été
inscrite, et qu'aux termes du code, *il ne peut être fait
aucun payement du prix au préjudice de cette inscription*, il en résulte nécessairement que l'immeuble
vendu reste soumis à son hypothèque, et que l'acquéreur pouvant toujours être évincé par elle, demeure

garant réel de la créance. Sans doute cette conséquence paraît dure, à son égard ; mais on doit la considérer comme étant consacrée en principe dans le cahier des charges : c'est comme si on en avait expressément stipulé la condition dans la vente, puisque la loi veut que tel soit le sort de celui qui acquiert les immeubles du mari, lorsque la femme a une hypothèque inscrite.

Mais, si la femme, comparant à l'ordre de distribution, avait, sans aucune réserve, consenti à ce que le payement fût fait aux créanciers sous caution, et à charge de lui en faire à elle-même le rapport, il y aurait alors novation dans sa créance, par le changement de débiteur : novation valablement consommée; parce que la femme dûment autorisée peut traiter, s'obliger et renoncer à ses hypothèques envers des tiers : novation dont l'effet serait d'affranchir l'acquéreur et de rendre le fonds libre entre ses mains.

268. Voyons actuellement comment les lois veillent à la conservation des droits de la femme, lorsque son douaire est immobilier.

Dans ce cas, c'est un immeuble qui constitue l'objet de la créance de la femme, puisqu'à supposer qu'elle survive au mari, son douaire doit se réaliser par la délivrance de l'usufruit sur les fonds de celui-ci, c'est-à-dire par la mise en possession de ce démembrement de la propriété foncière que la loi déclare être lui-même un immeuble civilement séparé de la nue propriété.

Cette espèce de créance sort donc de la catégorie de celles auxquelles s'applique le régime hypothécaire;

et dès lors nous n'avons à invoquer, sur ce point, que les règles qui gouvernent la conservation du droit de propriété sur les immeubles.

Il résulte de là que, pour conserver à la femme son douaire immobilier en nature, il n'est pas besoin de prendre inscription au bureau des hypothèques, puisqu'elle n'est pas créancière hypothécaire sur les fonds, mais bien créancière du fonds même dont une portion de domaine lui est éventuellement due (1).

Il en résulte encore que, si les biens du mari se trouvent vendus au décès de celui-ci, la veuve dont le douaire est ouvert, est en droit de déposséder les acquéreurs pour entrer en jouissance de son usufruit; car, puisque c'est sa chose qu'on a vendue, et qu'on l'a vendue sans sa participation, elle ne fait alors qu'invoquer le principe de droit commun, qui veut que tout homme dont on a entrepris d'aliéner le fonds, sans son consentement, puisse le revendiquer contre le nouveau possesseur (2).

269.   Cette décision doit cependant recevoir quelques modifications résultantes de diverses circonstances qui peuvent nécessiter l'application d'autres principes.

1.º Si les immeubles passibles de la charge du douaire n'avaient pas tous été vendus par le mari, la veuve ne pourrait inquiéter les acquéreurs qu'autant qu'il ne resterait pas assez de fonds dans la suc-

----

(1) Voy. dans le nouveau Répert. *verbo douaire*, tom. 4, pag. 266, col. 1, n.º 1; et *verbo gains nuptiaux*, t. 5, pag. 438, § 7.

(2) Voy. Bacquet, traité des droits de justice, ch. 15, n.º 72.

cession, pour la remplir de son douaire, et il ne lui serait permis de les déposséder que jusqu'à concurrence du déficit qu'elle y trouverait ; car étant sans intérêt, elle serait sans action pour en exiger davantage (1).

2.° Lorsque les biens du mari sont saisis et vendus à requête de quelques créanciers ayant hypothèques antérieures au mariage, la constitution du douaire ne peut être un obstacle à ce que la vente ne soit irrévocablement consommée (2), puisqu'alors l'adjudication procède d'une cause qui est préexistante aux conventions matrimoniales, et à laquelle le débiteur n'a pu porter atteinte en se mariant ; mais en ce cas la femme peut intervenir pour veiller à ce qu'après l'acquit des créanciers qui la précèdent, le surplus du prix, s'il y en a, ne soit payé à d'autres que provisoirement, à charge de rapport et sous bonne caution, et même sous réserve de ses droits d'hypothèque et privilége, ainsi qu'il a été dit ci-dessus (3).

3.° Si l'immeuble du mari était aliéné pour cause d'utilité publique, la femme serait fondée à demander le remploi du prix en acquisition d'un autre fonds, à moins qu'il n'en restât encore assez au mari pour la remplir de son douaire, en cas qu'il ait lieu.

270. Mais dans tous autres cas, soit qu'il s'agisse

(1) Voy. dans BASNAGE, sur l'art. 368 de la cout. de Norm. t. 2, p. 15 ; — LEGRAND, cout. de Troyes, art. 86, glos. 1, n.ᵒˢ 22 et 23 ; — POTHIER, du douaire, n.ᵒˢ 190 et 191.

(2) Voy. dans LOUET, lettre F, sommaire 24 : — dans BACQUET, traité des droits de justice, chap. 15, n.° 73.

(3) Voy. dans BOUVOT, en ses questions notables, part. 2, au mot décret, quest. 1, p. 45 ; et tom. 2, p. 1031, quest. 41.

d'aliénations volontairement consenties par le mari, soit qu'il s'agisse d'expropriation forcée, faite sur lui à requête de créanciers postérieurs au mariage, on doit tenir pour constant que, quand le prédécès du mari donne lieu à l'ouverture du douaire, la veuve est en droit de déposséder l'acquéreur, pour jouir par elle-même, sa vie durant, de l'usufruit des fonds qui avaient été vendus; et c'est là un point de jurisprudence attesté par tous les auteurs qui ont écrit sur cette matière (1). Cependant on trouve dans nos nouveaux recueils un arrêt prononcé par la Cour de cassation le 9 septembre 1811, qui paraît contraire à cette doctrine; mais ce préjugé suffit-il pour qu'on doive abandonner l'ancienne tradition sur ce point? Y aurait-il dans nos lois actuelles quelques dispositions qui abrogeassent les principes consacrés de tout temps pour assurer à la femme son douaire immobilier en nature?

Cette question est d'autant plus importante encore aujourd'hui, qu'on pourra toujours, comme on a toujours pu, stipuler un douaire préfix dans les contrats de mariage, et que, sans s'arrêter à cette dénomi-

(1) Voy. dans DUNOD, en ses observations sur la coutume de Franche-Comté, pag. 361, n.° 8; — dans LEGRAND, sur celle de Troyes, art. 86, glose 1, n.° 14; — dans d'HÉRICOURT, traité de la vente des immeubles, chap. 9, n.° 10, pag. 149; — dans LOURT, *loco citato*, et lettre D, sect. 20, n.° 4; — dans BOURJON, sur le douaire, chap. 13, sect. 3; — dans RENUSSON, traité du douaire, chap. 5, n.° 32, et chap. 10; — dans POTHIER, traité idem, n.° 187 et 190; — dans BASNAGE, sur l'art. 368 de la coutume de Normandie, tom. 2, pag. 15, col. 1.

nation, on trouve souvent, dans ces contrats, des donations d'usufruit, singulières ou réciproques, faites entre les futurs époux, et subordonnées à la condition de survie des donataires : donations qui sont de même nature que la constitution du douaire coutumier, et sur le mérite desquelles on doit statuer d'après les mêmes règles. Voyons donc quels sont l'espèce et les motifs de l'arrêt précité.

Par acte notarié du 27 fructidor an 9, le sieur Planche avait vendu à la banque territoriale, sous la faculté de réméré pendant six ans, un moulin et d'autres immeubles situés en Normandie, où le douaire coutumier consistait dans l'usufruit du tiers des fonds dont le mari était saisi au jour du mariage, et du tiers de ceux qui lui étaient échus depuis en ligne directe.

La banque avait fait transcrire son contrat, sans que la dame Planche, mariée en Normandie en 1787, eût pris aucune inscription pour la conservation de son douaire sur les immeubles vendus par son mari.

Le rachat ne fut point exercé par le sieur Planche, et la banque territoriale se regardant comme devenue incommutable propriétaire; fit poursuivre la revente des immeubles à l'audience des criées du Tribunal de la Seine, où ils furent adjugés, le premier mars 1806, aux sieurs *Lefranc* et *Pussac*, pour la somme 34,300 fr.

L'ordre de distribution ayant été ouvert, fut bientôt arrêté par une demande incidente formée à requête de la dame Planche.

Cette dame s'était fait séparer de biens d'avec son mari, par jugement du Tribunal d'Evreux, du 19 février 1806.

Le 7 avril suivant, elle avait fait assigner les acquéreurs en délivrance de son douaire.

Elle fondait sa demande, soit sur son contrat de mariage, par lequel son mari lui avait promis le douaire coutumier; soit sur la disposition de la coutume de Normandie, où le douaire s'ouvrait par la séparation de biens.

La banque territoriale, qui avait pris fait et cause pour les adjudicataires, répondait d'abord que la séparation de biens, obtenue par la demanderesse, étant postérieure au code civil, devait être réglée dans ses effets par l'article 1452 de ce code, qui porte que la séparation de biens ne donne pas ouverture aux droits de survie de la femme.

Cette première exception n'était en quelque sorte que dilatoire; car on aurait pu déclarer la dame Planche non-recevable, quant à présent, sans préjudicier à ses droits pour le cas où elle aurait survécu à son mari, et ne confirmer l'adjudication qu'à charge du douaire en ce cas, sauf à en modifier le prix : mais ce n'est pas là ce qui a été jugé.

La banque soutenait en outre que la dame Planche n'ayant pas pris d'inscription hypothécaire, pour sûreté de son douaire, ne pouvait rechercher les acquéreurs des biens de son mari, qui avaient purgé, par la transcription de leurs contrats, les hypothèques non inscrites, conformément à ce qui était prescrit par la loi du 11 brumaire an 7 : c'est ce second moyen qui

a prévalu devant la Cour de cassation, comme nous
le verrons bientôt. Mais pour écarter tout ce qui est
étranger à la question, et faire voir que la même difficulté peut se présenter encore à l'avenir, au sujet
des gains de survie, stipulés en usufruit, entre les
époux, par contrat de mariage, il est nécessaire de
rappeler ici les points d'identité et de différence qui
existent sur le mode de purger ou de conserver l'hypothèque légale des femmes, entre les dispositions
du code et celles de la loi de brumaire an 7, sous
l'empire de laquelle cette cause a été jugée.

Suivant le système hypothécaire établi par la loi
de brumaire an 7, l'hypothèque légale des femmes
était conformément au droit commun subordonnée à
la formalité de l'inscription; et lorsqu'un immeuble
sur lequel le propriétaire avait consenti des hypothèques était vendu, la transcription du contrat d'acquisition, faite au bureau du conservateur, opérait
l'affranchissement du fonds, envers tout créancier
qui n'aurait pas précédemment formé son inscription hypothécaire.

Si donc la dame Planche n'avait eu à répéter qu'un
douaire mobilier pour lequel elle n'aurait été qu'une
simple créancière hypothécaire, il est hors de doute
qu'on eût dû la déclarer non-recevable, puisqu'elle
n'avait pas pris d'inscription, et que, de son côté, la
banque territoriale avait acheté les fonds du mari et en
avait fait transcrire le contrat d'acquisition, sous l'empire de la loi de brumaire; mais reste à savoir si,
lorsqu'elle se présentait pour revendiquer un douaire
immobilier, sa cause pouvait être jugée par les mêmes

principes : et c'est le point de la difficulté que nous avons à éclaircir.

271. Aujourd'hui, et suivant les dispositions du code civil, l'hypothèque légale des femmes sur les biens de leurs maris existe indépendamment de toute inscription, et cette hypothèque ne peut être purgée par la simple transcription de l'acte de vente faite par le mari ; mais lorsqu'un extrait du contrat a été affiché, pendant deux mois, dans l'auditoire du tribunal de la situation des biens, et que les autres formalités prescrites par l'article 2194 ont été remplies, si aucune inscription hypothécaire n'est formée de la part de la femme, l'immeuble vendu se trouve affranchi entre les mains de l'acquéreur, comme il l'était par la simple transcription de l'acte de mutation sous la loi de brumaire.

Ainsi, dans le cas où il ne s'agirait que d'un douaire mobilier, la femme qui n'aurait pas pris d'inscription resterait privée de tout droit de suite sur l'immeuble ; mais si les gains de survie réclamés par elle consistaient en usufruit immobilier, la question renaîtrait à cet égard, avec toute son importance ; et nous aurions à résoudre sous l'empire du code, la même difficulté qui s'est présentée, sous la loi de brumaire, dans la cause de la dame Planche. Revenons donc au narré de cette affaire, et voyons comment elle a été décidée.

Le 24 décembre 1807, jugement du Tribunal de première instance qui, adoptant les moyens présentés par la banque territoriale, déclare la dame Planche non-recevable dans la demande en délivrance de son douaire.

Sur l'appel de ce jugement, arrêt de la Cour d'appel de Rouen qui réforme en ces termes :

« Attendu, 1.° que le douaire en Normandie est
» un droit matrimonial que l'article 367 de la cou-
» tume assure positivement et irrévocablement à la
» femme, du jour de la consommation du mariage ;
» et que d'ailleurs, dans le contrat de mariage de la
» dame Planche, le douaire a été spécialement stipulé
» à son profit, pour courir du jour de son ouverture,
» pour quelques causes que ce soit, sans être tenue
» d'en former aucune demande en justice ; qu'il est
» de jurisprudence ancienne, constante, invariable
» et fondée tant sur la juste interprétation de la cou-
» tume que sur le sens littéral de l'article 71 des pla-
» cités, qu'en Normandie l'ouverture du douaire
» avait lieu non-seulement par la mort naturelle ou
» civile du mari, mais encore par la séparation soit
» de corps, soit de biens ; que le code civil, qui ne
» régit que les contrats de mariage postérieurs à sa
» promulgation, ne peut porter atteinte aux droits
» préexistans des époux ; que ce code, au titre du
» contrat de mariage, contient deux régimes spé-
» ciaux, dont les règles, distinctes en général, ne se
» communiquent point ; que l'article 1452, qui ap-
» partient au régime de la communauté, ne peut avoir
» d'empire sur le régime dotal normand qui était ex-
» clusif de toute communauté entre époux : il est sur-
» tout inapplicable à un douaire solennellement établi
» avant l'existence dudit article, par la convention,
» la loi et la jurisprudence interprétative : attendu,
» 2.° que l'article 21 de la première loi du 11 bru-

» maire an 7 , ne soumet à la formalité de l'inscrip-
» tion que les droits hypothécaires des femmes sur
» les biens de leurs maris; qu'ici il ne s'agit point
» d'un droit d'hypothèque, mais bien d'*un usufruit*
» à l'égard duquel la seconde loi de brumaire, art. 25 ,
» a institué l'action en revendication , indépendam-
» ment de toute vente et de toute inscription. »

272. On voit clairement dans ces motifs de l'arrêt de la Cour de Rouen, que l'unique objet du procès était un droit d'usufruit sur les immeubles acquis
par la banque territoriale, droit qui avait été assuré
à la dame Planche, non-seulement par convention
tacite, comme douaire coutumier , mais encore par
une disposition expresse de son traité nuptial , et
qu'ainsi la même question peut se représenter sous
le code, pour l'exécution des gains de survie, stipu-
pulés en usufruit , de la part des époux, dans le cas
de vente des fonds qui en avaient été grevés.

Sur le pourvoi en cassation contre cet arrêt, la section civile de la Cour suprême a, le 9 septembre 1811,
accueilli la demande de la banque territoriale , dans
les termes suivans :

« Attendu, 1.º que la banque territoriale ayant
» acheté un moulin et d'autres immeubles du sieur
» Planche, par contrat notarié du 27 fructidor an 9 ,
» sous la faculté de réméré pendant six ans, a fait
» transcrire son contrat au bureau des hypothèques
» d'Evreux, dans l'arrondissement duquel lesdits
» biens étaient situés : attendu , 2.º que la dame Ur-
» sule Lemeilleur, femme du sieur Planche, quoique
» mariée en 1787, et bien qu'elle tînt lesdits biens

» hypothéqués en sa faveur pour sûreté du douaire
» coutumier à elle promis par leur contrat de ma-
» riage, n'avait pris, avant la transcription, aucune
» inscription hypothécaire sur la généralité des biens
» de son mari pour la conservation de ses droits : at-
» tendu, 3.° que l'expectative de l'usufruit des biens
» affectés au douaire à elle promis, ne formait pas
» un droit de propriété dudit usufruit, parce qu'il
» reposait toujours sur la tête de son mari, jusqu'à
» l'époque de son ouverture par l'un des évènemens
» prévus par la coutume; et jusque là, la dame Le-
» meilleur, femme Planche, n'avait qu'une hypo-
» thèque sur la généralité des biens de son mari pour
» sûreté du douaire, hypothèque dont la conservation
» ne lui pouvait être acquise que par une inscription
» dans la forme de la loi, antérieure à la transcription
» faite par les demandeurs, de leur contrat de vente :
» attendu, 4.° qu'en décidant que la dame Planche
» avait la propriété dudit usufruit, du jour de la
» constitution de son douaire ou du jour de son ma-
» riage, et en la dégageant en cette qualité de la né-
» cessité de prendre une inscription pour la conser-
» vation de son hypothèque, la Cour impériale de
» Rouen a fait une fausse application de l'art. 25 de
» la seconde loi du 11 brumaire an 7, et est même
» contrevenue à l'art. 21 de la première loi du même
» jour : casse, etc (1). »

273. Il a donc été jugé par cet arrêt, qu'un droit
d'usufruit immobilier, mais qui n'existe encore qu'en
expectative, comme subordonné à la condition de

_____
(1) Voy. dans le recueil de Denevers, an 1812, pag. 19.

survie de celui qui en est créancier, ne peut plus être
revendiqué sur le tiers acquéreur qui a satisfait aux
formalités prescrites pour la purgation des hypothèques qui sont essentiellement mobilières pour le
créancier ; mais, osons le dire, c'est là une de ces erreurs graves et patentes qui semblent n'échapper de
loin en loin aux plus illustres magistrats que pour prouver que nous devons tous un tribut à la nature humaine.

C'est une erreur aux yeux de la jurisprudence ancienne, puisqu'il n'y a pas un auteur qui, traitant du
douaire, soit préfix, soit coutumier, expressément
ou tacitement promis ou assuré à la femme sur les
biens présens du mari, n'enseigne que la veuve a une
action pour déposséder les acquéreurs auxquels ces
biens auraient été vendus, et que nous voyons dans
les arrêtistes que cette doctrine avait été constamment
mise en pratique par les anciennes Cours.

C'est une erreur tant aux yeux de la seconde loi
transitoire de brumaire an 7 (1), qu'aux yeux du code
de procédure (2), qui déclarent expressément que
l'adjudication d'un immeuble ne transmet à l'adjudicataire d'autres droits à la propriété que ceux qu'a-
vait le saisi ; d'où il résulte que si le fonds n'était possédé par le saisi ou le vendeur que sous la charge d'un
droit d'usufruit éventuel, il ne peut être transmis que
sous la même charge, et que le cas arrivant où le droit
d'usufruit est ouvert, l'usufruitier doit avoir, envers
le tiers acquéreur, pour la revendication de son usufruit, la même action qu'il aurait eue envers le pré-

_____

(1) Voy. art. 25.
(2) Voy. art. 731.

mier propriétaire : autrement on aurait transmis à l'un plus de droits à la propriété, que l'autre n'en avait.

C'est une erreur aux yeux du code civil, qui déclare nulle la vente de la chose d'autrui (1599), et qui ne veut pas que l'aliénation d'un fonds grevé d'usufruit puisse porter atteinte aux droits de l'usufruitier (621), tant qu'il n'y a pas formellement renoncé; ce qui nécessairement doit être éventuellement applicable au cas d'un droit éventuel, comme on l'applique actuellement à la cause de l'usufruitier qui serait déjà en possession de son usufruit.

274. La vérité de ces assertions sera peut-être encore mieux sentie, lorsque nous aurons, par un plus grand développement, examiné la constitution du douaire, soit comme créance hypothécaire, soit comme créance éventuelle, pour indiquer, par là, avec plus de précision, les effets qui s'y rattachent sous l'un et l'autre rapport.

Lorsqu'on a promis à une femme un douaire immobilier sur certains fonds, elle en est, du jour de la célébration du mariage, créancière éventuelle, pour cas de survie; cette créance est bien certainement hypothécaire sur la généralité des biens, puisqu'elle résulte d'une convention matrimoniale (2121); mais ce serait une étrange erreur de croire qu'en ce cas l'hypothèque porte immédiatement sur le douaire immobilier, comme un moyen de l'obtenir en nature; car la même personne ne peut avoir sa propre chose hypothéquée à son profit.

Dans cette constitution du douaire, comme dans

toute autre aliénation de fonds, faite avec garantie hypothécaire sur d'autres immeubles pour le cas d'éviction, il faut reconnaître deux obligations bien distinctes: l'une principale, et l'autre subsidiaire. La première, qui est la principale, n'a pour objet que la délivrance du douaire en nature, lorsqu'il sera ouvert; c'est-à-dire la délivrance de l'immeuble donné par le mari, puisque l'usufruit d'un fonds est lui-même un immeuble : cette première obligation se borne là, parce que c'est là tout son objet. Au contraire, la seconde obligation qui n'est que subsidiaire, parce qu'elle n'est qu'une obligation de garantie, loin d'avoir pour objet la délivrance du douaire en nature, ne porte que sur les dommages et intérêts pécuniaires qui pourront être dus pour toute atteinte portée à l'obligation principale; et, comme ce n'est plus ici qu'une action mobilière, l'hypothèque qui lui est accessoire frappe sur la généralité des biens du mari, parce que tous sont également engagés pour la sûreté de ses conventions matrimoniales avec son épouse.

L'action qui correspond à la première et principale de ces obligations, est, par sa nature, une action tout immobilière, puisqu'elle a pour objet la revendication de l'usufruit immobilier, aliéné au profit de la femme : elle n'est point hypothécaire dans la poursuite de cet objet, puisqu'elle n'est pas fondée sur un simple droit de suite par hypothèque, mais sur un droit de propriété foncière dont il s'agit d'obtenir la possession : elle ne s'étend point sur la généralité des biens du mari, mais seulement sur les héritages particuliers qui sont grevés du douaire, parce qu'il n'y a que ceux-là dont la veuve puisse revendiquer la jouissance.

Il n'en est pas de même de l'action qui ressort de l'obligation subsidiaire en garantie. Celle-ci n'est qu'hypothécaire sur tous les biens du mari : elle est par conséquent spécialement mobilière, parce que celui qui exerce un droit de suite par hypothèque, ne revendique ni le fonds, ni la jouissance du fonds hypothéqué ; il en poursuit au contraire la vente pour être payé ou indemnisé sur le prix.

La dame Planche avait donc, d'après ses conventions matrimoniales, deux actions à exercer sur les biens de son mari : l'une principale, en revendication de l'usufruit des moulins et autres fonds possédés par le mari au jour de leur mariage ; l'autre subsidiaire et en garantie, pour obtenir les dommages et intérêts qui pourraient lui être dus, dans le cas où ces immeubles auraient été dégradés par le fait ou la faute du mari ; comme, par exemple, si, à défaut d'un entretien convenable, le moulin s'était trouvé dans un état ruineux lors de l'ouverture du douaire.

La première de ces deux actions ne portait que sur les fonds passibles du douaire : elle n'était, ni pour sa conservation, ni pour son exercice, aucunement soumise à la formalité de l'inscription hypothécaire, puisqu'elle n'avait pour objet qu'un droit de propriété foncière.

Mais, sous le rapport de la seconde action, la créance de la dame Planche devait être inscrite ; et la transcription du contrat de vente, faite sans qu'il y eût eu d'inscription antérieurement prise de sa part, l'aurait rendue non-recevable, si elle n'avait demandé que des dommages-intérêts sur les biens de son mari, faute par celui-ci d'avoir convenablement entretenu les moulins et héritages sujets au douaire : mais ce n'était point là l'objet du procès, puisqu'il s'agissait au contraire d'une revendication d'usufruit, en nature, pour la conservation duquel aucune inscription n'était requise, et qui ne pouvait être purgée par la transcription du contrat de vente.

275. Examinons actuellement la créance du douaire sous le rapport de son éventualité, et voyons si cette qualité est telle qu'elle doive la faire dégénérer en une simple créance hypothécaire.

Lors de la vente des fonds du sieur Planche, a-t-on dit, son épouse n'avait encore qu'une simple expectative de l'usufruit des biens affectés au douaire ; cette expectative n'était et ne pouvait être un droit de propriété dudit usufruit, puisqu'il n'était point encore ouvert : donc il n'y avait encore pour la dame Planche qu'une simple créance hypothécaire, soumise à la formalité de l'inscription pour en conserver les droits.

Si cette conséquence était juste, il faudrait dire que, dans le cas d'une substitution fidéi-commissaire, l'inscription est nécessaire aussi pour en conserver les droits ; que, si cette formalité n'a pas été remplie, et que le grevé vienne à vendre les fonds qu'il est chargé de rendre, jamais le substitué ne pourra les revendiquer contre les tiers acquéreurs qui auront fait transcrire leurs contrats ; parce qu'on lui répondrait qu'au temps de la vente il n'avait encore qu'une simple expectative qui n'était point un droit de propriété, puisqu'il n'y avait encore rien d'ouvert à son profit; que conséquemment il n'avait qu'une simple créance soumise à la formalité de l'inscription pour pouvoir en conserver les avantages : mais cette doctrine serait-elle admissible ?

Sans doute, du vivant du mari, la femme n'a qu'une créance éventuelle pour son douaire; mais, s'il est vrai qu'elle ne soit pas encore propriétaire de l'usufruit qui fait l'objet de cette créance, il n'est pas moins évident que, de son côté, le mari ne possède plus ses fonds que comme grevés de cette charge éventuelle qui leur a été irrévocablement imposée de sa part; que, par conséquent, le domaine du mari n'est plus absolument entier, puisqu'il est résoluble, quant à l'usufruit, pour le cas où il y aurait lieu au douaire, et dès lors comment concevoir qu'il puisse aliéner incommutablement ce qu'il ne possède que d'une manière résoluble? ne serait-ce pas céder à l'acquéreur plus de droits qu'il en a lui-même? cela se peut-il?

276. Lorsqu'il est question de savoir si une créance est mobilière ou immobilière, sa nature n'est déterminée que par celle de l'objet auquel elle s'applique (526) : peu importe qu'elle soit pure et simple, ou bien conditionnelle; si elle tend à revendiquer un immeuble, elle est immobilière, comme au contraire elle est meuble, si elle n'a pour objet qu'une somme pécuniaire. Donc la créance qui appartient à la femme pour obtenir l'usufruit de certains immeubles de son mari, quoique éventuelle, n'en est pas moins immobilière; donc le droit qui s'y rattache ne peut être

purgé par le défaut d'inscription, puisque c'est un droit de propriété foncière.

277. Une fois que la condition est arrivée, c'est comme si la créance avait été pure et simple dès son principe : la femme survivante a donc le même droit que si déjà elle avait été propriétaire de son douaire, du vivant du mari : elle se trouve, pour son usufruit, dans le même cas où serait, pour le droit de propriété, une personne quelconque à laquelle on aurait légué, sous condition, une chose que l'héritier aurait aliénée dans l'intervalle ; et comme on ne pourrait refuser à celle-ci le droit de revendiquer la chose léguée, nonobstant la vente faite par l'héritier avant l'ouverture de la condition, *si servum sub conditione legatum hæres alienaverit, deindè conditio extiterit, potest nihilominùs à legatario vindicari* (1), parce qu'on n'aurait pu aliéner la propriété de ce légataire sans sa participation ; de même la veuve ne peut être empêchée de révoquer, quant à l'usufruit, l'aliénation des fonds du mari, puisque c'est également sa chose qu'elle revendique, et qui ne peut avoir été aliénée à son préjudice et sans son consentement (2).

Nous avons dit dans la réponse à la première question, que la femme dont le douaire aurait été établi sous une coutume de saisine, doit obtenir, même aujourd'hui, les fruits, dès le décès du mari, contre les

---

(1) L. 69, § 1, ff. *de legatis* 1. Voy. encore dans le nouveau Répert. *verbo gains de survie*, tom. 5, pag. 440 et 441.

(2) Voyez encore, sur cette question, ce que nous avons écrit au chap. 10, sect. 4, sur la constitution d'usufruit conditionnelle, sous les n.°° 406 et 407

héritiers de celui-ci. Il n'en est pas de même lorsque c'est contre un tiers acquéreur qu'elle agit en revendication de son usufruit : ce n'est que du jour de sa demande qu'elle a droit aux fruits envers ce dernier qui n'a ici que la qualité de tiers possesseur, et qui ne succède point aux engagemens du mari.

TROISIÈME QUESTION.

278. *Quelle est la prescription que le tiers acquéreur pourrait opposer à la demande de la femme, lorsqu'elle agit pour obtenir son douaire?*

Quand il est question d'un douaire foncier ou immobilier, c'est un droit d'usufruit, ou un démembrement de la propriété du fonds qui a été assuré à la femme, et qu'elle a droit de revendiquer lorsqu'elle survit à son époux. Ainsi, en aliénant les héritages grevés de ce droit, sans en faire la réserve pour le cas où il aura lieu, le mari aliène réellement le bien de sa veuve : or, la loi (2256) veut que la prescription soit suspendue, durant le mariage, dans le cas où le mari, ayant vendu les biens propres de sa femme, est garant de la vente, et dans tous les autres cas où l'action de la femme réfléchirait contre le mari : donc la prescription qu'on pourrait opposer à la veuve ne doit avoir son point de départ que du jour du décès du mari.

Quant à l'espace de temps nécessaire à la révolution de cette prescription, nous rentrons dans les termes du droit commun, suivant lequel celui qui acquiert de bonne foi et par juste titre un immeuble, en prescrit la propriété par dix ans, si le véritable proprié-

I. 22

taire habite dans le ressort de la même Cour royale dans l'étendue de laquelle l'immeuble est situé; et par vingt ans, s'il est domicilié hors de ce ressort (2265). Ainsi la prescription sera acquise par dix ou vingt ans, contre la veuve, suivant qu'elle résidera ou non dans le ressort de la situation des biens sujets au douaire.

Au reste, nous ne pensons pas que, dans ce cas, l'acquéreur puisse être considéré comme étant de mauvaise foi, par cela seul qu'il aurait eu connaissance du mariage de son vendeur; parce qu'un homme peut être marié sans devoir aucun douaire à sa femme : mais, s'il était établi que lors de la vente l'acheteur avait connaissance de la charge imposée sur les fonds qui lui étaient vendus, il ne pourrait en acquérir l'affranchissement que par la prescription de trente ans, qui éteint toutes les actions tant réelles que personnelles (2262), parce qu'elle fait présumer tout ce qui est possible.

Lorsque le douaire promis à la femme n'est que mobilier, elle n'a qu'un recours hypothécaire sur les biens vendus par son mari.

Ce recours, elle le perd, si sa créance n'a point été inscrite, et que l'acquéreur ait satisfait aux formalités prescrites par les articles 2194 et 2195 du code, pour la purgation spéciale de cette espèce d'hypothèque.

Mais l'acquéreur peut prescrire l'affranchissement de l'hypothèque qu'il n'a pas purgée par une autre voie; et comme l'action en déclaration d'hypothèque qui serait intentée par la femme réfléchirait contre le mari, et pourrait le faire déclarer stellionataire (2136), il faut en conclure encore qu'ici la prescription ne peut courir au profit de l'acquéreur, lors même qu'il a fait transcrire son contrat, qu'à dater du jour du décès du mari, comme lorsqu'il s'agit du douaire immobilier.

Quant à l'espace de temps nécessaire pour que cette prescription soit accomplie, il est également de dix et vingt ans, suivant que la veuve réside ou non dans le ressort de la Cour d'appel où les biens sont situés ; mais si le tiers acquéreur n'avait pas fait transcrire son contrat du vivant du mari, la prescription ne courrait encore que du jour où il aurait satisfait à cette formalité, puisqu'ainsi le veut l'article 2180 du code.

Nous terminerons en observant que si le mari, aliénant ses fonds, les avait déclarés affectés à l'hypothèque du douaire de sa femme, il n'y aurait plus lieu à invoquer, contre elle, la prescription de dix ou vingt ans, parce que l'énonciation portée au contrat de vente repousserait toute allégation de bonne foi de la part de l'acquéreur (1).

(1) Voy. dans FERRIÈRE, sur l'art. 114 de la coutume de Paris, glose unique, n.° 6.

CHAPITRE VII.

De l'Usufruit qui résulte de la célébration du mariage, soit au profit de la communauté sur les propres des époux, soit au profit du mari sur les biens dotaux de la femme.

279. Lorsque le mariage est contracté conformément au régime communal, il se forme entre l'homme et la femme une association d'intérêts dans laquelle chacun d'eux confère son mobilier, le produit de ses travaux et les revenus de ses immeubles propres, soit pour fournir à leur entretien et à la dépense du ménage, soit pour faire des bénéfices et acquérir à profit commun.

Cet être moral, que nous appelons communauté, a ses droits distincts et séparés des droits de chacun des époux, puisque les immeubles propres de ceux-ci ne lui appartiennent pas, et que les biens qui lui appartiennent ne sont point ceux des époux en particulier.

Suivant la disposition du code (1401, § 2), tous les fruits, revenus, intérêts et arrérages, de quelque nature qu'ils soient, échus ou perçus pendant le mariage, et provenant des biens qui appartiennent aux époux lors de sa célébration, ou de ceux qui leur sont échus depuis, à quelque titre que ce soit, sont acquis à la communauté.

Ce droit de jouissance établi par la loi, au profit de la communauté, est véritablement un droit d'usufruit, puisque c'est la société elle-même qui jouit des biens qui ne sont pas à elle, et que l'usufruit ne consiste que dans le droit de jouir de la chose d'autrui. C'est pourquoi la loi veut qu'à raison de cette jouissance, la communauté soit tenue des réparations usufructuaires (1409, § 4), et que, pour les coupes de bois et les produits des carrières et des mines, on suive à l'égard de la communauté les règles établies pour les usufruitiers ordinaires (1403), avec quelques modifications néanmoins dont nous parlerons ailleurs ; et c'est par la même raison encore que les baux faits par un usufruitier ordinaire, ou par le mari, comme administrateur de la communauté, sont soumis aux mêmes règles (595, 1429) pour le temps de leur durée.

280. Mais lorsqu'en se mariant, les époux ont adopté le régime dotal pour la règle de leurs intérêts, c'est le mari seul qui est usufruitier des biens dotaux de la femme, puisqu'il en perçoit tous les fruits et revenus dans son intérêt personnel (1549) : et cet usufruit lui est dévolu à la charge de supporter toutes les dépenses du ménage (1540) et en outre toutes les obligations d'un usufruitier ordinaire (1562), telles que nous les signalerons dans la suite ; sauf toutefois celle de fournir une caution dont le mari ne peut être tenu (1550), s'il n'y a été formellement assujetti par le contrat de mariage.

L'usufruit qui s'établit à raison du mariage, a des caractères distinctifs et particuliers que nous devons faire remarquer ici.

Et d'abord il est établi de plein droit par le seul fait du mariage ; en sorte que le mari, soit comme administrateur de la communauté, soit comme ayant la jouissance de la dot de son épouse, se trouve saisi de toutes les actions relatives à cette jouissance, sans être tenu à aucune demande préalable en délivrance, comme serait obligé de le faire un simple légataire d'usufruit.

Ce transport de jouissance étant l'ouvrage de la loi, il n'entraîne aucun droit proportionnel de mutation au profit du fisc comme lorsqu'il s'agit des actes translatifs de propriété ou d'usufruit, qui doivent être présentés à l'enregistrement.

281. Considéré dans sa cause, cet usufruit est d'une nature mixte, comme le douaire. C'est un usufruit légal, puisqu'il est établi par la loi : néanmoins il participe aussi de l'usufruit conventionnel, puisqu'il se rattache au fait d'une convention, et que les époux sont censés l'avoir tacitement stipulé, en tant qu'ils auraient pu convenir autrement, et qu'ils ne l'ont pas fait.

Considéré sous le rapport de sa fin, il a aussi ses limites particulières ; car il finit non-seulement par la dissolution du mariage, mais encore par la séparation de corps, ou celle de biens, qui rend à l'épouse l'administration de ce qui lui appartient.

282. Mais ce qui lui donne un caractère particulièrement remarquable, c'est qu'il n'est établi qu'à titre onéreux, puisqu'à raison de ce droit de jouissance la communauté ou le mari sont tenus non-seulement des réparations et autres charges usufructuaires, mais encore des frais de nourriture et entretien soit des époux, soit des enfans, ainsi que des dépenses du ménage, et en général de toutes les charges du mariage :

et c'est par cette raison que, sous le régime dotal, les fruits pendans par racines lorsqu'il finit, ne sont pas exclusivement dévolus au propriétaire du fonds, comme lorsqu'il s'agit d'un droit d'usufruit qui avait été établi à titre lucratif, ainsi que nous le ferons remarquer en temps et lieux.

C'est encore à cette cause que se rattache l'obligation où est le mari de fournir une provision à la femme pour plaider contre lui-même quand elle y est autorisée (1).

283. EN TRAITANT des effets de la puissance paternelle, nous avons vu que l'usufruit légal qui en dérive n'a pas lieu sur les biens donnés aux enfans à condition que les père et mère n'en jouiraient pas. Doit-on appliquer la même doctrine à l'usufruit légal qui résulte du mariage sur les propres des époux ? Celui qui fait une donation au profit de la femme peut-il y exprimer, pour condition, que le mari ou la communauté ne profitera pas même du revenu des biens donnés, et quelle peut être la force de cette stipulation ?

Cette question était autrefois très controversée (2); mais le code nous fournit un principe de solution qui doit mettre fin à toute controverse sur ce point de droit.

La question peut se présenter dans trois hypothèses principales :

(1) Voy. dans GARCIAS, *de expensis et meliorationibus*, cap. 13, n.º 51.

(2) Voy. dans les questions notables de DUPERRIER, liv. 1, quest. 10; et dans FURGOLE, en son commentaire sur l'art. 9 de l'ordonn. de 1731.

1.º Dans le cas où le mariage aurait été célébré sans traité nuptial préalable, et se trouverait par là soumis aux règles du régime communal;

2.º Dans celui où, par un contrat préalable, les futurs se seraient expressément engagés à apporter en communauté les revenus de tous leurs biens présens et à venir;

3.º Enfin, dans celui où, adoptant le régime dotal, la femme se serait constitué en dot tous ses biens présens et à venir, en sorte qu'elle eût par là renoncé au droit d'avoir des biens paraphernaux.

284. Supposons donc, en premier lieu, que le mariage ait été célébré sans traité préalable sur le règlement des intérêts respectifs des époux, et qu'il soit fait à la femme une donation, ou un legs sous la condition que les revenus des biens donnés ou légués ne profiteront qu'à elle seule, et n'entreront point en communauté : quel sera l'effet de cette disposition ?

Aux termes de l'article 1401, § 1, du code, la communauté légale se compose activement de tout le mobilier que les époux possédaient au jour de la célébration du mariage, ensemble de tout celui qui leur échoit pendant le mariage à titre de succession, ou même de donation, *si le donateur n'a exprimé le contraire* : il est donc permis à celui qui donne ou lègue des biens meubles à l'un des époux, de soustraire les effets donnés à la dévolution de la loi, pour n'attribuer son bienfait qu'au donataire seul qui est l'objet de son affection : or il y a même raison de se conformer à la volonté du disposant, lorsqu'il s'agit de revenus d'immeubles donnés à l'un des époux, sous la condition que lui seul en jouira : donc la disposition faite sous cette condition n'a rien de contraire aux lois, et doit recevoir sa pleine exécution, sous le régime de la communauté légale.

Sans doute, si, par abondance de style, la donation ou le legs n'étaient faits que sous la condition que la propriété seulement de la chose donnée n'entrerait pas dans la communauté, la disposition ainsi conçue ne faisant qu'un propre dans le patrimoine de l'époux donataire, la communauté aurait encore le droit d'en jouir ; mais lorsque la prohibition du donateur porte sur la jouissance même, il n'y a que le donataire qui doit jouir de la chose donnée ; comme il n'y a que lui qui doit en être propriétaire quand la prohibition porte simplement sur la propriété.

285. Si l'on suppose en second lieu qu'il y ait eu une communauté conventionnelle stipulée entre les époux, dans un traité nuptial préalable à la célébration du mariage, on devra adopter la même décision sur la question qui nous occupe ; parce que la communauté expresse n'a pas plus de force ni de droit que la communauté tacite, qui a lieu lorsque les époux se sont mariés sans autre contrat que celui que la loi a stipulé pour eux, et auquel ils sont censés s'en être rapportés.

286. Enfin on doit encore, et à plus forte raison, porter la même décision en faveur de la femme mariée sous le régime dotal, et dire que le donateur ou le testateur qui fait une libéralité à son profit, peut réserver qu'elle seule en jouira, à l'exclusion de son mari, parce que le régime dotal étant un régime d'ex-

ception, il est encore plus naturel d'en borner les effets, que quand il s'agit du régime de la communauté qui constitue la règle du droit commun.

Néanmoins il faut observer ici, comme nous l'avons fait sur l'usufruit paternel, que, s'il était dû au donataire par le donateur une légitime ou une réserve légale, la prohibition d'usufruit devrait être sans effet, à l'égard des biens formant le montant de cette réserve, et à dater de l'époque où le droit en serait ouvert, parce que le donataire la tenant des mains de la loi plutôt que de celles du donateur, il n'appartiendrait point à celui-ci de la soumettre à une condition qui pût la modifier et la soustraire aux dispositions du droit commun.

287. Si un droit d'usufruit ou une pension viagère appartient à la femme lors de son mariage, ou lui est acquis depuis, la communauté ou le mari ont le droit d'en jouir comme de tout autre bien dotal; et à la dissolution du mariage on ne doit restituer à la veuve que le droit d'usufruit ou de la rente (1568), sans lui tenir compte des fruits ou intérêts échus durant le mariage.

288. Il arrive assez souvent que des pères et mères, mariant leurs enfans, leur accordent, par avancement d'hoirie, et pour les aider à supporter les charges du mariage, la jouissance seulement de certains fonds spécifiés dans le contrat nuptial. L'usufruit ainsi accordé, a, sous le rapport de sa durée, deux caractères qui lui sont propres, et par lesquels il diffère essentiellement de celui qui serait légué dans un testament.

Et d'abord, l'usufruit ordinaire ne finit pas par la mort du propriétaire du fonds qui en est grevé, tandis qu'ici le droit de jouissance, accordé au fils par son père, prend fin par le décès de celui-ci, parce qu'il n'a été accordé qu'en attendant l'ouverture de la succession du donateur.

En second lieu, l'usufruit ordinaire finit à la mort de l'usufruitier; en sorte que ses héritiers n'en profitent ni par droit de transmission, ni comme appelés à le recueillir après lui. Au contraire, dans le cas que nous avons supposé, si le fils donataire de la jouissance de certains immeubles, vient à décéder avant son père, et laisse des enfans du mariage en contemplation duquel ce droit de jouissance avait été accordé, ceux-ci doivent en profiter, jusqu'au décès de leur aïeul, comme étant censés appelés par substitution vulgaire, tacite, parce que c'est en vue de leurs nourriture et entretien que la libéralité a été faite.

CHAPITRE VIII.

De l'Usufruit qui appartient aux titulaires des bénéfices ecclésiastiques.

289. Les titulaires des bénéfices ecclésiastiques sont aussi constitués par la loi usufruitiers des biens composant la dotation de leurs bénéfices, puisqu'ils ont droit d'en jouir et qu'ils n'en sont pas propriétaires.

Ils exercent donc sur ces biens tous les droits d'un véritable usufruitier, et en supportent les charges, conformément aux règles portées dans le code civil à l'égard des usufruitiers ordinaires ; sauf néanmoins les modifications prescrites par le décret du 6 novembre 1813 , comme tenant à la nature de cette espèce particulière (1).

290. Il n'en était pas ainsi dans les temps de l'Eglise primiitve : car, suivant les anciennes règles canoniques, les ecclésiastiques n'avaient pas , sur les biens dépendant de leurs bénéfices, des droits aussi étendus que celui d'usufruit. Ils ne devaient être considérés que comme de simples usagers. Les canons ne leur accordaient d'autres droits que celui de prendre sur les revenus de leur église , ce qui était absolument nécessaire à leur honnête entretien. Tout le surplus était destiné au soulagement des pauvres et aux dépenses nécessaires soit à l'exercice du culte , soit aux réparations des temples. S'ils avaient fait quelques acquisitions , en leur nom propre , mais avec leur superflu , elles devaient retourner à leur source , et servir de supplément à la dotation de l'église dont elles étaient provenues : *Inquirendum est si quis presbyterorum de reditibus ecclesiæ , vel oblationibus , vel votis fidelium alieno nomine res comparavit, quia sicuti nec suo, ita nec alieno nomine presbyter fraudem facere de facultatibus ecclesiasticis debet , quoniam hoc sacrilegium est , et par crimini Judæ furis , qui sacras oblationes asportabat et furabatur* (2).

(1) Voy. l'art. 16 de ce décret, bullet. 536 , t. 19, p. 377, 4.e série.

(2) Decretal. Gregor. *de peculio clericorum*, cap. 4, lib. 3 , tit. 25.

Pour mettre obstacle aux tentatives de l'avarice, lorsqu'un clerc se présentait à l'ordination, on devait s'informer s'il avait du patrimoine à lui propre ; et s'il était reconnu qu'il n'en eût point, toutes les acquisitions qu'il pouvait faire par la suite devaient être de plein droit dévolues à l'église : *Investigandum est, si nihil patrimonii habens presbyter, quando promotus est ad ecclesiasticum ordinem, posteà emerit prædia cujus juris sint, quoniam ecclesiæ, ad quam nihil habens promotus est, esse debent juxta canonicam auctoritatem* (1) ; mais ces règles canoniques n'ayant point été consacrées par la jurisprudence des Tribunaux, sont tombées en désuétude. Dans le droit civil, l'usage a prévalu de considérer les bénéficiers comme de vrais usufruitiers, et c'est là une conséquence nécessaire de ce qu'on ne leur demandait aucun compte de leur administration, ni des fruits qu'ils avaient perçus.

291. Cependant, lorsqu'ils avaient fait des améliorations à leurs bénéfices, on ne leur accordait aucune action en reprise à ce sujet (2) ; on leur appliquait déjà, à cet égard, la règle nouvellement établie par le code pour tous les usufruitiers (599).

Et encore aujourd'hui l'ecclésiastique, jouissant des biens d'une cure, est, sur le fait des réparations et des frais de procès, traité plus sévèrement que l'usufruitier laïque, puisque celui-ci ne doit rien des grosses réparations, et n'est tenu que des frais de procès concernant la jouissance ; tandis que, quand il s'agit des

_____

(1) Decretal. Greg. *de peculio clericorum*, cap. 1.

(2) Voy. dans GARCIAS, *de expensis et meliorationibus*, cap. 11.

fonds curiaux, autres que le presbytère, s'il n'y a pas de sommes en réserve provenant des biens de la cure, le bénéficier est tenu de fournir jusqu'à concurrence du tiers du revenu foncier de son bénéfice, pour procurer les grosses réparations ; et que tous les frais de procès sont à sa charge (1), indépendamment des autres genres de réparations qui pèsent encore intégralement sur lui, comme sur les usufruitiers ordinaires : mais, quant au presbytère, il n'en doit que les réparations locatives ; toutes les autres sont à la charge de la commune (2).

Ainsi, quoique les ecclésiastiques soient aujourd'hui considérés comme de véritables usufruitiers des biens composant la dotation de leurs bénéfices, néanmoins les anciennes traditions canoniques ne sont pas tellement effacées qu'on n'en voie plus aucune empreinte sur les droits exercés par les bénéficiers, puisqu'ils sont encore moins étendus que ceux de l'usufruitier laïque.

292.   L'usufruit dont nous traitons ici est considéré comme concédé à titre onéreux, par la raison que le bénéficier est tenu non-seulement des frais d'entretien des fonds et autres charges usufructuaires, mais encore de la desserte du bénéfice dont ils forment la dotation : c'est pourquoi l'article 24 du décret du 6 novembre 1813 porte que, « dans tous les cas de » vacance d'une cure, les revenus de l'année cou- » rante appartiendront à l'ancien titulaire ou à ses

(1) Art 15 du décret du 16 novembre 1813, bul. 536, t. 19, pag. 378, 4.e série.
(2) Art. 21, ibid.

» héritiers, jusqu'au jour de l'ouverture de la va-
» cance; et au nouveau titulaire, depuis le jour de sa
» nomination. » Cette disposition est fondée sur ce
principe d'équité, qui veut que les avantages attachés
au bénéfice soient acquis au titulaire dans la proportion du temps durant lequel il en a supporté la
charge.

Il résulte de là que, s'il y a des fonds non affermés,
les fruits pendans par racines sur ces fonds, au jour
de la vacance, doivent être partagés avec les héritiers
du titulaire décédé, suivant le *prorata* du temps de
la dernière année, qui s'est écoulé avant son décès;
car le mot *revenus*, employé par l'auteur du décret
précité, est un terme générique qui ne convient pas
moins aux fruits naturels ou industriels, qu'aux fruits
civils; et tels étaient déjà les principes de la doctrine
ancienne à l'égard des bénéficiers (1).

Il en résulte encore qu'on doit, en ce cas, tenir
compte des frais de culture et de semences aux héritiers du bénéficier décédé, parce que le revenu seul
ne consiste que dans ce qui reste après les avances
payées, *fructus eos esse constat, qui deductâ impensâ
supersunt* (2), et qu'en accordant à l'un une part
égale dans le produit brut du fonds, tandis que les
impenses préparatoires de la récolte seraient laissées
à la charge de l'autre, il n'y aurait plus d'égalité entre
les copartageans.

(1) Voy. dans Soto**maior**, *de usufructu*, cap. 79, n.° 4 et 11
in fine.
(2) L. 7, ff. *soluto matrimonio*, liv. 24, tit. 3. V. et l. 36,
§ 5, ff. *de hæredit. petit.*, lib. 5, tit. 3.

293. Les revenus échus dès l'ouverture de la vacance jusqu'à la nomination du nouveau titulaire,
accroissent en réserve au profit du bénéfice, pour les
impenses des grosses réparations, et les difficultés
qui peuvent s'élever, sur les comptes et répartitions de
revenus, entre le nouveau titulaire, les héritiers du
précédent, et le trésorier du bénéfice, doivent être
portées au conseil de préfecture (1).

294. Le titulaire d'un bénéfice ecclésiastique n'est
pas, comme un légataire d'usufruit, obligé à fournir
un cautionnement; mais, lors de sa prise de possession, il doit en être dressé procès-verbal par-
devant le Juge de paix, et ce procès-verbal doit porter
la promesse par lui souscrite de jouir des biens en
bon père de famille, de les entretenir avec soin, et de
s'opposer à toute usurpation ou détérioration (2).

S'il y a des bois dans la dotation, il a le droit de
jouir des taillis, conformément à ce qui est prescrit
par l'article 590 du code, c'est-à-dire, en observant
l'aménagement des coupes, et sans indemnité pour
ses héritiers, à raison de celles qu'il n'aurait pas faites
pendant sa jouissance.

Mais, quant aux arbres futaies réunis ou épars, il
doit se conformer à ce qui est ordonné pour les bois
des communes, c'est-à-dire qu'il est nécessaire qu'il
y ait des besoins urgens de dépenses à faire pour
grosses réparations ou reconstructions; que cela soit
préalablement vérifié et constaté, et qu'il faut ensuite
obtenir du Gouvernement la permission de couper ou

(1) Voy. l'art. 26 du décret précité.
(2) Art. 7 du décret précité.

vendre les futaies jusqu'à concurrence de ce que peut exiger le rétablissement des objets qui sont à réparer dans les fonds du bénéfice (1).

295. Nous avons dit que les titulaires de bénéfices ecclésiastiques étaient dispensés de fournir un cautionnement : il n'en est pas de même de l'inventaire ; il en doit être fait un, à chaque mutation de titulaire, par le trésorier de la fabrique, portant récolement de l'inventaire précédent, des titres, des instrumens aratoires, et de tous les ustensiles ou meubles d'attache, soit pour l'habitation, soit pour l'exploitation des biens.

Dans la constitution de l'usufruit ordinaire, la loi protége suffisamment les droits du propriétaire, en traçant des règles au moyen desquelles il puisse s'en assurer la conservation : elle ne lui doit rien de plus, parce qu'il est là, et qu'il peut agir lui-même.

Mais en ce qui touche aux biens et droits d'un bénéfice, le législateur a dû porter plus loin sa prévoyance, parce qu'ici l'église, qui est propriétaire, n'est qu'un être moral et inactif par lui-même ; un être qui ne peut agir, comme le ferait un individu dans son intérêt privé. Il faut donc que les agens de la loi interviennent dans la cause du bénéficier, pour stipuler au nom du propriétaire, et il faut aussi l'emploi du recours à l'autorité publique, chaque fois que cela peut être utile.

(1) Voy. les articles 12 et 13 du décret précité ; — le nouveau Répert., au mot *futaies*, § 4 ; — et les arrêts du conseil rapportés dans la conférence de l'ordonnance de 1669, tit. 25, art. 2.

296. Ainsi, quoique les titulaires soient chargés de faire à leurs risques et frais toutes les poursuites en recouvrement des revenus de leurs bénéfices, ils ne peuvent néanmoins plaider soit en demandant, soit en défendant, ni même se désister, lorsqu'il s'agit de droits fonciers, sans l'autorisation du conseil de préfecture, auquel doit être envoyé un avis du conseil de la fabrique.

297. Ainsi, non-seulement toutes aliénations, constitutions d'hypothèque, ou impositions de servitudes, sont prohibées aux bénéficiers; mais ils ne peuvent pas même faire de baux excédant neuf ans, autrement que par forme d'adjudications aux enchères, et après que l'utilité en a été reconnue par deux experts nommés par le préfet, s'il s'agit de biens d'évêchés, de chapitre ou de séminaire, et par le sous-préfet s'il s'agit de biens de cures; lesquels ne doivent donner leur avis qu'après avoir soigneusement visité les immeubles qui sont à affermer.

298. Ainsi enfin, lorsqu'il s'agit de remboursement de capitaux dépendans d'une cure, c'est dans la caisse de la fabrique qu'ils doivent être versés par le débiteur, qui n'est libéré qu'au moyen de la décharge signée par les trois dépositaires des clefs de cette caisse; et s'il y a lieu à en faire le remploi, on doit y pourvoir, comme il est prescrit par le décret du 16 juillet 1810 à l'égard des communes, des hospices et des fabriques (1).

_____

(1) Voy. l'article 11 du décret du 6 novembre 1813, bul. 4.ᵉ série, tom. 19, pag. 379; et encore au bul. 302, tom. 13, pag. 39, 4.ᵉ série.

On trouvera dans le décret du 6 novembre 1813 beaucoup d'autres dispositions sur l'administration des biens dépendans des cures , évêchés et séminaires , que nous omettons de rapporter parce qu'elles sont étrangères à notre objet.

CHAPITRE IX.

De l'Usufruit qui appartient au Roi sur le domaine de la Couronne.

299. Le domaine de la Couronne se compose des palais , châteaux , parcs , forêts , fermes , manufactures et autres immeubles désignés au titre 1 de la loi du 8 novembre 1814 (1).

Il comprend aussi les divers effets mobiliers précieux qui sont indiqués par cette loi.

Le domaine de la Couronne est inaliénable et imprescriptible.

Il est destiné au soutien de la splendeur du trône, et doit successivement passer d'un prince régnant à l'autre.

Le Roi n'en est pas propriétaire, il n'en a que la jouissance ou l'usufruit.

Les biens qui forment ce domaine ne supportent point de contributions publiques.

Ils doivent être entretenus de toutes espèces de réparations aux frais de la liste civile.

Ceux qui sont susceptibles de produit peuvent être affermés , mais sans que la durée des baux puisse

(1) Voy. au bull. 50, pag. 345, tom. 2, 5.e série.

excéder le temps déterminé par les articles 595, 1429, 1430 et 1718 du code civil, pour les baux consentis par les usufruitiers.

Les bois et forêts faisant partie de cette dotation, doivent être exploités conformément aux lois et règlemens concernant l'administration forestière.

CHAPITRE X.

De l'Usufruit conventionnel.

300. Nous avons vu, dans les cinq chapitres précédens, ce qui concerne spécialement les diverses espèces d'usufruit légal : celui-ci est destiné à l'examen de ce qui concerne la constitution d'usufruit conventionnel.

Nous donnons cette dénomination généralement à tout usufruit établi par la volonté de l'homme; c'est-à-dire, lorsque c'est le propriétaire seul et non pas la loi qui en dispose.

Cette disposition peut avoir lieu, par testament, par donation entre-vifs, par contrat commutatif : *Omnium prædiorum jure legati potest constitui ususfructus...... Et sine testamento si quis velit usumfructum constituere; pactionibus et stipulationibus id efficere potest* (1).

L'usufruit est établi par testament, lorsque le testateur lègue seulement la jouissance de sa chose à quelqu'un, pour en réserver la nue propriété à son

_____

(1) L. 3, ff. *de usufructu*, lib. 7, tit. 1.

héritier : ou lorsqu'il lègue à l'un la nue propriété, et à l'autre la jouissance de son domaine : ou enfin lorsqu'il ne donne expressément que la nue propriété au légataire, cas auquel l'usufruit se trouve réservé de plein droit à l'héritier pour en jouir durant sa vie : *sancimus et hujusmodi legatum firmum esse, et talem usumfructum unà cum hærede finiri* (1).

Il est établi par donation entre-vifs, lorsque le donateur n'aliène que la nue propriété de la chose, en s'en réservant la jouissance ; ou lorsqu'il ne donne que l'usufruit ; ou enfin lorsqu'il cède à l'un le droit de propriété et à l'autre celui de jouissance.

Il est établi par contrat commutatif, lorsqu'il est l'objet direct d'une vente, d'un échange, d'une soulte de partage, d'une transaction, etc., etc. ; ou lorsque le vendeur aliène seulement la nue propriété du fonds en s'en réservant la jouissance.

Nous diviserons ce chapitre en quatre sections, dans lesquelles nous examinerons successivement, par qui, au profit de qui, sur quelles choses, et comment ou sous quelles modifications l'usufruit conventionnel peut être établi.

SECTION I.ʳᵉ

Par qui l'Usufruit conventionnel peut-il être établi?

301. La constitution d'usufruit, ainsi que nous l'avons fait voir au premier chapitre, opère un démembrement dans la propriété : elle emporte aliénation d'une partie du domaine, *rem alienat qui dat*

(1) L. 14, cod. *de usufructu*, lib. 3, tit. 33.

usumfructum (1) : deux conditions sont donc d'abord
requises dans celui qui veut établir un droit d'usufruit.

La première, qu'il soit propriétaire de la chose
dont il veut ainsi démembrer le domaine, attendu
que personne ne peut disposer que de ce qui lui appartient ;

La seconde, qu'il ait la capacité d'aliéner, puisque
la constitution d'usufruit est une aliénation.

Ainsi, la femme mariée ne pourrait, sans être autorisée par son mari ou d'office par le juge, établir,
par acte entre-vifs, un droit d'usufruit sur ses fonds.

Ainsi, pour établir un droit d'usufruit sur les fonds
d'un mineur ou d'un interdit, il faut employer les
formalités prescrites par les lois pour l'aliénation des
immeubles des mineurs.

302.   Quoiqu'on ne puisse donner ou léguer l'usufruit de la chose d'autrui, néanmoins le maître de
la nue propriété d'un fonds qui est déjà grevé d'usufruit au profit d'un tiers, peut encore en léguer le
droit de jouissance au profit d'un second usufruitier
qui commencera à jouir après le premier, parce qu'en
exécutant ainsi la volonté du testateur, on ne comprend rien, dans sa disposition, qui ne soit dépendant de son droit de propriété : *Si dominus nudæ
proprietatis usumfructum legaverit, verum est, quod
Marcianus scribit libro tertio quæstionum de fideicommissis, valere legatum : et, si fortè in vitâ testatoris vel ante aditam hæreditatem proprietati
accesserit, ad legatarium pertinere : plus admittit*

_____

(1) L. 7, cod. *de rebus non alienandis*, lib. 4, tit. 51.

Marcianus, etiamsi post aditam hæreditatem accessi-
set ususfructus, utiliter diem cedere, et ad legatarium
pertinere (1). Cette décision du jurisconsulte Marcien
n'est pas fondée sur ce qu'à Rome il était permis de
léguer la chose d'autrui, puisqu'il ne veut pas que le
legs du second usufruit soit exécuté avant l'extinction
de la jouissance du premier usufruitier.

303. Il ne suffit pas toujours d'être propriétaire
et d'avoir personnellement la capacité d'aliéner, pour
pouvoir disposer incommutablement ; il faut encore
que les droits des tiers ne soient pas lésés : ainsi,
comme l'usufruitier ne peut pas renoncer à son droit
d'usufruit, au préjudice de ses créanciers (622), de
même le propriétaire d'un fonds ne pourrait en aliéner l'usufruit en fraude des siens (1167).

504. Suivant les dispositions du droit romain,
l'usufruit pouvait être établi, par autorité du juge,
dans les partages judiciaires, en adjugeant la jouissance du fonds à l'un et la nue propriété à l'autre,
lorsqu'un corps d'héritage n'était pas susceptible de
partage sans détérioration, ou qu'il s'agissait de réta-
blir l'égalité des lots par une soulte : *Constituitur*
adhuc ususfructus, et judicio familiæ erciscundæ et in
communi dividundo, si judex alii proprietatem adju-
dicaverit, alii usumfructum (2) : cette règle de jurisprudence ancienne pourrait-elle encore être suivie,
aujourd'hui parmi nous ?

Sans doute un partage ainsi fait serait valable et
régulier, si les parties intéressées, étant majeures et

(1) L. 72. ff. *de usufructu*, lib. 7, tit. 1; — idem, l. 63, *eod.*
(2) L. 6, § 1, ff. *de usufructu*, lib. 7, tit. 1.

maîtresses de leurs droits, y avaient consenti, soit expressément, en adoptant positivement le rapport des experts qui l'auraient ainsi réglé, soit tacitement en le laissant homologuer après qu'il leur aurait été communiqué, et en tirant les lots au sort sans avoir préalablement (835) réclamé contre leur formation.

Mais le juge pourrait-il ordonner d'office, ou même sur la demande de l'une des parties, contre la volonté des autres, que le partage fût exécuté de cette manière? C'est ce que nous ne pensons pas, parce qu'aucune de nos lois nouvelles ne lui donne ce pouvoir, et que, loin de là, toutes leurs dispositions relatives à ce point en fait de partage paraissent lui refuser cette puissance exorbitante.

Et d'abord, lorsqu'il s'agit d'un fonds sur lequel on ne peut, sans détérioration, opérer autant de parts qu'il y a de copartageans, le code ne permet pas d'en attribuer forcément l'usufruit à l'un et la nue propriété à l'autre pour les remplir de leurs droits dans la chose indivise, puisqu'il déclare (827) impérativement que, si les immeubles ne peuvent pas se partager commodément, *il doit être procédé à la vente par licitation*, pour en partager le prix : d'où il est nécessaire de conclure qu'il ne serait plus permis à nos Tribunaux de suivre encore, sur ce point, la décision de la loi romaine (1).

En second lieu, lorsqu'il s'agit d'une simple soulte de partage, le code a encore pourvu à la manière dont elle doit être formée, sans recourir au remède arbitraire indiqué dans le texte du droit romain, puis-

(1) Voy. aussi l'art. 970 du code de procéd.

qu'il veut (833) que l'inégalité des lots en nature se compense par un retour soit en rente , soit en argent.

L'égalité est la base légitime de tout partage : attribuer l'usufruit à l'un et la nue propriété à l'autre , pour les remplir de leurs droits dans la chose commune , ce serait sortir de cette base, parce que la valeur de l'usufruit ne peut être estimée que d'après sa durée , qui nécessairement est inconnue : un semblable partage serait donc essentiellement arbitraire dans le point où il est le moins permis qu'il le soit.

Autoriser un tribunal à adjuger l'usufruit à l'un et la propriété à l'autre , contre le gré des parties ou de l'une d'elles, c'est lui donner le pouvoir , non d'adjuger à chacune d'elles ce qui lui appartient, mais de composer sur leur dépouillement, et de les forcer à jouer leur bien par un contrat aléatoire. On conçoit qu'un pouvoir aussi exorbitant ne peut exister dans nos Tribunaux.

SECTION II.

Au profit de qui l'usufruit conventionnel peut-il être établi?

305. L'usufruit est une propriété. En le considérant simplement sous ce premier point de vue, nous devons dire que sa constitution est soumise aux règles générales du droit commun sur la disposition des biens : mais c'est une propriété toute personnelle dans l'usufruitier, et intransmissible héréditairement ; et, sous ce second rapport les dispositions en usufruit sont nécessairement régies par des lois d'exception.

En nous plaçant d'abord sous l'empire des règles du droit commun, on doit dire que, pour recevoir parmi nous un droit d'usufruit et en jouir légitimement, il faut être capable d'acquérir et de posséder des biens en France, puisque c'est là un droit de propriété qu'il s'agit d'acquérir et de posséder.

Ainsi, avant la loi du 14 juillet 1819 abolitive du droit d'aubaine (1), l'on n'a pu disposer par testament ou par donation entre-vifs, d'un droit d'usufruit au profit d'un étranger, que dans le cas où cet étranger aurait pu disposer au profit d'un français (912), puisque c'est la condition à laquelle notre code subordonnait la validité de toute disposition à titre gratuit envers les étrangers.

Ainsi, au contraire, l'étranger a toujours pu acquérir, par acte commutatif, un droit d'usufruit en France, comme toute autre propriété foncière, parce qu'il n'est soumis qu'aux règles du droit des gens, pour les divers actes de ce genre.

Ainsi, le mort civilement ne peut recevoir un legs ni une donation d'usufruit (25), à moins qu'il ne lui soit accordé à titre d'alimens (1982).

Ainsi, au contraire, il pourrait acquérir un droit d'usufruit par contrat commutatif, parce que, nonobstant la mort civile dont il est frappé, il reste encore capable des contrats du droit des gens.

A l'égard des personnes qui ont la jouissance des droits civils, la règle générale est que toutes sont capables d'acquérir ou recevoir un droit d'usufruit, comme toute autre propriété, soit par contrats com-

(1) Voy. au bulletin 294, tom. 9, pag. 17, 7ᵐᵉ série.

mutatifs, soit par libéralités entre-vifs ou à cause de
mort; mais il y a des exceptions à cette règle, en ce
qui touche aux effets des libéralités, parce que le donataire ou le légataire peut être une personne prohibée relativement au donateur ou au testateur.

306. Ainsi, le mineur, quoique parvenu à l'âge
de seize ans, ne peut faire un legs d'usufruit au profit
de son tuteur; et même devenu majeur, il ne peut ni
par disposition entre-vifs, ni par testament, faire une
libéralité en usufruit au profit de celui qui a été son
tuteur, si le compte de celui-ci n'a été préalablement
rendu et apuré, à moins, dans l'un et l'autre cas, qu'il
ne s'agisse des ascendans qui peuvent être donataires
ou légataires de leurs descendans dont ils exerceraient
la tutelle, ou l'auraient exercée (907) sans en avoir
rendu le compte.

Ainsi, les enfans naturels ne peuvent, soit par
donation entre-vifs, soit par testament, rien recevoir, à titre d'usufruit, au-delà de ce qui leur est accordé par la loi sur les successions irrégulières (908).

Ainsi enfin, les docteurs en médecine ou en chi-
rurgie, les officiers de santé et les pharmaciens qui
ont traité, ou les ministres du culte qui ont assisté une
personne pendant la maladie dont elle est morte, ne
peuvent profiter des dispositions entre-vifs ou testamentaires qu'elle aurait faites en leur faveur durant
le cours de cette maladie, à moins qu'il ne s'agisse de
dispositions rémunératoires à titre particulier, et pro-
portionnées aux facultés du disposant et aux services
rendus; ou que, s'il s'agit de dispositions universelles,
le donateur ne soit décédé sans postérité, et que le

donataire ne soit son parent sans être plus éloigné que le quatrième degré ; ou enfin que, si le donateur a laissé de la postérité, le donataire ne soit un de ses descendans (909).

307. Suivant la jurisprudence de plusieurs Parlemens, attestée par divers auteurs (1), lorsque, dans l'ancien ordre de choses, l'un des époux avait légué l'usufruit de ses biens à l'autre, et qu'il y avait des enfans de leur mariage, les droits du légataire devaient être restreints à un simple droit d'usage, en sorte que l'époux nommé usufruitier ne devait prendre, au préjudice des enfans, sur les revenus de l'époux décédé, que ce qui lui était nécessaire pour ses alimens et son honnête entretien ; mais cette jurisprudence, contraire aux principes du droit (2), embarrassée par une multitude d'exceptions, et qui n'avait été établie que par des motifs d'équité cérébrine (3), ne doit plus être à considérer sous notre code, qui règle d'une manière positive les effets et l'étendue de toutes les libéralités entre époux.

308. Arrivons maintenant à l'application des règles d'exception qui doivent régir la donation ou l'acquisition de l'usufruit au profit de diverses personnes en faveur desquelles on voudrait ou l'établir, ou en étendre la durée.

En expliquant la définition de ce droit et traitant de sa nature, dans le premier chapitre de cet ouvrage,

___

(1) Voy. dans DESPEISSES, sur l'usufruit, art. 1, sect. 3, p. 622, n.° quarto ; et dans LAPEYRÈRE, lett. V, n.° 73.

(2) L. 37, ff. de usufructu legat., lib. 33, tit. 2.

(3) Voy. dans FABER, sur le code, liv. 6, tit. 17, déf. 14.

nous avons fait voir que l'usufruit est une propriété essentiellement temporaire, incessible autrement que par un transport imparfait, et intransmissible héréditairement ; et déjà nous avons signalé quelques-unes des conséquences qui dérivent de ces qualités particulières : mais si l'usufruit n'est pas, de sa nature, héréditairement transmissible, ne pourrait-il pas du moins être rendu tel, par la disposition de l'homme ?

Ne pourrait-il pas être établi sur plusieurs têtes ?

Ne pourrait-il pas être légué tout à la fois au profit de quelqu'un et de ses héritiers ?

Un homme ne pourrait-il pas le stipuler, par acte entre-vifs, tant pour lui que pour ses héritiers ?

Peut-il être établi, pour une durée quelconque, au profit d'une commune ou d'un établissement public ?

Telles sont les diverses questions dont l'examen doit trouver ici sa place.

PREMIÈRE QUESTION.

509. *Le droit d'usufruit pourrait-il être tellement modifié par la volonté de l'homme, qu'il fût, au moins pour un temps, rendu héréditairement transmissible ?*

L'usufruit n'est point une chose de pure convention : sa nature est fixée par la loi : il consiste dans le droit ou la faculté qui est accordée à quelqu'un de jouir du bien d'un autre : il ne peut être que cela. Or, cette faculté est essentiellement intransmissible par la voie de l'hérédité, puisqu'elle se rattache aux faits de l'homme, et que tout ce qui tient aux actes et faits de la personne, ou à l'exercice des facultés humaines, est nécessairement éteint par la mort : donc l'usufruit ne peut être rendu héréditairement transmissible, par l'effet de la volonté de l'homme; parce que ce serait vouloir lui imprimer une qualité inconciliable avec sa nature.

Le maître du fonds pourrait, sans doute, en léguer la propriété, au lieu d'en léguer l'usufruit seulement; comme tout testateur pourrait léguer une rente perpétuelle, au lieu de léguer une simple pension viagère; mais, du moment que l'un ou l'autre ne veut faire don que d'un droit viager, il ne peut le rendre transmissible héréditairement, parce qu'il ne peut efficacement vouloir deux choses contradictoires entre elles.

Nous verrons ailleurs (1) que, lorsqu'il y a du doute sur le véritable sens des termes dans lesquels la disposition est conçue, on doit voir plutôt un legs de propriété qu'un legs d'usufruit dans celle par laquelle le testateur a clairement exprimé la volonté où il était que la chose léguée fût perpétuellement transmissible aux héritiers et ayans-cause du légataire; mais si l'empire des expressions dont il s'est servi n'est pas tel qu'il doive faire dégénérer la disposition en un don de propriété; si au contraire il a clairement déclaré ne vouloir léguer qu'un droit d'usufruit, l'objet de sa libéralité ne doit point être considéré comme perpétuellement transmissible aux héritiers et ayans-cause du légataire, parce qu'il y aurait contradiction dans les termes.

(1) Voy. au chap. 11, sous le n.º 497.

En un mot un droit d'usufruit qui aurait été établi pour toujours, ou pour être perpétuellement transmissible par la voie héréditaire, ne serait plus un véritable usufruit, mais plutôt un droit de superficie qui est un autre genre de propriété, dont nous parlerons à fin de cet ouvrage.

SECONDE QUESTION.

310. *Le droit d'usufruit peut-il être établi sur plusieurs têtes?*

L'usufruit serait établi sur plusieurs têtes si le legs en était fait à deux ou plusieurs personnes, à condition que l'une serait appelée à le recueillir intégralement, et à en jouir après le décès de l'autre, qui en aurait également joui en totalité : mais une pareille disposition serait-elle en harmonie avec nos lois, et quels devraient en être les effets ?

La rente viagère est, comme le droit d'usufruit, intransmissible héréditairement, puisqu'elle s'éteint par le décès du rentier ; néanmoins elle peut être constituée sur plusieurs têtes (1972) : pourquoi en serait-il autrement de l'usufruit,

Aux termes de l'art. 580 du code, l'usufruit peut être établi ou purement, ou à certain jour, ou sous condition. Je pourrais donc léguer l'usufruit de mon domaine à deux personnes, en déclarant que l'une d'elles en jouirait, en totalité, pendant dix ans à dater du jour de mon décès, et que cette même jouissance totale appartiendrait à l'autre après les dix années de possession de la première : il n'y aurait rien dans cette disposition qui ne fût parfaitement conforme à la lettre et à l'esprit de la loi ; or, que la jouissance du légataire appelé en second ordre doive commencer au bout de dix ans, ou seulement au jour du décès du premier, c'est là une circonstance parfaitement accidentelle, et qui ne peut mettre obstacle à la régularité de la disposition : donc le droit d'usufruit peut être établi sur plusieurs têtes.

Déjà nous avons fait voir, dans la première section de ce chapitre (1), que, si le maître de la nue propriété d'un fonds dont la jouissance appartient à un autre, en lègue encore l'usufruit à une troisième personne, ce legs est valable ; et la loi (2) romaine veut qu'il reçoive son exécution dès le moment de l'adition d'hérédité, si le premier usufruit a été auparavant consolidé à la propriété, ou dès le décès du premier usufruitier, à quelque époque qu'il soit mort après le décès du testateur : voilà donc encore un texte positif qui consacre la constitution du droit d'usufruit du même fonds sur plusieurs têtes.

Lorsque le droit d'usufruit est établi sur deux têtes, ou au profit de deux personnes successivement appelées à jouir de la même chose, ce n'est pas par voie de transmission qu'il parvient du premier légataire au second, puisqu'il est intransmissible. Il en est de cette succession de jouissance comme il en serait d'un droit de survivance que le Gouvernement accorderait à un citoyen pour succéder un jour à un office de notaire, par exemple, après la mort du titulaire actuel. Lorsque le successeur ainsi nommé se trouverait

(1) Voy. sous le n.° 302.
(2) L. 72, ff. *de usufructu*, lib. 7, tit. 1.

appelé aux fonctions vacantes par la mort ou la démission du premier, ce n'est pas par la voie de transmission de la part de celui-ci qu'elles lui seraient acquises, puisqu'elles ne sont pas une propriété qui soit transmissible à d'autres par celui qui en est revêtu. Il en est de même de l'usufruit; et comme le second titulaire ne pourrait tenir son droit que du Gouvernement, de même le second usufruitier ne peut tenir le sien que du testateur : et de là résultent deux conséquences qu'il faut bien remarquer :

311. *La première*, que, quand c'est par disposition testamentaire que l'usufruit est établi sur deux têtes, il est nécessaire que le légataire appelé en second ordre soit déjà lui-même au moins connu au moment du décès du testateur, puisque c'est directement de celui-ci qu'il doit recevoir son legs, et que c'est là une condition à laquelle la loi (906) subordonne la validité des dispositions de cette nature.

312. *La seconde*, que, si c'est par acte entre-vifs que l'usufruit est établi sur la tête de deux personnes étrangères l'une à l'autre, il faut aussi que les deux donataires soient déjà existans au moment de la donation (906), et que la libéralité soit acceptée par les deux, ou au nom des deux, puisqu'elle doit être directement faite au profit de l'un et de l'autre.

Nous disons *de deux personnes étrangères l'une à l'autre*, parce que, comme nous le verrons plus bas, les mêmes principes ne sont pas applicables, en tout, au cas où un droit d'usufruit aurait été stipulé par quelqu'un tant pour lui que pour ses héritiers.

TROISIÈME QUESTION.

313. *Peut-on léguer un droit d'usufruit à quelqu'un tant pour lui que pour ses héritiers? quelle est la nature d'une pareille disposition; et quels doivent en être les effets?*

Et d'abord, quelle est la nature d'une pareille disposition? renferme-t-elle une substitution vulgaire, ou, en d'autres termes, ces mots *pour lui et ses héritiers* doivent-ils être entendus dans le même sens que s'il y avait *pour lui et à son défaut pour ses héritiers*, en sorte que si le légataire nommé vienne à mourir avant le testateur, ses héritiers soient appelés à recueillir le legs; ou bien le testateur n'est-il censé avoir fait mention des héritiers que parce qu'il a prévu que son bienfait leur serait transmis par le légataire en nom propre, cas auquel toute la disposition serait caduque s'il venait à mourir avant le testateur?

314. Il y a des auteurs qui ont prétendu qu'il fallait faire, à cet égard, une distinction entre le legs de propriété et celui d'usufruit : que si le legs de propriété a été fait avec cette clause, *pour lui et ses héritiers*, sans exprimer autrement une substitution vulgaire au profit de ceux-ci, et que le légataire vienne à mourir avant le testateur, le legs se trouve caduc, même dans l'intérêt des héritiers survivans, auxquels il n'a pu le transmettre, parce qu'il ne l'avait pas recueilli : qu'au contraire, si c'est un droit d'usufruit qui ait été légué à quelqu'un, *pour lui et ses héritiers*, l'usufruit doit être alors considéré comme une rente viagère établie sur plusieurs têtes, parce qu'il y a plusieurs droits personnels et conséquemment plusieurs usufruits (1), en sorte qu'il ne devient caduc que relativement à la personne du légataire qui prédécède, et qu'il peut être demandé par son héritier qui a survécu.

La raison de cette différence, disent-ils, est fondée sur ce que, dans toute disposition, les termes doivent être appréciés suivant la nature des choses dont il s'agit, *secundùm subjectam materiem*; or, dans le legs de propriété, l'objet de la disposition est un, et il est essentiellement transmissible par la voie de l'hérédité; d'où il résulte que ces mots *pour ses héritiers* n'expriment qu'une chose qui, sans eux, serait déjà sous-entendue, et n'ajoutent conséquemment rien à la disposition : qu'au contraire, dans le legs d'usufruit fait à quelqu'un tant pour lui que *pour ses héritiers*, on ne peut pas dire que ces derniers mots ne signifient qu'une chose qui, sans eux, aurait été sous-entendue; on ne peut donc pas dire qu'ils n'ajoutent rien à la disposition : on doit bien plutôt les considérer comme dispositifs envers les héritiers du légataire, par la raison que le droit d'usufruit n'étant pas transmissible aux héritiers, le testateur ne peut les avoir nommés que dans l'intention de les appeler à recueillir son bienfait à défaut de leur auteur, ou après lui, comme dans le cas de la rente viagère établie sur plusieurs têtes (2).

(1) L. 38, § 12, ff. *de verb. obligat.*, lib. 45, tit. 1.

(2) Voy. dans GRIVEL, décis. 18, n.ᵒˢ 46 et 47; — dans VOET, *quando dies legat. ced.*, lib. 36, tit. 2, n.º 1 in fine; — dans JOANNES A SANDE, *decis. Fris.*, lib. 4, tit. 4, déf. 11, et les auteurs par lui cités.

315. Mais on trouve dans le journal du Palais, tome I, page 124, une savante dissertation par laquelle l'auteur fait voir que cette clause, *pour lui et ses héritiers*, renferme une substitution vulgaire, aussi bien quand il s'agit du legs de propriété, que quand il n'est question que d'une disposition en usufruit.

Cependant il y a cette différence entre l'un et l'autre de ces legs, que, dans celui de propriété, l'acceptation faite par le premier légataire fait évanouir la vocation de ses héritiers, tandis qu'il en est autrement dans le legs d'usufruit, ainsi que nous allons l'expliquer.

316. A l'égard des effets qui doivent résulter du legs d'usufruit, fait à quelqu'un tant pour lui que pour ses héritiers, on doit déjà les pressentir par ce qui a été dit sur la question précédente : car du moment qu'on peut, en général, établir un droit d'usufruit sur plusieurs têtes, ou au profit de plusieurs personnes qui en seront revêtues l'une après l'autre, il n'y aurait pas de motif pour soutenir que l'héritier du premier usufruitier ne peut, comme tout autre, être appelé à en jouir après lui.

La seule différence qu'on puisse reconnaître entre le cas où l'usufruit a été établi sur plusieurs têtes étrangères l'une à l'autre, et celui où il a été légué à quelqu'un tant pour lui que pour ses héritiers, consiste en ce que, dans le premier cas, toutes les personnes appelées à jouir de l'usufruit sont en noms propres ou nominativement désignées dans la disposition ; tandis que, dans le second cas, ce n'est que par l'expression du nom commun d'*héritiers*, que les appelés en second ordre se trouvent indiqués par le testateur.

Il est donc hors de doute qu'on peut valablement léguer un droit d'usufruit à quelqu'un tant pour lui que pour ses héritiers, et la loi romaine le décide formellement ainsi : *Repeti potest legatus ususfructus amissus qualicumque ratione, dummodò non morte ; nisi fortè hœredibus legaverit* (1).

317. Actuellement, pour apprécier les effets particuliers de ce legs, il faut se rappeler ce que nous avons établi plus haut sur la nature de l'usufruit, c'est-à-dire qu'il est une propriété essentiellement temporaire et intransmissible héréditairement.

L'usufruit est essentiellement temporaire ; donc le mot *héritiers* ne doit être ici entendu que de l'héritier ou des héritiers en premier degré du premier usufruitier, comme le décide la loi romaine (2) : car, si le bénéfice de ce legs devait passer aux héritiers du second degré, sans qu'ils y fussent nominativement appelés, ceux du troisième degré, et ainsi de suite, devraient avoir le même avantage, parce que le mot *héritiers* convient à tous également ; en sorte que l'usufruit deviendrait perpétuel, ce qui ne peut être.

Ainsi, quoiqu'en thèse générale l'expression *héritiers* s'entende des successeurs de tous les degrés indéfiniment, la force des choses veut qu'elle ne soit applicable ici qu'à ceux qui succèdent immédiatement en premier degré.

Il y a plus ; cette dénomination ne doit pas même être prise dans toute sa latitude, pour l'appliquer à toutes sortes de successeurs, comme lorsqu'il s'agit

---

(1) L. 5, ff. *quibus modis ususfruct. amittat.*, lib. 7, tit. 4.
(2) L. 14, cod. *de usufructu*, lib. 3, tit. 33.

d'une stipulation consentie au profit de quelqu'un et de ses héritiers ; parce que c'est un point de doctrine constant, enseigné par les auteurs (1) et fondé sur les textes du droit, que quand il s'agit d'une libéralité faite par testament au profit de quelqu'un et de ses *héritiers*, quelque générale que soit cette dernière dénomination, elle doit être restreinte suivant la nature du sujet qui forme l'objet de la disposition; et qu'il n'y a pas de sujet dans lequel cette restriction soit plus impérieusement commandée que dans celui qui nous occupe, puisqu'il faut tout à la fois prolonger l'asservissement du fonds grevé d'usufruit, et faire passer, contre la règle commune, l'exercice de cette servitude d'une tête à l'autre. Le mot *héritiers* doit donc être ici borné aux enfans et descendans du légataire : comme autrefois lorsqu'il s'agissait d'une substitution fidéicommissaire dont un légataire était grevé en faveur d'un étranger, pour le cas où il ne laissait pas d'héritiers.

318. S'il s'agissait d'une convention ayant pour objet un droit de propriété, convention acceptée par quelqu'un tant pour lui que pour ses héritiers, ou d'un legs de propriété fait à quelqu'un tant pour lui que pour ses héritiers, il faudrait invoquer d'autres principes, et dire que tous les successeurs de l'acquéreur ou du légataire seraient indistinctement appelés à profiter de la chose acquise, puisqu'ils la trouveraient dans le patrimoine qu'il aurait voulu leur laisser : mais dans le legs d'usufruit fait à quelqu'un tant

(1) Voy. entre autres dans GUYPAPE, quest. 306 et 457; et dans GRIVEL, décis. 18, n.os 6 et suiv.

pour lui que pour ses héritiers, il en est tout autrement : ici les héritiers appelés en second ordre ne
trouvent pas leur droit d'usufruit dans la succession
de leur auteur ; ils ne sont pas héritiers dans cet usufruit ; ils en sont seulement légataires, et ne le tiennent que du testateur : reste donc la question de volonté pour savoir quelles sont les personnes que le
testateur peut être raisonnablement présumé avoir entendues par le mot *héritiers* : or, comme il s'agit ici
de l'exécution d'une disposition qui sort totalement
des règles du droit commun, la raison nous dit que
le mot *héritiers* ne doit y être pris que dans un sens le
plus rigoureusement étroit, et qu'en conséquence il
ne doit être appliqué qu'à ceux envers lesquels le testateur peut être présumé avoir eu le même degré de
bienveillance qu'il avait pour le premier usufruitier,
ce qui ne peut convenir qu'aux enfans et descendans
de celui-ci.

Ainsi, on ne doit point appliquer cette dénomination au légataire universel du premier usufruitier,
parce que ce serait user d'une impropriété de terme,
pour étendre au-delà de ses limites naturelles une disposition qu'on doit au contraire restreindre autant que
possible.

Ainsi, on ne doit point appliquer cette disposition
aux ascendans de l'usufruitier, qui pourraient accidentellement lui succéder, parce qu'en accordant un
simple droit de survivance, le testateur doit être présumé n'avoir eu en vue que ceux qui, suivant l'ordre
naturel des mortalités, devaient survivre au premier
usufruitier.

Ainsi enfin , les collatéraux ne doivent point participer au bienfait de cette disposition , parce que l'éloignement où ils peuvent se trouver , doit les faire considérer tous, comme étrangers à la pensée du testateur : *Si quis ita fideicommissum reliquerit :* « *Fidei tuæ ,* » *fili , committo, ut si alieno hærede moriaris, resti-* » *tuas Seio hæreditatem :* » *videri eum de liberis sensisse divus Pius rescripsit. Et ideò , cùm quidam sine liberis decederet , avunculum ab intestato bonorum possessorem habens , extitisse conditionem fideicommissi rescripsit* (1).

319. Lorsqu'un homme a fait un legs d'usufruit à quelqu'un tant pour lui que pour ses héritiers , et qu'on en est à examiner quels doivent être les droits de ceux-ci dans ce legs , il ne faut pas croire que le testateur soit présumé avoir voulu subordonner l'exécution de son bienfait envers ces seconds légataires , à l'acceptation qu'ils seraient tenus de faire de la succession de leur auteur ; car nous démontrerons bientôt le contraire : mais on doit au moins en tirer cette conséquence qu'en les désignant par le mot *héritiers*, il a voulu les appeler au partage de la chose léguée dans l'ordre suivant lequel ils sont appelés par la loi à succéder au premier usufruitier ; en sorte qu'ils doivent venir au partage de l'usufruit, par tête ou par souche, comme ils viendraient par tête ou par souche au partage de l'hérédité de leur auteur , s'ils l'avaient acceptée , puisqu'on voit par l'expression dont le testateur s'est servi, qu'il a voulu calquer sa vocation sur celle de la loi.

(1) L. 17, § 8, ff. *ad Senat.- Consult. Trebell.*, lib. 36. tit. 1.

Nous avons dit que l'usufruit était une propriété essentiellement temporaire, et nous venons de voir les conséquences qui en résultent.

Nous avons ajouté que l'usufruit était intransmissible; il nous reste à examiner aussi quelles sont les conséquences qui résultent de cette seconde qualité, pour l'exécution du legs qui nous occupe.

320. L'usufruit est essentiellement intransmissible : donc ce n'est pas par voie de transmission héréditaire que les héritiers du premier usufruitier le reçoivent. Les expressions de la loi que nous avons transcrites plus haut, sont bien remarquables sur ce point, *repeti potest ususfructus legatus,* dit-elle : ce n'est donc pas un droit d'usufruit transmis par le premier jouissant à ses héritiers, mais un droit répété par le testateur au profit de ceux-ci; *non transmissus, sed repetitus.* Le droit du premier usufruitier étant éteint par sa mort, ses héritiers ne peuvent le trouver dans sa succession, puisqu'il n'existe plus. C'est donc du testateur lui-même qu'ils le reçoivent directement et sans intermédiaire; et de là resultent plusieurs conséquences remarquables.

321. *La première*, que, pour qu'un pareil legs puisse avoir lieu au profit des héritiers, il faut qu'ils soient déjà au moins conçus au jour du décès du testateur, puisque c'est là une condition essentiellement voulue par la loi (906), pour être capable de recevoir une libéralité à cause de mort, en sorte que, si le premier usufruitier laissoit plusieurs enfans dont les uns eussent été conçus avant et les autres seulement après la mort du testateur, il n'y aurait que les

premiers qui fussent appelés à recueillir le bénéfice du legs d'usufruit.

322. *La seconde*, que le premier usufruitier ne pourrait, par aucune disposition, appeler ses enfans à jouir inégalement après lui de l'usufruit dont il s'agit, puisqu'ils ne tiennent aucunement leur droit de lui.

323. *La troisième*, que les enfans appelés à jouir de ce droit d'usufruit après la mort de leur père, ne pourraient en devoir aucun rapport à sa succession, puisqu'il ne leur proviendroit pas du patrimonie paternel.

324. *La quatrième*, que l'usufruit qui se trouve établi de nouveau au profit des enfans, exige un nouveau cautionnement, puisqu'il n'est pas le même usufruit pour l'exercice duquel la première caution avait répondu.

325. *La cinquième* enfin, que, pour participer à l'usufruit qui leur aurait été légué, les enfans ne seraient point tenus d'accepter la succession du premier usufruitier leur père : car, du moment que le mot *héritiers* ne désigne ici que les enfans et descendans du premier légataire, ainsi que nous l'avons établi plus haut, c'est comme si le legs avait été fait au père tant pour lui que pour ses enfans (1), ce qui ne suppose nullement que ceux-ci soient tenus d'accepter la succession paternelle, pour pouvoir profiter d'un legs qui n'a rien de commun avec cette succession.

Le testateur, en léguant l'usufruit de son fonds à quelqu'un tant pour lui que pour ses héritiers, n'a pu

_____
(1) Voy. dans GRIVEL, décis. 18, n.ᵒˢ 57 et 58.

avoir l'intention de forcer ces derniers à accepter la succession de leur père, lors même qu'elle serait onéreuse, parce qu'il n'avait aucun intérêt à imposer une pareille charge à son bienfait. On doit croire qu'il n'a pas voulu rendre sa libéralité illusoire ou onéreuse pour ceux envers lesquels il exerçait un acte de bienveillance.

Ainsi le mot *héritiers*, dans une semblable disposition, ne signifie rien autre chose que *héritiers présomptifs*, et non pas *héritiers* de fait : c'est un nom commun employé au lieu des noms propres des seconds légataires, pour les désigner, et rien de plus.

QUATRIÈME QUESTION.

326. *Peut-on stipuler un droit d'usufruit tant pour soi que pour ses héritiers; et quels doivent être les effets d'un tel contrat?*

Nous dirons ici, comme sur la question précédente, que le principe en est déjà résolu par les motifs exposés pour prouver que le droit d'usufruit peut être établi sur plusieurs têtes ; car, du moment qu'il est avéré que ce droit peut être établi par acte entre-vifs sur plusieurs têtes, c'est-à-dire au profit de plusieurs personnes étrangères entre elles, et successivement appelées à en jouir, il n'y aurait pas de raison pour soutenir que la même succession de jouissance ne peut avoir lieu lorsque le second usufruitier est en même temps appelé à recueillir l'hérédité du premier (1).

Cependant, lorsqu'il s'agit d'établir un droit d'usufruit, par acte entre-vifs, au profit de plusieurs per-

(1) Voy. sous les n.ºs 310 et 313.

sonnes qui sont étrangères entre elles, tous ceux qui sont appelés à en profiter doivent être participans à l'acte, parce que les conventions n'ont d'effet qu'entre les parties contractantes (1165), et qu'on ne peut en général stipuler que pour soi-même (1119), et non pour des personnes qui nous sont étrangères ; tandis qu'un homme peut stipuler tant pour lui que pour ses héritiers (1122), par la raison que l'héritier représentant le défunt, l'une des personnes ne peut être, en ce cas, considérée comme étangère à l'autre : nous avons donc encore à examiner ici quels sont les effets particuliers que doit avoir la stipulation du droit d'usufruit, faite par quelqu'un tant pour lui que pour ses héritiers.

D'autre part, il faut aussi savoir ce qu'on doit entendre par le mot *héritiers*, et à quel degré il doit être borné, puisque l'usufruit est une propriété essentiellement temporaire.

Ainsi, nous le répétons, quoique le principe de la présente question soit déjà résolu, elle doit recevoir encore, sous plusieurs rapports, beaucoup de nouveaux développemens.

327.   Voyons donc quel est le mérite d'une pareille stipulation, et comment elle doit être exécutée.

Dans le silence de nos codes, nous ne pouvons suivre ici un meilleur guide que la loi romaine : or elle déclare que cette stipulation est valable ; qu'elle a pour objet plusieurs usufruits, parce qu'elle porte sur des droits personnels établis au profit de plusieurs, et que l'héritier a l'action *ex stipulatu* pour obtenir le sien, comme il l'aurait pour se faire ouvrir l'entrée d'un fonds sur lequel on aurait stipulé pour lui, non un droit de servitude réelle ou foncière, mais un simple droit de promenade pour son agrément personnel : *Sed et si quis utifrui licere sibi, hæredique suo stipulatus sit : videamus an hæres ex stipulatu agere possit? et putem posse, licet diversi sint ususfructus : nam et si ire agere stipuletur, sibi hæredique suo licere, idem probaverimus* (1).

Il y a plusieurs usufruits : c'est-à-dire que l'usufruit qui est dévolu à l'héritier, par suite de cette stipulation, n'est pas le même que celui qui a été possédé par son auteur, et la nature des choses s'oppose à ce qu'il soit le même, puisque le premier est éteint par la mort du premier usufruitier.

Le second usufruit est différent du premier, soit dans la personne de l'usufruitier, qui n'est pas la même, et dont l'une ne représente pas l'autre dans les droits purement personnels; soit dans l'état des choses qui peuvent avoir subi de grands changemens ; soit dans les droits respectifs des parties, lesquels sont toujours corrélatifs et proportionnés à l'état des choses ; soit enfin dans les obligations qui doivent toujours être correspondantes aux droits.

Puisqu'il y a deux usufruits, ce n'est pas par voie de transmission du même droit, mais par l'ouverture d'un nouveau, que l'héritier devient à son tour usufruitier lui-même : il ne peut trouver dans l'hérédité du défunt l'usufruit dont celui-ci avait été en possession, puisqu'il a été éteint par son décès : il ne peut en être saisi comme d'une propriété qui lui soit trans-

(1) L. 38, § 12, ff. *de verborum oblig.*, lib. 45, tit. 1.

mise, puisqu'il n'existe plus. Néanmoins il a une action pour en obtenir une nouvelle délivrance, parce
qu'il a été stipulé à son profit, de la part de celui auquel la loi donnait le pouvoir de le stipuler ainsi.
Quanquam etsi usumfructum sibi hœredique suo quis
stipulatus esset, dit Donellus sur le texte précité,
non tamen usumfructum vindicaret hœres, sed et ut
sibi constitueretur, in personam ex stipulatu ageret,
diversi sunt ususfructus, inquit Ulpianus : nam qui
defuncto constitutus erat, morte ejus extinctus est :
ex quo necesse est eum qui nunc petitur, alium esse
novum usumfructum, undè et hic repeti dicitur. L.
repeti, ff., *quis mod. ususfr. amitt.* 1. Cette action
en répétition de nouvelle constitution d'usufruit suppose bien la transmission de la stipulation sur la tête
de l'héritier qui agit ; mais il y a loin de là jusqu'à la
transmission de l'usufruit lui-même.

Chacun sait, en effet, que c'est un principe avéré
dans le droit, que nous pouvons stipuler une chose
pour notre héritier seulement, sans la stipuler (1523)
pour nous-mêmes (1). C'est une espèce particulière
de mandat que la loi nous accorde pour procurer un
avantage à notre héritier, sans que nous en soyons
participans nous-mêmes. Or, en ce cas, l'héritier ne
trouve pas la chose ainsi stipulée dans la succession
du défunt, puisque celui-ci n'en a jamais été propriétaire : il ne peut la recevoir par transmission, parce
que le défunt n'a pu lui transmettre ce qu'il n'avait
pas ; donc l'héritier peut avoir le droit d'agir directement en vertu de la stipulation faite pour lui, par son

_____

(1) Vid. l. 11, cod. *de contrahend. stipulat.,* lib. 8, tit. 38.

auteur, et qu'il peut agir de son propre chef, à l'exemple du commettant qui agit en vertu de la stipulation faite pour lui par son mandataire.

Tel est le résultat de la stipulation d'un droit d'usufruit, faite par quelqu'un tant pour lui que pour ses héritiers, que c'est comme s'il y a avait deux contrats : l'un conçu d'abord dans l'intérêt seulement de celui qui stipule, et l'autre consenti ensuite dans le seul intérêt des héritiers, à l'effet de créer un nouveau droit de jouissance à leur profit personnel, après l'extinction du premier usufruit.

Il y a donc transmission dans la stipulation, puisque les héritiers qui en demandent l'exécution pour eux, n'agissent qu'en vertu d'une action qu'ils tiennent du défunt : mais il n'y a pas transmission dans l'usufruit lui-même, puisque c'est un autre droit qui s'ouvre au profit des héritiers.

328. Voyons actuellement quelles sont les conséquences qu'on doit tirer de ces vérités de principes.

Il y a transmission dans la stipulation; donc il ne suffirait pas d'avoir la qualité d'héritier présomptif, mais il faut avoir accepté la succession du défunt pour pouvoir demander la délivrance de l'usufruit stipulé au profit de l'héritier, parce qu'il n'y a que celui qui est en possession de l'hérédité qui puisse proposer les actions que le défunt y a laissées.

Il y a transmission dans la stipulation; donc l'héritier testamentaire doit en profiter, comme celui de la loi, puisqu'il a le droit de recueillir tout ce qui est utile dans l'hérédité. C'est pour lui que l'auteur du contrat est censé avoir stipulé le droit d'usufruit, et c'est pour lui que ce droit est censé avoir été consenti, du moment qu'il est subrogé dans tous ceux de l'héritier légal.

Il y a transmission dans la stipulation; donc il n'est pas nécessaire que l'héritier qui en veut profiter, ait déjà été existant lors du contrat, comme il est nécessaire que tous les donataires soient déjà existans lors de la donation, quand il s'agit de la constitution d'usufruit à établir sur plusieurs têtes étrangères l'une à l'autre; attendu que, dans le cas de la stipulation dont nous expliquons les effets, l'action n'arrive à l'héritier que par la médiation du défunt qui avait pouvoir et qualité pour acquérir dans l'intérêt de son successeur, sans l'intervention de celui-ci et quel qu'il fût un jour.

Il y a transmission dans la stipulation; donc s'il y a plusieurs héritiers appelés à la succession du défunt, tous se trouvent aussi appelés à profiter, dans la même proportion, du bénéfice de l'usufruit stipulé pour eux, puisque l'action qui tend à en obtenir la délivrance est dévolue à tous.

Il y a transmission dans la stipulation; donc les héritiers, partageant la succession du défunt, peuvent placer cette action dans le lot d'un seul d'entre eux, comme s'il s'agissait de tout autre effet de l'hérédité, et le propriétaire du fonds grevé d'usufruit ne serait point recevable à s'opposer à ce mode de partage, sous le prétexte d'une plus grande longévité probable dans celui des héritiers qui se trouverait ainsi seul usufruitier pour l'avenir, parce qu'on lui répondrait qu'en consentant une pareille stipulation, il est censé s'être soumis à toutes les chances qui en dérivent naturellement.

Ainsi, lorsqu'un homme a stipulé un droit d'usufruit tant pour lui que pour ses héritiers, il y a transmission de la stipulation au profit de ceux-ci, non pour être maintenus dans la jouissance de l'usufruit dont le défunt avait été en possession, et qui s'est éteint par son décès ; mais pour obtenir la délivrance d'un nouveau droit qui leur sera également personnel, et ils sont à cet égard dans le même cas que si leur auteur ne l'avait stipulé qu'à leur profit, sans le stipuler aussi pour lui-même, en sorte que, dans ce nouvel ordre de choses, c'est aussi un nouvel usufruit qui prend naissance ; ce qui donne lieu à d'autres conséquences encore.

529. C'est un autre usufruit qui se trouve établi sur la tête de l'héritier : donc, à supposer que le défunt n'eût pas joui lui-même du sien, celui qui est en même temps propriétaire du fonds et débiteur personnel de l'usufruit, ne pourrait opposer à l'héritier du premier usufruitier aucune prescription résultant du non-usage de celui-ci, attendu que les droits du second n'étant ouverts qu'au décès du premier, ce n'est que dès cette époque qu'il peut être prescriptible à la décharge de celui qui en est débiteur (2257).

C'est un autre droit d'usufruit qui s'ouvre au profit de l'héritier : donc la caution fournie lors de l'entrée en possession du premier usufruitier, se trouve dégagée pour l'avenir ; donc il faut un nouveau cautionnement sur la constitution du nouvel usufruit(1).

C'est un autre usufruit qui s'ouvre au profit de l'héritier : donc il faut un nouvel inventaire et une nouvelle reconnaissance de l'état des choses, parce qu'il naît, à cet égard, un nouvel ordre dans les droits des parties intéressées.

C'est un autre usufruit qui commence sur la tête de l'héritier, après la cessation de celui qui est éteint par la mort du défunt : donc il n'est plus possible d'y renoncer pour le passé, parce qu'on ne peut pas renoncer à un droit qui n'existe plus ; donc les droits et obligations qui peuvent résulter de la jouissance du premier usufruitier, sont irrévocablement fixés entre son héritier et le propriétaire.

L'héritier pourrait bien renoncer, pour l'avenir, au nouveau droit d'usufruit qui s'ouvre à son profit, et se dégager par là des charges d'entretien, comme nous l'expliquerons dans la suite; mais sa renonciation, ne pouvant s'appliquer à l'usufruit qui n'est plus, ne le dégagerait point des charges de réparations et autres, à raison desquelles il y aurait déjà eu lieu à intenter quelques actions contre le défunt, parce que les droits acquis au propriétaire sur le premier usufruitier, sont irrévocablement fixés par le décès de celui-ci.

C'est un autre usufruit qui commence : donc il ne doit que ses propres charges, et il ne doit pas les charges de l'usufruit précédent; donc il faut reconnaître une séparation entre les charges courantes du nouvel

____

(1) Vid. DONELLUM in l. 38, § 10, n°. 10, ff. de verb. oblig., n°. 10

usufruit, et les obligations contractées par le défunt à raison de sa jouissance, lesquelles affectent le patrimoine qu'il a laissé, et ne sont autre chose que des dettes héréditaires qui pèsent sur tous les héritiers qui ont accepté la succession.

C'est un autre droit d'usufruit : donc si, par la combinaison du partage fait entre les cohéritiers, ce nouvel usufruit se trouve placé dans le lot d'un seul, il sera seul tenu de supporter, pour l'avenir, les char- \ ges d'entretien et autres naturellement inhérentes à ce droit; tandis que tous les cohéritiers doivent au contraire concourir à la fourniture des impenses nécessaires aux réparations dont l'obligation avait été déjà contractée par le défunt, pour la remise des choses en dû état, à l'époque de la cessation de son usufruit.

Nous terminerons en observant que, dans ce cas-ci, comme dans celui de la question précédente, l'usufruit ne doit avoir lieu qu'au profit de l'héritier du premier degré, et ne doit pas être étendu à ses successeurs, par les raisons expliquées plus haut.

CINQUIÈME QUESTION.

330. *L'usufruit peut-il être établi au profit d'une commune ou d'un établissement public; et, dans ce cas, quelle doit ou peut être sa durée?*

Il n'y a pas de doute que le droit d'usufruit ne puisse être légué soit au profit d'une commune, soit au profit d'un établissement public ou d'un corps quelconque reconnu par la loi, tels que sont les hospices, les séminaires, les colléges, etc., etc.; mais pour qu'il leur soit valablement acquis, il faut qu'ils obtiennent l'autorisation du Gouvernement (910), à l'effet de l'accepter, en se conformant aux formalités prescrites à cet égard par les lois.

Suivant le droit romain, l'usufruit qui avait été légué à une commune ou à un établissement public, devait durer cent ans, par la raison que la période d'un siècle est considérée, dans le droit, comme étant le terme extrême de la vie humaine (1); mais c'était prendre l'exception pour le fondement de la règle générale. Les auteurs du code ont, avec plus de justice, adopté un terme moyen, en déclarant que l'usufruit qui n'est pas accordé à un particulier, ne doit durer que trente ans (619).

Néanmoins un droit d'usufruit qui aurait été acquis, avant la promulgation du code, au profit d'une commune ou d'un établissement public, devrait encore étendre sa durée à un siècle, à dater du jour de son ouverture, parce qu'un droit dont on est une fois en possession, doit être acquis pour toute son étendue et pour toute la durée qui dérive de son titre constitutif, et qu'en conséquence la loi, survenue depuis, ne pourrait, sans effet rétroactif, en abréger l'exercice (2).

531.   Mais il ne faut pas confondre le droit d'usufruit qui aurait été laissé à une commune ou à un établissement public, avec un revenu ou une pension, ou une distribution de denrées qui leur auraient été annuellement légués : dans ce cas, le legs annuel

----

(1) L. 56, ff. *de usufructu*, lib. 7, tit. 1.

(2) Voy. sur les questions de rétroactivité notre traité sur l'état des personnes, tom. 1, pag. 28 et suiv.

serait perpétuel (1), attendu que la règle qui veut que la nue propriété ne soit pas perpétuellement séparée de la jouissance, ne trouve plus ici d'application.

Quoique le terme légal de l'usufruit laissé à une commune soit fixé à trente ans ; si le testateur lui avait assigné un plus long cours, et qu'elle eût été autorisée à accepter purement et simplement la disposition faite à son profit, elle devrait en jouir pendant tout le temps pour lequel il aurait été légué, attendu que la loi ne renferme aucune disposition qui interdise à l'homme la faculté d'étendre la libéralité au-delà de trente ans.

Nous avons fait voir plus haut que, quoique le terme légal de l'usufruit soit fixé à la mort de l'usufruitier, néanmoins il peut être valablement répété sur la tête de son héritier lorsque le testateur l'ordonne ainsi : à plus forte raison devons-nous dire que, quand il s'agit d'une commune ou d'un établissement public, le testateur qui leur lègue un droit d'usufruit peut, par une disposition expresse, en étendre la jouissance au-delà du terme fixé par la loi.

352. Mais si la commune ou l'établissement public venaient à être détruits avant les trente ans, l'usufruit serait éteint par cet événement, comme il est éteint par la mort de l'usufruitier ordinaire : *Si ususfructus civitati legetur : et aratrum in eâ inducatur, civitas esse desinit : ut passa est Carthago : ideòque quasi morte desinit habere usumfructum* (2).

----

(1) V. ll. 117 et 122, ff. *de legat.* 1; et l. 23, ff. *de annuis legat.*, lib. 33, tit. 1.

(2) L. 21, ff. *quib. mod. ususfruct. amitt.*, lib. 7, tit. 4.

Sur quoi il faut observer qu'il ne suffirait pas que les habitations d'un village eussent été détruites par un incendie, ou ravagées par l'invasion de l'ennemi, pour que le droit d'usufruit dont il jouissait auparavant fût considéré comme éteint; car, si les habitans, en reconstruisant même ailleurs, continuaient à faire corps de commune, ou section d'une autre commune, ils devraient aussi continuer à jouir du droit appartenant au corps moral qui n'aurait pas réellement cessé d'exister.

Mais si, par rapport à quelque grand crime dont on aurait jugé une commune responsable, le Gouvernement en ordonnait la dissolution, ce serait surtout le cas de dire que le droit d'usufruit dont elle jouissait, devrait être considéré comme éteint, par l'extinction du corps moral auquel il avait été accordé; et c'est surtout à un événement de cette nature que se rapportent ces expressions de la loi romaine : *Aratrum passa*.

SECTION III.

Sur quelles choses l'Usufruit conventionnel peut-il être établi?

333. Aux termes de l'article 581 du code, l'usufruit peut être établi sur toute espèce de biens, meubles et immeubles, qui sont dans le commerce. Il peut donc être établi :

Sur les bâtimens, les fonds de terres et leurs accessoires;

Sur des créances de toute espèce, même sur une

rente viagère; et, dans tous les cas, l'usufruitier a droit d'en percevoir les arrérages sans être tenu à aucune restitution (588);

Sur un droit d'usufruit même; et alors l'usufruitier, parvenu à la fin de sa jouissance, n'est obligé de rendre que le droit d'usufruit lui-même (1568), sans faire aucun rapport des émolumens qu'il en a perçus;

Sur les meubles qui, sans se consommer de suite, se détériorent peu à peu par l'usage (589), tels que le linge, les habits, les meubles meublans qui garnissent un appartement;

· Sur le bétail (583), soit qu'il s'agisse d'un ou de plusieurs animaux considérés comme autant d'individus, soit qu'il s'agisse d'une aggrégation composant un troupeau destiné à se reproduire par lui-même (616);

Enfin sur les choses fongibles qui se consomment par le premier usage, ou qui consistent dans le nombre, le poids ou la mesure, et qui par cette raison sont acquises en toute propriété à l'usufruitier, par la délivrance qui lui en est faite, à la charge d'en payer l'estimation, on d'en rendre une pareille quantité d'égale valeur en nature, à la fin de sa jouis · sance.

La constitution d'usufruit emportant un démembrement dans la propriété du fonds, la première condition requise pour pouvoir l'établir, c'est d'être propriétaire de la chose : ainsi le legs (1021), comme la vente (1599) ou la donation de l'usufruit de l'héritage d'autrui, seraient radicalement nuls.

334. Il faut aussi avoir la libre disposition du fonds : ainsi on ne pourrait établir un droit d'usufruit sur les fonds d'une commune, d'un établissement public ou de l'Etat, sans une loi autorisant cette aliénation, si ce n'est par la voie de la prescription dont nous parlerons dans un des chapitres suivans.

335. L'indivision de la propriété n'est point un obstacle à la constitution de l'usufruit sur ce qui nous en appartient. On peut aussi l'établir au profit d'un ou de plusieurs sur une partie, comme sur tout le fonds qui est à nous. En conséquence, celui qui n'est que copropriétaire d'un fonds possédé en commun avec d'autres, peut léguer l'usufruit de sa part indivise : *Ususfructus et ab initio pro parte divisâ vel indivisâ constitui potest* (1) ; comme s'il est seul propriétaire de l'héritage, il peut en léguer l'usufruit d'une portion seulement, laquelle n'étant pas désignée, serait censée de moitié ; *etiam partis bonorum ususfructus legari potest. Si tamen non sit specialiter facta partis mentio, dimidia pars bonorum continetur* (2). Enfin, comme le propriétaire d'un fonds pourrait en léguer l'usufruit à un seul, il peut aussi le léguer indivisément à plusieurs, qui sont alors maîtres de jouir en commun, ou d'opérer entre eux un partage de jouissance : *Sed si inter duos fructuarios sit controversia, Julianus scribit : æquissimum esse, quasi communi dividundo judicium dari, vel stipulatione inter se eos cavere qualiter fruantur. Cur enim, inquit, ad arma et rixam procedere patiatur prætor quos potest*

(1) L. 5, ff. *de usufruct.*, lib. 7, tit. 1.
(2) L. 43, ff. *codem.*

jurisdictione suâ componere? Quam sententiam Celsus quoque probat; et ego puto veram (1).

Lorsque le fonds sur lequel on prétend exercer un droit d'usufruit appartient à plusieurs, et que l'usufruitier, agissant en revendication de son droit, n'a attaqué qu'un des copropriétaires de l'héritage, soit qu'il ait été repoussé de sa demande, soit qu'il sorte vainqueur de la lutte, le jugement ne doit recevoir d'exécution que pour la part de celui qui a défendu, parce que l'usufruit est une chose divisible comme le fonds sur lequel il est établi, et qu'il n'y a point de solidarité entre les divers propriétaires du fonds, pour en accorder ou en refuser la délivrance : *Si ex communi prædio debeatur, uno ex sociis defendente, pro parte defendentis fit restitutio* (2).

336. La légitime ou réserve légale qui est assignée aux enfans ou autres descendans dans les successions de père et mère ou autres ascendans, ne peut être grevée d'usufruit au préjudice des légitimaires, parce qu'autrement ils ne l'auraient plus tout entière et telle que la loi veut qu'ils en obtiennent le montant, à l'exclusion de tous autres.

337. Une question, qui était autrefois controversée par les auteurs (3), consistait à savoir si le fils n'était pas obligé de se soumettre à la disposition du père, lorsque la charge d'usufruit était d'ailleurs compensée

---

(1) L. 13, § 3, ff. *codem.*
(2) L. 5, ff. *codem.*
(3) Voy. GALLIUM, *tractatu de fructibus*, disput. 15, art. 2; — HENRYS, liv. 5, chap. 4, quest. 51, tom. 3, pag. 226; — RAVIOT, quest. 137, tom. 1, pag. 416.

par l'avantage d'une plus grande quotité qui lui était laissée en propriété. Les uns soutenaient qu'en ce cas, le fils n'avait d'autre droit que celui d'opter pour s'en tenir à sa quotité légitimaire, et l'avoir franche de toute charge d'usufruit, sans rien emporter de plus dans la succession paternelle : d'autres voulaient au contraire, que le fils fût d'abord admis à revendiquer sa légitime dégagée de tout usufruit, et qu'après avoir reçu ce premier objet, comme un à-compte, il pût encore, lors de la cessation de l'usufruit légué à un tiers, exiger le surplus des biens contenus dans la disposition paternelle faite à son profit.

Cette question ne peut plus être l'objet d'une difficulté aujourd'hui : elle est, comme beaucoup d'autres, tranchée par l'article 917 du code qui porte que « si la disposition par acte entre-vifs ou par testament » est d'un usufruit ou d'une rente viagère dont la va- » leur excède la quotité disponible, les héritiers au » profit desquels la loi fait une réserve, auront l'op- » tion, ou d'exécuter cette disposition, ou de faire » l'abandon de la propriété de la quotité disponible. »

Quoique cet article mette fin aux controverses qui existaient dans l'ancienne jurisprudence, sur le point que nous venons d'indiquer, néanmoins nous ne gagnons pas tout, parce qu'il fait naître plusieurs autres difficultés que nous allons tenter d'aplanir ; mais reprenons-en d'abord les principales expressions.

338. *Si la disposition est d'un usufruit ou d'une rente viagère dont la valeur excède la quotité disponible,* comment connaîtra-t-on que la valeur de l'usufruit ou de la rente viagère doit excéder celle

de la quotité disponible? Si l'usufruitier ou le pensionnaire soutiennent la négative, faudra-t-il recourir à une expertise?

Nous croyons que non : soit parce que la loi qui défère l'option aux héritiers, les rend par là même juges de la cause; soit parce qu'en les soumettant à une expertise sur une chose absolument incertaine et purement aléatoire, on les forcerait à jouer sur leur droit de réserve, ce qui ne peut être exigé d'eux.

339. Mais si, d'une part, l'héritier est le maître de retenir sa quote légitimaire tout entière et d'abandonner le surplus de l'hérédité au légataire, pour lui tenir lieu de son legs d'usufruit ou de rente viagère, de quelque valeur qu'il soit; de son côté le légataire ne saurait être forcé à recevoir ce que l'héritier lui abandonne, sans avoir la certitude que ce qui lui est livré comprend réellement tout le surplus des biens laissés par le testateur; et c'est à l'héritier à faire voir qu'il n'en a pas trouvé davantage, parce qu'il doit démontrer la suffisance du payement qu'il offre.

340. Ici se présente une question qui n'est pas sans intérêt : elle consiste à savoir comment l'héritier doit démontrer la consistance des biens de l'hérédité, pour faire voir que l'abandon qu'il offre comprend réellement toute la quotité disponible. Suffit-il qu'il produise un état détaillé de l'actif et du passif de la succession, sauf au légataire à le combattre s'il le croit infidèle; ou faut-il un inventaire légalement fait et auquel le légataire aura été dûment appelé, comme partie principalement intéressée?

Pour soutenir que la formalité de l'inventaire est

indispensable, et qu'ainsi il n'y a que l'héritier bénéficiaire qui puisse profiter de l'option offerte par l'article 917 du code, on peut dire qu'il n'y a que celui
qui a fait emploi de ce moyen qui ne soit pas tenu
de toutes les charges héréditaires ; qu'il n'y a que lui
à qui la loi accorde (802) la faculté de se dégager du
payement intégral des legs et des dettes, en abandonnant aux créanciers et aux légataires tous les biens
de la succession ; que l'héritier pur et simple s'étant
personnellement obligé à payer les legs, même *ultrà
vires hæreditatis*, il y aurait de la contradiction à lui
accorder le droit d'en réduire aucun pour se conserver encore une plus grande part des biens du testateur.

Nonobstant ces raisonnemens, nous croyons que
le défaut d'inventaire ne doit pas faire perdre à l'héritier pur et simple le droit d'option décrété par l'article 917 du code.

Et d'abord, dans le cas où celui au profit duquel
on a fait un legs inofficieux d'un droit d'usufruit ou
de rente viagère, est lui-même un des héritiers,
ayant ce legs en préciput, l'acceptation pure et simple
de l'hérédité ne pourrait être suspectée par les autres,
parce que tous sont censés être également instruits de
la consistance des biens héréditaires qu'ils sont appelés à partager ensemble.

Si, en second lieu, l'on suppose que le légataire
soit un étranger, il faudra porter encore la même
décision, par cette autre raison qu'il s'agit ici du droit
de réserve légale, et que, si l'héritier légitimaire doit
faire inventaire pour n'être pas tenu *ultrà vires* à l'é-

gard des créanciers, il n'est pas soumis à l'observa-
tion de la même formalité, pour conserver sa légitime vis-à-vis des légataires. Quand il s'agit des
créanciers de la succession, tout héritier qui n'a pas
fait inventaire doit les payer intégralement, parce
qu'il représente le défunt qui était leur débiteur;
mais, lorsqu'il est question des légataires, en faveur
desquels le testateur a dépassé les bornes de ses pouvoirs en faisant des libéralités inofficieuses, l'héritier
de la réserve qui ne demande que sa légitime, vient
jure proprio: il n'est plus ici le représentant du défunt
en exigeant une chose qu'il ne tient que des mains
de la loi; il ne serait donc pas juste de l'écarter sous
prétexte du défaut d'inventaire (1).

341. *Les héritiers au profit desquels la loi fait une*
réserve; quels sont ces héritiers? Ce sont d'abord les
enfans et descendans du défunt : ce sont ensuite ses
ascendans, et enfin ce sont aussi les collatéraux en certaines circonstances, comme nous l'expliquerons plus
bas.

Auront l'option, ou d'exécuter cette disposition, ou
de faire l'abandon de la propriété de la quotité dis-
ponible; c'est là un cas singulier où il est permis au
débiteur de se libérer par la prestation d'une chose
au lieu et place d'une autre : par l'abandon d'une
chose qui n'était pas due, au lieu et place de celle qui
était due; mais tel est le moyen que la loi accorde à
l'héritier pour conserver intacte sa légitime.

L'acquittement que l'héritier obtient ainsi, par la

(1) Voy. dans LEBRUN, en son traité des successions, liv. 3,
chap 4, n.º 75.

subrogation d'une chose au lieu et place d'une autre, n'est donc pas un véritable payement, ni une vraie délivrance du legs, fait au légataire ; mais s'il y a quelque chose de changé dans les intérêts de celui-ci, ce changement ne touche qu'à l'exécution de la libéralité, et nullement au titre constitutif du legs, lequel reste absolument le même : d'où il résulte que, quoique la quotité disponible soit toujours une quote d'hérédité, une quote toujours constitutive d'un legs à titre universel quand elle a été directement léguée ; néanmoins le légataire d'usufruit ou de rente viagère auquel elle est abandonnée en compensation de son legs, ne devient pas, pour cela, légataire à titre universel : il n'est toujours qu'un légataire particulier, puisqu'il n'y a rien de changé dans son titre ; en conséquence de quoi les dettes et charges de l'hérédité ne le concernent pas plus après qu'avant l'abandon qui lui a été fait.

342.   S'il y a plusieurs héritiers, et que quelques-uns préfèrent se soumettre à l'exécution littérale de la disposition, tandis que d'autres veulent opter pour l'abandon de la quotité disponible, le légataire sera forcé de recevoir ainsi différens payemens de chacun d'eux ; parce que les divers cohéritiers n'étant tenus chacun que pour leurs quotes parts des charges de la succession (875), c'est comme s'il y avait autant de legs qu'il y a de cohéritiers ; pour quoi chacun d'eux peut prendre séparément le parti qui lui convient le mieux.

Vainement opposerait-on à cette décision que, dans la dette alternative qui porte sur deux choses l'une, on ne peut forcer le créancier à recevoir une partie de l'une des choses et une partie de l'autre (1191); qu'en conséquence les héritiers ne doivent être écoutés qu'autant qu'ils se concertent tous pour faire la même option.

Il faut remarquer, en effet, qu'il n'y a point ici de dette alternative, et cela est évident, puisqu'il n'y a que l'usufruit qui ait été légué, et qui soit dû. Si les héritiers peuvent se libérer en offrant des propriétés au lieu de délivrer un droit de jouissance plus étendu, ce n'est pas que les fonds soient eux-mêmes compris dans le legs, car le légataire serait bien certainement non recevable à les demander; mais c'est uniquement parce que la loi permet aux héritiers de s'acquitter en payant une chose pour une autre : les fonds sont donc seulement *in facultate solvendi*, et non pas *in credito*. Cela étant ainsi, il ne doit y avoir, dans ce cas, aucune application des règles sur le payement de l'obligation alternative, puisqu'il n'y a point ici d'obligation de cette espèce. Et, comme il n'existe d'ailleurs aucune solidarité entre les héritiers pour le payement du legs, chacun d'eux doit être le maître d'en acquitter son contingent, comme il le juge convenable à ses intérêts.

343. Nous avons dit que ce droit d'option appartient à trois espèces d'héritiers, qui sont les descendans, les ascendans, et, en certaines circonstances, les collatéraux. Voilà donc trois ordres de successeurs que nous avons à passer en revue sur le montant de la quotité disponible dont ils peuvent être forcés de faire abandon, en tout ou en partie, pour conserver intacte leur quote légitimaire.

I. La réserve légale des descendans est différente suivant qu'elle doit être déterminée par l'article 913, ou par les articles 1094 et 1098 du code.

Aux termes de l'article 913, les libéralités soit par acte entre-vifs, soit par testament, ne peuvent excéder la moitié des biens du disposant, s'il ne laisse à son décès qu'un enfant légitime; le tiers, s'il laisse deux enfans; le quart, s'il en laisse trois ou un plus grand nombre. Cette règle est générale pour tous les cas où la libéralité n'aurait pas été faite par un des époux au profit de l'autre.

Ainsi, lorsqu'il n'y a qu'un enfant, il ne peut se rédimer du legs d'usufruit ou de rente viagère, fait au profit d'un étranger, par son père ou par sa mère, qu'en abandonnant au légataire la moitié des biens de la succession. Ainsi encore, lorsqu'il y a deux enfans, l'abandon doit être du tiers; et, s'il y en a trois ou un plus grand nombre, il doit être du quart de tous les biens.

Si le legs d'usufruit ou de rente viagère a été fait, par préciput, à l'un des enfans, l'abandon devra être du tiers ou du quart de chaque portion des autres, comme s'il s'agissait d'un légataire étranger.

544. Mais il faut observer que si le père ou la mère qui a fait la donation ou le legs d'usufruit ou de rente viagère, avait déjà précédemment fait d'autres libéralités, par actes entre-vifs, au profit d'un étranger, ou par préciput au profit d'un de ses enfans, les biens ainsi sortis de son patrimoine devraient être fictivement réunis à la masse de la succession, pour composer le montant de la réserve légale (922), et

ensuite précomptés sur la quotité disponible dont le légitimaire devrait faire abandon, parce que cette quotité aurait déjà été diminuée d'autant, par des actes irrévocables.

Ainsi, à supposer que la quotité disponible soit 12, et que le père ait déjà donné 9 par acte entre-vifs, l'enfant légitimaire ne devra plus abandonner que 3 au légataire de l'usufruit.

Mais si un légataire d'usufruit se trouve en concurrence avec un légataire de propriété; comme aucun d'eux ne devra avoir de préférence sur l'autre, et comme néanmoins leurs deux legs ne pourront comprendre que la quotité disponible, il faudra en venir à l'estimation du legs d'usufruit, comparativement à celui de propriété, pour régler la réduction qu'ils devront souffrir entre eux, et les valeurs respectives de leurs lots de partage dans la quotité disponible qui leur sera abandonnée par le légitimaire.

345. Lorsque c'est un des époux qui est donateur en faveur de l'autre, la légitime des enfans ne se forme plus de la même manière. Suivant l'article 1094, si l'époux donateur laisse des descendans, il ne peut donner à l'autre qu'un quart en propriété, et un quart en usufruit, ou la moitié de ses biens en usufruit seulement.

On voit par là qu'il faut faire ici une distinction entre le cas où le legs serait d'usufruit, et celui où il consisterait en une rente viagère, puisque la loi statue spécialement sur le *maximum* de la première espèce; sans s'expliquer également sur l'autre.

Si donc le legs inofficieux, fait par l'un des époux au profit de l'autre, ne consiste qu'en usufruit, les enfans n'auront point à s'en rédimer par l'abandon d'une portion quelconque de propriété, il leur suffira d'en demander la réduction jusqu'à concurrence de la jouissance de moitié des biens, puisque c'est là le *maximum* spécialement déterminé pour cette espèce de libéralité.

Si au contraire la donation inofficieuse était en rente viagère seulement, ou même partie en rente viagère et partie en usufruit, les enfans ne pourraient s'en rédimer que par l'abandon d'un quart en toute propriété, et d'un autre quart en usufruit, puisque la quotité disponible entre époux s'élève jusque là quand elle n'a pas été faite en usufruit seulement.

346. Suivant l'article 1098, l'homme ou la femme qui, ayant des enfans d'un autre lit, contracte un second ou subséquent mariage, ne peut donner à son nouvel époux qu'une part d'enfant légitime le moins prenant, et sans que, dans aucun cas, ces donations puissent excéder le quart des biens. Voilà encore une autre modification dans la quotité disponible envers les enfans, quand c'est un des époux qui est donataire.

Ainsi, à supposer que l'époux donateur, ayant des enfans d'un précédent mariage, ait fait à son époux en secondes noces une donation d'usufruit ou de rente viagère, les enfans du premier lit pourront s'en rédimer par l'abandon d'une portion de bien égale à celle du moins prenant d'entre eux, en quelque nombre qu'ils soient; ou par l'abandon du quart, quand même il n'y en aurait qu'un, ou deux seulement; en sorte que, dans ces deux derniers cas, la quotité disponible au profit du nouvel époux est bien

plus restreinte qu'elle ne le serait vis-à-vis d'un étranger auquel il aurait été permis de donner la moitié
ou le tiers; ou vis-à-vis d'un premier époux qui pourrait emporter jusqu'à concurrence d'un quart en toute
propriété, et d'un autre quart en usufruit.

547.   Pour l'entière intelligence de ce dernier article, il faut observer que les termes dans lesquels il
renferme spécialement la faculté de disposer au profit
d'un nouvel époux, et le retranchement qui doit s'en-
suivre, quand la donation est inofficieuse, ne sont
ordonnés qu'en faveur des enfans du premier lit, par
la raison qu'il n'y a qu'eux qui sont exposés à souffrir
du subséquent mariage de leur père ou de leur mère,
et qu'en conséquence il n'y a qu'eux qui doivent profiter de cette disposition restrictive de la loi.

Cette décision résulte positivement de l'article 1496
du code, qui, en statuant sur les conséquences de ce
que les meubles et dettes mobilières des époux tombent en communauté, veut que, si toutefois la confusion du mobilier et des dettes opérait, au profit de
l'un des époux, un avantage supérieur à celui qui est
autorisé par l'article 1098, *les enfans du premier lit de
l'autre époux aient l'action en retranchement.*

Si donc, au décès de la mère ou du père remariés,
il y avait aussi des enfans du second lit, on devrait
estimer, pour eux, la quotité disponible d'après l'article 1094, qui veut que l'époux qui a des enfans
puisse donner à l'autre époux jusqu'à concurrence du
quart en toute propriété, et d'un autre quart en usufruit; ou bien la moitié de sa succession en usufruit
seulement.

348. Il résulte de là que, dans cette nouvelle hypothèse, où il y aurait des enfans des deux lits, concourant ensemble à recueillir la succession de leur père ou de leur mère, il faudrait procéder à deux liquidations différentes, pour connaître les deux quotités disponibles qui seraient relatives aux uns et aux autres.

Pour parvenir à ce but, on devrait réunir ensemble toutes les portions des enfans du premier lit, et, après en avoir fait autant pour toutes celles des enfans du second lit, on opérerait successivement sur les deux masses, comme s'il y avait deux hérédités. La quotité disponible sur la masse des enfans du premier lit, serait déterminée par la disposition de l'article 1098; et pour la quotité disponible à l'égard des enfans du second lit, on devrait s'en rapporter au prescrit de l'article 1094.

Ainsi, à supposer que la libéralité faite au profit du nouvel époux fût en usufruit seulement, les enfans du second lit ne devraient offrir à leur père ou à leur mère donataire que la jouissance de la moitié de leur masse; et à supposer que le don fût en rente viagère, ils ne pourraient s'en rédimer qu'en offrant un quart en toute propriété, et un autre quart en usufruit de cette même masse.

Ainsi, au contraire, pour se rédimer d'un legs, soit de rente viagère, soit même d'usufruit qui serait jugé inofficieux, les enfans du premier lit n'auraient autre chose à offrir que l'abandon, en toute propriété, d'une portion égale à celle du moins prenant d'entre eux, en quelque nombre qu'ils fussent, sans néanmoins que cette portion pût excéder le quart de leur masse.

349. Il faut bien remarquer, en effet, que quand la donation ou le legs n'a été fait qu'en usufruit seulement, par un des époux au profit de l'autre, les enfans provenant de leur mariage commun n'ont autre chose à faire qu'à en demander le retranchement jusqu'à concurrence de moitié. Si le donateur a voulu l'étendre plus loin, ils ne sont obligés de s'en rédimer par la cession d'aucune portion de propriété, parce qu'alors le legs qui n'est qu'en usufruit, a son *maximum* spécialement déterminé par l'article 1094, à la jouissance de la moitié des biens. Il n'en est pas de même à l'égard des enfans du premier lit, vis-à-vis du nouvel époux de leur père ou de leur mère : ici c'est une autre quotité disponible particulièrement déterminée par l'article 1098, lequel, sans admettre l'alternative qui est établie par l'article 1094, veut généralement, et pour tous les cas, que la quotité disponible au profit du nouvel époux consiste dans une part égale à la portion de l'enfant le moins prenant, sans pouvoir excéder le quart. C'est donc là ce que les enfans du premier lit doivent offrir, même pour se rédimer du legs qui n'aurait été fait qu'en usufruit; et l'époux donataire serait fondé à l'exiger ainsi, pour se départir de son legs, puisque, vis-à-vis de lui, la quotité disponible s'étend jusque là.

550. II. Les ascendans sont aussi des héritiers à réserve, et conséquemment ils doivent avoir aussi la faculté de se rédimer du legs d'usufruit ou de rente viagère, par l'abandon de la quotité disponible.

Mais les ascendans peuvent être seuls héritiers, comme cela arrive lorsqu'une personne qui n'a ni postérité, ni frères ni sœurs, ni descendans d'eux, meurt (746) laissant ses père et mère survivans ; et ils peuvent aussi se trouver en concours avec des collatéraux, comme lorsque la personne morte sans postérité laisse ses père et mère survivans, et avec eux des frères et sœurs ou des descendans d'eux (751). Et ces deux hypothèses ne peuvent entraîner le même résultat, puisque les collatéraux n'ont point alors de réserve légitimaire.

Aux termes de l'article 915, « les libéralités par » actes entre-vifs ou par testament ne pourront excé- » der la moitié des biens, si, à défaut d'enfant, le » défunt laisse un ou plusieurs ascendans dans cha- » cune des lignes paternelle et maternelle ; les trois » quarts, s'il ne laisse d'ascendans que dans une » ligne. »

Si donc une personne morte sans postérité n'a laissé pour héritiers que ses père et mère, et a fait au profit d'un étranger une donation ou un legs d'usufruit ou de rente viagère qui soit regardé comme excessif ou inofficieux, les père et mère pourront s'en affranchir par l'abandon de la moitié des biens qui dans ce cas forme la quotité disponible. Et ce que nous disons des père et mère doit également être entendu de tous autres ascendans qui seraient aussi seuls héritiers, en sorte que les ascendans de chacune des lignes en re- tenant le quart qui leur est réservé, sur la masse ficti- vement grossie de toutes les donations (922), doivent rester affranchis, par l'abandon du surplus, envers tous légataires d'usufruit ou de rente viagère, ou autres.

351. « Les biens, ainsi réservés au profit des as-
» cendans, seront par eux recueillis dans l'ordre où
» la loi les appelle à succéder : ils auront seuls droit
» à cette réserve, dans tous les cas où un partage en
» concurrence avec des collatéraux ne leur donnerait
» pas la quotité de biens à laquelle elle est fixée. »

Si donc il y a des collatéraux en concurrence avec des ascendans, si, par exemple, le défunt a laissé pour héritiers, d'une part, ses père et mère qui sont appelés à recueillir chacun un quart à titre de réserve, et, d'autre côté, des frères et sœurs qui sont appelés à recueillir ensemble l'autre moitié sans avoir un droit de légitime ou de réserve dans la succession du défunt, la charge des legs pèsera entièrement sur ces derniers; mais alors comment devra-t-on mettre à exécution la donation qui n'a pour objet qu'un droit d'usufruit ou de rente viagère, et qui paraît excessive?

Si l'on a eu la précaution de faire inventaire, il est bien constant que les frères et sœurs du défunt peuvent se dégager de la pension viagère ou du legs d'usufruit, en faisant l'abandon de leurs droits (802); mais sont-ils obligés d'en venir là?

Nous ne le croyons pas : car en fournissant annuellement au légataire le montant de la rente viagère, ou le supplément d'un revenu annuel équivalent à ce qui manque dans son usufruit après la distraction faite de la réserve légale des père et mère, pourquoi les priverait-on de l'expectative de conserver les fonds, pour les avoir en toute propriété après la mort de l'usufruitier ou du pensionnaire?

Les héritiers collatéraux qui ont fait inventaire, et qui se trouvent dans cette position vis-à-vis d'un légataire d'usufruit ou de rente viagère, ne pouvant devoir à ce légataire au-delà de ce qui se trouve dans les biens, deviennent eux-mêmes créanciers de la succession, de tout ce qu'ils tirent de leurs propres ressources, pour acquitter annuellement les termes du legs. Ils peuvent en conséquence faire vendre les biens de la succession, pour se procurer leur remboursement; et si le prix de la vente n'était que suffisant pour les remplir de leurs avances, le legs deviendrait caduc pour l'avenir : si au contraire il était porté plus haut, on devrait annuellement payer le revenu total du legs, jusqu'à ce que le prix total de la vente fût épuisé.

Mais s'il n'y avait pas eu d'inventaire, les collatéraux qui se seraient portés héritiers purs et simples, devraient, en cette qualité, supporter la charge du legs de pension viagère sans réduction.

352. III. Nous avons dit que les collatéraux pouvaient aussi, en certaines circonstances, faire abandon d'une quotité disponible, pour se libérer d'un legs d'usufruit ou de pension viagère qui serait inofficieux à leur égard ; et cela doit avoir lieu toutes les fois qu'il s'agit d'un legs excessif fait au profit d'un enfant naturel légalement reconnu par le testateur : car, du moment que la loi lui attribue un apportionnement (757, 758), et qu'elle défend de lui donner au-delà (908), il en résulte que tout le surplus de la succession

est réservé même aux héritiers collatéraux, au préjudice desquels la donation ne peut s'étendre plus loin.

Ainsi, à supposer que le testateur ait légué à son enfant naturel, légalement reconnu, un droit d'usufruit trop considérable, ou une rente viagère excessive, les héritiers, même collatéraux, doivent avoir le droit de s'en rédimer par l'abandon, en toute propriété, du montant de la portion que la loi déclare disponible à son égard, et celui-ci doit s'en contenter, puisque c'est là tout ce que le testateur pouvait lui donner.

Quant au bâtard adultérin ou incestueux, comme il ne lui est dû que des alimens (762), si le testateur lui avait fait un legs en propriété, les héritiers pourraient lui en refuser la délivrance en lui offrant de remplacer le fonds légué par une pension alimentaire convenable, et si le testateur lui avait lui-même légué une rente viagère qui fût excessive, les héritiers pourraient en demander la réduction jusqu'à concurrence de ce qui serait nécessaire pour fournir à ses alimens, ce qui comprend l'habitation, le vêtement et la nourriture, parce que tous ces objets sont autant d'élémens de la pension alimentaire, ainsi que nous l'avons fait voir ailleurs (1).

555. La règle qui veut que la légitime soit laissée franche de toute charge d'usufruit, souffre néanmoins une exception à l'égard des ascendans; et quelques modifications à l'égard des enfans ou descendans, lorsque c'est un des époux qui dispose au profit de l'autre. Ces exceptions et modifications résultent de

_____

(1) Voy. au chap. 3, sous le n°. 60.

l'article 1094 du code dont nous avons déjà souvent parlé, et sur lequel il nous faut encore revenir pour en examiner les dispositions sous ce nouveau point de vue. Il statue dans les termes suivans :

« L'époux pourra, soit par contrat de mariage, soit
» pendant le mariage, pour le cas où il ne laisserait
» point d'enfans ni de descendans, disposer en faveur
» de l'autre époux, en propriété, de tout ce dont il
» pourrait disposer au profit d'un étranger, et, en
» outre, de l'usufruit de la totalité de la portion dont
» la loi prohibe la disposition au préjudice des hé-
» ritiers.

» Et pour le cas où l'époux donateur laisserait des
» enfans ou descendans, il pourra donner à l'autre
» époux, ou un quart en propriété et un quart en
» usufruit, ou la moitié de tous ses biens en usu-
» fruit seulement. »

Cet article mérite des réflexions particulièrement développées, eu égard aux grandes difficultés qu'on rencontre dans son application ; reprenons-en les termes principaux :

L'époux qui ne laisse point de postérité peut donner à l'autre tout ce qu'il pourrait donner à un étranger, et il peut lui donner, en outre, *l'usufruit de la totalité de la portion dont la loi prohibe la disposition au préjudice des héritiers*, c'est-à-dire l'usufruit de la réserve légale des ascendans, parce qu'il n'y a que les ascendans auxquels la loi assigne une portion indisponible, lorsque le défunt n'a point laissé de postérité (916).

Ainsi, dans le cas où l'époux qui dispose n'a point

de postérité, mais laisse son père et sa mère, il peut donner à l'autre époux la moitié de ses biens en toute propriété, et l'autre moitié en usufruit; et si le père ou la mère seulement était survivant, la donation faite à son préjudice pourrait s'étendre jusqu'aux trois quarts en pleine propriété, et à l'autre quart en usufruit.

Ainsi, encore, lorsque l'époux disposant n'a ni postérité, ni père ni mère, ni frères ni sœurs ou descendans d'eux, il peut donner en toute propriété, à l'autre époux, la moitié de ses biens, s'il laisse des ascendans successibles dans les deux lignes, ou les trois quarts s'il n'en laisse que dans une ligne, et en outre l'usufruit de l'autre moitié ou de l'autre quart qui sont dévolus en nue propriété aux ascendans de degrés supérieurs à celui des père et mère.

Ainsi enfin, si l'époux qui n'a ni postérité, ni père ni mère survivans, laisse des frères et sœurs, ou descendans d'eux, il pourra disposer, au profit de l'autre, de la totalité de ses biens en toute propriété, nonobstant qu'il ait d'autres ascendans, attendu que les frères et sœurs ou leurs descendans n'ont aucune réserve légale à prétendre, et que néanmoins leur présence met obstacle à la successibilité des ascendans de degrés supérieurs aux pères et mères (750).

Au premier coup d'œil on croit trouver quelque chose de choquant dans cet article du code qui permet à l'enfant de disposer même de l'usufruit de la réserve légale de ses père et mère ou autres ascendans : n'est-ce pas, en effet, rendre illusoire l'expectative de leur jouissance, en la renvoyant à un temps où, suivant le cours naturel des mortalités, ils ne doivent plus être existans?

Cependant, pour peu qu'on y réfléchisse, on est bientôt convaincu qu'il n'y a là aucune inconséquence:

D'une part, la successibilité, en tant qu'elle remonte des descendans aux ascendans, est la moins naturelle, précisément parce qu'elle ne suit pas l'ordre des mortalités: ce qui est ici dans la nature, c'est l'obligation imposée aux descendans de fournir des alimens et un honnête entretien à leurs ascendans, et non pas de leur laisser des successions. Le vieillard, qui n'a plus de famille à élever, n'a plus besoin de richesses: or, l'ascendant à qui on n'a laissé sa réserve qu'en nue propriété, peut la vendre pour se procurer des ressources, s'il est dans le besoin; et si le prix ne suffit pas pour cet objet, l'époux donataire devra lui-même fournir le surplus des alimens qui lui seront nécessaires, parce que c'est là une des charges annuelles de la jouissance, ainsi que nous l'établirons ailleurs: le vœu de la nature est donc rempli à l'égard de l'ascendant.

D'autre côté, si les auteurs du code n'ont pas dû appeler les époux à l'hérédité l'un de l'autre, préférablement aux parens successibles, parce qu'il serait possible que, durant l'épreuve de la vie commune, leur conduite n'eût pas répondu à la sainteté de leur union, du moins on ne devait pas mettre obstacle à ce que le survivant pût recevoir la récompense de ses soins et le prix de sa fidélité envers l'autre; et en étendant, sur ce point, le plus loin possible, la faculté de disposer, la loi ne fait que porter une décision conforme à la nature du lien conjugal : *Quamobrem relinquet homo patrem suum et matrem , et adhærebit uxori suæ* (1).

554. Dans le cas où l'époux laisse des descendans, il peut donner à l'autre époux, *ou un quart en propriété et un quart en usufruit, ou la moitié de tous ses biens en usufruit seulement.* Par ces expressions, *un quart en propriété*, on ne doit pas entendre seulement la nue propriété ; car, outre que ce serait s'écarter du sens naturel des termes, il faudrait encore admettre une rédondance dans les mots de la loi, puisque le quart en propriété et le quart en usufruit ne signifieraient rien autre chose qu'un quart en toute propriété.

Il résulte de cette disposition de la loi sur la quotité alternative qu'elle permet aux époux de se donner, au préjudice de leurs enfans, que si l'un avait donné à l'autre la généralité de ses biens, en toute propriété, ou seulement *tout ce dont la loi lui permet de disposer à son profit,* sans dire si c'est en propriété ou en usufruit, le donataire aurait le droit d'exiger le quart en toute propriété et un autre quart en usufruit, puisqu'on peut aller jusque là, sans qu'il y ait inofficiosité dans la donation, ni retranchement à faire sur les biens donnés ; mais qu'au contraire, si l'époux décédé avait donné à l'autre l'usufruit de la généralité de ses biens, ou tout ce dont la loi lui permet la disposition en usufruit, le donataire serait obligé de se contenter de l'usufruit de moitié, parce que la donation n'aurait été faite

(1) Genes. , cap. 2 , v. 24.

qu'en usufruit, et que c'est là *le maximum* de cette espèce.

355. Lorsqu'il s'agit de pousser à toutes les hypothèses particulières l'application des règles générales, on arrive quelquefois à des résultats qui paraissent bizarres : cet article du code nous en offre un exemple. L'intention prédominante des auteurs de cette disposition a été d'augmenter la quotité disponible des père et mère, lorsque la libéralité est faite par un des époux au profit de l'autre ; et leur motif a sans doute été qu'un donataire de cette qualité est toujours censé occuper le premier rang dans les affections du donateur, et que d'ailleurs la donation faite au père ou à la mère, est moins préjudiciable aux enfans qui doivent un jour en profiter indirectement, lorsqu'ils recueilleront la succession du donataire : cependant, si le donateur ne laissait qu'un enfant, il pourrait léguer la moitié de ses biens à un étranger (913), tandis que, d'après notre article, son époux survivant ne pourrait recevoir au-delà du quart en propriété, et d'un autre quart en usufruit, sans qu'il fût permis de dire, qu'il ne doit pas être d'une condition pire que toute autre personne, puisque le texte de la loi est si précis qu'il résiste à tout raisonnement interprétatif, tendant à porter plus loin la faculté de disposer entre époux, quand le prémourant laisse de la postérité.

Il ne serait pas raisonnable de dire que, par ces expressions *laisserait des enfans ou descendans*, le législateur employant le pluriel, a voulu qu'il y eût plusieurs enfans pour que la faculté de disposer fût

ici bornée à un quart en propriété et un quart en usufruit; car chacun sait que cette manière de s'exprimer par l'emploi du terme pluriel, est dans le style
ordinaire de la loi, et qu'on en trouve une multitude
d'exemples dans le code (1).

Aux termes de l'article 913, lorsqu'il s'agit de libéralités faites au profit d'un étranger, ou au profit d'un
des enfans, la quotité disponible de la part des père
et mère est de la moitié, quand il n'y a qu'un enfant;
du tiers, s'il y en a deux; et du quart, s'il y en a trois
ou un plus grand nombre; tandis que suivant l'article
1094 qui nous occupe, lorsqu'il s'agit de libéralités
faites par un des époux au profit de l'autre, elles
peuvent toujours s'étendre à un quart en propriété,
et un quart en usufruit, ou à la moitié en usufruit,
et ne peuvent jamais dépasser cette double limite fixée
aux deux espèces : si donc le père ou la mère qui veut
disposer d'une partie de ses biens, ne fait sa libéralité
qu'au profit d'un étranger, ou au profit d'un enfant
de prédilection; ou s'il ne la fait qu'au profit de l'autre
époux, il ne peut y avoir de difficulté dans l'exécution, puisque les règles qui sont spécialement relatives
à chacune des deux hypothèses séparément prises,
sont clairement tracées par le code.

Mais un père ou une mère, après avoir fait une
libéralité au profit d'un étranger ou d'un enfant, peut
encore en faire une au profit de l'autre époux, *et vice
versâ*, ou exercer sa bienfaisance envers les uns et
les autres par le même acte testamentaire : alors, ce

(1) Voy. les art. 731, 746, 753, 916, 951, 1048, 1049,
1081.

n'est que par la combinaison des dispositions des deux articles qu'on peut parvenir à fixer le montant de la double quotité disponible et de la réduction à faire, en cas de libéralités inofficieuses.

Les questions que le conflit de ces deux dispositions du code peut faire naître, sont très multipliées, et souvent fort difficiles à résoudre. Deux savans jurisconsultes, MM. Grenier et Toullier, ont déjà traité les principales : comme il faudrait un ouvrage *ex professo*, pour les traiter toutes, nous ne pouvons nous permettre entièrement une digression qui finirait par nous entraîner trop loin. Néanmoins nous tâcherons de donner, en passant, dans les propositions qui vont suivre, quelques aperçus des règles générales, que nous croyons devoir être suivies dans cette espèce de computation.

PREMIÈRE PROPOSITION.

356. *On ne doit pas faire concourir cumulativement, et chacune en somme totale, les deux quotités disponibles, au préjudice des enfans.*

Nous voyons dans les auteurs qui ont traité la matière, que c'est là une règle généralement admise.

La preuve s'en tire de la conséquence exorbitante à laquelle entraînerait la proposition contraire.

Si en effet il était permis de cumuler en somme totale, les deux quotités disponibles, il en résulterait qu'un père qui n'aurait qu'un enfant, et qui aurait déjà donné la moitié de on bien, en toute propriété, à un étranger, pourrait encore donner à son épouse, à prendre sur l'autre moitié, un quart en propriété, et un quatrième quart en usufruit, et qu'ainsi il ne resterait à l'enfant que la nue propriété d'un quart, pour toute légitime ou réserve légale : on sent que ce serait aller trop loin, et que cela ne peut être.

Il faut donc admettre un parti moins extrême, et dire que les deux quotités disponibles ne peuvent être cumulativement prélevées sur les successions des père et mère.

DEUXIÈME PROPOSITION.

357. *Les libéralités peuvent toujours atteindre jusqu'à la quotité la plus forte, lorsqu'elles ne sont faites qu'au profit des personnes en faveur desquelles cette quotité est fixée.*

Cette proposition porte en elle-même son évidence, puisque c'est au taux de la quotité la plus forte que la loi, dans chacune des espèces, borne le pouvoir du disposant.

Ainsi quoique, aux termes de l'article 913, le père qui a trois enfans ne puisse donner à un étranger, ou par préciput à l'un des enfans (1), que le quart de ses biens, il peut néanmoins donner à son épouse un quart en toute propriété, et un autre quart en usufruit, par l'effet de l'extension spécialement décrétée en faveur de celle-ci, dans l'article 1094.

Ainsi, au contraire, quoique celui qui n'a qu'un

(1) *Nota*. L'étranger pouvant toujours recevoir ce qu'on peut donner par préciput à l'un des enfans, *et vicissim ;* pour plus de brièveté, nous n'énoncerons que l'un ou l'autre dans la suite.

enfant; ne puisse, aux termes de l'article 1094, donner à son épouse qu'un quart en propriété et un quart en usufruit; il pourra néanmoins donner une moitié de ses biens en toute propriété, à un étranger, conformément à l'article 913, et jusque là il n'y a aucune espèce de difficulté dans l'application de ces deux dispositions du code.

TROISIÈME PROPOSITION.

358.   *Lorsque la quotité disponible qui, pris égard au nombre des enfans, forme le* maximum, *a été épuisée par une première donation entre-vifs, toutes autres libéralités, soit entre-vifs, soit testamentaires, sont inutiles et comme non avenues, sans que le premier donataire soit obligé de venir à contribution avec les autres.*

Cette proposition, fondée sur le texte de la loi (923), est aussi évidente par elle-même; car ce qui a été une fois irrévocablement donné à l'un, ne peut plus être donné à d'autres.

Ainsi, à supposer qu'un père, qui n'a qu'un enfant, eût donné la moitié de ses biens à un étranger, c'est en vain qu'il tenterait de donner encore quelque chose à son épouse : cette seconde donation ne pouvant avoir d'objet serait nécessairement inutile et sans effet.

Ainsi, à supposer que ce même père, ayant trois enfans ou un plus grand nombre, eût, par traité nuptial, donné à son épouse un quart en propriété et un autre quart en usufruit, ou même seulement le quart en toute propriété, toute autre donation qu'il voudrait faire par la suite, soit au profit d'un étranger, soit par préciput au profit d'un de ses enfans, resterait inutile et sans objet.

QUATRIÈME PROPOSITION.

559. *Lorsqu'il s'agit de combiner ensemble plusieurs legs, de quotité dont la masse est inofficieuse, et dont l'un est fait au profit de la veuve, et d'autres sont faits au profit d'étrangers, on doit s'attacher d'abord à reconnaître quelle est la quotité disponible la plus forte, et, après en avoir opéré la distraction, on doit la distribuer aux légataires, suivant la proportion comparative de leurs legs, et l'intention présumée du testateur.*

Ainsi à supposer que le testateur n'ait laissé qu'un enfant, on verra d'abord que la plus forte quotité devra être prise de l'article 913, et qu'elle sera de la moitié de tous les biens de la succession.

Dans cette première hypothèse, si le testateur a légué la moitié de ses biens à un étranger, et qu'il ait, d'autre part, légué la moitié de ses biens en usufruit à sa veuve, on devra considérer le legs de moitié, fait à l'étranger, comme ne portant que sur la nue propriété, et la veuve comme légataire de l'usufruit de cette même moitié, parce qu'il est naturel de présumer qu'un père n'aura pas voulu excéder les bornes qui lui sont prescrites sur la légitime de son enfant, et qu'en conséquence on ne doit pas croire qu'il aura eu l'intention de donner tout à la fois la moitié en toute propriété, et une autre moitié en usufruit : il n'y aura donc, en ce cas, aucune autre réduction à faire, par contribution entre les deux légataires. Mais c'est là un point sur lequel nous reviendrons encore plus bas.

Si, outre le legs de moitié fait à l'étranger, le testateur avait encore légué un quart en propriété et un quart en usufruit à sa veuve, ou ne pourrait ici, comme dans le cas précédent, présumer qu'il eût voulu se renfermer dans les bornes d'une seule de ses quotités disponibles, puisqu'il aurait expressément donné les deux.

Cependant il faudrait réduire les deux legs dans les bornes de la plus forte des deux quotités disponibles, qui est la moitié, et qui devrait être partagée entre les deux légataires dans la proportion de leurs droits.

Ce partage ne pourrait être opéré qu'après qu'on en aurait trouvé les bases dans l'estimation de chacun des legs ; et comme les droits de la veuve, quoique de diverse nature, ne devraient former qu'une seule masse estimative pour comparer la valeur de son legs avec celle de l'autre, il serait nécessaire d'estimer son droit d'usufruit pour le convertir en droit de propriété, à l'effet d'opérer une juste réduction des deux legs, en les renfermant l'un et l'autre dans la moitié des biens délaissés par le testateur.

Si, par exemple, l'usufruit légué à la veuve était estimé à la valeur de moitié du fonds, la masse totale de son legs serait d'un quart et demi, ou de trois demi-quarts ; tandis que la masse des droits de l'autre légataire serait de quatre demi-quarts : d'où il résulte qu'en dernière analyse, la moitié qui serait la plus forte quotité disponible délivrée aux deux légataires, devrait être partagée en sept parts, dont trois reviendraient à la veuve, et les quatre autres à ce légataire étranger.

Dans ce cas et autres semblables, les enfans n'auraient plus de legs d'usufruit à supporter, parce qu'ils doivent toujours être quittes des legs par l'abandon de la plus forte quotité disponible.

Il nous reste encore de semblables explications à donner sur les deux autres hypothèses dans lesquelles la quotité disponible prise de l'article 913 est différente, par rapport à la diversité du nombre des enfans; mais pour ne pas multiplier inutilement des calculs dont nous n'avons à indiquer que les bases, nous supposerons toujours qu'il s'agit d'un legs de moitié fait à un étranger, et du legs du quart en propriété avec un autre quart en usufruit fait à la veuve; ce qui conservera entre les deux légataires une proportion de droits que le lecteur pourra toujours apercevoir au premier coup-d'œil et sans peine.

Si le testateur avait laissé deux enfans, la plus forte quotité disponible serait du tiers, d'après l'article 913; tandis qu'elle serait d'un quart en propriété, et d'un autre quart en usufruit, suivant l'article 1094. Cependant les enfans ne seraient obligés de souffrir que la distraction d'une des deux; mais les légataires pourraient exiger la plus forte.

Pour connaître celle qui devrait l'emporter sur l'autre, il faudrait encore apprécier le droit d'usufruit légué à la veuve, comparativement à celui de propriété, à l'effet d'arriver à un résultat semblable à celui que nous avons indiqué dans la première hypothèse où il n'y avait qu'un enfant.

Le tiers à prendre comme quotité disponible d'après l'article 913, surpasse le quart d'un douzième : il s'agirait donc de savoir ce que vaudrait ce douzième comparativement à l'usufruit du quart pris dans l'article 1094, au-delà du quart en propriété.

Si, pris égard à l'âge de la veuve, l'usufruit n'était estimé qu'au tiers de la propriété, le quart légué en usufruit ne vaudrait qu'un douzième en propriété, parce que le tiers du quart est un douzième ; et, soit qu'on prît la quotité disponible dans l'article 913, soit qu'on la prît dans l'article 1094, on la trouverait toujours la même, c'est-à-dire que, dans l'une comme dans l'autre manière de la supputer, elle ne comprendrait toujours que le tiers de la masse totale de la succession ; et c'est ce tiers qui serait à partager entre les deux légataires, dans la proportion de leurs droits ; en sorte que, sur dix parts, il en reviendrait quatre à la veuve, et six au légataire étranger.

Si, dans cette même hypothèse, l'usufruit de la veuve était estimé à la valeur de la moitié du fonds, le quart en usufruit vaudrait un douzième et demi en propriété, puisque trois douzièmes sont la même chose que le quart : or, nous venons de voir que, quand l'usufruit est estimé au tiers, le quart en usufruit vaut un douzième du fonds, lequel douzième, ajouté au quart en propriété, donne justement le tiers du tout, ce qui fait qu'en ce cas les quotités disponibles prises des deux articles précités, tombent dans le même taux ; par conséquent, en ajoutant ici au quart la seconde valeur que nous supposons actuellement au même usufruit, laquelle est d'un douzième et demi, on aurait

nécessairement un demi-douzième ou un vingt-quatrième de plus que le tiers qui est la quotité disponible
quand on la prend dans l'article 913 : c'est donc un
demi-douzième ou un vingt-quatrième qui serait à
ajouter au tiers pour avoir la quotité disponible à
prendre sur la masse, au préjudice des enfans.

Ainsi l'on aurait, d'une part, un tiers ou huit vingt-
quatrièmes, et, d'autre part, un vingt-quatrième ; en
tout, neuf vingt-quatrièmes de la succession qui formeraient une seconde masse à partager entre les deux
légataires, et sur laquelle la veuve devrait avoir ses
trois parts de sept, et le légataire étranger les quatre
autres.

Si enfin le testateur avait laissé trois enfans ou un
plus grand nombre, la quotité disponible, qui, en la
prenant dans l'article 913, ne serait que du quart, se
trouverait alors bien inférieure à celle qui est fixée
par l'article 1094, puisque celle-ci embrasse tout à la
fois un quart en propriété et un autre quart en usufruit : c'est donc cette dernière dont les légataires auraient le droit d'exiger la délivrance, comme étant la
plus forte ; et il faudrait toujours opérer le rachat du
quart légué en usufruit, parce qu'on ne pourrait faire,
entre les légataires, le partage d'une masse qui n'aurait pas été rendue homogène avec les droits de l'un
et de l'autre.

En supposant que la valeur de l'usufruit fût portée
à la moitié de celle du fonds, il faudrait procéder
comme s'il y avait un demi-quart légué en propriété
au lieu du quart légué en usufruit : ce demi-quart ou
ce huitième admis comme rachat de l'usufruit, et

ajouté au quart légué en toute propriété, donnerait une masse de trois huitièmes de toute la succession, sur laquelle masse la veuve aurait ses trois parts de sept et le légataire étranger les quatre autres, parce que nous continuons toujours à supposer que le testateur ait voulu donner tout à la fois la moitié de ses biens au légataire étranger, et un quart en propriété avec un quart en usufruit à sa veuve, ce qui mettrait toujours les valeurs de leurs legs dans la proportion ci-dessus, ainsi que nous l'avons fait voir plus haut.

Vainement dirait-on que, si la quotité disponible, prise dans l'article 1094, est augmentée d'un quart en usufruit, cette augmentation n'a été décrétée que dans l'intérêt des époux; que par conséquent elle ne doit profiter qu'à la veuve; et qu'ainsi la veuve ne doit venir par contribution avec le légataire étranger, que quant au quart à elle légué en toute propriété, et en conservant à elle seule l'usufruit de l'autre quart : du moment, en effet, que le légataire étranger est également capable de recevoir en propriété et en usufruit, et du moment encore que ce légataire doit souffrir une diminution de son legs, en le confondant, sans en rien retenir, dans la masse contributoire qui doit s'établir entre les deux, il faut bien aussi que la veuve y confonde la totalité du sien.

CINQUIÈME PROPOSITION.

360. *Si le quart, qui est commun aux deux quotités, a d'abord été irrévocablement donné, le testateur n'a plus à sa disposition que ce que la plus forte quotité peut avoir d'excédant; et cet excédant ne peut être donné*

soit à l'époux, soit à l'étranger, que dans la mesure
suivant laquelle la loi permet d'appeler l'un ou l'autre
à la plus forte quotité dont il s'agit.

Les calculs contributoires que nous avons faits dans
le développement de la proposition précédente, ne
peuvent plus s'appliquer ici, puisque celui des donataires qui est à lui seul irrévocablement saisi du quart
qui lui a été donné par acte entre-vifs, ne peut être
tenu de le conférer en partage aux autres ; et comme il
ne s'agit plus que d'arriver au *maximum* de la plus
forte quotité disponible, celui en faveur duquel ce
maximum ou cet excédant a été décrété par la loi, ne
peut être tenu d'en faire aux autres un rapport qui
ne serait pas réciproque de leur part.

Ainsi, à supposer qu'il n'y ait qu'un enfant, cas
auquel la plus forte quotité disponible est prise de
l'article 913, et s'étend à la moitié des biens, si le
père a déjà irrévocablement donné un quart à son
épouse, il en aura encore autant à sa disposition, et il
pourrait donner ce second quart à un étranger, puisque la moitié elle-même aurait été disponible au profit de celui-ci, suivant le prescrit de l'art. 913 ; mais
s'il veut rendre son épouse participante à ce second
quart, il ne pourra plus lui donner que l'usufruit,
parce que le *maximum* des libéralités qu'elle peut recevoir de lui est fixé au quart en propriété et au quart
en usufruit, suivant la mesure qui lui est prescrite par
l'article 1094.

Ainsi, à supposer que le mari qui a irrévocablement donné un quart de ses biens à son épouse, laisse
trois enfans ou un plus grand nombre, il ne peut plus

rien donner, par préciput, à un de ceux-ci, ni à un étranger ; mais il peut encore donner un quart en usufruit à sa veuve, parce que la plus grande quotité disponible à l'égard de celle-ci n'est pas épuisée par sa première libéralité.

Ainsi enfin, à supposer que le père, qui par contrat de mariage a donné un quart à son épouse, laisse deux enfans, il n'aura encore, par là, épuisé aucune des deux quotités disponibles qui sont fixées par les art. 1094 et 913 du code.

Il n'aura pas épuisé celle de l'art. 1094, puisqu'aux termes de cet article, il pourrait donner à son épouse un quart en usufruit, outre le quart qu'il lui a donné en propriété.

Il n'aura pas épuisé non plus la quotité fixée par l'art. 913, puisqu'il n'aura encore donné qu'un quart; tandis qu'aux termes de cet article, le père qui n'a que deux enfans peut donner le tiers de ses biens : il aura donc encore, sur cette quotité, la libre disposition de ce que le tiers a d'excédant sur le quart, c'est-à-dire d'un douzième.

Il résulte de ces calculs que le père, placé dans cette position, pourra donner encore un quart ou trois douzièmes en usufruit, à son épouse, comme il pourrait aussi donner encore un douzième en toute propriété à un étranger; mais les deux quotités ne devant pas être cumulées, s'il veut donner ce douzième à l'étranger, il ne pourra pas donner en outre l'usufruit d'un quart entier à son épouse : il faudra donc, en ce cas, faire l'estimation comparative des valeurs du douzième en propriété et du quart en usufruit. Si, par exemple, eu égard à l'âge de la veuve, l'usufruit était estimé à la moitié de la valeur du fonds, le douzième disponible au profit de l'étranger serait équivalent à deux douzièmes en usufruit, et il ne resterait plus qu'un douzième en jouissance pour la veuve.

Dans cette hypothèse, si le père avait commencé par donner irrévocablement le douzième en toute propriété à un étranger, et qu'il eût ensuite légué le quart en usufruit à sa veuve, celle-ci ne pourrait plus prendre qu'un douzième en usufruit sur les biens restant à ses enfans.

Si au contraire c'était dans le même testament qu'il eût légué le douzième à l'étranger, et le quart en usufruit à sa veuve ; outre le douzième en usufruit que celle-ci prendrait sur ses enfans, elle devrait encore avoir la jouissance du douzième arrivant à l'étranger, par la raison qu'en léguant tout à la fois le fonds à l'un, et l'usufruit à l'autre, il est naturel de penser que le testateur n'a voulu donner que la nue propriété au premier.

En un mot, lorsqu'il s'agit de combiner les effets de plusieurs donations faites soit au profit de l'époux, soit au profit d'un enfant ou d'un étranger, et qu'ainsi la disposition de l'article 913 est réclamée d'une part, et celle de l'article 1094 invoquée d'autre côté, la première donation doit d'abord être exécutée en tout ou en partie sur le quart qui est commun aux deux quotités : ensuite il faut partir du principe que ce que l'une des deux quotités, fixée par ces articles, a d'excédant sur l'autre, ne peut être adjugé qu'à celui en faveur duquel cette plus grande quotité est disponible, parce que nul ne peut revendiquer, pour soi-même, un droit qui n'est établi que pour un autre.

SIXIÈME PROPOSITION.

361. *Lorsque les libéralités, faites par un père ou une mère, portent sur des objets particuliers, on doit tout à la fois procéder à l'estimation des objets donnés et à celle du surplus de la succession; parce que c'est là le seul moyen de connaître si les donations excèdent, ou non, la valeur de la quotité disponible sur le tout.*

Cette proposition s'applique également au cas des donations entre-vifs et à celui des libéralités testamentaires, puisqu'il faut suivre la même vérification dans l'un et dans l'autre.

Ainsi, à supposer que par deux actes entre-vifs, un père ait successivement donné son domaine de la Roche et son domaine de la Romaney, il faudra estimer, d'une part, la valeur de ces deux domaines, et d'autre part, la valeur de tous les biens laissés dans la succession; et si, en cumulant cette double estimation pour connaître le montant des réserves légitimaires qui doivent être calculées sur le tout (922), il est reconnu que la distraction des deux domaines qui avaient été donnés, excède la quotité disponible, le retranchement compétent sera fait sur les donations, en commençant toutefois par la dernière (923).

Ainsi, à supposer que ce ne soit pas par deux donations entre-vifs, mais seulement par des legs que le père de famille ait donné ses domaines de la Roche et de la Romaney, il faudra toujours procéder de la même manière soit à l'estimation de ces domaines,

soit à celle du surplus des biens, pour arriver encore
de même à la connaissance du montant des réserves
légitimes; et alors, si l'on découvre que les deux legs
excèdent la quotité disponible, le retranchement compétent devra être opéré sur les deux pris en masse,
attendu que, dans cette hypothèse, aucun des donataires n'a de titre préférable à l'autre, à moins que le
testateur n'ait déclaré que, ce cas arrivant, l'un des
legs serait réduit plutôt que l'autre.

Si les deux dispositions ne sont pas de même nature, et qu'on suppose que le domaine de la Roche
soit légué en toute propriété, tandis que celui de
la Romaney n'est légué qu'en usufruit, on sera toujours obligé d'estimer soit le montant des autres biens,
soit le montant des deux legs, pour connaître s'ils
doivent souffrir une réduction ; et comme aucun des
légataires ne doit obtenir de préférence sur l'autre
quand le testateur ne l'a pas dit, la réduction devra
toujours être prise sur la masse, pour porter proportionnellement sur chacune des libéralités.

Ainsi, en admettant que le domaine de la Roche,
qui est légué en toute propriété, soit estimé à 12,000
francs, et que l'usufruit du domaine de la Romaney
soit de même estimé à 12,000 francs, la valeur des
deux legs sera de 24,000 francs. Si, calculant sur cette
valeur, on trouve que le testateur a excédé sa quotité
disponible de 12,000 francs, il faudra retrancher
cette somme de la masse précédente ; ce qui réduira
à moitié chacun des legs, en sorte que le premier de
ces deux légataires n'obtiendra que la moitié de la
propriété du domaine de la Roche, et le second la

moitié seulement de la jouissance du domaine de la Romaney.

Si l'estimation du domaine de la Roche était portée à 20,000 francs, tandis que celle de l'usufruit du domaine de la Romaney ne serait élevée qu'à 10,000 francs, et qu'il y eût un retranchement de 12,000 francs à faire au profit des légataires, la valeur des legs serait réduite à 18,000 fr. au lieu de 30,000 fr. qui font le montant des deux pris ensemble ; ce qui les réduirait, savoir : celui du domaine de la Roche, à une valeur en propriété de 12,000 francs, parce qu'il serait obligé d'en relâcher huit ; et celui de la Romaney à une valeur de 6,000 francs, c'est-à-dire aux six dixièmes de son usufruit, dont l'estimation totale aurait été portée à 10,000 francs, et dont il serait forcé d'en délaisser quatre.

Si les deux legs avaient été faits en usufruit, et que les héritiers à réserve les jugeassent inofficieux, ils pourraient, pour s'en rédimer, abandonner aux légataires la quotité disponible, sans qu'il fût nécessaire, vis-à-vis d'eux, de procéder aux estimations dont on vient de parler ; mais, comme nous l'avons déjà indiqué plus haut, l'estimation qui ne serait pas nécessaire à l'égard des héritiers qui feraient cet abandon, deviendrait indispensable pour opérer, entre les légataires, le partage des biens qui leur auraient été abandonnés : il faudrait bien, en effet, connaître préalablement la valeur estimative de chacun de leurs legs en usufruit, pour leur attribuer à chacun une valeur correspondante dans la masse qu'ils auraient à partager entre eux.

SEPTIÈME PROPOSITION.

362. *Lorsque les libéralités, faites par un père ou une mère, sont toutes testamentaires, et qu'il s'agit de legs de quotités, les uns en propriété, les autres en usufruit, on doit faire porter l'usufruit légué à l'un sur le legs de propriété fait à l'autre, toutes les fois que la masse des deux legs computés autrement serait inofficieuse.*

Ainsi, lorsque dans le même testament, ou dans différens codicilles, on trouve qu'un père, ayant trois enfans ou un plus grand nombre, a légué, par préciput, le quart de ses biens à l'un de ses enfans, et qu'il a légué aussi l'usufruit de la moitié de son patrimoine à son épouse, on doit, pour l'exécution des deux dispositions, faire porter l'usufruit de la mère d'abord sur le quart légué en préciput à l'enfant, plutôt que de faire l'estimation des deux legs, en supposant le premier fait en pleine propriété, pour arriver ensuite à une réduction au marc le franc entre les deux légataires : car, quoiqu'en général le legs du quart doive s'entendre du quart en pleine propriété et non pas en nue propriété seulement, néanmoins cette présomption cesse, et la présomption contraire doit avoir lieu, lorsqu'on trouve un légataire de l'usufruit placé en concurrence avec celui de la propriété. Dans ce cas, le testateur parlant de l'usufruit par opposition à la propriété, est censé n'avoir voulu léguer que la nue propriété à l'un, puisqu'il voulait aussi léguer l'usufruit à l'autre, et que, pour l'entendre autrement, il faudroit supposer qu'il eût voulu excéder le taux de la loi à laquelle son devoir était de se conformer (1).

Il nous paraît qu'on devrait appliquer la même décision au cas où un légataire de propriété, à titre singulier, se trouverait en concours avec un légataire universel ou à titre universel de l'usufruit : dans cette hypothèse, si les deux legs, cumulativement pris, excédaient la quotité disponible, et si, pour rentrer dans les limites de cette quotité, il suffisait de faire porter l'usufruit légué à l'un sur la propriété donnée à l'autre, on devrait prendre ce parti, parce qu'il y aurait lieu de présumer que telle aurait été l'intention du testateur, plutôt que de supposer qu'il eût voulu dépasser les limites qui lui étaient imposées pour l'avantage de ses enfans.

Il en serait sans doute autrement si le préciput de l'enfant portait sur un fonds déterminé, et l'usufruit de la femme sur un autre fonds également déterminé, parce qu'alors on ne trouverait aucun point d'identité entre les objets de l'une et de l'autre disposition. On devrait, en ce cas, procéder suivant les règles expliquées sur la proposition précédente.

Il en serait autrement encore dans le cas où les deux legs cumulativement pris, l'un en toute propriété et l'autre en usufruit sur les biens restant aux enfans, ne dépasseraient pas la quotité disponible, parce qu'il n'y aurait pas lieu à donner la même interprétation aux dispositions du testateur. Qu'on suppose, par exemple, qu'un homme qui n'a qu'un en-

(1) Voy. cette décision plus développée au chap. 11, sous le n.° 505.

fant , ait légué le quart de ses biens à un étranger , et
un quart en usufruit à son épouse , on ne devra pas
faire porter cet usufruit sur le premier legs ; parce
que , n'y ayant rien dans les dispositions du testateur
qui démontre que les deux legs ne doivent porter que
sur le même quart , et les deux pouvant être intégralement exécutés sans blesser la réserve légale, on n'aurait pas de motif pour rejeter l'usufruit de la veuve
sur le legs de l'autre.

HUITIÈME PROPOSITION.

363.   *A l'exception des cas dont il est question dans
la proposition précédente , lorsque toutes les libéralités faites par un père ou une mère résultent d'actes
testamentaires , et , qu'en somme totale , elles excèdent
le montant de la plus forte quotité disponible , la réduction en doit être faite , au marc le franc , sans distinction entre les legs universels et les legs particuliers
(926) , parce que les droits étant ouverts en même
temps pour tous les donataires , aucun d'eux ne peut,
en ce cas , avoir de priorité sur les autres.*

Ainsi, à supposer que le père, qui ne laisse qu'un
enfant, ait légué le quart de ses biens à son épouse,
et le tiers de ces mêmes biens à un étranger, la moitié
qui est la quotité disponible la plus forte devra être
partagée en sept parts , dont quatre appartiendront à
l'étranger et trois à la veuve.

Ainsi encore, à supposer que le père, qui laisse
trois enfans, ait légué un domaine à un étranger et
le quart en propriété avec un autre quart en usufruit
à son épouse, la plus forte quotité qui est ici le quart

en propriété et le quart en usufruit, devra être partagée entre les deux légataires dans la proportion des valeurs de chacun des deux legs.

Mais, pour arriver à ce but, il faudra opérer le rachat de l'usufruit de la veuve, et le convertir en une portion de propriété d'une valeur égale à l'estimation qui aura été donnée à cet usufruit; puis on procédera conformément aux explications que nous avons données sur la quatrième proposition.

Néanmoins, porte l'art. 927 du code, dans tous les cas où le testateur aura expressément déclaré qu'il entend que tel legs soit acquitté de préférence aux autres, cette préférence aura lieu; et le legs qui en sera l'objet ne sera réduit qu'autant que la valeur des autres ne remplirait pas la réserve légale, c'est-à-dire, qu'autant qu'en laissant tous les autres dans la succession, il n'y resterait pas encore assez pour remplir les droits des légitimaires.

NEUVIÈME PROPOSITION.

364. *Lorsque, pour opérer la réduction proportionnelle des legs, il faut faire une composition de masse dans laquelle entrent tout à la fois des valeurs en propriété et des valeurs en usufruit, les juges sont obligés ou d'arbitrer eux-mêmes la valeur de l'usufruit comparativement à celle de la propriété, et d'ordonner que cette valeur sera préalablement déterminée par expertise.*

Cette proposition est fondée sur ce qu'il n'y a aucune disposition dans nos lois qui fixe la valeur comparative de l'usufruit et de la propriété, si ce n'est en ce qui touche au droit d'enregistrement, pour la perception duquel, en cas de mutation, l'usufruit est considéré comme valant la moitié du fonds (1) ; mais si cette estimation, qui n'est faite que dans l'intérêt du fisc, peut être invoquée comme exemple de comparaison, pour quelques cas particuliers, il est évident qu'elle ne peut être prise pour règle générale dans l'intérêt des citoyens entre eux : car, si l'usufruit légué à un homme de vingt ou trente ans peut valoir la moitié du fonds, il serait absurde d'en dire autant de celui qui serait légué à un vieillard de quatre-vingt-dix ans.

Lorsque, pour fixer la valeur de l'usufruit comparativement à celle de la propriété, il n'est question que d'apprécier la longévité probable de l'usufruitier, estimée d'après son âge connu, il peut n'y avoir pas de motif qui oblige les juges à renvoyer cet arbitrage à des experts ; mais s'il fallait préalablement faire une reconnaissance de l'état des lieux pour constater des dégradations dont les frais de réparations atténueraient la valeur de l'usufruit ou celle de la propriété, il serait alors nécessaire d'employer le moyen de l'expertise sur ce point de fait.

Nous terminerons cette section, comme la précédente, par l'examen de quelques questions particulières.

(1) Voy. l'art. 15, § 7 et 8 de la loi du 22 frimaire an 7, bull. 248, 2.e série.

PREMIÈRE QUESTION.

365. *Le mari pourrait-il établir, par acte entre-vifs, un droit d'usufruit sur le fonds dotal de son épouse; et quel pourrait être l'effet d'une pareille constitution d'usufruit?*

Il est hors de doute que le mari ne peut établir un droit d'usufruit proprement dit sur le fonds dotal, puisque la constitution de ce droit emporte un démembrement de la propriété, et que le mari ne peut aliéner les immeubles de la femme.

Néanmoins cette espèce d'aliénation ne serait pas nulle dans un sens absolu, attendu que, d'une part, le mari est usufruitier de la dot, tant que le mariage dure ou qu'il n'y a pas eu séparation de biens prononcée au profit de la femme, et que d'autre côté le code (595) permettant généralement à tout usufruitier d'aliéner son usufruit, ou les émolumens utiles de son droit au profit d'un tiers, il faut arriver à cette conséquence, que l'acquéreur ou le cessionnaire aurait le droit de se faire maintenir dans la jouissance qui lui aurait été cédée, tant que le mariage serait existant ou qu'il n'y aurait pas eu de séparation de biens prononcée entre les époux.

SECONDE QUESTION.

366. *Le fiduciaire possédant des biens grevés de substitution, peut-il établir un droit d'usufruit sur ces biens?*

L'héritier institué, ou le légataire avec charge de substitution, est réellement propriétaire des biens sub-

stitués; il pourrait donc établir, par acte entre-vifs,
un véritable usufruit sur ces biens : mais comme il
n'est propriétaire que sous une condition résolutoire,
la constitution d'usufruit ne peut être que résoluble
comme son droit de propriété.

Ainsi l'usufruit établi dans ce cas sera éteint par la
mort de l'héritier institué ou du légataire, si le substitué est survivant, et qu'il se présente pour recueillir
le fidéicommis : et au contraire, l'usufruit sera irrévocablement acquis à l'usufruitier, si le substitué,
venant à mourir avant le grevé, la propriété se
trouve, par ce prédécès, irrévocablement acquise à ce
dernier.

TROISIÈME QUESTION.

367. *Un fermier peut-il établir un droit d'usu-*
fruit sur son bail, et quels seraient les effets d'une
telle disposition ?

Quoique cette question doive se présenter rarement sous les termes précis dans lesquels elle est posée, néanmoins il n'est pas inutile de l'examiner, parce
qu'il peut arriver assez fréquemment qu'un homme
qui était locataire, ou qui avait pris des biens à ferme,
ait légué l'usufruit général de tous ses biens, et qu'il
soit nécessaire de reconnaître quels doivent être, dans
l'intérêt de ce légataire d'usufruit, les effets du bail
ou de la location, qui avaient été stipulés avec le défunt; ou qu'une femme engagée en qualité de fermière dans un bail qu'elle aurait stipulé elle-même,
ou aux obligations duquel elle aurait succédé comme
héritière de ses père et mère, vienne à se marier dans

cet état de choses, et qu'alors il soit nécessaire d'apprécier les droits du mari sur les actions du bail, en sa qualité d'usufruitier des biens de son épouse, si le mariage a été contracté sans communauté, ou sous le régime dotal; ou enfin que deux époux aient pris un domaine à ferme, et que, durant le bail, l'un d'eux mourant et laissant des enfans mineurs de dix-huit ans, le survivant se trouve usufruitier légal des actions des enfans dans le bail, comme dans le surplus de la succession du prédécédé.

Suivant la disposition du droit romain, si un fermier lègue à un tiers, pour le temps de son fermage, la jouissance du fonds qu'il tient à ferme, le legs est valable, et l'héritier doit non-seulement mettre le légataire en jouissance des fonds affermés, mais il est obligé en outre d'acquitter, même pour l'avenir, le canon du bail, comme étant une dette héréditaire qui affecte la succession qu'il a recueillie : *Qui hortos publicos à Republicâ conductos habebat, eorum hortorum fructus usque ad lustrum quo conducti essent, Aufidio legaverat : et hœredem eam conductionem eorum hortorum ei dare damnaverat, sinereque uti eum et frui : respondi hœredem teneri sinere frui. Hoc amplius hœredem mercedem quoque hortorum Reipublicæ præstaturum* (1). Il n'y a rien dans cette décision qui ne soit conforme à la justice; et elle doit encore être admise dans notre droit français, parce que la jouissance des fonds affermés étant acquise au fermier, pour la durée de son bail, il ne lègue réellement que le droit qui lui appartient. Néanmoins ce n'est pas là

(1) L. 3o, § 1, ff. *de legat.* 3.

un droit d'usufruit proprement dit, établi sur le domaine affermé, parce que la disposition du fermier
serait impuissante pour opérer un démembrement de
propriété dans ce domaine : ce n'est plutôt qu'un legs
de fruits que le légataire devra recueillir par lui-même
au lieu et place du fermier.

En ce qui touche l'obligation où est l'héritier de
payer, même pour l'avenir, le prix annuel du fermage, il faut observer que, dans le cas soumis à la
décision du jurisconsulte romain, le fermier n'avait
légué que la jouissance ou les fruits des fonds affermés, et non pas l'usufruit de son bail : ce qui serait
tout différent (1).

La jouissance du fonds affermé ne pourrait par elle-
même emporter la charge de payer aucune dette, parce
qu'elle n'aurait pour objet que des corps certains ; et
c'est ainsi que l'ont entendu les commentateurs (2).

Mais si un fermier léguait l'usufruit de son bail en
général, c'est-à-dire l'usufruit des droits et actions qui
lui seraient acquis par sa location, le legs n'aurait plus
pour objet la jouissance seulement de corps certains,
mais celle d'un droit indéterminé et général dans son
espèce ; et comme le *nomen juris* dont la jouissance
serait léguée, embrasse également l'actif et le passif
du bail, il faut en tirer cette conséquence que, dans
ce cas, l'usufruitier n'en percevrait les émolumens
utiles, qu'à la charge d'en payer aussi les fermages
durant sa jouissance.

(1) Voy. dans POTHIER, en ses pandectes, la remarque qu'il
fait sur le § 1 de la loi 30, ff. *de legat.* 3.

(2) Voy. dans VOET, *de usufructu*, lib. 7, tit. 1, n.° 39.

L'usufruit d'un bail n'est pas l'usufruit d'une chose corporelle : il n'est que l'usufruit d'un droit : cet usufruit consiste dans la faculté de jouir du droit qu'avait le fermier lui-même : or le fermier n'avait le droit de percevoir les fruits du fonds qu'à la charge d'en payer le fermage; il faut donc que l'usufruitier subisse la même condition et soit tenu d'acquitter la même charge, autrement il aurait une jouissance plus étendue que celle du fermier, ce qui ne peut être.

L'usufruitier d'un bail est donc évidemment tenu d'acquitter le passif annuel du *nomen juris* dont la jouissance lui a été léguée, mais en payant le prix annuel de la ferme, il se trouve nécessairement acquéreur des fruits annuels du fonds : d'où résulte cette autre conséquence que s'il y a de la perte, il doit la supporter, et que s'il y a du profit, tout l'avantage en doit être pour lui seul, parce qu'il se trouve annuellement dans la même position où serait un tiers qui achéterait à trop haut ou à trop bas prix les fruits du même fonds.

Sans doute, lorsqu'un fermier lègue à un tiers l'usufruit de son bail, l'espèce de transport qui a lieu au profit du légataire, ne change point les actions qui restent toujours au propriétaire du fonds, envers les héritiers de son preneur; comme lorsqu'un locataire sous-loue, il n'y a rien de changé à son égard dans les actions du bailleur primitif : mais il ne résulte rien autre chose de là, sinon que si les héritiers étaient actionnés par le propriétaire, ils auraient un recours assuré contre le légataire de l'usufruit, pour l'exécution de toutes les obligations du bail.

Ainsi, lorsque le mariage est contracté sans communauté, le mari qui épouse une femme engagée
précédemment dans un bail en qualité de fermière,
se trouve lui-même obligé au payement du fermage
en sa qualité d'usufruitier des droits et actions de son
épouse ; et le profit qui pourra en résulter lui doit
rester propre, comme les pertes qui peuvent aussi en
être la suite devront peser sur lui durant sa jouissance.

De même le légataire universel de l'usufruit de tous
les biens d'un locataire ou d'un fermier, doit durant
sa jouissance, exécuter les baux dans son intérêt et à
ses risques et périls.

De même enfin, le survivant des époux qui jouit, à
titre d'usufruit légal, des actions que ses enfans peuvent avoir, comme héritiers de l'autre, dans un bail
contracté durant le mariage, doit souffrir toutes les
pertes, comme il doit avoir tous les avantages et
profits qui peuvent en être la conséquence.

De là il résulte encore que si le bail était avanta-
geux pour le fermier ; que le propriétaire en provo-
quât la résolution, et que pour l'obtenir il payât une
somme quelconque en indemnité, cette somme appartiendrait à l'usufruitier seul, comme représenta-
tive du profit qu'il aurait été en droit de faire, en con-
tinuant l'exécution du fermage ; pourvu toutefois que
le temps pour lequel le bail aurait été stipulé ne s'é-
tendît pas au-delà de la durée de l'usufruit.

568.   Lorsque c'est le propriétaire de la maison
ou du domaine qui en lègue l'usufruit à son locataire
ou à son fermier, le legs opère une novation dans les

droits des parties. Le fermier cesse de jouir à ce titre, pour jouir par la suite à titre d'usufruitier : *Colono suo dominus usumfructum fundi quem is colebat legaverat. Agat colonus cum hærede, ita ut judex cogat hæredem ex locationis actione eum liberare* (1) ; mais quoi qu'en aient dit quelques auteurs (2), cette libération qui est acquise au fermier ou au locataire sur les engagemens du bail, n'a lieu que pour les prestations du temps à venir : elle ne doit point être appliquée à celles qui seraient déjà échues au temps de l'ouverture de l'usufruit : *sed de tempore præterito videamus, si quid ante legati diem pensionis debetur : et puto solvendum* (3). L'héritier pourra donc en exiger le payement comme d'un reliquat du bail qui a pris fin ; et réciproquement, si l'usufruitier avait, durant le temps pendant lequel il était fermier, fait des avances au propriétaire, ou des améliorations, *ad perpetuam rei utilitatem*, sur le fonds, ses actions en indemnité lui resteraient entières vis-à-vis de l'héritier ; *et consequetur ut neque mercedes præstet, et impensas quas in culturam fecerat, recipiat* (4). En un mot, l'usufruit du fonds légué à celui qui en jouit comme fermier ou locataire, emporte remise ou abolition de la location pour l'avenir ; *totam enim locationem legatam videri* (5) : mais les actions du bail

(1) L. 3o, § 1, ff. *de usufr. legat.*, lib. 33, tit. 2 ; vid. et l. 18, ff. *de liberatione legatâ*, lib. 34, tit. 3.

(2) Voy. dans DESPEISSES sur les servitudes, art. 1, sect. 3, n.° 1.

(3) L. 9, § 6, ff. *locati*, lib. 19, tit. 2.

(4) L. 34, § 1, ff. *de usufr.*, lib. 7, tit. 1.

(5) L. 16, in fin. ff. *de liberatione legatâ*, lib. 34, tit. 3.

restent acquises de part et d'autre pour les droits
ouverts ou échus précédemment, *reliqua quoque in
judicio locationis venire* (1).

QUATRIÈME QUESTION.

369.   *Peut-on léguer l'usufruit d'une servitude, ou
une servitude en usufruit seulement?*

Cette question peut être relative à deux cas, différens, suivant qu'il s'agirait d'établir une servitude
non encore existante, ou de léguer l'usage d'une servitude déjà établie. Ceci s'éclaircira par les hypothèses
suivantes.

Supposons, en premier lieu, qu'un homme possédant un fonds libre lègue, en usufruit seulement,
un droit de passage sur ce fonds à un voisin pour
arriver sur son héritage. Ce droit ainsi légué serait
bien participant de la nature des servitudes, puisqu'il
serait établi sur un fonds pour la desserte d'un autre
fonds; néanmoins il ne serait pas une véritable servitude, parce qu'il prendrait fin par la mort du légataire, sans être transmissible à ses successeurs : tandis
que la vraie servitude est perpétuelle dans sa durée
comme le fonds auquel elle s'applique. L'effet d'un
pareil legs serait donc de produire un droit de nature
mixte, c'est-à-dire, un droit d'usage au passage sur
le fonds désigné, ce qui est formellement approuvé
par la loi romaine : *Sed incerti actio erit cum hærede :
ut legatario quandiù vixerit, eundi, agendi, ducendi
facultatem præstet* (2).

(1) L. 17, ff. cod.
(2) L. 1, ff. *de usufruct. legat.*, lib. 35, tit. 2.

Mais cette décision, tirée du droit romain, n'est-elle pas en contradiction avec l'article 686 du code, portant qu'il est permis aux propriétaires d'établir sur leurs propriétés, ou en faveur de leurs propriétés, telles servitudes que bon leur semble, *pourvu néanmoins* qu'elles ne soient imposées ni à la personne, *ni en faveur de la personne;* mais seulement à un fonds et pour un autre fonds? ne résulte-t-il pas de cette disposition de la loi française qu'un legs semblable à celui qui nous occupe, doive être nul aujourd'hui, par la raison qu'il tendrait à établir, contre sa prohibition, une servitude en faveur de la personne?

Etendre jusque là cette prohibition du code, ce serait évidemment en outrer les conséquences : car, comment concevoir que le testateur qui pouvait léguer un droit de servitude perpétuelle sur un fonds, n'ait pu le grever temporairement de la même charge, en bornant les effets de son legs à la vie du légataire?

Déjà, dans le droit romain, on ne pouvait établir une servitude foncière au profit de la personne, parce qu'une véritable servitude est nécessairement corrélative à deux fonds : *ut pomum decerpere liceat, et ut spatiari, et ut cœnare in alio possimus, servitus imponi non potest* (1) : et cependant on n'a jamais dit que la première loi citée plus haut fût en contradiction avec celle-ci; elle n'est donc pas davantage en contradiction avec le code.

Lorsqu'on veut établir sur un fonds un droit en faveur de quelqu'un, la constitution de ce droit ne

(1) L. 8, ff. *de servit.*, lib. 8, tit. 1.

peut être nulle, ni aux yeux du code, ni aux yeux de la loi romaine, par cela seul qu'on n'a voulu l'établir qu'au profit de la personne et non pour l'utilité d'un héritage; mais il résulte de la disposition du code comme de celle de la loi romaine, qu'une faculté de cette espèce ne peut être ni un droit de servitude foncière, ni un droit qui soit de sa nature perpétuellement transmissible aux successeurs de celui au profit duquel il a été constitué, par ce que ce n'est qu'un droit d'usage : voilà toute la conséquence qu'on puisse justement tirer de l'article 686 rapporté plus haut.

570. Supposons, en second lieu, qu'il s'agisse d'une servitude déjà établie sur un fonds pour l'avantage d'un autre, et qu'on eût légué à quelqu'un l'usufruit du fonds dominant, il est hors de doute que le légataire aurait aussi la jouissance de la servitude qui est toujours un accessoire du fonds.

Si, au contraire, on n'avait légué que l'usufruit de la servitude, sans léguer aussi la jouissance du fonds pour la desserte duquel elle avait été établie, et que ce droit de servitude ne fût par lui-même productif d'aucun émolument particulier, comme un droit de passage, il est évident que le legs serait nul, parce qu'il n'aurait véritablement pas d'objet.

571. Mais serait-il également nul si le droit de la servitude était par lui-même productif de quelques émolumens utiles?

Je puis avoir le droit de prendre des échalas dans la forêt de mon voisin, pour l'usage de ma vigne : il est possible que j'aie un droit d'usage au bois de chauffage dans la forêt d'un autre pour la consommation des

habitans de ma maison : je puis avoir, sur le terrain
d'autrui, un droit de parcours pour les bestiaux nécessaires à l'exploitation d'un domaine ; un droit de tirer
de la marne pour l'engrais de mon fonds ; un droit de
tirer des pierres pour la reconstruction de mes bâtimens : dans ces cas et autres semblables, les droits d'u-
sage aux échalas, au bois de chauffage, au parcours,
etc., sont autant de servitudes réelles, puisque ce sont
des charges imposées à un fonds pour l'usage et l'utilité
d'un héritage appartenant à un autre propriétaire.
Pourrais-je léguer à un tiers l'usufruit de ces droits
d'usage aux échalas, au bois de chauffage et au parcours, sans lui léguer en même temps l'usufruit de la
vigne, de la maison d'habitation, et du domaine rural
pour l'utilité desquels ils ont été établis ? Un pareil
legs serait-il valable par la raison que ces sortes de
droits étant par eux-mêmes productifs d'émolumens
utiles, l'acte de libéralité ne serait pas sans objet ?

Nous croyons qu'un pareil legs serait nul, comme
contraire à tous les principes du droit en matière de
servitude.

1.° C'est une vérité constante que la servitude est
aussi essentiellement inséparable de l'héritage dominant que du fonds qui en souffre l'usage : et cela
résulte de la définition même que le code nous en
donne, lorsqu'il dit que c'est une charge imposée sur
un héritage pour l'usage et l'utilité d'un fonds appartenant à un autre propriétaire (637) : *ideò autem ser-*
vitutes prædiorum appellantur, quoniam sine prædiis
constitui non possunt. Nemo enim potest servitutem
acquirere vel urbani vel rustici prædii, nisi qui habet

prædium (1); or, léguer la jouissance du droit aux échalas, sans léguer aussi celle de la vigne, ce serait vouloir séparer du fonds l'exercice de la servitude qui lui est due; ce serait vouloir diviser ce qui est indivisible en droit; ce serait vouloir l'existence d'une servitude sans héritage auquel elle fût due : ce serait donc vouloir une chose impossible en droit.

2.º On ne pourrait admettre que l'usufruit de la servitude fût séparable de l'usufruit du fonds, sans être forcé d'arriver à cette conséquence que la servitude elle-même serait aussi séparable de la propriété du fonds; car on ne conçoit pas qu'une chose soit disponible et aliénable en usufruit sans être aussi aliénable en propriété : il faudrait donc dire que les droits aux échalas, au bois de chauffage, et au parcours, qui sont établis pour être perpétuels dans leur durée, peuvent être aliénés sans aliéner en même temps la vigne, la maison ou le domaine, pour l'utilité desquels on les avait établis, et qu'ainsi les acquéreurs de ces droits en jouiraient à perpétuité, et pourraient les transmettre indéfiniment à leurs successeurs ou ayans-cause; et dès lors ce seraient autant de servitudes réelles établies à perpétuité sur des fonds, au profit de la personne seulement, ce qui est littéralement prohibé par l'article 686 du code.

3.º Les droits dont nous parlons, considérés par rapport à leur qualité de servitudes constituées à perpétuité, sont donc inaliénables sans les fonds auxquels ils ont été attachés, puisque la loi ne veut pas qu'ils puissent être ainsi établis au profit des personnes seu-

_____

(1) L. 1, § 1, ff. *commun. præd*, lib. 8, tit. 4.

lement ; mais ils sont encore de leur nature inaliénables, par rapport à leur qualité de droits d'usage
parce que le code (631) déclare formellement qu
l'usager ne peut ni céder ni louer son droit à un autre

Que le droit d'usage soit perpétuel, comme ceu
dont il s'agit ici, ou qu'il soit temporaire dans s
durée, comme celui qui ne serait accordé qu'au prof
d'une personne, et qui s'éteindrait à la mort de l'u-
sager, peu importe ; c'est toujours un droit d'usage
et par conséquent un droit qui, de sa nature, es
incessible, par la raison que, dans l'un comme dan
l'autre cas, quand on en vient à l'exécution, sor
étendue doit toujours être mesurée sur les besoins de
personnes ou des choses pour lesquelles il a été établi
et qu'il ne serait pas plus permis de le séparer de ce
objets de corrélation, que de vouloir isoler un attribu
de son sujet.

4.º Quoique les servitudes soient naturellement per
pétuelles dans leur durée, néanmoins elles peuven
être éteintes par divers accidens. Suivant l'article 70?
du code, elles cessent lorsque les choses se trouven
en un tel état qu'on ne peut plus en user, c'est-à-dire
que la destruction ou le changement de nature du
fonds opère l'extinction perpétuelle ou temporaire des
servitudes elles-mêmes ; *quia sine prædio consistere
non possunt*, comme le dit aussi la loi romaine. Si
donc on arrive à la supposition que la vigne, pour
l'entretien de laquelle on avait établi un droit d'usage
aux échalas, vienne à être emportée par une ravine,
ou que réduite à un état ruineux par quelque maladie,
on la convertisse en pré ou en champ, le droit d'usage

aux échalas sera éteint. De même, si l'habitation pour l'avantage de laquelle on avait établi le droit d'usage au bois de chauffage, vient à être abandonnée, ou détruite fortuitement, ou démolie, ce droit d'usage cessera d'avoir lieu. De même encore, si l'on convertissait en vignoble le domaine pour l'exploitation duquel on avait établi un droit de parcours, cet usage ne pourrait plus être exercé.

372. Cela étant ainsi, comment concevoir que ces divers droits d'usage puissent exister séparément des fonds auxquels ils sont dus? Comment concevoir qu'on puisse valablement donner la vigne, la maison, ou le domaine à l'un, et transférer le droit aux échalas, ou au bois de chauffage, ou au parcours, à l'autre?

D'une part, on ne pourrait en agir ainsi sans blesser les droits du propriétaire du fonds asservi, soit parce qu'il n'y aurait plus de mesure pour régler le montant de la prestation qui serait exigée de lui, soit parce qu'en donnant à ces usages la nature de créances ayant une existence propre et indépendante, ils cesseraient de suivre la condition des fonds pour lesquels ils avaient été établis.

D'autre part, si l'on voulait que ces droits fussent toujours soumis à la condition des fonds, nonobstant qu'ils en eussent été séparés, on serait forcé d'arriver à cette conséquence que le propriétaire de la vigne qui la convertirait en pré, ou celui de la maison qui la démolirait ou la laisserait tomber en ruine, disposerait par-là même d'un droit d'usage qui ne lui appartiendrait pas : or on ne peut admettre un système dans lequel il serait permis à l'un de disposer de la propriété de l'autre.

Concluons donc que les droits de ce genre ne font qu'un tout indivisible avec le fonds pour l'avantage duquel ils ont été établis : que, si le propriétaire de ce fonds peut éteindre les droits dont il s'agit lorsqu'il y renonce formellement, il ne peut pas également les transférer à un tiers, parce qu'ils n'ont été primitivement établis que sous la condition qu'ils seraient inaliénables, à moins qu'on n'aliénât aussi le fonds ; qu'en conséquence ils ne peuvent en être séparés, puisque telle est la loi de leur nature.

373. C'est ainsi que, dans une espèce analogue, le Conseil d'état l'a décidé par un avis du 11 octobre 1811, qu'on trouve au bulletin des lois, rapporté dans les termes suivans :

« Le Conseil d'état, qui, d'après le renvoi ordonné
» par sa majesté, a entendu le rapport de la section
» intérieure sur celui du ministre de ce département,
» tendant à faire approuver l'acquisition à titre d'é-
» change, par la commune de Condé-sur-Iton, dé-
» partement de l'Eure, d'une maison pour servir de
» presbytère, à la charge par la commune de céder
» en contre échange, 1.° des biens communaux; 2.° le
» droit de pêche dans la rivière d'Iton, le long du
» terrain communal appelé les *Prés-Morins*, le tout
» estimé deux mille deux cents francs ;

» Considérant que le droit de pêche appartenant à
» la commune sur la rivière d'Iton, résulte pour elle
» de la propriété des terrains communaux et en est
» une dépendance indivisible ;

» Qu'elle ne peut aliéner à perpétuité ce droit ex-
» clusif de pêche, en conservant la propriété du terrain
» d'où ce droit découle;

» Est d'avis, 1.° qu'il n'y a pas lieu à autoriser ledit
» échange; 2.° que le présent avis soit inséré au bul-
» letin des lois (1). »

374. Cependant, lorsqu'il s'agit d'un droit d'u-
sage susceptible du rachat par cantonnement, si l'on
avait déjà obtenu l'adjudication du cantonnement, ou
même si la demande en était déjà formée, la portion
du terrain adjugée ou demandée sur le fonds grevé
de la servitude ne devrait plus être considérée comme
un accessoire inséparable du fonds dominant, parce
que ce serait un autre immeuble, n'ayant pas la nature d'un droit de servitude.

CINQUIÈME QUESTION.

375. *Quelles sont, sous le rapport de l'utilité, les
qualités nécessaires dans la chose, pour qu'on puisse
en léguer l'usufruit? Peut-on léguer l'usufruit d'une
chose de pur agrément? d'une chose inutile? d'un fonds
stérile?*

Quelque minutieuses que paroissent ces questions
en elles-mêmes, nous ne devons pas les omettre,
parce que leur examen doit servir à fixer une vérité
de principe dont les applications importantes se feront
sentir par la suite.

1.° Le droit d'usufruit peut être établi sur des

(1) Voy. bull, 404, n.° des lois 7460, tom. 15, pag. 474,
4.me série.

choses de pur agrément, par la raison que, pour le bienêtre de la vie, on profite même de ce qui n'est qu'agréable.

376.   Ainsi on peut léguer valablement l'usufruit d'un fonds qui ne contiendrait que des bosquets, des allées ou des promenades uniquement destinées aux agrémens de l'habitant, et qui ne produirait aucun autre avantage; et, dans ce cas-là même, l'usufruitier ne pourrait détruire ces plantations stériles, pour mettre à leur place des arbres fruitiers, ou autres emplantures produisant un revenu : *Et si fortè voluptuarium fuit prædium, viridaria, vel gestationes vel deambulationes arboribus infructuosis opacas atque amœnas habens, non debebit dejicere, ut fortè hortos olitorios faciat, vel aliud quid quod ad reditum spectat* (1).

377.   Ainsi on peut léguer le droit d'usufruit sur des statues ou des tableaux, encore qu'ils n'auraient d'autre utilité, pour l'usufruitier, que celle de servir d'ornement dans le lieu destiné à les recevoir ; *statuæ etiam et imaginis usumfructum posse relinqui magis est; quia et ipsæ habent aliquam utilitatem, si quo loco opportuno ponantur* (2) : à plus forte raison un pareil legs serait-il valable, si les statues ou les tableaux étaient destinés à servir de modèles dans une académie tenue par l'usufruitier.

Ainsi enfin, on peut léguer l'usufruit d'un médaillier qui peut n'être qu'un objet de curiosité pour le possesseur, ou dont on peut user comme ornement

---

(1) L. 13, § 4, ff. *de usufr.*, lib. 7, tit. 1.
(2) L. 41, ff. *eodem.*

de luxe, ou comme moyen d'instruction pour l'histoire : *Et numismatum aureorum vel argenteorum veterum quibus pro gemmis uti solent, ususfructus legari potest* (1).

378.   2.° On peut léguer l'usufruit d'une chose qui, sans être un objet d'agrément, serait d'ailleurs inutile, et même à charge, quant à présent, s'il y a lieu d'en espérer un usage ou des services utiles pour l'avenir. Tel serait un jeune animal (2) : dans ce cas, l'usufruit commencera à être utile, lorsque l'animal qui en est l'objet commencera à rendre des services à l'usufruitier ; ce qui suffit pour que le legs soit valable dès à présent.

379.   3.° Le legs d'usufruit d'un fonds qui serait stérile dans un sens absolu, n'aurait réellement pas d'objet ; il faut par conséquent dire qu'il serait nul, comme disposition inutile. Mais nonobstant que les dépenses faites dans la culture d'un fonds ne seraient pas compensées par la valeur des fruits qu'on pourrait y recueillir, l'usufruit en serait valablement légué, parce qu'il ne serait pas vrai de dire qu'il fût stérile : *Licèt prædia quædam talia sint ut magis in ea impendamus quàm de illis acquiramus, tamen ususfructus eorum relinqui potest* (3). Un homme peut vouloir exercer, même avec perte, un genre de culture quelconque ; il peut vouloir faire des essais de pure curiosité ; il peut vouloir faire aussi des impenses sans compter sur aucun profit et sans que nul autre soit

(1) L. 28, ff. eod.
(2) *Argumentum ex lege* 55, ff. *de usufructu.*
(3) L. 41, § 1, ff. *de usufruct.*, lib. 7, tit. 1.

recevable à y mettre obstacle, parce que chaque individu est seul juge compétent de ce qui n'est que dans
son intérêt personnel.

580.   Dans le cas d'un legs d'usufruit sur une chose
de pur agrément, toutes les charges d'entretien et des
contributions publiques pèsent sur l'usufruitier, nonobstant qu'il ne retire aucun revenu pécuniaire de
la libéralité qui lui a été faite. De même, lorsqu'on a
légué l'usufruit d'une jeune bête, qui n'est encore
utile qu'en espérance, l'usufruitier qui est obligé de
prendre les choses en l'état où elles se trouvent au
moment de l'ouverture de son droit (600), est par là
même tenu de nourrir et soigner le jeune animal,
quoiqu'il ne soit encore qu'un objet de dépenses. Enfin
l'usufruitier d'un fonds dont les fruits ne compensent
pas même les frais de culture, est nécessairement en
perte de toutes les impenses d'entretien, et autres
charges naturelles et intrinsèques de sa jouissance.

Il résulte de là qu'on doit tenir pour une vérité de
principe, en cette matière, que, quelle que soit la
modicité du revenu ou des avantages que l'usufruitier
perçoit sur les choses dont il jouit à ce titre, il n'en est
pas moins tenu de toutes les charges naturelles et
intrinsèques de l'usufruit, quelque considérables
qu'elles soient; qu'ainsi il peut être obligé, à raison
de sa jouissance, à des dépenses d'une valeur excédant
celle des émolumens qu'il en retire.

Vainement dirait-il que les charges qu'il doit acquitter, ne sont pas au rang de ses dettes personnelles,
que ce ne sont au contraire que des dettes réelles,
parce que c'est la chose elle-même qui doit, et que

ce n'est qu'en qualité de possesseur qu'il peut être forcé à payer ; qu'en conséquence il faut que le montant de la dépense soit pris sur la chose même, ou borné à l'équivalent de son produit.

A la vérité, les charges qui pèsent sur l'usufruitier, à raison de sa jouissance, ne sont que des charges réelles, comme nous l'expliquerons plus au long dans la suite, et de là il résulte bien qu'il peut s'en dégager en faisant abandon de son usufruit ; mais tant qu'il le retient, il est obligé à les supporter, puisqu'il ne l'a reçu que sous cette condition.

SECTION IV.

581. *Comment l'usufruit conventionnel peut-il être établi ?*

L'usufruit conventionnel peut être établi purement et simplement :

Il peut être établi sous condition seulement :

Il peut être établi à jour certain, ou à terme :

Il peut être établi par forme de substitution :

Il peut être établi d'une manière alternative dans son objet :

Il peut être établi à titre singulier, sur des choses déterminées :

Il peut être établi à titre universel, sur une généralité de biens.

Toutes ces circonstances, qui peuvent diversement modifier la constitution d'usufruit, méritent chacune des réflexions particulières.

§ I.ᵉʳ

De la Constitution d'usufruit pure et simple.

382. La constitution d'usufruit est pure, lors-qu'elle n'est subordonnée à aucun évènement futur qui en suspende les effets.

Si c'est par acte entre-vifs que l'usufruit a été pure-ment établi, l'usufruitier est saisi, et les fruits ou revenus de la chose lui sont dus dès le moment de l'acte, parce qu'il est de l'essence des conventions de produire un effet actuel.

En thèse générale, il n'en est pas de même dans les dispositions testamentaires. Il n'y a que le légataire universel auquel la loi accorde la saisine civile, parce qu'il est subrogé au lieu de l'héritier qui serait lui-même saisi de plein droit. Les autres légataires n'ont pas le même avantage : ils ne peuvent avoir que la saisine naturelle, et celle-ci ne s'acquiert que par l'envoi en possession qui opère le complément des droits du légataire.

Il ne suffit donc pas que les droits résultant d'un legs soient ouverts, pour que tout soit consommé ; il faut d'abord que le légataire l'ait accepté ; il faut, en outre, qu'il soit envoyé en possession, et qu'il y soit envoyé suivant les formalités prescrites par les lois, pour qu'il puisse dire que sa jouissance soit lé-gitime.

Pour indiquer les principes et les progrès des droits du légataire, nous devons successivement faire voir à quelle époque le legs d'usufruit pur est ouvert ;

comment la délivrance en peut être volontairement
faite au légataire : quelles sont les actions qui lui
appartiennent pour forcer l'héritier à cette délivrance,
quand elle n'a pas été volontairement consentie : et
enfin quels sont les effets de la demande en délivrance
soit sur les actions ultérieures qui peuvent appartenir
à l'usufruitier, soit sur le gain des fruits qui lui
seront dus.

383. I. Aux termes du droit romain, lorsqu'il
s'agit d'un legs de propriété, le droit en est ouvert
par la mort du testateur, si la disposition est pure :
*itaque si purum legatum est; ex die mortis, dies ejus
cedit* (1); tandis qu'en fait d'usufruit, les droits du
légataire ne sont ouverts que du moment de l'acceptation de l'hérédité faite par l'héritier, *dies autem
ususfructûs item et usûs, non priùs cedet quàm hæreditas adeatur* (2); sauf les actions de l'un en dommages-intérêts contre l'autre, en cas que son acceptation eût été différée sans motifs raisonnables et par
un retard purement affecté (3). Il serait inutile de
nous livrer à aucune discussion sur les motifs qui
avaient conduit les Romains à admettre cette différence dans l'exécution des legs d'usufruit et de propriété : il suffit de dire que nous ne trouvons, dans la
législation française, aucun vestige d'une semblable
distinction, et qu'en conséquence il faut tenir pour
constant parmi nous, que dès l'instant du décès du
testateur, lorsque le legs d'usufruit est pur, les droits

(1) L. 5, § 1, ff. *quandò dies legat. ced.*, lib. 36, tit. 2.
(2) L. *unic.*, § 2, ff. *quandò dies ususfruct. ced.* lib. 7, tit. 3.
(3) L. 36, § 2, ff. *de usufr.* lib. 7, tit. 1.

du légataire sont ouverts ; en ce sens qu'il peut, sans délai, demander sa mise en jouissance.

Dans ce premier état de choses, où il n'y a qu'une simple ouverture de droits, le légataire n'est point encore usufruitier, parce qu'il n'est pas saisi ; il faut de plus qu'ayant manifesté son acceptation, il soit légalement mis en jouissance ; et les conditions requises pour que cette prise de possession soit régulière, forment l'objet du second point qui se présente ici à notre examen.

384. II. L'empereur Justinien avait défini le legs, *donatio quœdam à defuncto relicta et ab hœrede præstanda* (1). De ces dernières expressions on a tiré cette conséquence qu'il n'appartenait point au légataire de se mettre lui-même en possession de la chose léguée ; et dès lors il a été reçu (2), comme une règle constante en jurisprudence, règle qui se trouve formellement consignée dans notre code actuel (1011 et 1014), que tout légataire, autre que le légataire universel (1006), doit obtenir des mains de l'héritier la délivrance de son legs, comme si l'acte de libéralité était essentiellement subordonné à cette condition ; en sorte que toute entrée en jouissance de la part du légataire qui n'aurait agi que par sa propre autorité, ne peut être considérée que comme une voie de fait incapable de servir de fondement à une possession légitime, et contre laquelle l'héritier est fondé à s'élever et à agir, pour obtenir lui-même sa réintégrande et la restitution de toutes choses dans leur état primitif,

(1) Instit., § 1, ff. *de legat.*, lib. 2, tit. 20.
(2) Voy. l'art. 73 de l'ordonnance de 1735.

sauf au légataire à mieux agir ensuite, par une demande régulière en délivrance : *redigit igitur ad
hæredem, per hoc interdictum, ea quæ legatorum
nomine possidentur ; ut perindè legatarii possint, eum
convenire* (1). La nécessité de procéder ainsi est fondée sur ce que l'héritier peut avoir des exceptions à
faire valoir contre la validité du legs ; qu'il peut être
en droit d'en retenir une partie pour l'acquit de sa
réserve légale; qu'il est possible que les dettes absorbent
les forces de la succession, et qu'en conséquence il ne
soit rien dû au légataire ; et sur ce que, dans tous les
cas, il serait contraire au bon ordre que le légataire
fût admis à se rendre justice à lui-même : *Hoc interdictum vulgò quod legatorum appellatur. Est autem
et ipsum adipiscendæ possessionis, et continet hanc
causam ut quod quis legatorum nomine non ex voluntate hæredis occupavit, id restituat hæredi. Et-
enim æquissimum Prætori visum est, unumquemque
non sibi ipsum jus dicere occupatis legatis, sed ab
hærede petere* (2). Et comme le testateur ne peut ni
déroger à la loi qui donne la saisine à l'héritier, ni
placer son légataire au-dessus de cette règle d'ordre
public, qui veut que personne ne puisse se rendre
justice à soi-même, de là les auteurs (3) concluent
qu'il ne lui serait pas permis de le dispenser de l'obligation de demander la délivrance de son legs.

(1) L. 1, §. 2, ff. *quod legat.*, lib. 43, tit. 3.
(2) Ibid.
(3) Voy. dans TOULLIER, liv. 3, tit. 2, chap. 5, n.° 540; —
dans POTHIER, des donations testament., chap. 5, sect. 2,
§ 2; —dans le Répertoire, au mot *légataire*, § 1, n.° 3.

De ce que la possession du légataire est illégitime, lorsqu'il ne la tient que de sa propre entremise, il faut conclure qu'il est passible des dommages et intérêts que l'héritier peut ressentir de cette voie de fait, et qu'il est tenu de la restitution des fruits, comme l'enseignent les auteurs (1), et comme cela résulte de la disposition du code, qui veut que les fruits ne soient dus au légataire que du jour de sa demande en délivrance, ou du jour auquel cette délivrance lui aura été volontairement consentie (1014).

385. La délivrance d'un legs peut avoir lieu soit d'une manière expresse, soit d'une manière tacite, puisqu'aux termes du code, il suffit qu'elle ait été consentie par l'héritier, et que d'ailleurs c'est un principe constant dans tous les temps, que notre consentement à l'exécution d'une chose peut être manifesté tacitement par des faits qui font connoître notre intention, aussi bien que par des paroles ou de l'écriture, et la loi romaine le décidait déjà formellement ainsi.

Elle a lieu expressément, si le légataire prend possession par suite du consentement déclaré à ce sujet, par paroles, ou par écrits émanés de l'héritier.

Elle a lieu tacitement, par tout fait quelconque qui suppose dans l'héritier la volonté d'exécuter le testament envers le légataire, comme encore lorsqu'au vu et su de l'héritier qui ne contredit point, le légataire

(1) Voy. dans SOTOMAYOR, *de usufructu*, cap. 16, n.° 15; — POTHIER, des donations testament., chap. 5, sect. 2, § 2, et sect. 3, § 8; — dans TOULLIER, sur les dispositions testament., liv. 3, tit. 2, chap. 5, n.° 544.

se met lui-même en possession, ou continue (1) celle qu'il avait déjà : *Omnium prædiorum jure legati potest constitui ususfructus, ut hæres jubeatur dare alicui usumfructum : dare autem intelligitur si induxerit in fundum legatarium, eumve patiatur utifrui* (2).

Ainsi la délivrance de l'usufruit des immeubles sera tacitement opérée par la remise des clefs, s'il s'agit de bâtimens, ou par celle des titres de propriété, s'il s'agit de toute autre espèce de fonds (1606) : celle de l'usufruit du mobilier sera tacitement opérée par la tradition réelle, ou par la remise des clefs du bâtiment qui les contient (1606) : celle de l'usufruit des créances, par la remise des titres entre les mains de l'usufruitier (1607 et 1689).

Ainsi la délivrance du legs d'usufruit sera, en général, censée tacitement faite envers tout légataire dont le titre ne sera pas contesté et qui aura pris possession au vu et su de l'héritier, et sans réclamation de sa part (3).

Ainsi l'héritier de la loi qui reçoit, de la part d'un légataire à titre universel, le payement d'un legs dont celui-ci a été chargé envers lui, consent tacitement la délivrance du legs à titre universel, en consentant, par le fait, à l'exécution du testament.

386. Ainsi, à l'égard du débiteur auquel on a légué sa libération (4); à l'égard du fermier auquel on a légué l'usufruit du domaine qu'il tenait à ferme;

---

(1) L. 1, § 15, ff. *quod legat.*, lib. 43, tit. 3.
(2) L. 3, ff. *de usufr.*, lib. 7, tit. 1.
(3) L. 2, cod. *de acquirendâ possess.*, lib. 7, tit. 32.
(4) L. 1, § 2, ff. *ut in possess. legat*, lib. 36, tit. 4.

à l'égard du dépositaire auquel on a légué la jouissance de la chose déposée ; à l'égard du créancier légataire de l'usufruit du fonds qu'il tenait par antichrèse ; à l'égard du mari légataire de l'usufruit des biens de son épouse, et de tous autres qui se trouveraient déjà en possession de la chose par acte émané de la volonté du testateur, la délivrance du legs sera censée tacitement faite, par cela seul que, sans le contester, l'héritier aura laissé le légataire dans la paisible jouissance des choses qu'il avait déjà en son pouvoir (1606, § 3) : dans ces divers cas, dit Pothier (1), il suffit au légataire de retenir la chose, car ce serait un circuit inutile qu'il la rendît à l'héritier pour la lui redemander de suite.

387.   III. Lorsque la délivrance du legs n'est pas volontairement consentie, le legataire a trois actions à exercer pour arriver à son but, l'une personnelle, et les autres réelles ; et comme la libéralité doit être acquittée en son entier, la loi veut que les frais de la demande en délivrance soient à la charge de la succession (1016).

Du moment qu'un héritier accepte une succession, il se forme entre lui et les légataires, par ce seul acte d'acceptation, un quasi-contrat par lequel il s'oblige personnellement à accomplir envers eux les volontés du défunt ; il se trouve à leur égard, comme s'ils avaient contracté ensemble, avec cette différence néanmoins que dans les obligations qui naissent des conventions, le débiteur doit offrir à son créancier ce qui

_____

(1) Traité des donations testament., chap. 5, sect. 2, § 2 ; voy. aussi dans le Répert., *verbo* légataire, § 5, n.° 7.

lui est dû, tandis que l'héritier n'est jamais obligé d'aller chercher les légataires pour leur offrir leurs legs : *Hæres quoque legatorum nomine non propriè ex contractu obligatus intelligitur : neque enim cum hærede, neque cum defuncto ullum negotium legatarius gessisse propriè dici potest, et tamen quia ex maleficio non est obligatus, quasi ex contractu debere intelligitur* (1). Voilà le principe de l'action *personalis ex testamento*, qui appartient à tout légataire pour obtenir contre l'héritier la délivrance de son legs, action qui, d'après les lois (2), doit être portée par-devant le tribunal du lieu de l'ouverture de la succession, c'est-à-dire du domicile mortuaire du testateur (110).

Mais pour donner plus d'efficacité à cette obligation personnelle de l'héritier, les lois tant anciennes (3) que nouvelles (1017) ont voulu que le légataire eût une hypothèque légale sur les biens de la succession.

Ainsi, lorsque le legs consiste dans une somme d'argent ou autres choses fongibles, le légataire est créancier hypothécaire sur les biens de la succession pour obtenir le payement de la valeur de son legs.

Ainsi encore, lorsque les choses léguées consistent en corps certains, le légataire a également une hypothèque en garantie de la délivrance qui doit lui être faite, soit pour les dommages-intérêts qui pourraient lui être dus en cas de retard, soit pour ceux qui

_____

(1) § 5, instit. *de obligat. quæ ex quasi-contract.*, lib. 3, tit. 28.

(2) Art. 50 et 59 du cod. de procéd.

(3) L. 1, cod. *communia de legat.*, lib. 6, tit. 43.

lui seraient dus en cas de distraction, destruction ou détérioration de la chose par la faute de l'héritier, attendu que tout ce qui est dans l'obligation personnelle de celui qui doit conserver la chose pour la délivrer, se trouve aussi dans la garantie accessoire de l'hypothèque que la loi attache à cette obligation (1).

Enfin, lorsque la chose léguée en propriété ou en usufruit consiste dans un corps certain, le légataire a l'action réelle en revendication de la propriété, ou confessoire en revendication de son usufruit.

388. Le légataire de l'usufruit qui intente son action en délivrance contre l'héritier, est en droit d'exiger le compte des fruits à dater du jour de la demande : *in his autem actionibus quæ de usufructu aguntur, etiam fructus venire plusquàm manifestum est* (2) ; mais la saisine du légataire ne peut avoir d'effet rétroactif et être reportée au principe de la demande qu'envers l'héritier contre lequel l'action a été intentée : si donc un fonds soumis au droit d'usufruit était entre les mains d'un tiers qui en fût possesseur de bonne foi, ce n'est qu'à dater du jour d'une autre demande intentée contre lui que l'usufruitier pourrait en exiger le rapport des fruits (2).

389. IV. C'est seulement lorsque la délivrance du legs a été volontairement consentie ou ordonnée en justice, que le légataire est véritablement saisi de son legs, ou plutôt des objets qui lui sont légués ; et

---

(1) Voy. dans Gomes, *variæ resolut. de legat.*, cap, 12, n.° 7.

(2) L. 5, § 3, ff. *si usufr. petatur*, lib. 7, tit. 6.

(3) Voy. dans Renusson, traité du douaire, chap. 5, n.° 32 ; — et dans Pothier, *idem*, n.° 189.

par ce nouvel état de choses, il acquiert encore de nouveaux avantages et de nouvelles actions qui forment le dernier terme de la progression de ses droits.

Et d'abord, étant envoyé en possession en exécution d'un titre juste, il fera désormais les fruits siens.

Lorsqu'après la mort du testateur il n'y a encore qu'une simple ouverture au droit d'usufruit, le légataire n'a encore directement à exercer que sa demande en délivrance; mais une fois que ses droits sont reconnus par la délivrance consentie ou ordonnée à son profit, il se trouve en voie d'agir directement par action réelle, pour obtenir soit contre l'héritier, soit contre tout tiers détenteur, la jouissance effective de tout l'héritage qui serait renfermé dans son legs : *Utrùm autem adversùs dominum duntaxat in rem actio usufructuario competat, an etiam adversùs quemvis possessorem, quæritur? Et Julianus scribit hanc actionem adversùs quemvis possessorem ei competere* (1). Ces actions sont essentiellement différentes dans leur qualité, leur ordre, et leur objet. L'action en délivrance est toute personnelle, et ne peut être portée qu'au tribunal de l'ouverture de la succession; tandis que l'action réelle doit être intentée par-devant le tribunal de la situation du fonds (2). L'action en délivrance doit être dirigée contre tous les héritiers s'ils sont plusieurs, puisque tous sont tenus de la prestation du legs, dans la proportion de leurs droits à l'hérédité (1017); tandis que l'action en revendication de la propriété ou de l'usufruit ne peut

(1) L. 5, § 1, ff. *si ususfruct. petatur*, lib. 7, tit. 6.
(2) Art. 59 du cod. de procéd.

I.   30

être intentée que contre le possesseur de la chose.
L'action en délivrance est nécessairement la première
en ordre, parce qu'il faut que le titre du légataire
soit reconnu avant qu'on puisse le mettre à exécution (1). La demande en délivrance est générale dans
son objet : il s'agit, par cette action, de faire reconnaître les droits du légataire, et d'en faire ordonner
l'exécution dans leur généralité : la délivrance ordonnée en justice comme celle qui est consentie par l'héritier, considérée en elle-même, n'est pas nécessairement spéciale quant aux choses ; ce n'est qu'au
moment où l'on en vient à l'application du titre
dont l'exécution a été consentie ou ordonnée, qu'il faut
spécifier les objets qui y sont compris : l'action confessoire au contraire est toute spéciale et déterminée
dans son objet, parce qu'elle est réelle comme l'action
en revendication de la propriété : *Si in rem aliquis
agat, debet designare rem : et utrùm totam an partem quotam petat. Appellatio enim rei non genus sed
speciem significat* (2).

390.   Enfin, tant que le legs d'usufruit n'a point
été délivré, le légataire qui est sans saisine ne peut
avoir les actions possessoires, et c'est encore là un
nouveau genre d'actions qui ne lui sont acquises
que par sa propre prise de possession : *Utifrui autem
prohibuisse is videtur, qui vi dejicit utentem et fruen-
tem ; aut non admisit cùm ex fundo exiisset non ususfructûs descerendi causâ. Cæterùm si quis ab initio*

_____

(1) Voy. sur cette priorité d'action, l'art. 40, tit. 1, de
l'ordonnance de 1747, sur les substitutions.

(2) L. 6, ff. *de rei vindicat.*, lib. 6, tit. 1.

volentem incipere utifrui, prohibuit ; hoc interdictum locum non habet. Quid ergo est ? debet fructuarius usumfructum vindicare (1).

Aux termes de l'article 59 du code de procédure, c'est au tribunal de l'ouverture de la succession, ainsi que nous l'avons déjà dit, que la demande en délivrance des legs doit être portée ; et dans tous les cas (1014), elle doit être formée suivant l'ordre établi par l'article 1011 du code civil ; c'est-à-dire, qu'il faut la diriger d'abord contre les héritiers auxquels une quotité des biens est réservée par la loi ; ensuite et à leur défaut, contre les légataires universels ; et enfin, à défaut de ceux-ci, contre les héritiers appelés dans l'ordre établi par le code au titre des successions.

391.   Quoique les héritiers ne se présentent point pour recueillir, il faut néanmoins s'adreser à eux pour les forcer à prendre qualité, et s'ils renoncent, ou s'ils ne sont pas connus, il faut s'adresser au Tribunal de l'ouverture de la succession, et lui demander la nomination d'un curateur à l'hoirie jacente, à l'effet d'agir ensuite en délivrance contre lui (811, 812 et 813).

392.   Si le testateur avait légué l'usufruit du fonds à l'un, et la nue propriété à un autre, les deux légataires devraient également demander la délivrance, et chacun d'eux dans son intérêt personnel.

Si le légataire de l'usufruit formait seul cette demande, l'héritier resterait toujours en possession du fonds quant à la propriété, puisqu'il n'en aurait pas

(1) L. 3, § 14, ff. *de vi et vi armatâ*, lib. 43, tit. 16.

été dessaisi envers l'autre légataire qui aurait gardé
le silence.

Le légataire de la nue propriété doit donc aussi se
hâter de demander la délivrance de son chef, attendu
que la possession, en tant qu'elle s'applique au fonds,
resterait toujours entre les mains de l'héritier, nonobstant la délivrance de l'usufruit, et qu'ainsi la
prescription pourrait s'opérer au préjudice du legs de
propriété; attendu encore que, sous un autre point
de vue, ce légataire est intéressé à obtenir la chose
pour en jouir lui-même si le légataire de l'usufruit
n'accepte pas, ou pour le surveiller dans sa jouissance, s'il accepte.

393.   Le code n'ayant accordé la saisine qu'aux
héritiers de la loi (724) et au légataire universel de
tous les biens (1006) lorsqu'il ne se trouve en concurrence avec aucun héritier de la réserve, il faut en
conclure que tous autres légataires soit de propriété,
soit d'usufruit, même celui auquel on aurait légué la
jouissance générale de tous les biens, ne sont point
saisis, et qu'ils sont tous également obligés à la demande en délivrance pour pouvoir entrer en possession.

Mais tous sont-ils aussi soumis à la même règle sur
la répétition des fruits?

La règle générale est que le légataire de la propriété du fonds ne peut exiger le rapport des fruits
que du jour de la demande en délivrance de son legs,
et que ceux qui ont été auparavant perçus en temps
opportun, par l'héritier qui avait la saisine, doivent
rester à celui-ci.

Nous disons que c'est là la règle générale, parce qu'on doit l'appliquer à tous les fruits ordinaires, c'est-à-dire à tous les fruits annuels qui ont une époque fixe de maturité, tel que le produit des champs et des vignes. Mais, lorsqu'il s'agit de coupes de bois, qui sont aussi des fruits, nous ne croyons pas que cette règle doive leur être appliquée sans quelques tempéramens.

On ne peut, en effet, s'empêcher de reconnaître une grande différence entre ce dernier genre de fruits et les autres.

Quand il s'agit de fruits ordinaires, quoique accessoirement immeubles tant qu'ils tiennent au fonds, ils sont néanmoins plutôt meubles par leur nature, comme ne pouvant avoir qu'une cohérence très passagère et très courte avec le sol; et si l'héritier qui est en possession n'avait pas le droit de les recueillir lorsque l'époque de la maturité est arrivée, et que le légataire ne s'est pas encore présenté pour demander son legs, ils seraient exposés à périr.

Il n'en est pas de même des coupes de bois : ici le fruit tient plus intimement au fonds : il est immeuble par le vœu de la nature elle-même qui ne lui assigne aucune époque de maturité où il doive être détaché du sol, sous peine d'en souffrir la perte : il ne représente point la mince valeur d'un produit annuellement perçu, et renaissant annuellement : il est le résultat des efforts de la nature, prolongés pendant bien des années : et souvent la valeur d'une coupe de bois excède la valeur même du sol sur lequel elle est exploitée.

Nous croyons donc que l'héritier qui se serait pressé d'exploiter la forêt avant la demande en délivrance du legs qui en aurait été fait au profit d'un autre, devrait être passible du rapport de la valeur de la coupe, et que, pour qu'il pût être soustrait à ce rapport, il faudrait que le légataire eût négligé de former sa demande pendant assez de temps pour qu'on pût dire qu'en suivant l'aménagement des coupes établi sur la forêt, il eût évidemment et largement laissé passer, en silence, l'époque à laquelle l'exploitation devait être faite.

Quoi qu'il en soit, et pour en revenir à l'objet que nous nous proposons plus directement, il est constant que le légataire de la propriété ne peut exiger le rapport des fruits ordinaires que du jour de sa demande en délivrance : mais cette règle s'applique-t-elle également au légataire de l'usufruit ? Celui-ci, en ouvrant son action plus ou moins tard, n'est-il pas en droit de répéter les jouissances rétroactivement et à dater de la mort du testateur ?

Telle est la question importante qui se présente ici à notre examen.

394. Pour soutenir que le légataire de l'usufruit est fondé à exiger le rapport des jouissances dès le jour du décès du testateur, on peut dire qu'il y a sur ce point une grande différence entre le legs de la propriété et celui de l'usufruit; que dans le legs de la propriété, les fruits ne font aucunement partie de sa libéralité ; qu'ils ne sont que l'accessoire de la possession ; qu'ils doivent par conséquent rester à l'héritier qui jouissait du fonds, et dont la possession paisible-

ment exercée en vertu de sa saisine, était nécessairement légitime ; qu'ainsi, en laissant à ce possesseur
les fruits perçus avant la demande en délivrance, et
en n'accordant au légataire que ceux qui sont échus
depuis l'ouverture de son action, cela n'empêche pas
qu'on ne livre réellement à celui-ci toute la chose
qui lui a été léguée : mais qu'il en doit être autrement
dans le legs d'usufruit, parce qu'ici les fruits sont l'objet même de la disposition ; qu'en conséquence, si on
ne les adjugeait pas dès le moment de la mort du testateur, on refuserait par là même au légataire une partie
de la chose qui lui a été léguée : *Ex rebus donatis
fructus perceptus in rationem donationis non compu-
tatur. Si verò non fundum, sed fructûs perceptionem
tibi donem, fructus percepti venient in computationem
donationis* (1); qu'ainsi et par la nature de la disposition même, nous sommes forcés de remonter à l'é-
poque du décès du testateur pour donner une entière
exécution à sa libéralité; que le texte positif de la
loi est ici d'accord avec les principes du raisonnement, puisqu'aux termes de l'article 585 du code,
les fruits pendans par racines au moment où l'usufruit est ouvert, appartiennent à l'usufruitier; et que,
suivant l'article 604, le retard où il peut être de donner caution ne le prive pas du droit de répéter les
fruits dès le moment de l'*ouverture de son droit*, c'est-
à-dire dès l'instant de la mort du testateur ; que, si le
légataire de l'usufruit est toujours tenu de demander
la délivrance, il ne résulte pas de là, comme une
conséquence nécessaire, que les fruits perçus par l'hé-

(1) L. 9, § 1, ff. *de donation.*, lib. 39, tit. 5.

ritier avant cette demande, doivent lui rester, puisqu'ils ne lui restent pas vis-à-vis du légataire universel qui demande la délivrance dans l'année du
décès (1005), qu'enfin ils ne doivent pas lui rester
non plus vis-à-vis du légataire d'usufruit, du moment
que la loi veut que celui-ci les obtienne dès l'époque
de l'ouverture de son usufruit.

595. Nonobstant tous ces raisonnemens, nous
croyons qu'il est plus conforme aux véritables principes
de la matière, de soumettre le légataire de l'usufruit
à la règle générale, en ne lui accordant le rapport
des fruits que du jour de sa demande en délivrance.

Pour expliquer, le mieux qu'il nous sera possible,
les motifs de cette décision, nous examinerons la
question soit dans les principes du droit romain,
soit dans ceux de l'ancienne jurisprudence française,
soit enfin dans ceux de notre code actuel, et nous ré-
pondrons ensuite aux objections contenues dans ce
qui vient d'être dit.

Et d'abord, en remontant aux principes établis par
les lois romaines sur cette matière, nous voyons
que, suivant leurs dispositions, l'usufruit n'était pas
une chose qui consistât seulement dans le droit, mais
beaucoup dans le fait. Le droit d'usufruit n'y était pas
considéré comme un droit instantané, mais comme
un droit successif, tellement rattaché à la perception des fruits, qu'il était censé annuellement légué à mesure que cette perception devait avoir lieu,
en sorte que le droit d'accroissement était admis entre
les colégataires, même après qu'ils avaient tous accepté le legs et qu'ils avaient joui chacun de leurs

parts : *Usufructus quotidiè constituitur et legatur; non ut proprietas, eo solo tempore quo vindicatur. Cùm primùm itàque non inveniat alter eum qui sibi concurrat, solus utitur in totum* (1). Aussi telle était la condition de tout usufruitier, qu'il n'acquérait les fruits qu'autant qu'il les avait perçus ou par lui-même, ou par la main d'un autre qui les aurait recueillis de sa part : *Julianus ait, fructuarii fructus tunc fieri, cùm eos perceperit : bonæ fidei autem possessoris, mox cùm à solo separati sint* (2). Et les Romains portaient, à cet égard, le scrupule si loin qu'ils n'accordaient pas même à l'usufruitier, après sa mise en possession, la faculté de revendiquer directement les fruits qu'un voleur aurait détachés du fonds avant la récolte ; en sorte qu'il n'y avait que le propriétaire du fonds qui eût le droit de faire cette répétition en nature, et que l'usufruitier était réduit à une simple action en dommages et intérêts, par la raison, que, n'ayant pas perçu lui-même les fruits, ils ne pouvaient être les siens : *Si fur decerpserit, vel desecuerit fructus maturos pendentes, cui condictione teneatur; domino fundi an fructuario? Et puto, quoniam fructus non fiunt fructuarii, nisi ab eo percipiantur, licèt ab alio è terrâ separentur, magis proprietario condictionem competere : fructuario autem furti actionem, quoniam interfuit ejus fructus non esse ablatos* (3). On conçoit aisément que, dans ce système de législation, qui n'accordait à l'usufruitier la propriété des fruits qu'au-

---

(1) L. 1, § 3, ff. *de usufruct. adcrescend.*, lib. 7, tit. 2.
(2) L. 13, ff. *quibus modis usufruct. amitt.*, lib. 7, tit 4.
(3) L. 12, § 5, ff. *de usufruct.*, lib. 7, tit. 1.

tant qu'il les avait perçus lui-même, quoiqu'il fût
déjà en possession, il ne pouvait être question d'aucun rapport de jouissance à faire au légataire de l'u-
sufruit pour le temps antérieur à la demande en délivrance de son legs, et lorsque l'héritier n'avait point
été constitué en demeure : c'est aussi ce qui résulte
positivement d'une décision d'Ulpien : *Operæ testamento relictæ quandò cedere debeant? utrùm ex quo
petit eas legatarius, an ex quo adita hæreditas est? et
cui pereant dies quibus æger servus fuit? Et puto ex
die petitionis cedere : quare si post petitas æger servus esse cœperit, legatario peribunt* (1); mais comme
les droits de celui qui forme une demande juste,
doivent toujours être reportés à l'époque de l'ouverture de son action, il en résulte que, si le légataire
d'usufruit vient à mourir avant d'avoir obtenu la délivrance par lui réclamée, il transmet à ses héritiers
le droit aux fruits perçus ou échus dès le moment où
il avait constitué l'héritier en demeure : *Cui illud con-
sequens esse, ut si ipse Titius (legatarius) moriatur,
similiter ex eo tempore, quo mora sit facta, in diem mortis æstimatio ususfructûs hæredi ejus præstabitur* (2).

On trouverait encore au besoin une décision positive à cet égard, dans la loi 6, ff. *de usufructu legato*, portant textuellement que l'héritier n'est tenu
à aucune indemnité de non-jouissance ou de restitution de fruits, pour le temps passé depuis la mort
du testateur, qu'autant qu'il avait été constitué en demeure par le légataire de l'usufruit.

---

(1) L. 7, ff. *de usufruct. legat.*, lib. 33, tit. 2.
(2) L. 36, § 2, ff, *de usufruct.*, lib. 7, tit. 1.

Il est donc bien constant que , suivant les principes du droit romain , le légataire de l'usufruit ne pouvait avoir droit aux fruits qu'à dater du jour où l'héritier avait été mis en demeure , par la demande en délivrance du legs.

596. Si de là nous passons aux usages français , nous trouvons qu'il y a d'abord eu de grandes controverses (1) sur le point de savoir si, en général, et dans les legs de propriété , les légataires pouvaient être recevables à exiger un rapport de fruits pour le temps antérieur à leur demande en délivrance. Les raisons de douter se tiraient de divers textes du droit romain , entre lesquels il serait difficile de ne pas voir quelques antinomies : mais toutes ces controverses avaient été écartées , et il était enfin reçu comme une règle constante, adoptée par l'article 40 , du titre 1 de l'ordonnance de 1747 pour les fidéicommis ; et par les tribunaux pour toutes espèces de legs, qu'en général (2) les fruits ne devaient être adjugés aux légataires que dès le jour de la demande en délivrance (3) ; mais il y a quelque chose de plus positif encore , en ce qui concerne spécialement les dispositions en usufruit ; car , si nous ouvrons les auteurs qui ont traité du douaire, c'est-à-dire du droit d'usu-

(1) Voy. dans Bretonnier , sur Henrys , lib. 4 , chap. 6 , quest. 64 , tom. 2 , pag. 438 , 2.e édit. de 1771.

(2) Voy. dans le *nouveau Répertoire* , *verbo* LEGS , sect. 4 , § 3 , n.° 27 , tom. 7 , pag. 339.

(3) Voy. encore dans Bannelier , tom. 3 , pag. 318 et 319 , édit. in-4.° ; — dans Catellan , liv. 1 , chap. 8 ; — dans Bourjon , des testamens , part. 4 , chap. 3 ; — dans Augeard , tom. 2 , pag. 297 ; — dans Domat , liv. 4 , tit. 2 , sect. 8.

fruit que les coutumes accordaient à la veuve sur
une partie des biens du mari prédécédé, nous voyons
que, dans celles de ces coutumes qui déclaraient la
veuve saisie de son douaire, les fruits lui étaient dus
dès le jour de l'ouverture de ce droit, et que, dans
les autres, elle ne pouvait les exiger que du
jour de la demande en délivrance : or, d'une part, le
légataire de l'usufruit n'est jamais saisi, et, d'autre
côté, son droit ne peut être plus privilégié que celui
de la veuve : donc il doit être soumis à la même
règle.

Il est donc incontestable qu'en s'en rapportant soit
aux dispositions de la loi romaine, soit à l'ancienne
jurisprudence adoptée par les Tribunaux français, on
ne doit adjuger au légataire de l'usufruit aucun rapport de jouissance pour le temps antérieur à la demande en délivrance de son legs.

Si la question n'est pas encore par-là pleinement
décidée, on ne peut du moins disconvenir que ce ne
soit déjà un grand préjugé pour nous amener à la
même décision, sous notre législation actuelle, parce
qu'on sait que les auteurs du code se sont surtout
attachés à convertir en lois positives les usages cons-
tans déjà consacrés par la jurisprudence des Tribunaux : or, pour peu qu'on y réfléchisse, on sera
bientôt convaincu qu'ils l'ont adoptée aussi cette
jurisprudence sur le point particulier qui nous
occupe :

397. 1.º Dans les principes du code, c'est l'héritier qui est saisi de la généralité des biens laissés par
le défunt : nulle possession ne peut être plus légitime

que celle-là, puisque c'est la loi elle-même qui l'accorde : nulle ne peut être fondée sur un titre plus puissant et plus juste, puisque ce titre c'est la loi ; *justè possidet qui auctore prætore possidet* (1) : l'héritier n'est point obligé d'aller chercher les légataires, il est nécessairement possesseur de bonne foi, tant que ceux-ci ne viennent pas le troubler, en manifestant par une demande régulière la volonté où ils sont d'accepter leurs legs ; or, le gain des fruits est l'effet naturel et immédiat de la possession quand elle est juste, et cet effet a toujours lieu au profit du possesseur de bonne foi : donc ils doivent rester à l'héritier saisi des choses léguées, jusqu'au jour de la demande en délivrance du legs.

2.° Lorsque le testateur a voulu donner tous ses biens à un légataire universel, s'il y a un héritier de la réserve, c'est cet héritier qui est saisi ; et nonobstant le retranchement qu'est obligé de souffrir le légataire universel auquel on avait voulu tout donner, il ne lui est permis de répéter les fruits dès le jour du décès, qu'autant qu'il intente son action en délivrance dans l'année (1005) : ne serait-ce pas une bizarrerie choquante de vouloir accorder un avantage plus grand à un simple légataire d'usufruit, en l'admettant à répéter les fruits, dès le jour de la mort du testateur, à quelque époque qu'il ouvrît son action en délivrance ?

Si un légataire d'usufruit est en droit d'exiger des rapports de jouissance pour le temps qui a précédé la demande en délivrance de son legs, où faudra-t-il

_____

(1) L. 11, ff. *de acquirendâ possessione* lib. 41, tit 2.

donc s'arrêter? S'il peut en exiger pour un an, il le pourra également pour deux, pour dix, pour vingt et même pour vingt-neuf, puisque son droit n'est prescrit que par trente ans de non usage (617). Ainsi, après avoir gardé le silence pendant tout ce temps, ce légataire pourra impunément accabler l'héritier par la répétition d'une masse énorme d'arrérages ; et celui-ci, possesseur de bonne foi, comme ayant été investi par la loi elle-même de tous les droits de jouissance, n'aura pas même l'avantage qui appartiendrait à un simple fermier contre lequel on ne pourrait répéter que les fermages de cinq ans (2277) ! On sent aisément qu'une telle doctrine est absolument contraire à l'esprit du code ; mais elle n'est pas moins combattue par le texte même :

3.° L'article 1014 porte que « Tout legs pur et
» simple donnera au légataire, du jour du décès du
» testateur, un droit à la chose léguée, droit trans-
» missible à ses héritiers ou ayans-cause.

» Néanmoins le légataire particulier ne pourra se
» mettre en possession de la chose léguée, *ni en pré-*
» *tendre les fruits ou intérêts,* qu'à compter du jour
» de sa demande en délivrance, formée suivant
» l'ordre établi par l'article 1011, ou du jour au-
» quel cette délivrance lui aura été volontairement
» consentie. »

Ainsi, dès le jour de la mort du testateur, son légataire a un droit acquis à la chose qui lui a été purement léguée ; droit en vertu duquel il peut en demander la délivrance.

Si c'est un legs de propriété, le légataire a tout à

la fois le droit d'en exiger la délivrance et celui d'en transmettre les avantages à ses héritiers ou ayans-cause ; tandis que, si c'est seulement un legs d'usu-fruit, il n'a que la faculté d'en exiger la délivrance pour lui-même, puisqu'il ne peut le transmettre : mais en ce qui concerne le gain des fruits, leur condition est absolument la même, et il serait tout-à-fait déraisonnable de l'interpréter autrement ; car, lorsqu'un fonds est légué en plein domaine, le droit de jouissance en est accordé au légataire, comme celui de nue propriété, et il serait bizarre de lui accorder, sous ce rapport, moins d'avantage qu'à celui qui ne serait légataire que de l'usufruit.

L'article suivant ajoute : « Les intérêts ou fruits de » la chose léguée courront au profit du légataire dès » le jour du décès, et sans qu'il ait formé sa demande » en justice,

» 1.º Lorsque le testateur aura expressément dé-» claré sa volonté, à cet égard, dans le testament,

» 2.º Lorsqu'une rente viagère ou une pension aura » été léguée à titre d'alimens. »

Concluons donc que le legs d'usufruit doit être soumis à la règle commune, puisque nous ne le trou-vons pas dans les exceptions rigoureusement limitées par ce dernier article :

5.º Ce ne serait pas même assez d'invoquer ici les principes du droit commun contre l'usufruitier. Il est, en effet soumis à des conditions plus rigoureuses encore que tout autre légataire ; car, aux termes du code, il ne lui est pas seulement permis d'entrer en jouissance sans avoir fait inventaire (600). Et com-

ment pourrait-il avoir droit aux fruits même avant
d'avoir obtenu la délivrance de son legs, puisque la
loi veut en outre qu'il fasse inventaire en présence
de l'héritier, pour obtenir l'entrée en jouissance (1) ?

398.   Mais hâtons-nous d'arriver à la discussion
des objections prévues plus haut.

On objecte, en premier lieu, que, dans le legs
d'usufruit, les fruits de la chose sont l'objet même
de la disposition ; qu'en conséquence ils sont naturellement dus dès le jour de la mort du testateur, autrement on n'accorderait pas au légataire tout ce qui
lui a été légué.

Ce raisonnement ne part que d'une fausse supposition. Il n'est pas vrai de dire que dans le legs
d'usufruit ce sont les fruits de la chose qui forment
l'objet de la disposition : un legs de fruits est un legs
de corps certains ; tandis qu'un legs d'usufruit a pour
objet un droit incorporel, si on le considère dans un
sens abstrait. Et, si au contraire on le considère maté-
riellement dans l'objet auquel il s'applique, l'usufruit
du fonds est lui-même un immeuble civilement séparé
de la nue propriété : un legs d'usufruit ne peut donc,
sous aucun rapport, être considéré comme un legs de
fruits, puisque des fruits ne peuvent être ni un droit
incorporel, ni un immeuble. La loi 9, § 1, ff. *de
donationibus*, portant que *si verò non fundum, sed
fructûs perceptionem tibi donem; fructus percepti
veniunt in computationem donationis*, n'est ici d'aucune conséquence, parce qu'elle n'est relative qu'à

_____

(1) Voy. encore au chap. 16, sous les n.ᵒˢ 784 et suivans,
et chap. 35, n.ᵒ 1654.

uné donation de fruits; et ce qui le prouve, c'est qu'elle statue sur la manière d'entendre la réduction que devaient subir les donations excédant le taux prescrit par la loi CINCIA (1) : or, suivant la loi *Computationi* 68, ff. *ad legem Falcidiam*, ce n'est pas sur la perception des fruits, mais sur l'estimation de droit, pris égard à l'âge des légataires, que les legs d'usufruit ou de pensions viagères devaient être calculés, pour savoir s'il y avait lieu à réduire les libéralités.

399. On oppose, en second lieu, que, suivant l'article 585 du code, « les fruits naturels et indus-» triels pendans par branches ou par racines, *au* -» *moment où l'usufruit est ouvert, appartiennent à* » *l'usufruitier*, » pour conclure de là que le légataire d'usufruit doit avoir le droit de répéter les jouissances dès le jour de la mort du testateur, puisque les fruits pendans à cette époque lui sont dus et font même partie de son legs.

Mais déjà la loi romaine portait la même décision : *si pendentes fructus jam maturos reliquisset testator, fructuarius eos feret, si die legati cedente adhuc pendentes deprehendisset, nam et stantes fructus ad fructuarium pertinent* (2); et cependant on ne lui adjugeait aucuns fruits avant la demande en délivrance de son legs : pourquoi en serait-il autrement aujourd'hui?

Lorsqu'il s'agit d'un legs de propriété, les fruits pendans par racines au moment du décès du testateur

(1) Voyez dans les pandectes de POTHIER, livre 39, tit. 5, n.ᵒˢ 40 et 41.

(2) L. 27, ff. *de usufruct.*, lib. 7, tit. 1.

I.

ne peuvent être moins dus à celui auquel le domaine entier a été légué, qu'ils ne le seraient au légataire de l'usufruit, puisqu'ils font incontestablement partie de l'immeuble auquel ils sont adhérens, néanmoins le légataire du fonds, ne peut avoir le droit de les recueillir qu'à supposer qu'il ait formé sa demande en délivrance avant la récolte : pourquoi en serait-il autrement à l'égard du légataire de l'usufruit ?

L'héritier est saisi à l'égard du légataire d'usufruit, comme à l'égard du légataire de la propriété entière : sa possession est également légitime envers l'un et l'autre ; il est également possesseur de bonne foi, tant qu'on ne l'a troublé par aucune demande qui lui fasse connaître que les légataires ont la volonté de profiter de leurs legs ; et ceux-ci sont également soumis à l'obligation de demander la délivrance, pour pouvoir entrer légalement en possession : pourquoi donc ne subiraient-ils pas le même sort sur le gain des fruits ? comment les conséquences ne seraient-elles pas les mêmes là où tous les principes sont identiques ?

Ecoutons Pothier s'expliquant sur cette question en rapports de fruits : voici comment il réfute les auteurs qui prétendaient qu'on devait adjuger au légataire ceux qui étaient pendans lors de l'ouverture du legs : « Il me paraît, dit-il, que c'est mal-à-propos » que Ricard et Lebrun en exceptent ceux qui étaient » pendans lors de l'ouverture du legs, parce que, » disent-ils, ils faisaient partie de l'héritage légué, » et que l'héritier en les percevant a diminué cet » héritage par son fait : la réponse, c'est que la règle

» qui charge l'héritier de la diminution arrivée par
» son fait sur l'héritage légué, souffre exception,
» lorsqu'il n'a fait qu'user du droit qu'il avait de per-
» cevoir les fruits, comme juste possesseur. La loi
» *si pendentes* 27, ff. *de usufructu,* (ci-dessus rap-
» portée), sur laquelle il paraît que ces auteurs se
» fondent, n'a pas été par eux bien entendue : il est
» absolument nécessaire de supposer que, dans l'es-
» pèce de cette loi, le légataire avait la délivrance de
» son legs, et était entré en jouissance de l'héritage
» avant la récolté; puisque, suivant les principes du
» droit romain les plus connus, les fruits n'étaient
» acquis à l'usufruitier que lorsqu'ils avaient été
» perçus par lui ou par quelqu'un de son ordre, loi
» 13, ff. *quemadmodùm ususfructus amitt.* La seule
» question de la loi était de savoir si l'usufruitier,
» quoique entré en possession avant la récolte, avait
» droit de percevoir les fruits qui étaient venus à
» maturité par les soins du défunt et non par les
» siens. (1). » L'auteur du Répertoire, au mot *legs,*
sect. 5, § 1, n.° 34, adopte entièrement le sentiment et les raisons de Pothier.

Il résulte de tout cela que la disposition du code,
suivant laquelle les fruits pendans par racines au moment où l'usufruit est ouvert sont dévolus à l'usufruitier, n'est point introductive d'un droit nouveau, puisqu'elle est absolument conforme à la loi ancienne :
il en résulte qu'aujourd'hui comme anciennement,
les fruits dont il s'agit ne doivent être adjugés au légataire qu'autant qu'il aurait demandé la délivrance

(1) POTHIER, sur la coutume d'Orléans, pag. 514.

de son legs, avant la récolte, puisqu'aujourd'hui comme anciennement, l'exercice de ses droits est subordonné à cette demande.

400. En un mot, il ne faut pas faire dire à l'article 585 ce qu'il ne dit point : il ne faut pas l'étendre au-delà de ses termes, et surtout il ne faut pas lui donner une extension qui le mette en contradiction avec l'article 1014. L'article 585 porte bien que les fruits pendans par racines au moment où l'usufruit est ouvert, appartiennent à l'usufruitier, mais il ne dit pas que ce droit du légataire n'est subordonné à aucun devoir à remplir de sa part ; il ne dit pas que l'usufruitier pourra les percevoir sans avoir préalablelement demandé la délivrance de son legs : il ne l'affranchit donc point de cette obligation qui lui est imposée par l'article 1014, pour qu'il puisse réelment gagner les fruits, il faut donc toujours qu'il se conforme à la condition prescrite par ce dernier article, pour obtenir les avantages accordés par le premier ; et, tant qu'il n'a pas satisfait à ce devoir, il ne peut se plaindre que de sa propre négligence. Que si c'est par quelques événemens imprévus qu'il a été empêché de former sa demande, il se trouve alors dans un cas extraordinaire dont la loi ne s'occupe pas, et pour lequel elle n'a pas dû faire fléchir la règle générale.

401. On oppose, en troisième lieu, la disposition de l'article 604, portant que « le retard de donner » caution ne prive pas l'usufruitier des fruits auxquels » il peut avoir droit, et qu'ils lui sont dus du moment » où l'usufruit a été ouvert. » D'où l'on voudrait con-

clure qu'ils doivent lui être adjugés même pour le
temps qui a précédé la demande en délivrance du
legs.

A les bien entendre, les dernières expressions de
cet article n'ajoutent rien à ce qui est porté dans l'article 585 ; car, dire que les fruits pendans par racines
au moment de l'ouverture du droit d'usufruit, appartiennent à l'usufruitier, ou dire que les fruits lui sont
dus dès cette époque, ce n'est exprimer que la même
chose en termes différens. La réponse que nous venons de donner à l'objection précédente s'applique
donc, avec toute sa force, à celle-ci : nous pourrions
par conséquent nous contenter de dire, sur cet article
comme sur l'article 585, que, si les fruits sont dus
au légataire, dès le moment de l'ouverture de son
droit, ce n'est qu'autant qu'il aura satisfait au devoir
que l'article 1014 lui impose d'en demander la délivrance. Néanmoins nous ajouterons encore quelques
réflexions propres à dissiper tous les doutes, s'il pouvait en rester (1) :

En déclarant que le retard de donner caution ne
prive pas l'usufruitier des fruits auxquels il peut avoir
droit, et qui lui sont dus dès le moment où l'usufruit
est ouvert, les auteurs du code se proposaient-ils de
décider qu'un légataire d'usufruit n'est pas soumis à
la loi commune sur la nécessité de la demande en délivrance ? Il est évident que non, puisqu'ils ne l'ont
pas dit, et que d'ailleurs, en rédigeant l'article 1014,
ils n'ont voulu y consigner aucune exception pour

(1) Voy. encore sur le véritable sens de l'art. 585, d'autres
développemens au chapitre 35, sous le n.° 1654.

lui sur la nécessité de cette demande ; ils ont donc voulu, et ils ont voulu seulement décider que le retard de donner caution ne pourrait préjudicier à ses droits : or, en refusant au légataire les fruits échus avant la demande en délivrance, ce n'est pas par le retard involontaire de fournir une caution, mais bien par le retard volontaire de former sa demande, qu'il éprouve cette privation ; ce qui se rapporte toujours au système général du code sur cette matière.

Suivant la loi romaine, le légataire d'usufruit n'était pas même recevable à ouvrir son action en délivrance, pour faire courir les droits de jouissance à son profit, avant d'avoir satisfait à l'obligation du cautionnement : *Si ususfructus legatus sit, non priùs dandam actionem usufructuario, quàm satisdederit, se boni viri arbitratu usurumfruiturum* (1).

Voilà ce que les auteurs du code ont voulu abroger. Ainsi sans dispenser le légataire d'usufruit du devoir qu'ils ont imposé à tout légataire particulier sur la demande en délivrance, pour avoir droit aux fruits, ils ont néanmoins voulu s'écarter de la rigueur de la loi ancienne, en ce qu'elle ne permettait pas même à l'usufruitier d'ouvrir son action sans avoir, au préalable, fourni son cautionnement : voilà toute la conséquence qu'il est permis de tirer de l'article précité.

Veut-on une autre preuve encore que les auteurs du code, parlant des avantages et des devoirs qui naissent de l'ouverture du droit d'usufruit, ont toujours voulu que l'exercice en fût subordonné à la

_____

(1) L. 13, ff. *de usufruct.*, lib. 7, tit. 1,

mise en possession de l'usufruitier? nous en trouvons la démonstration dans l'article 605, qui porte
que :

« L'usufruitier n'est tenu qu'aux réparations d'en-
» tretien.

Que « Les grosses réparations demeurent à la charge
» du propriétaire, à moins qu'elles n'aient été occa-
» sionées par le défaut de réparation d'entretien,
» *depuis l'ouverture de l'usufruit:* auquel cas l'usu-
» fruitier en est aussi tenu. »

Il est de toute évidence que ces expressions, *depuis*
l'ouverture de l'usufruit, ne peuvent être entendues
dans un sens absolu, et en les détachant de toute
idée de mise en possession : il est évident qu'en mettant au compte de l'usufruitier les grosses réparations dont il s'agit, les auteurs du code n'ont pu vouloir
l'en charger, par cela seul que les dégradations auraient
eu lieu depuis la mort du testateur, et encore que
l'usufruitier n'eût obtenu aucune délivrance de son
legs.

Supposons, en effet, qu'en l'absence du légataire
qui ne se présente qu'au bout de dix ans ou plus,
pour demander la délivrance de son legs, l'héritier,
qui aura joui pendant tout ce temps, ait négligé les
réparations d'entretien des bâtimens, et ait par là
donné lieu à de grandes dégradations ; oserait-
on soutenir que ces grosses réparations devraient
être supportées par l'usufruitier, sous le prétexte
qu'elles auraient été occasionées par le défaut d'entretien *depuis l'ouverture de l'usufruit?* Ne répondrait-on pas victorieusement qu'il serait absurde de

faire supporter à l'usufruitier la peine d'une faute qu'il n'a ni commise ni pu commettre, et qui ne peut être que celle du propriétaire? Ne répondrait-on pas victorieusement que, si la loi charge l'usufruitier des grosses réparations, occasionées par le défaut d'entretien, *depuis l'ouverture de l'usufruit*, c'est nécessairement à supposer qu'il ait été mis en possession, puisque ce n'est que dans cette hypothèse qu'il serait possible de le trouver coupable de négligence sur l'entretien de la chose.

Mais du moment qu'il est ainsi démontré que les obligations qui pèsent sur l'usufruitier, et qui naissent depuis l'ouverture de son droit, sont néanmoins, dans leurs effets, subordonnés à la délivrance du legs, il reste démontré aussi, et avec la même évidence, que les avantages qu'il doit en retirer par la perception des fruits, sont subordonnés à la même condition, parce que les droits et les charges sont ici des corrélatifs inséparables.

402. Au surplus, si l'on voulait absolument induire des articles 585 et 604 une disposition suivant laquelle les fruits devraient être adjugés à l'usufruitier, sans en subordonner le droit à une demande préalable en délivrance, disposition qui certainement n'est pas dans la lettre de ces articles, on serait forcé de reconnaître une antinomie entre eux et les articles 1014 et 1015, puisque ceux-ci exigent généralement la demande en délivrance, pour faire courir les fruits ou intérêts au profit du légataire, sauf deux exceptions dans lesquelles le légataire d'usufruit n'est point compris : eh bien! dans cette supposition

même, c'est encore à la disposition de ces derniers articles qu'on devrait plutôt s'en rapporter, attendu qu'elle est plus formelle, qu'elle est postérieure dans l'ordre du temps, qu'elle se rattache aux principes généraux de la matière, et qu'elle a été expressément portée pour déterminer les effets des legs à l'égard de tous légataires qui n'ont point la saisine.

§ II.

De la Constitution conditionnelle de l'usufruit.

403. La constitution d'usufruit est conditionnelle lorsqu'on a voulu la faire dépendre d'un événement futur et incertain, soit en la suspendant, jusqu'à ce que cet événement arrive, soit en la résiliant, suivant qu'il arrivera ou qu'il n'arrivera pas (1168).

Elle peut donc être subordonnée à deux espèces de conditions, qui sont la condition suspensive ou la condition résolutoire.

La condition est suspensive lorsque la disposition du testateur est tellement dépendante de l'événement prévu, que sa libéralité ne doit avoir lieu qu'autant que cet événement aura lieu lui-même (1040) : comme si je léguais l'usufruit de mon domaine à *Titius*, à condition que la frégate l'Espérance reviendra de l'Asie dans l'année de mon décès, ou si la frégate que j'ai envoyée aux Indes revient dans l'année de mon décès.

La condition est résolutoire lorsqu'elle n'est apposée que pour résoudre ou faire cesser les effets de la disposition déjà exécutée : telle est la condition tacitement imposée à tout usufruitier de s'abstenir d'abus graves dans sa jouissance, sous peine de voir prononcer la déchéance de son droit.

404. Il y aurait condition résolutoire expresse, si un mari avait légué l'usufruit de ses biens à son épouse, pour en jouir jusqu'à ce qu'elle eût été remboursée de sa dot.

Cette hypothèse a donné lieu à la question de savoir si l'un des héritiers du mari serait recevable à offrir son contingent du remboursement de la dot, pour faire cesser l'usufruit de la veuve sur sa portion héréditaire, ou si celle-ci serait en droit de conserver la jouissance entière des biens de la succession, jusqu'à ce qu'elle fût entièrement remboursée de ses créances dotales. On trouve là-dessus deux textes dans le droit romain, qui sont en opposition l'un avec l'autre. La loi 30, ff. *de usufruct. legal.*, porte littéralement que chacun des héritiers peut demander la jouissance de sa quote héréditaire, en offrant sa part du remboursement; tandis que le contraire résulte de la loi 44, § 7, ff. *familiæ erciscundæ;* mais Cujas en son commentaire sur la première de ces lois, démontre très clairement que c'est la décision contenue en la dernière qui doit être suivie, par la raison que le legs d'usufruit ainsi fait par le mari à la femme, est pour elle un véritable nantissement ou un gage qui lui est laissé pour sûreté du remboursement de sa dot. Or le droit qui résulte du gage, comme celui qui résulte de l'hypothèque, est indivisible : donc la veuve ne peut pas en être privée partiellement.

405. Lorsque la condition n'est que résolutoire, les droits du légataire n'étant point en suspens,

l'usufruit est ouvert à la mort du testateur, et il doit en jouir du moment que la délivrance lui en a été consentie, ou qu'il en a formé la demande suivant les formalités expliquées dans le paragraphe précédent.

Si, au contraire, la condition est suspensive, ce n'est qu'à l'instant de son événement que l'usufruit est ouvert, en ce sens que ce n'est qu'alors seulement que le légataire peut demander la délivrance de son legs.

406.   Mais le légataire sous condition n'a-t-il pas déjà, dès le moment du décès du testateur, un droit éventuellement acquis, à raison duquel il soit admissible à prendre toutes les mesures conservatoires avouées par les lois? Supposons qu'on ait légué à *Titius* une somme de 1000 écus, sous une condition suspensive quelconque, ne pourra-t-il pas, avant l'événement de la condition, prendre déjà une inscription pour conserver l'hypothèque légale accordée (1017) à tout légataire sur les biens de la succession?

L'affirmative ne nous paraît pas douteuse, parce qu'il a déjà un droit conditionnel, et qu'un droit de cette nature est susceptible de l'accessoire d'une hypothèque subordonnée à la même condition (2148).

Il y a sans doute une grande différence entre une créance conditionnelle, fondée sur une stipulation qui ne tient point de la disposition à cause de mort, et celle qui n'a pour cause qu'un legs conditionnel. Dans le premier cas, lorsque la chose qui fait l'objet du contrat n'est pas un droit purement personnel, le

créancier qui meurt avant l'événement de la condition, transmet tous ses droits à ses héritiers, parce
qu'il est censé les avoir stipulés tant pour eux que
pour lui-même. Dans le second cas, au contraire, le
testateur n'ayant eu en vue que la personne de son
légataire, si celui-ci décède avant l'événement de la
condition, la disposition doit se trouver caduque,
lors même qu'elle avait pour objet un droit de propriété (1040) qui serait transmissible aux héritiers du
légataire, s'il en avait été revêtu lui-même.

Ainsi, sous le rapport de la transmissibilité de ses
droits, le légataire conditionnel qui meurt avant l'é-
vénement de la condition, n'est pas censé avoir été
créancier : *is cui sub conditione legatum est, pendente
conditione, non est creditor; sed tunc cùm extiterit
conditio. Quamvis eum, qui stipulatus est sub conditione, placet etiam pendente conditione, creditorem
esse* (1) ; mais il ne faut pas conclure de là qu'après
la mort du testateur, le légataire lui-même n'ait aucun droit personnel avant l'événement de la condition à laquelle l'auteur de la disposition a voulu la
subordonner : il ne faut pas croire qu'il n'ait pas
plus de droit sur la succession qui est ouverte, qu'il
n'en avait sur les biens du testateur, lorsque celui-ci
était encore vivant. Du moment qu'il a un titre irrévocablement confirmé, un titre auquel on ne peut
plus porter aucune atteinte, il faut bien qu'il ait
aussi un droit acquis, pour en demander un jour
l'exécution, si l'événement de la condition lui est fa-

(1) L. 42, ff. *de obligat. et act.*, lib. 44, tit. 7. — Voy. sur
cette loi POTHIER, en ses pandectes, lib. 42, tit 4, n.º 3.

vorable, et qu'en attendant cet événement, il ait la faculté de recourir à toutes les mesures conservatoires autorisées par les lois.

407. Ce droit était bien reconnu, même à Rome, puisqu'en statuant sur le cautionnement que l'héritier devait, en général, fournir aux légataires pour sûreté des legs dont le payement était différé à un certain temps, les lois voulaient que, dans le cas du legs conditionnel, comme dans celui du legs pur et simple, dont le payement était accidentellement retardé, ou qui n'avait été fait qu'à certain terme, le légataire fût autorisé à exiger le même cautionnement pour prévenir les effets des dissipations possibles de la part de l'héritier, avant l'événement de la condition : *hæc stipulatio et in fideicommissis locum habet, si purè fideicommissum sit relictum : sive ex die certâ, vel sub conditione* (1) ; ce qui suppose une créance déjà existante à la charge de l'héritier, parce qu'il ne peut y avoir de véritable cautionnement que là où il y a une obligation principale. Ces lois allaient plus loin encore, car elles voulaient que, sur le refus de fournir le cautionnement demandé, le légataire pût exiger la possession des biens de l'hérédité (2) jusqu'à ce que l'héritier fatigué par les embarras de cette espèce de nantissement (3), se décidât à cautionner.

(1) L. 14, ff. *ut legatur. serv and. causâ caveat*, lib. 36, **tit.** 3 ; — *idem*, l. 5, § 2, *cod.* — Voy. aussi dans GRIVEL, décision 75.

(2) L. 1, § 2, ff. *cod.*

(3) L. 5, ff *ut in poss. legat*, lib. 36, tit. 4.

Si, durant le temps pendant lequel le legs d'usufruit conditionnel était en suspens, l'héritier, possesseur de l'héritage, l'avait vendu, et que l'événement de la condition fût favorable au légataire,
celui-ci serait fondé à évincer l'acquéreur, quant à
l'usufruit, qui n'aurait pu être aliéné à son préjudice
et sans sa participation. On doit en effet, admettre
sur l'exécution du legs d'usufruit, qui est une portion du domaine, les mêmes principes que sur l'exécution du legs de propriété ; et comme les lois décident
que, quand un legs de propriété est fait sous condition, si l'héritier aliène le fonds (1), l'hypothèque,
ou lui impose quelque servitude (2), lorsque la condition arrive, l'aliénation et toutes les charges imposées,
medio tempore, sont résolues : il faut en dire autant
dans le cas du legs d'usufruit, qui est un démembrement de la propriété du fonds (3). Et c'est aussi ce
que décide formellement Ulpien en la loi 16, ff. *quibus
modis ususfruct. amitt.*, conçue en ces termes : *Si sub
conditione mihi legatus sit ususfructus, medioque tempore sit penes hæredem ; potest hæres usumfructum
alii legare : quæ res facit ut, si conditio extiterit mei
legati, ususfructus ab hærede relictus finiatur.*

408. Aux termes de l'article 900 du code, les
conditions impossibles, ainsi que celles qui seraient

(1) L. 69, § 1, ff. *d·legat.* 1 ; — l. 81, ff. *eod.*; — l. 105;
ff. *de condit. et demonstrat.*

(2) L. 3, § 3, cod. *communia de legat.*, lib. 6, tit. 43.

(3) Voy. au surplus ce que nous avons dit dans la réponse
à la deuxième question qui se trouve à la fin du chap. 6 sur
le douaire, sous le n.° 263.

contraires aux lois ou aux mœurs, sont réputées non écrites, dans les dispositions soit entre-vifs, soit testamentaires; en sorte que, nonobstant l'insertion des conditions de cette nature dans les donations ou les testamens, les libéralités qui y sont contenues doivent avoir lieu comme si elles avaient été faites purement et simplemeut, et sans être subordonnées à aucune condition.

La condition de ne pas *se marier*, conçue dans un sens général, a toujours été placée au rang de celles qui sont contraires aux lois et aux mœurs, et qui, par cette raison sont regardées comme non écrites : *Si testator rogasset hæredem ut restituat hæreditatem mulieri, si non nupsisset; dicendum erit compellendum hæredem restituere eam mulieri etiamsi nupsisset* (1). Cette condition est réprouvée dans le droit, par la raison qu'il est du plus grand intérêt de la société de favoriser les mariages, au moyen desquels le nombre des meilleurs citoyens se trouve augmenté par celui des enfans légitimes (2).

409. Il n'en est pas de même de la condition de ne pas *se remarier*, apposée à une libéralité faite par le mari à sa femme, ou par une femme à son mari. Le convol à secondes noces manque rarement d'être fort contraire aux intérêts des enfans, quand il y en a ; et quand il n'y en a point, la persévérance dans l'état de viduité semble encore être un hommage rendu

____

(1) L. 65, § 1, ff. *ad S.-C. Trebellian.*, lib. 6, tit. 1 ; — idem, l. 72 ; § 5, ff. *de condit. et demonstrat.*, lib. 35, tit. 1.

(2) Vid. l. 1, cod. *de indicta viduitate*, lib. 6, tit. 40 ; et l. 1, ff. *soluto matrimon*, lib. 24, tit. 3.

à la fidélité conjugale de la part de l'époux survivant.

Ille meos primus qui me sibi junxit amores
Abstulit, ille habeat secum, servetque sepulcro.

En conséquence, cette condition n'était point considérée, dans le droit romain, comme non écrite, et le légataire devait y souscrire ou renoncer à son legs. La novelle 22 de Justinien, chap. 43 et 44, est formelle à cet égard; et tous les auteurs qui ont écrit sur cette matière (1) nous attestent que sa disposition, reçue dans nos usages, était généralement suivie en France avant les lois des 5 brumaire et 17 nivose de l'an 2, par lesquelles la condition de ne pas *se remarier* avait été aussi déclarée non écrite; mais comme ces lois transitoires ont disparu avec les circonstances qui les avaient fait naître; comme on n'en retrouve aucun vestige dans le code, dont la disposition générale doit plutôt être expliquée et interprétée par les usages qui, dans tous les temps, avaient été généralement reçus et respectés en France, il faut en conclure qu'aujourd'hui la condition de ne pas se remarier serait valablement apposée dans un legs soit de propriété, soit d'usufruit, fait par un des époux au profit de l'autre.

410. Nous trouvons même dans les articles 206 et 386, deux dispositions qui supposent que la condition dont il s'agit ne doit pas être regardée comme

---

(1) Voy. dans MORNAC sur les lois du code, *de indictâ viduitate;* — dans le journal du Palais, tom 1, pag. 486; — dans GRIVEL, décision 191; — dans MAYNARD en ses questions, liv. 8, chap. 93; — dans LAPEYRÈRE, lettre F, n.° 21; — dans FURGOLE, des testamens, chap., 7; sect. 2, n°ˢ. 60 et suiv., etc., etc.

contraire à notre législation actuelle. Par la première, l'obligation où sont les gendres et belles-filles de fournir des alimens à leur belle-mère, cesse dès que celle-ci, devenue veuve, convole à secondes noces : par la seconde, le droit d'usufruit légal de la mère sur les biens de ses enfans mineurs de dix-huit ans, est déclaré éteint, dès qu'elle contracte un nouveau mariage : or la loi ne peut pas réprouver dans la disposition de l'homme une condition qu'elle appose elle-même à sa propre libéralité : donc la condition de ne pas *se remarier,* n'a rien de contraire à nos lois.

411. Il faut observer que la condition de viduité apposée au legs qu'un des époux fait au profit de l'autre, peut être conçue de deux manières et en deux sens bien différens ; car elle peut être exprimée par forme de condition résolutoire simplement, ou par forme de prohibition absolue des secondes noces.

Elle est conçue par forme de condition résolutoire seulement, lorsque, par exemple, un mari lègue l'usufruit de ses biens à sa femme, pour en jouir durant sa viduité, ou autant de temps qu'elle se contiendra en viduité : dans ce cas, la veuve est en droit d'entrer en jouissance, après la mort du mari, comme si le legs était pur et simple ; et si elle vient à se remarier, son usufruit prend fin dès l'instant de son convol, sans qu'elle soit obligée à la restitution d'aucuns fruits par elle antérieurement perçus.

Elle est conçue par forme de prohibition absolue des secondes noces, lorsque, par exemple, le mari léguant l'usufruit de ses biens à son épouse, a déclaré qu'il ne lui faisait cette libéralité que sous la condition

qu'elle ne se remarierait pas, ou qu'elle ne se remarierait en aucun temps, ou qu'elle ne convolerait jamais
en secondes noces; ou en exprimant de toute autre
manière, que sa veuve ne doit profiter du legs qu'autant qu'elle ne contractera aucun nouveau mariage.

Si une pareille condition devait être exécutée à la
lettre, le legs d'usufruit deviendrait inutile, attendu
que ce n'est qu'au décès de la veuve qu'il peut être
constant qu'elle ne se remariera pas; mais il n'en est
pas ainsi : le testateur ayant voulu faire une libéralité,
on ne doit pas lui prêter deux volontés contraires, en
supposant qu'il ait voulu que son legs fût sans effet :
la légataire doit donc être admise à la jouissance de
l'usufruit légué, puisqu'il est naturel d'admettre dans
le testateur une prépondérance de volonté sur l'exécution de son bienfait.

442. Cette hypothèse nous offre un exemple de
la condition potestative, nonobstant laquelle les
Romains admettaient le légataire à demander la
délivrance de son legs, au moyen de la caution
mucienne, par lui fournie, pour assurer la restitution
de la chose léguée, et de tous les fruits qu'il en aurait
perçus, en cas de contravention de sa part aux volontés du testateur : *qui post mucianam cautionem interpositam legatum accepit; si contra cautionem aliquid fecerit, stipulatione commissâ, etiam fructus
hæredi restituet. Hoc enim legatarius et in exordio cavere cogitur* (1). Dans l'application de cette règle au
legs fait à l'un des époux, à condition qu'il ne se remariera pas, Justinien veut bien qu'on se contente

_____

(1) L. 79, § 2, ff. *de condit. et demonst.*, lib. 35, tit. 1.

de la caution juratoire ; mais il'veut aussi que, si le légataire vient à se remarier, il soit rigoureusement tenu de rendre le fonds légué avec les fruits qu'il en aura perçus : *ut si ad secundas venerit nuptias, reddat quod datum est, tale quale percepit, et quos accepit in medio fructus* : que, si le legs consistait en argent, il restitue de même capital et intérêts, *si verò pecuniæ fuerint etiam cum usuris quas indè percipere potuerit* ; et que, s'il avait aliéné la chose, il soit permis de la revendiquer entre les mains de tout tiers détenteur : *et vindicetur apud quamcumque apparuerit personam* (1). Telles sont les dispositions du droit romain sur les effets de la condition de viduité, apposée à un legs fait au profit de l'époux survivant : dispositions qui étaient suivies dans notre ancienne jurisprudence, comme l'enseignent les auteurs qui s'en sont occupés (2), et qui doivent encore être observées aujourd'hui, puisqu'elles ne sont que la conséquence naturelle et immédiate de ce qu'un époux peut actuellement, comme on le pouvait autrefois, faire à l'autre un legs, à condition que le légataire ne se remariera pas, et qu'il ne pourra profiter de la libéralité qu'autant qu'il aura perpétuellement gardé l'état de viduité.

Ainsi, à supposer que le mari ait légué l'usufruit

(1) Novel. 22, cap. 44, § 2 et 4.
(2) Voy. dans MANTICA *de conjecturis ultimar. volunt.*, lib. 10, tit. 2, n.º 14 ; — dans LAPEYRÈRE, lettre V, n.º 65 ; — dans les décisions de DUPERRIER, liv. 4, n.º 270 ; — dans CHABROL, sur la coutume d'Auvergne, chap. 11, art. 1, quest. 8, tom. 1, pag. 152 ; — dans FERGOLE, traité des testamens, chap. 7, sect. 2, n. 68.

de ses biens à sa femme, en lui imposant la condition
de viduité, s'il paraît, par les termes du testament, que
la volonté du testateur a été telle que la veuve ne dût
aucunement profiter du legs, qu'autant qu'elle aurait
perpétuellement gardé cet état, elle ne pourra se remarier sans se rendre passible de la restitution des fruits
par elle perçus jusqu'à son convol à secondes noces :
mais, comme le remarque CANCERIUS (1), il faut que la
disposition soit bien expresse; car, dans le doute sur l'interprétation de la clause du testament, on doit croire
que le testateur a voulu seulement priver sa veuve
de la jouissance du legs, à dater du second mariage, plutôt que de la soumettre en outre à la charge bien grave
de la restitution des fruits antérieurement perçus.

443. Aux termes de la novelle précitée, la condition de ne pas se remarier peut être apposée non-
seulement à un legs fait par le mari à sa femme ou
par la femme au mari, mais encore à celui qui serait
fait par un étranger au profit de l'époux survivant à
l'autre : *Hanc ipsam autem introducimus observan-
tiam in eumdem intellectum, etiamsi non conjuges
alterutris sub tali reliquerint conditione : sed aliquis
alius extraneus sive viro sive mulieri sub tali conditione dari quid voluerit.* Et, comme il est reconnu que
cette condition, considérée en elle-même, n'a rien
d'illicite dans nos mœurs, il faut en conclure qu'aujourd'hui encore le légataire devrait s'y soumettre,
lors même que le legs serait fait par un étranger.

Le legs d'usufruit fait par le mari à sa femme

_____

(1) *Variar. resolut.* part. 3, cap. 20, n.º 358, usque ad
n.º 368.

sous la condition qu'elle acceptera et restera chargée
de la tutelle de leurs enfans, serait, dans ses effets,
soumis aux règles dont nous venons de parler, parce
que la tutelle ne consiste pas dans un fait instantané par
lequel la condition imposée puisse être accomplie dans
un seul moment. Le testateur ayant eu en vue non
la simple acceptation de la tutelle, mais bien la gestion continuée jusqu'à l'époque fixée par la loi, s'il
arrivait que la veuve encourût la privation de la tutelle par son convol en secondes noces ou autrement,
elle devrait aussi perdre tous les avantages du legs
qui lui avait été fait, comme ayant manqué à la condition apposée au bienfait du mari ; en sorte qu'elle
devrait rendre les fruits perçus avant sa déchéance
de la tutelle (1).

414. Il en serait de même de la condition imposée
par un mari à sa femme de demeurer avec leurs enfans et de ne pas se séparer d'eux ; parce que ce serait
toujours là une condition qui ne peut être accomplie
que par une exécution continue. Néanmoins, en ce
cas, l'inexécution de la condition ne devrait opérer
la déchéance du legs que quand il y aurait de la faute
de la légataire.

Et d'abord, le legs ne devrait recevoir aucune atteinte, par le prédécès des enfans avant leur mère,
quoique ce décès fût le terme de leur communion,
parce qu'on n'aurait pu la charger de les rendre im-
mortels pour continuer à vivre avec eux : *Quamvis*

(1) Voy. dans les lois 5, § 2, ff. *de his quibus ut indignis*, l.
34, tit. 9 ; l. 28, § 1 ; l. 32 ; l. 33 et 35, ff. *de excusationib.
tutor.*, lib. 27, tit. 1 ; et dans CHABROL, *loco citato*.

verbis his quoad cum Claudio justo morati essetis , alimenta vobis et vestiarium legata sint: tamen hanc fuisse cogitationem defuncti interpretor , ut et post mortem justi Claudii, eadem vobis præstari voluerit (1).

Si les enfans se portaient à de mauvais traitemens envers leur mère, et qu'il fût reconnu qu'ils lui rendent trop dure la vie commune, la condition apposée au legs d'usufruit serait censée accomplie par cela seul qu'eux-mêmes y auraient mis obstacle : *tunc demùm pro impletâ habetur conditio, cùm per eum stat, qui, si impleta esset, debiturus erat* (2) : ils ne seraient pas recevables à se prévaloir de leur propre faute, et, en conséquence, la veuve devrait être continuée dans sa jouissance : *si eâ conditione liberto fideicommissum relictum est, NE A FILIIS RECEDERET, et per tutores factum est quominùs conditionem impleret: iniquum est eum, cùm sit inculpatus, emolumento fideicommissi carere* (3).

445. Si les enfans avec lesquels il est enjoint à la mère de demeurer, étaient des filles, et qu'elles se mariassent les unes après les autres, la condition apposée au legs devrait encore être considérée comme accomplie, soit parce qu'il est naturel de penser que le père n'a voulu que sa veuve restât chargée de l'éducation de leurs filles que jusqu'à ce que celles-ci prissent un état qui doit les soustraire à sa direction ; soit parce que la fille, en se mariant et se séparant de la mère, mettrait elle-même obstacle à l'accom-

---

(1) L. 1, cod. *de legat.*, lib. 6, tit. 37 ; vid. et l. 13, § 1, ff. *de aliment, legat.*, lib. 34, tit. 1.

(2) L. 81, § 1, ff. *de condition. et demonst.*, lib. 35. tit. 1.

(3) L. 34, § 4, ff. *de legal.* 2.

plissement de la condition : soit enfin parce que, à
supposer qu'il y en eût eu plusieurs qui se fussent successivement mariées, il serait impossible à la mère
de conserver la communion avec toutes, et que le
légataire est dispensé d'accomplir la condition qui lui
est imposée, par cela seul que l'accomplissement en
est devenu impossible sans qu'il y ait de sa faute (1).

416. Mais si l'obligation de demeurer avec ses
enfans n'était pas prescrite à la mère comme une condition apposée au legs à elle fait par le père : si au
contraire on voyait, par les expressions du testament,
que le testateur n'a considéré la jouissance léguée à la
veuve que comme le prix des soins qu'elle donnerait
aux enfans durant sa demeure avec eux, elle devrait
cesser d'en profiter du moment que la rupture de communion mettrait fin aux services en récompense desquels seulement elle avait le droit d'en jouir : *Sed si testator, propter filii utilitatem, his qui cum eo morati
fuissent alimenta præstari voluerit ; contra voluntatem
defuncti petentes audiri non oportere* (2).

417. Lorsque le droit d'usufruit ne m'est légué
que sous condition, c'est l'héritier qui jouit du fonds
en attendant l'événement de la condition apposée à
mon legs ; s'il vient à décéder lui-même, et qu'il ait
légué l'usufruit du même fonds à un autre, ce second
légataire devra être admis à en jouir : mais si l'événement de la condition apposée à mon legs m'est favorable, les droits du second légataire se trouvent ré-

____

(1) *Argument. ex* l. 14 , ff. *de condition. et demonstr.*, lib. 35,
tit. 1 ; et *ex* l. 3, ff. *de condit. institution.*, lib. 28. tit. 7.

(2) L. 84 *in fide*, ff. *de condit. et demonstrat.*, lib. 35, tit. 1.

solus, et je dois moi-même être admis à la jouissance
du fonds ; et nonobstant que ce légataire intermédiaire viendrait à me survivre, le droit d'usufruit
éteint par ma mort ne lui sera pas réversible, parce
que l'héritier n'est censé lui avoir legué que la jouissance qui lui appartenait dans l'intervalle : *Si sub conditione mihi legatus sit ususfructus, medioque tempore
sit penes hæredem; potest usumfructum alii legare :
quæ res facit ut, si conditio extiterit mei legati, ususfructus ab hærede relictus finiatur. Quòd si ego usumfructum amisero, non revertetur ad legatarium cui
ab hærede purè legatus fuerat* (1).

418.   Lorsqu'il y a deux légataires du même fonds;
que la nue propriété a été léguée à l'un, et l'usufruit
à l'autre, la totalité du fonds est par-là même léguée;
il n'en doit par conséquent rien rester à l'héritier :
d'où il résulte que si, durant la vie du testateur, le
légataire de l'usufruit vient à mourir, le fonds sera
dévolu en plein domaine au légataire de la propriété :
*Si Titio ususfructus, Mævio' proprietas legata sit, et
vivo testatore, Titius decedat, nihil apud scriptum
hæredem relinquitur* (2); et cette conséquence doit
avoir lieu lors même que le legs d'usufruit n'aurait
été fait que sous condition : dans ce cas, c'est encore le
légataire de la nue propriété qui doit jouir avant l'é-
vénement de la condition apposée au legs d'usufruit,
parce qu'il est toujours vrai de dire que la totalité du
fonds a été léguée : *fundus, detracto usufructu, legatus est Titio, et ejusdem fundi ususfructus Sempronio*

_____

(1) L. 16, ff. *quibus mod. ususfruct. amitt.*, lib. 7, tit. 4.
(2) L. 33. *in princip.*, ff. *de usufruc.*, lib. 7, tit. 1.

sub conditione. Dixi, interim cum proprietate usum-
fructum esse : licèt placeat, cùm detracto usufructu,
fundus legatur, apud hæredem usumfructum esse.
Quia pater-familiás, cum detracto usufructu, fundum
legat, et alii usufructum sub conditione; non hoc agit
ut apud hæredem ususfructus remaneat (1). Puisque
c'est le légataire de la propriété qui profiterait de la
caducité du legs d'usufruit, si la condition sous laquelle il a été fait venait à manquer, il doit aussi profiter seul de la suspension de jouissance du légataire,
jusqu'à l'événement de cette condition. Il faudrait
porter encore la même décision, si l'usufruitier ne
devait jouir qu'après un certain temps, ou si le légataire de l'usufruit était une personne prohibée ou
incapable de recevoir : dans ces cas, la consolidation temporaire ou perpétuelle de l'usufruit ne devrait
toujours profiter qu'au légataire de la propriété (2).

§ III.

De la Constitution d'usufruit à certain jour ou à terme.

419. L'usufruit est un droit successif dont l'utilité se mesure principalement par le temps qui s'é-
coule durant la jouissance de l'usufruitier ; il peut
donc être plus ou moins limité ou étendu, partagé ou
départi sous le rapport du temps ; comme le droit de
propriété peut être plus ou moins étendu, partagé ou
morcelé par la réunion ou la séparation matérielle
des différentes portions du fonds.

(1) L. 4, ff. *si ususfructus petat.*, lib. 7, tit. 6.
(2) Voy. dans Voet, *de usufruct. et quemadmodùm*, n.º 5.

Il peut être légué à jour certain (580), de deux
manières : ou pour finir à une époque déterminée qui
ne serait pas son terme naturel ou légal; ou pour ne
commencer seulement qu'après un délai quelconque
qui devrait s'écouler depuis la mort du testateur, avant
que l'usufruitier fût en droit d'entrer en jouissance :
*posse enim usumfructum ex die legari et in diem,
constat* (1).

Lorsque l'usufruit est légué pour un temps particulier, ou, en d'autres termes, pour finir à une époque
déterminée, après dix ans par exemple, le legs est pur
et simple, et doit recevoir son exécution après la mort
du testateur, sans autres délais que ceux qui peuvent
être nécessaires pour en opérer la délivrance; mais
comme c'est toujours un droit qui finit avec la personne qui en est revêtue, il doit s'éteindre si le légataire vient à décéder avant le terme qui avait été
assigné à sa jouissance.

Au contraire, lorsqu'un droit d'usufruit est légué
pour ne commencer qu'à une époque plus ou moins
reculée dès la mort du testateur, le legs n'est pas pur
et simple, mais conditionnel; car il est subordonné à
la condition de survie du légataire à l'époque fixée pour
le commencement de sa jouissance : c'est là une condition tacite qui résulte de la nature du droit légué,
puisque le légataire ne peut rien transmettre s'il meurt
auparavant : *si ex die ususfructus legetur, dies ejus non
cedit, nisi cùm dies ejus venit* (2).

420.   En cela, le legs du fonds est bien différent

----

(1) L. 1, § 3, ff. *quandò dies ususfruc.*, lib. 7, tit. 3.
(2) Ibid.

de celui de l'usufruit : car, quand il s'agit d'un droit de propriété ou de tout autre droit réel, la condition qui, dans l'intention du testateur, ne fait que suspendre l'exécution de la disposition, n'empêche pas l'héritier institué ou le légataire d'avoir un droit acquis et transmissible à ses héritiers (1044); tandis qu'en fait d'usufruit tout étant personnel à l'usufruitier, rien ne peut lui être acquis avant le temps fixé pour son entrée en jouissance, et il ne peut rien transmettre à ses héritiers ; en sorte que la disposition est nécessairement caduque par son prédécès.

421. Aux termes de l'article 620 du code, l'usufruit accordé jusqu'à ce qu'un tiers ait atteint un âge fixe, dure jusqu'a cette époque, encore que le tiers soit mort avant l'âge fixé. Cette décision, puisée dans le droit romain, repose sur ce qu'il est évident que l'époque de l'âge du tiers n'a été désignée que dans l'intérêt de l'usufruitier, et pour marquer le temps de sa jouissance : *Sancimus sive quis uxori suæ, sive alii cuicumque usumfructum reliquerit sub certo tempore in quod vel filius ejus, vel quisquam alius pervenerit, stare usumfructum in annos singulos, in quos testator statuit : sive persona de cujus ætate compositum est, ad eam pervenerit, sive non. Neque enim ad vitam hominis respexit, sed ad certa curricula* (1). La même loi romaine décide aussi que, quand on a légué un droit d'usufruit à quelqu'un pour en jouir jusqu'à ce qu'un tiers qui est malade ou en démence ait recouvré la santé ou l'usage de la raison, ce droit cesse comme arrivé à son terme, du moment que le tiers est par-

(1) L. 12, cod. *de usufruct.*, lib. 3, tit. 33.

venu à un état de guérison ; mais qu'au contraire si celui-ci vient à mourir sans avoir été affranchi de son affliction, l'usufruitier doit continuer sa jouissance jusqu'à son décès, parce que le testateur est censé avoir prévu que la guérison du tiers pourrait ne point arriver, cas auquel le droit légué n'a plus d'autre terme que celui de la mort de l'usufruitier. *Sin autem talis fuerit incerta conditio : donec in furore filius vel alius quisquam remanserit : vel in aliis similibus casibus, quorum eventus in incerto sit. Si quidem resipuerit filius, vel alius, pro quo hoc dictum est, vel conditio extiterit usumfructum finiri : sin autem adhuc in furore constitutus decesserit, tum quasi in fructuarii vitam eo relicto, manere usumfructum apud eum. Cùm enim possibile erat usque ad omne vitæ tempus usufructuarii non ad suam mentem venire furentem, vel conditionem impleri : humanissimum est, ad vitam eorum usumfructum extendi.*

422.   Le legs d'usufruit d'un fonds peut être fait au profit de plusieurs personnes successivement appelées à en jouir à diverses époques marquées par le testateur. On peut, par exemple, léguer l'usufruit du même domaine à CAIUS, TITIUS et SEMPRONIUS, pour en jouir successivement et séparément pendant trente ans, savoir : CAIUS durant une première période de dix ans, TITIUS durant la seconde période du même nombre d'années, et SEMPRONIUS enfin durant la dernière.

Dans ce cas, il n'y a ni conjonction entre les légataires, ni substitution de l'un à l'autre ; ce sont trois legs particuliers et indépendans qui sont faits à trois personnes différentes, et dont les droits n'ont rien de

commun. Il en est de cette jouissance divisée en trois,
sous le rapport du temps, comme il en serait de la division du fonds en trois parties séparément léguées à
trois personnes différentes : dans un cas comme dans
l'autre, il y a également trois legs particuliers, absolument séparés dans leur objet comme dans la personne des légataires ; trois legs, en un mot, indépendans les uns des autres, et qui n'ont rien de commun.

Ainsi, en admettant que le testateur soit mort le
premier janvier 1810, CAIUS, premier légataire dans
l'ordre du temps, ou plutôt légataire de l'usufruit du
domaine durant la première période, devra en jouir à
dater du jour de la mort du testateur, jusqu'au premier
janvier 1820 ; TITIUS, venant ensuite, jouira dès le
premier janvier 1820, jusqu'au premier janvier 1830,
époque à laquelle il y a encore ouverture au droit de
SEMPRONIUS, pour jouir à son tour durant la dernière
période de dix ans.

Ces notions nous paraissent claires et évidentes par
elles-mêmes ; voyons-en les conséquences :

Il en résulte que si CAIUS, légataire de la jouissance
pendant les dix années qui doivent s'écouler immédiatement après l'ouverture de la succession, venait à
mourir avant le testateur, et qu'il y eût par là caducité
entière dans son legs ; ou même s'il survivait au testateur pendant peu de temps seulement, et que, par
l'événement de sa mort arrivée avant les dix ans, son
legs fût en partie caduc ; dans l'une et l'autre hypothèse, TITIUS, le second légataire, n'en devrait pas
moins attendre que la première période de dix ans fût
écoulée, pour pouvoir demander, à son tour, la déli-

vrance de son legs durant la seconde période; parce
que c'est un principe incontestable que la caducité totale ou partielle de tout legs particulier ne doit profiter qu'à l'héritier qui en était chargé, lorsqu'il n'y a
ni droit d'accroissement, ni droit de substitution établi
par le testament au profit d'autres légataires. Telle est
aussi la décision de la loi romaine : *uxori usumfruc-*
tum villæ legavit in quinquennium à die mortis suæ :
deindè hæc verba adjecit : « Et peracto quinquennio,
» *cùm ejus ususfructus esse desierit, tum eum fundum*
» *illi et illi libertis dari volo. » Quæsitum est, cùm*
uxor intra quinquennium decesserit, an LIBERTIS pro-
prietatis petitio jam, an verò impleto quinquennio
competat; quia peracto quinquennio testator proprie-
tatem legaverat? Respondit, post completum quinquen-
nium fundum ad libertos pertinere (1). Il en serait
autrement si le testateur, usant des termes de la substitution vulgaire, avait déclaré qu'à défaut de CAIUS,
premier légataire, TITIUS, le second, entrerait en
jouissance; attendu que, dans le cas de cette substitution, la défaillance du premier appelé n'opère pas
la caducité du legs, qu'elle ne fait au contraire que
donner lieu à la vocation du substitué qui doit le
remplacer.

Si CAIUS, premier légataire dans l'ordre du temps,
survivant au testateur, avait joui du legs pendant les
dix ans qui lui étaient départis, et qu'à l'expiration de
ces dix ans, TITIUS, le second appelé, fût décédé, la
décision que nous avons portée sur la caducité du pre-

---

(1) L. 35, *de usufruct. legat.*, lib. 33, tit 2. — Vide et Cu-
JACIUM *in hanc legem.*

mier legs devrait également s'appliquer à celle du second, c'est-à-dire que c'est l'héritier seul qui aurait le
droit d'en profiter par la rentrée en jouissance de son
fonds, pendant les dix années durant lesquelles Titius
aurait joui, s'il avait recueilli; et ce n'est qu'à l'expiration de ce terme que Sempronius, troisième légataire,
pourra venir à son tour.

423. Lorsque l'usufruit d'un fonds est ainsi légué
à plusieurs personnes qui sont successivement appelées à en jouir à diverses époques, puisqu'il y a plusieurs legs et plusieurs légataires indépendans les uns
des autres, il faut encore en tirer cette conséquence
qu'il doit y avoir aussi plusieurs cautionnemens à
fournir; que la caution donnée par l'un n'est point
obligée de répondre des faits de l'autre, et que chacun
d'eux entrant en jouissance doit fournir la sienne
propre.

Il y a plus, le légataire appelé à jouir en second
ordre a un intérêt direct à ce que le premier n'abuse
pas, et le troisième a le même intérêt à ce que le fonds
ne soit pas dégradé par les deux autres; et de là résulte
encore cette conséquence que l'héritier, propriétaire
de l'héritage grevé de l'usufruit, n'est pas le seul qui
ait le droit de demander la caution *de utendo boni viri
arbitrio*, ni de consentir à la réception de celle qui
peut être offerte; que les deux autres légataires doivent être aussi appelés au cautionnement du premier,
et le troisième à celui que devra fournir le second :
*quòd si duobus conjunctim ususfructus legatus sit : et
invicem sibi cavere debebunt; et hæredi, in casum il-
lum si ad socium non pertineat ususfructus hæredi,*

reddi (1). Si, d'après ce texte, les légataires conjoints doivent se fournir mutuellement caution pour le cas arrivant où, par le décès de l'un, il y ait lieu au droit d'accroissement au profit de l'autre, ce qui était admis dans le droit romain, lors même que tous avaient accepté le legs d'usufruit et en avaient joui, on comprend qu'il en doit être à plus forte raison de même dans le cas qui nous occupe, où le second légataire ne reçoit rien par droit d'accroissement de la part du premier.

424. Si un homme léguant l'usufruit de son domaine à son épouse pour en jouir *durant sa viduité* seulement, avait ajouté qu'il léguait le même usufruit à CAIUS pour en jouir après la mort de sa veuve, et que celle-ci vînt à se remarier quelque temps après, à qui devrait profiter la cessation de son usufruit durant le reste de sa vie? L'héritier propriétaire du fonds serait-il en droit d'en prendre la jouissance jusqu'au décès de la veuve, époque à laquelle seulement CAIUS paraît y avoir été appelé; ou ce dernier serait-il au contraire fondé à revendiquer de suite cette jouissance, par le motif que, dans l'intention du testateur, il doit succéder immédiatement à la veuve?

MANTICA (2) et Sotomayor (3) qui se sont proposé cette question, la décident en faveur du second légataire de l'usufruit, par la raison que le mari, en imposant à son épouse la condition de viduité, n'a pas dû croire qu'elle y manquerait; qu'au contraire, il est

(1) L. 8, ff. *usufructuar. quemadmodùm caveat*, lib. 7, tit. 9.
(2) *De conjecturis ultimarum vol.*, lib. 3, tit. 19, n.° 19.
(3) *De usufructu.*, cap. 62, n.° 7.

naturel de supposer en lui la pensée qu'elle se conformerait à ses volontés et garderait l'état de viduité, jusqu'à sa mort; qu'ainsi, dans l'intention présumée du testateur, l'expression du décès de la veuve ne signifie autre chose que le terme de sa viduité même où elle devra cesser de jouir, et où le second légataire devra être admis à lui succéder.

SECTION IV.

§ IV.

De la constitution d'usufruit par forme de substitution.

425. En nous servant des termes usités dans le droit écrit, nous dirons qu'on distingue deux espèces de substitutions, qui sont la vulgaire et la fidéicommissaire :

La substitution vulgaire a lieu lorsqu'un second légataire est appelé, à défaut du premier, qui se trouve incapable de recueillir, ou qui refuse d'accepter;

La fidéicommissaire, au contraire, a lieu lorsque la chose léguée doit parvenir au second légataire, même après avoir été acceptée et possédée par le premier.

La substitution vulgaire n'étant point prohibée par notre code, nul doute qu'on ne puisse léguer un droit d'usufruit d'abord à l'un et ensuite à l'autre, en cas que le premier appelé vienne à prédécéder, ou se trouve incapable de recevoir, ou refuse d'accepter.

I.   53

426. Mais le droit d'usufruit pourrait-il être de même valablement légué au profit de plusieurs personnes, qui seraient appelées à le recueillir successivement par substitution fidéicommissaire; et quels seraient les effets particuliers d'une disposition de cette espèce ?

Pour donner à cette question tout le développement qu'elle mérite, en la mettant à portée des lecteurs de toutes les classes, nous rappellerons d'abord succinctement les notions les plus élémentaires de la matière.

On entend, en général, par substitution fidéicommissaire, la disposition par laquelle le donateur ou le testateur, faisant une donation ou un legs à quelqu'un, charge le donataire ou le légataire de rendre à un tiers la chose donnée ou léguée.

Le fidéicommis est universel ou à titre universel, lorsque c'est un légataire universel ou à titre universel qui est chargé de rendre toute l'hérédité ou une quote de l'hérédité à laquelle il est appelé en premier ordre.

Le fidéicommis est au contraire particulier, lorsque c'est un donataire ou un légataire d'objets certains et déterminés qui est chargé de les rendre à un tiers désigné pour les recueillir en second ordre.

La charge de rendre peut être imposée de manière que la restitution doive avoir lieu sitôt après la délivrance du legs, sans que le grevé qui le reçoit d'abord ait le droit de le conserver pour en jouir pendant un temps quelconque. Il est possible aussi que le testateur, voulant accorder au grevé la jouissance des biens substitués, pendant un certain temps, n'ait ordonné la restitution qu'après un délai qui ne serait apposé que pour en retarder l'exécution, sans rendre la substitution conditionnelle. Enfin la charge de rendre peut n'être imposée que sous une condition suspensive des droits du substitué qui ne serait appelé que subordonnément à un événement futur et incertain, comme lorsque la restitution ne doit lui être faite qu'après la mort du grevé, et à supposer qu'il survive à celui-ci.

De là naît la division des fidéicommis en purs et conditionnels, qui forment deux espèces très différentes.

427. Le fidéicommis est pur lorsque, sitôt après la mort du testateur, le légataire appelé en second ordre a une action pour exiger de suite la restitution de la chose léguée.

Le fidéicommis est pur encore lorsqu'il ne doit être restitué qu'après un certain temps ; mais pour cela deux choses sont cumulativement requises : il faut que la substitution porte sur un droit de propriété, et que le délai accordé au grevé ne soit que comme un terme de payement, suspensif seulement de l'exécution de la libéralité envers le légataire appelé en second ordre. Alors, nonobstant ce délai, *legatum purum est, quia non conditione, sed morâ suspenditur* (1).

Dans ce cas, comme dans le précédent, le substitué ou le légataire appelé en second ordre, a également un droit acquis dès l'instant du décès du testateur, droit transmissible à ses héritiers (1041) ; car, du moment qu'il n'y a que l'exécution de la libéralité

(1) L. 79, ff. *de cond. et demonstr.*, lib. 35, tit. 1.

qui soit retardée, il est dès le jour même de l'ouverture de la succession, un vrai créancier à terme, dont
les droits sont aussi bien transmissibles que si sa
créance était déjà échue.

428.   Le fidéicommis est, au contraire, conditionnel, lorsque la charge de rendre n'est imposée au
grevé que sous une condition dépendante d'un événement incertain, et telle que, dans l'intention du testateur, la restitution ne doive avoir lieu qu'autant
que l'événement arrivera ou n'arrivera pas (1040).

La condition qui est le plus communément apposée
aux substitutions fidéicommissaires, est celle de survie ; elle est toujours sous-entendue, lorsque le grevé
n'est chargé de rendre qu'après son décès (1) : alors
le substitué n'est censé appelé qu'autant qu'il survivra
au légataire institué en premier ordre ; si donc il vient
à mourir avant celui-ci, la substitution se trouve caduque, et il ne transmet à cet égard aucun droit à ses
héritiers.

En général dans tous les cas où le fidéicommis est
conditionnel, si le donataire ou le légataire appelé
en second ordre vient à décéder avant l'accomplissement de la condition, la libéralité, en ce qui le touche,
devient caduque (1040) : d'où résulte cette conséquence que dès-lors les biens substitués restent libres
entre les mains de celui qui, dans le principe avait
été grevé de restitution.

429.   Aux termes de l'article 896 de notre code,
les substitutions fidéicommissaires sont prohibées ; en

_____

(1) Voy. dans Pothier, traité des substitutions, sect. 6.
art. 1, § 1.

sorte que toute disposition par laquelle le donataire, l'héritier institué, ou le légataire a été chargé de conserver et de rendre à un tiers, est nulle pour le tout : mais l'article suivant excepte de cette prohibition la substitution que les père et mère peuvent faire de leur quotité disponible lorsqu'ils en disposent au profit d'un ou de plusieurs enfans, avec charge de la rendre aux enfans nés et à naître des donataires au premier degré seulement (1048); il excepte encore le cas où une personne morte sans postérité aurait donné ses biens à son frère ou à sa sœur avec charge de les rendre également aux enfans nés ou à naître du donataire au premier degré (1049). . .

Mais un simple droit d'usufruit peut-il être l'objet d'une substitution fidéicommissaire proprement dite ? une disposition qui serait conçue sous cette forme, et qui n'aurait qu'un droit de jouissance pour objet, serait-elle subordonnée à toutes les règles des substitutions ? dans tous les cas, quels devraient en être les effets ?

Pour procéder avec le plus de méthode qu'il nous sera possible, nous examinerons ces questions successivement dans les trois hypothèses principales dont nous avons parlé ci-dessus, c'est-à-dire, dans celle où le légataire d'un droit d'usufruit serait chargé de le rendre à un tiers sans délai : dans celle où il ne devrait en faire la restitution qu'après un temps fixe et déterminé : enfin dans celle où il n'aurait été chargé de le rendre qu'après son décès.

PREMIÈRE HYPOTHÈSE.

430.   Le droit d'usufruit peut-il être l'objet d'un fidéicommis pur et sans terme? quels seraient les effets particuliers d'une disposition de cette nature? tomberait-elle sous la prohibition du code, si elle n'était faite ni par un père ou une mère au profit de ses petits-fils, ni par une personne qui, disposant au profit de son frère ou de sa sœur, l'aurait chargé de rendre à ses neveux?

Suivant les dispositions du droit romain, il est incontestable que le droit d'usufruit peut être l'objet d'un fidéicommis pur et sans terme : *Si legatum usumfructum legatarius alii restituere rogatus est, id agere prœtor debet, ut ex fideicommissarii personâ magis quàm ex legatarii, pereat ususfructus* (1).

Il en doit être de même sous notre législation, parce qu'on ne voit pas pourquoi le droit d'usufruit, qui peut être délivré par l'héritier à celui qui en est le légataire ne serait pas susceptible d'être de même délivré et remis à un tiers par le premier légataire qui l'aurait reçu des mains de l'héritier; d'où nous devons conclure qu'il n'y a rien dans la nature du droit d'usufruit qui résiste à ce qu'on en fasse l'objet d'un fidéicommis pur.

431.   Quant aux effets particuliers de cette espèce de disposition, il faut remarquer que, quoiqu'elle soit peu avantageuse pour le légataire qui est chargé de rendre, sans avoir le droit de conserver pendant un temps pour jouir lui-même, néanmoins elle n'est

(1) L. 4, ff. *quibus modis ususfruct. amitt.*, lib. 7, tit. 4.

pas inutile à son égard; car si le substitué venait à
mourir avant le testateur, ou si, survivant au testateur, il se trouvait incapable, ou enfin s'il répudiait
la libéralité, la caducité du fidéicommis opérée par
son prédécès, ou par son incapacité de recueillir, ou
son refus d'accepter, ne profiterait point à l'héritier,
mais au légataire qui avait été chargé de rendre : *Quia
in fideicommissis potiorem causam habere eum cujus
fides electa sit, senatus voluit* (1). Dans ces cas, la
caducité de la substitution n'opérerait pas la consolidation de l'usufruit à la propriété; elle en opérerait
au contraire la confirmation sur la tête du légataire
premier appelé, pour en jouir toute sa vie : *Si Titio
decem legaverit et rogaverit ut ea restituat Mævio ;
Mæviusque fuerit mortuus ; Titii commodo cedit , non
hæredis ; nisi duntaxat ut ministrum Titium elegit.
Idem est si ponas usumfructum legatum* (2). La raison
de cela, c'est que la charge de rendre se trouve éteinte
du moment qu'il n'y a plus de créancier ayant le droit
d'exiger la restitution : en conséquence de quoi on applique à la cause du légataire particulier qui a été
chargé de rendre la chose léguée, le même principe
qui est admis dans celle du légataire universel qui profite de la caducité des legs particuliers, dont le testateur avoit voulu le charger envers des légataires qui
sont prédécédés, ou incapables, ou qui refusent d'accepter (3).

(1) L. 60, ff *de legat.* 2.°

(2) L. 17 , ff. *eodem*; voy. encore dans POTHIER, traité des
donations testamentaires, chap. 6, sect. 5, § 1.

(3) Voy. dans le recueil de Denevers, au 1809, pag. 271,

Puisque le premier appelé a le droit de garder pour lui-même dans le cas où le substitué n'accepterait pas, il faut en conclure qu'il a aussi le droit de former en son nom propre la demande en délivrance contre l'héritier, et qu'une fois mis en possession par suite de cette demande, il fait les fruits siens, tant que le substitué garde le silence, et ne demande pas à son tour la remise du legs; et c'est encore là un autre avantage que le grevé peut trouver dans le fidéicommis, quoiqu'il soit pur et sans terme.

432. Si la substitution n'étant pas caduque vient à s'exécuter, la remise de l'usufruit faite au substitué produit un effet qu'il ne faut pas confondre avec la cession ou aliénation qu'un usufruitier ordinaire voudrait faire de son droit au profit d'un tiers.

Lorsqu'un usufruitier cède son droit à un tiers, il ne s'opère qu'un transport imparfait : la cession ne porte que sur l'exercice du droit, et non sur le droit en lui-même : elle attribue bien au cessionnaire la faculté de percevoir les émolumens utiles de l'usufruit, mais elle ne le constitue pas lui même usufruitier en titre : c'est toujours sur la tête du cédant que repose le droit à l'égard du propriétaire : c'est toujours lui qui demeure garant de l'entretien du fonds ; et c'est toujours par sa mort que l'usufruit doit s'éteindre. Pour qu'il en fût autrement, il faudrait que le propriétaire coopérant à l'acte de cession d'usufruit, eût consenti à ce que, par un transport parfait, le cessionnaire devînt lui-même l'usufruitier en titre.

un arrêt de la Cour de cassation qui confirme ce principe sur la caducité des legs.

.. Au contraire quand il y a substitution, et que le légataire appelé en premier ordre fait, au profit du substitué, la remise du droit légué, cette cession opère un transport parfait, et dès ce moment même l'appelé en second ordre se trouve seul usufruitier en titre, comme s'il avait été nommé légataire sans la média-tion du grevé; il en est dès-lors seul garant, sans que, pour cette restitution, il soit besoin de la coopération ni du consentement de l'héritier propriétaire du fonds, parce que la remise de l'usufruit est faite en exécution des ordres du testateur, à la volonté duquel l'héritier doit lui-même se conformer. *Si quis usum-fructum legatum sibi, alii restituere rogatus sit, eum-que in fundum induxerit fruendi causâ; licèt jure civili morte et capitis diminutione ex personâ legatarii pereat ususfructus, quod huic ipso jure adquisitus est, tamen prœtor jurisdictione suâ id agere debet ut idem servetur quod futurum esset, si ei cui ex fidei-commisso restitutus esset, legati jure adquisitus esset* (1).

Il est donc bien constant que le droit d'usufruit peut être l'objet d'un fidéicommis pur, puisque la loi romaine le déclare d'une manière aussi formelle, et que d'ailleurs il est de toute évidence que ce droit est susceptible d'une véritable restitution de la part du grevé au profit du fidéicommissaire; mais cette espèce de disposition, à laquelle la nature du droit d'usufruit ne répugne pas, est-elle au rang de celles que le code prohibe, lorsqu'elles ne sont pas faites par des père et mère au profit de leurs enfans et petits-enfans, ou

_____

(1) L. 29, ff. *de usuf. legato*, lib. 33, tit. 2.

par des frères et sœurs au profit de leurs frères ou sœurs et neveux?

Il est également évident que non, puisque d'une part nous ne nous occupons encore ici que d'un fidéicommis pur et sans terme, c'est-à-dire de la substitution faite avec charge de rendre sans délai, et sans que le grevé ait le droit de conserver; et que, d'un autre côté, le code ne prohibe (896) que la disposition par laquelle le donataire, l'héritier institué ou le légataire sera chargé de conserver et de rendre à un tiers. Écoutons, à cet égard, le principal auteur du Répertoire, au mot *Institution contractuelle*, § 5, n.º 8.

« Prenons garde, dit-il, les articles cités de la loi du 14 novembre 1792 et du code civil n'ont prohibé les substitutions que parce qu'elles entravaient la circulation des propriétés, que parce qu'elles plaçaient hors du commerce les biens qui en étaient l'objet. Ils n'ont donc entendu prohiber que ces substitutions dont l'effet, si elles avaient lieu, ne devrait s'ouvrir qu'un certain laps de temps après les dispositions qui en seraient grevées ; ils n'ont donc pas entendu prohiber les dispositions qui, quoique qualifiées fidéicommis dans le droit romain, doivent avoir leur effet immédiatement après que le donataire, le légataire ou l'institué a recueilli la donation, le legs ou l'institution dont elle ne sont qu'un retranchement.

» Si la loi du 14 novembre 1792 laisse là-dessus quelque équivoque, on ne peut du moins pas en dire autant de l'article 896 du code qui définit la substitution qu'il prohibe, une clause par laquelle le donataire ; l'héritier institué ou le légataire serait chargé de *conserver* et de rendre à un tiers ; et par ces mots *chargé de conserver*, il annonce très clairement qu'il ne considère pas comme substitution tout ce que les lois romaines qualifiaient de fidéicommis ; qu'il ne regarde pas comme telles, les charges que le donataire, l'héritier institué ou le légataire est tenu de remplir au profit d'un tiers, à l'instant même où il accepte sa donation, son institution, son legs : et ce qui achève de démontrer qu'il est dans l'intention du code de laisser subsister ces charges, c'est qu'à l'article 1121 il est dit *qu'on peut stipuler au profit d'un tiers*, lorsque telle est la condition d'une stipulation que l'on fait pour soi-même, ou d'une donation que l'on fait à un autre. Assurément on peut, d'après cet article, donner à Pierre une masse de biens, à la charge d'en détacher, au profit de Paul, une maison, un champ, un vignoble ; et si Paul acquiert, par une donation ainsi faite, quoiqu'il ne l'eût pas acceptée, quoique l'acceptation soit de l'essence de toute donation entre-vifs, le droit de se faire délivrer l'objet que le donataire est chargé de lui remettre, on ne voit pas pourquoi le tiers associé à une institution ne pourrait pas également se faire délivrer, par l'institué, la portion à laquelle l'instituant l'a appelé par cette voie. »

Ce que dit ce savant jurisconsulte de la disposition du droit de propriété, doit, à bien plus forte raison, être appliqué au cas où il ne s'agit que d'un droit d'usufruit légué à la charge d'en faire de suite la restitution à un tiers, parce que jamais la disposition en usufruit ne peut rendre la propriété incertaine, ni la perpétuer dans la même famille, ni la placer hors du commerce.

SECONDE HYPOTHÈSE.

433.   Le droit d'usufruit peut-il être l'objet d'une substitution faite à charge de conserver pendant un délai déterminé, et de rendre au terme fixé? Quels seraient les effets particuliers d'une disposition de cette nature? Tomberait-elle sous la prohibition de la loi, si elle n'était faite ni par un père ou une mère qui aurait chargé ses enfans de rendre à leurs enfans, ni par une personne qui, disposant au profit de son frère ou de sa sœur, l'aurait chargé de rendre à ses enfans, de lui donataire?

Les substitutions à charge de conserver et de rendre n'étant pas prohibées lorsque c'est un père ou une mère qui dispose de sa portion libre, au profit de ses enfans et petits-enfans, ou lorsque c'est un frère ou une sœur qui dispose au profit de ses frères et sœurs et de leurs enfans, et qui agit dans les termes et sous les conditions expliquées plus haut, nous pouvons d'abord raisonner ici comme si elles étaient généralement permises, puisqu'elles le sont au moins dans ces deux hypothèses d'exceptions, et qu'en conséquence il faudrait toujours signaler les effets particuliers de la substitution qui n'aurait pour objet qu'un droit d'usufruit, lors même qu'elle ne pourrait avoir lieu que dans ces deux cas : sauf à examiner ensuite si elle peut avoir lieu généralement comme n'étant pas de nature à tomber sous la prohibition de la loi.

Supposons donc qu'un droit d'usufruit soit légué à

Caius, à la charge de le conserver pendant cinq ou dix ans, par exemple, et de le rendre seulement à l'expiration de ce temps ; quels seront les effets de cette disposition ?

Nous avons fait voir, en traitant la question, dans l'hypothèse précédente, que le droit d'usufruit est susceptible d'une véritable restitution, lorsque le légataire grevé doit le rendre sans délai après la mort du testateur : on doit dire la même chose ici, parce qu'il n'y aurait pas de raison de porter une autre décision dans le cas où le grevé n'est chargé de rendre qu'après avoir joui lui-même pendant un certain temps. Lorsqu'il est parvenu à son terme, la restitution se fait par la mise en possession du substitué aux lieu et place du grevé, comme elle doit avoir lieu de suite lorsqu'il n'y a point eu de terme apposé par le testateur.

Le légataire premier appelé est seul usufruitier en titre durant le temps assigné à sa jouissance ; en conséquence de quoi il est seul responsable, pendant ce délai, de l'éxécution des charges inhérentes à l'usufruit, telles que celles qui concernent l'entretien de la chose, et les autres dont nous parlerons ailleurs.

454. Mais une fois que le grevé, parvenu au terme de sa jouissance, en a fait la remise au substitué, celui-ci se trouve à son tour seul usufruitier en titre, parce que cette remise étant faite en exécution des ordres du testateur, opère un transport parfait : en conséquence de quoi le substitué reste, pour l'avenir et à dater de son entrée en jouissance, seul passible

des obligations inhérentes à l'usufruit, attendu qu'il est de principe, en cette matière, que les choses passent avec toutes leurs charges entre les mains du substitué (1).

Il résulte de là que la caution donnée par le légataire qui avait été appelé en premier ordre se trouve dégagée pour les faits à venir, et que le substitué doit, à son tour, fournir un nouveau cautionnement pour lui-même.

Toute disposition faite avec charge de rendre, renferme nécessairement deux libéralités : l'une au profit du premier appelé, et l'autre au profit du substitué qui doit recevoir la chose des mains du premier, au temps marqué pour lui en faire la restitution.

Cette seconde libéralité, qui est véritablement la substitution, peut être conditionnelle quoique la première soit pure et simple ; et l'une peut être caduque tandis que l'autre conserve toute sa force : mais il y a des distinctions à faire, sur ce point, entre les legs de propriété et ceux d'usufruit.

Dans le legs de propriété, fait avec charge de rendre à jour certain, comme, par exemple, au bout de cinq ou de dix ans, la substitution est pure : les droits en sont ouverts dès le jour du décès du testateur, et le substitué est saisi comme tout autre légataire, parce qu'il est dès-lors créancier pur et simple, quoique le jour du payement ne soit pas encore arrivé : *Si dies apposita legato non est, præsens debetur, aut confestim ad eum pertinet cui datum est : adjecta quamvis*

_____

(1) *Argumentum ex* l. 2, cod. ad. S.-C. *Trebell.*, lib. 6, tit. 49.

longa sit, si certa est, veluti kalendis januariis cen-
tesimis, dies quidem legati statim cedit, sed ante diem
peti non potest (1).

Si donc, en ce cas, le substitué vient à mourir
avant ce terme, la libéralité qui lui a été faite n'est pas
pour cela caduque ; il en transmet les avantages à ses
héritiers (1041), et cette mort prématurée ne change
rien aux droits du grevé de restitution.

Pour que la substitution fût caduque, il faudrait
que le substitué fût mort avant le décès du testateur,
ou qu'il fût incapable de recevoir à l'époque de ce
décès, ou qu'ayant survécu au testateur, et étant
capable de recevoir, il eût renoncé au fidéicommis
dont les droits étaient ouverts à son profit : dans tous
ces cas, la charge de rendre serait éteinte au profit
du grevé qui garderait les biens comme francs de toute
substitution,

435. Il n'en serait pas de même dans le legs d'un
droit d'usufruit que le premier appelé serait chargé
de rendre après un certain délai, au bout de cinq ou
dix ans par exemple : ici la substitution est nécessairement conditionnelle ; elle est tacitement conditionnelle par cela seul qu'elle n'a pour objet qu'un droit
purement personnel et intransmissible ; elle est donc
censée faite sous la condition de survie du substitué,
au moment où l'usufruit devra lui être remis, puisque, mourant auparavant, il ne peut transmettre
aucun droit à ses héritiers : ainsi le décès du substitué,
arrivé avant le terme fixé de la restitution, rend sa
vocation caduque au profit du premier appelé sur la

(1) L. 21, ff. *quandò dies leg. cedit*, l. 36, tit. 2.

tête duquel le droit d'usufruit se trouve dès-lors confirmé pour toute sa vie.

436. On voit par là qu'il y a une grande différence, dans les résultats, entre les legs de propriété
et d'usufruit, portant, l'un comme l'autre et dans les
mêmes termes, la charge de rendre à une époque
certaine ; mais il y en a une grande aussi entre deux
legs d'usufruit par l'un desquels on aurait imposé la
charge de rendre après un délai certain et déterminé,
comme de dix ans par exemple, tandis que par l'autre
on aurait directement légué le même droit aux deux
légataires pour en jouir successivement, savoir le
premier durant les dix premières années, et le second
à dater de cette époque ; car, au premier cas, la mort
du substitué, arrivée avant les dix ans, rend sa vocation caduque, et la caducité de la substitution profite
au grevé qui dès-lors est en droit de conserver la
jouissance du fonds durant toute sa vie, ainsi qu'on
vient de l'expliquer plus haut ; tandis qu'au contraire,
dans le second cas, la mort prématurée du légataire
appelé en second, dans l'ordre du temps, n'ajoutera
rien aux droits du premier, qui ne devra toujours
jouir que pendant ses dix ans : ce n'est pas lui, mais
bien l'héritier qui devra profiter de la caducité du
second legs, parce que ce n'est pas lui, mais seulement
l'héritier qui en était chargé (1),

Lorsque c'est la libéralité, faite au profit du grevé,
qui devient caduque par son prédécès ou par son
refus d'accepter, la vocation du substitué n'en reçoit
aucune atteinte ; l'héritier, soit légitime, soit testa-

(1) Voy. sous le n.° 266.

mentaire qui recueille la succession, ou le légataire
au profit duquel il y a d'abord accroissement du legs,
succède aussi à la charge de le rendre ou d'en faire
la délivrance au substitué, comme l'explique très
bien Pothier en plusieurs endroits de ses ouvrages (1),
et comme cela résulte d'un grand nombre de lois
romaines, dont la disposition a été adoptée par la jurisprudence française : *Si ab eo cui legatus esset
usufructus, fideicommissum fuerit relictum; licèt
usufructus ad legatarium non pervenerit, hæres tamen penes quem usus fructus remanet, fideicommissum præstat!.. Si legatarius à quo fideicommissum
relictum est, repudiaverit legatum, vel vivo testatore
decesserit* (2).

La raison de cela, comme l'explique aussi Furgole (3), c'est que la charge qui constitue le fidéicommis est une charge réelle, qui affecte et suit la chose
en quelques mains qu'elle passe : pour qu'il en fût
autrement, il faudrait qu'il parût évident, par la clause
du testament, que le testateur n'a voulu imposer cette
charge qu'à la personne seulement du légataire nommé
en premier ordre (4).

Mais, comme le dit encore Furgole, d'après le texte
précis des lois romaines (5), la personne à laquelle

(1) Voy. dans son traité des donations testamentaires,
chap. 5, sect. 3. § 3 ; et dans celui des substitutions, sect. 7.
art. 1, § 2.
(2) L. 9, ff. *de usufructu legat.*, lib. 33, tit. 2.
(3) Traité des testamens, chap. 7, sect. 7, n.ᵒˢ 8 et suiv.
(4) Voy. l. 74, ff *de leg.* 1.ᵒ
(5) L. 77, § 15, ff. *de leg.* 2.ᵒ; et l. 36, § 1.ᵉʳ, ff. *de condit.
et demonst.*, lib. 35, tit. 1.

I.   34

l'objet de la libéralité parvient n'est obligée de le rendre
que quand la condition ou le délai sous lesquels le
premier appelé devait en faire la restitution sont arri-
vés, et non plus tôt; car le changement de la personne qui doit rendre ne change rien dans les droits
ni les actions de celui qui doit recevoir : ainsi, à supposer que le testateur ait légué l'usufruit d'un domaine à Titius, à charge d'en faire la remise à Caius
au bout de cinq ans, et que Titius vienne à mourir
avant le testateur ou à répudier son legs, l'héritier
devra toujours faire à Caius la délivrance de l'usufruit
légué, mais il ne la devra faire qu'au bout des cinq
ans.

437.   Il peut arriver aussi que le légataire appelé
en premier ordre survive au testateur, accepte la libéralité et meure avant le terme prescrit pour la restitution : dans ce cas, il y aurait une grande différence entre le legs de propriété et celui d'usufruit,
encore qu'ils fussent faits l'un et l'autre dans les
mêmes termes, avec charge de rendre au bout d'un
certain temps.

Supposons, en effet, que le testateur ait légué, en
toute propriété, un domaine à Titius, à la charge de
le conserver seulement pendant dix ans et de le rendre
ensuite à Caius : si Titius survivant au testateur, accepte son legs, et vient à mourir au bout de cinq
ans, Caius sera en droit d'entrer de suite en jouissance du domaine, sans être obligé d'attendre jusqu'à l'expiration des dix ans, durant lesquels le premier appelé aurait dû jouir s'il avait vécu. La raison
de cela, c'est qu'en ce cas le fidéicommis n'est pas

conditionnel, mais pur et simple, suivant la règle : *Legatum purum est cùm non conditione, sed morâ suspenditur ;* règle consacrée dans notre code (1041) comme dans la loi romaine ; d'où résulte cette conséquence que, sitôt après la mort du testateur, le substitué a été saisi de la propriété du domaine légué, et que le légataire appelé en premier ordre n'en a réellement pu appréhender ou saisir que l'usufruit ; or l'usufruit qui appartient à quelqu'un sur le bien d'un autre s'éteint toujours par la mort de l'usufruitier, et, se consolidant à la propriété, il s'éteint nécessairement au profit du propriétaire : donc CAIUS, second appelé, serait en droit de revendiquer la jouissance du domaine sitôt après le décès de TITIUS.

438. Supposons, au contraire, qu'il ne s'agisse que d'un legs d'usufruit fait dans les mêmes termes au profit de TITIUS, avec charge de le rendre après dix ans de jouissance à CAIUS qui lui est substitué : si TITIUS, survivant au testateur, accepte son legs et vient à mourir au bout de cinq ans, CAIUS, second appelé, n'en sera pas moins tenu d'attendre la révolution de dix ans depuis la mort du testateur, avant de pouvoir demander à son tour la délivrance de son usufruit, parce que, d'une part, sa vocation n'est pas pure et simple ; elle n'est que conditionnelle, comme censée faite seulement sous la condition de sa survie au temps fixé pour la restitution, ainsi que nous l'avons expliqué plus haut (1) ; et attendu encore que, d'autre côté, le droit de jouissance qu'avait le légataire appelé en premier ordre, et qui s'est éteint par sa mort, se trouve

(1) Voy. sous le n.° 419.

dèslors consolidé à la propriété qui est entre les mains de l'héritier contre lequel Caius, appelé en second ordre, ne peut avoir aucune action en délivrance avant le terme assigné par le testateur pour lui en faire la remise, puisque son droit ne peut être ouvert qu'à cette époque.

439. Dans le legs de propriété fait avec charge de rendre, une fois que l'héritier en a fait la délivrance, il ne peut plus y avoir d'action à exercer contre lui : à quelqu'époque et pour quelque cause que ce soit que les droits du substitué soient ouverts, il ne peut diriger son action en restitution que contre le légataire qui avait été chargé de rendre, ou contre ses héritiers, puisque c'est entre leurs mains que se trouve la chose, et que c'est sur eux seulement que pèse l'obligation de la rendre (1). Il n'en est pas de même lorsque le legs n'a pour objet qu'un droit d'usufruit : si ce droit vient à s'éteindre entre les mains du grevé, sans qu'il s'en soit lui-même dessaisi par la remise faite au substitué, celui-ci ne peut avoir aucune action à diriger contre les héritiers de l'usufruitier pour exiger de leur part la remise d'une chose qui n'a point passé entre leurs mains : il ne peut donc agir que contre l'héritier propriétaire du fonds, pour en obtenir à son tour une seconde délivrance du même legs.

440. Jusqu'à présent, traitant du legs fait avec charge de le rendre après un délai déterminé et à jour certain, nous avons fait abstraction de la question

_____

(1) Voy. dans Pothier, traité des substitut., sect. 6, art 2, § 2.

de savoir si cette disposition n'était permise qu'aux
père et mère à l'égard de leurs enfans et petits-enfans, et aux frères et sœurs envers leurs frères ou
sœurs et neveux ; ou si elle serait permise même entre
personnes étrangères, et dans tous les cas où aucun
empêchement de droit ne mettrait obstacle à l'exécution d'un legs ordinaire : c'est là ce qu'il nous faut
actuellement examiner.

Supposons donc que le legs soit fait au profit d'un
étranger, et qu'il soit fait à la charge de conserver la
chose léguée pendant dix ans à dater de la mort du
testateur, et de la rendre à un tiers à l'expiration de ce
délai : ce legs tomberait-il sous la prohibition du code ?

Pour l'affirmative on peut dire qu'il y a substitution dans un legs de cette espèce, puisqu'un premier
appelé est chargé de rendre à un second ; que cette
disposition est réellement comprise dans la définition
donnée par le code pour nous indiquer les substitutions qu'il prohibe ; puisque le légataire est expressément *chargé de conserver et de rendre*, et que c'est à
ce double caractère que la loi attache sa prohibition ;
que peu importe que la restitution doive être faite après
dix ans ou après toute autre époque fixe ; que ce
n'est là qu'une circonstance purement accidentelle
qui ne change rien à la question, puisqu'il suffit, aux
termes du code, qu'il y ait charge de conserver et de
rendre, pour qu'il y ait disposition prohibée ; que la
loi n'exigeant rien de plus, il ne nous appartient pas
d'assigner des limites à sa volonté, en admettant des
exceptions que la généralité de ses termes ne comporte point.

441. Nonobstant ces raisonnemens, on doit dire avec le savant M. Toullier (1), qu'un legs de cette nature est valable, et qu'il ne tombe pas sous la prohibition du code, par la raison que cette prohibition ne porte que sur les substitutions qui seraient faites suivant l'ordre successoral, et dans la vue d'appeler le substitué à recueillir après la mort du grevé et en cas qu'il survive à celui-ci.

1.° Il est constant que, dans l'espèce proposée et autres semblables, la disposition à charge de rendre n'est qu'un legs pur et simple, qui n'a rien de conditionnel, puisqu'il n'y a que l'exécution du payement ou de la remise qui soit retardée : *Legatum purum est cùm non conditione, sed morá suspenditur ;* d'où il résulte que, dès le moment du décès du testateur, les droits du légataire appelé en second ordre sont formés (2); que la propriété de la chose lui est acquise (1041); qu'en conséquence les droits du légataire appelé en premier ordre dégénèrent en un simple usufruit qui ne doit durer que pendant les dix ans assignés à sa jouissance, pour arriver au terme où il doit rendre : or, suivant l'article 899 du code, la disposition par le résultat de laquelle l'usufruit seulement reste à l'un tandis que la propriété est transmise à l'autre, n'est point dans la classe des substitutions prohibées ; donc le legs dont il s'agit ne peut être déclaré nul.

Mais, s'il en est ainsi lors même que le legs a pour

---

(1) Voy. le chap. 1.er du tome 5 de son traité du droit civil français.

(2' Voy. l. 21 , ff. *quando dies leg.*, *ced.*, lib. 36, tit. 2.

objet un droit de propriété, on sent qu'à bien plus forte raison la disposition doit être valable lorsqu'elle n'a pour objet qu'un droit d'usufruit, dont la constitution est généralement permise par le droit commun.

442. 2.° S'il est vrai qu'aux termes de l'article 896 du code, toute disposition par laquelle le donataire, l'héritier institué ou le légataire a été chargé de conserver et de rendre, doit être déclarée entièrement nulle, il n'est pas moins constant qu'aux termes de l'article 1041, la disposition par laquelle l'héritier institué ou le légataire fut chargé de rendre à jour certain, ce qui suppose aussi la charge de conserver jusqu'au jour fixé pour la restitution, est valable et n'a rien de prohibé, puisque cet article veut que le légataire appelé en second ordre soit saisi de son droit dès le moment du décès du testateur, et qu'il le transmette à ses héritiers, s'il vient à mourir avant le jour fixé pour recevoir la délivrance de son legs ; il faut donc convenir que la prohibition contenue dans le premier de ces articles n'a trait qu'aux dispositions faites avec charge de restituer dans l'ordre successoral, autrement il y aurait une véritable contradiction entre eux, ce qu'il n'est pas permis de supposer.

443. 3.° Tout en prohibant, par la première partie de l'article 896 du code, les dispositions faites avec charge de conserver et de rendre, le législateur excepte de sa défense soit les érections de majorats qui seraient établis avec l'autorisation spéciale du Gouvernement en faveur des princes ou autres chefs de familles illustres, soit les dispositions faites par des père et mère au profit de leurs enfans et petits-

enfans, ou par des frères et sœurs au profit de leurs frères ou sœurs et neveux, en se renfermant dans les termes qui leur sont prescrits. La nature des dispositions prohibées se trouve par là bien déterminée : car ce qui est prohibé généralement à tous les autres membres de la société, doit être de même nature que ce qui n'est permis que par privilége en faveur des grandes familles, ou par exception en faveur des père et mère vis-à-vis de leurs enfans et petits-enfans, et des frères et sœurs à l'égard de leurs neveux, par la considération dès liens de parenté qui les unissent. Comme ces exceptions ne sont pas fondées sur une diversité d'espèces dans les choses, mais uniquement sur les égards qu'on a cru devoir aux personnes en faveur desquelles on a voulu faire fléchir la règle commune, il est nécessaire d'en conclure que ce qui est permis aux uns, par privilége personnel, est de même nature que ce qu'on a prohibé ou défendu aux autres ; et réciproquement, que les dispositions généralement prohibées sont de même nature que celles pour lesquelles la loi se relâche de sa rigueur envers les personnes qu'elle excepte de la règle commune. Or, les érections de majorats sont certainement des substitutions faites dans l'ordre successoral, puisqu'elles s'étendent à tous les degrés de la descendance : il en est de même des dispositions permises en faveur des petits-enfans ou des neveux du testateur ; car, quoiqu'elles portent leurs effets incomparablement moins loin que les majorats, puisqu'elles ne peuvent s'étendre au-delà du premier degré, il n'en est pas moins incontestable que ce sont

de vraies substitutions faites dans l'ordre des successions; substitutions conditionnelles de leur nature,
et pour l'exécution desquelles le substitué doit survivre au grevé; et cette vérité reste démontrée par
cela seul qu'aux termes du code ces sortes de dispositions peuvent être faites au profit des petits-enfans ou
neveux nés ou à naître, *au premier degré seulement*
(1048 et 1049); car il n'y a de degré que là où il y a
une génération qui succède à l'autre.

Concluons donc qu'il n'y a de prohibé que les substitutions faites dans l'ordre successoral, par lesquelles
l'un serait appelé à recueillir après le décès de l'autre
et sous la condition de survie; et que les dispositions
portant charge de rendre après un délai déterminé et
à jour certain, ne tombent point sous la prohibition du
code.

444. 4.° Si l'on voulait encore d'autres preuves
de cette vérité, il serait facile de les faire ressortir
des motifs qui ont porté nos législateurs modernes à
proscrire les substitutions en France.

Les substitutions ont été prohibées parmi nous,
à cause des énormes abus qu'on avait remarqué,
sous l'ancien ordre de choses, en être la suite nécessaire : elles étaient contraires aux intérêts du trésor
public, en ce que le grevé n'étant toujours propriétaire que sous une condition résoluble, et le substitué
n'ayant jamais qu'une simple expectative du vivant
du grevé, les biens se trouvaient frappés d'inaliéna-
bilité et placés hors du commerce : elles étaient contraires à l'ordre public, en ce qu'elles dérogeaient à
celui des successions, et que, comblant de richesses

un seul enfant de la même famille, elles laissaient
souvent les autres dans un état voisin de l'indigence :
elles étaient contraires au progrès de l'agriculture,
toujours plus faiblement exercée sur les grandes masses
de biens que sur les propriétés qui sont plus divisées :
elles étaient abusives encore, en ce qu'il n'était pas
rare de voir des personnes grevées de substitutions,
jouissant de grandes richesses, et par conséquent d'un
grand crédit, mourir néanmoins dans un état d'insolvabilité envers leur nombreux créanciers. Or,
tous ces inconvéniens ne peuvent être la suite que des
substitutions faites dans l'ordre des successions, et il
n'en est aucun qui se rattache à la disposition par laquelle un légataire serait chargé de rendre à jour certain et après un délai déterminé; donc ce n'est pas
cette dernière espèce de disposition qui est prohibée.

445.   Lorsqu'il s'agit d'une substitution faite suivant l'ordre successoral, dans le cas où elle est permise, il suffit que le substitué soit capable de recueillir au moment du décès du grevé, puisqu'elle peut
avoir lieu tant au profit des enfans qui sont déjà nés,
qu'à celui de ceux qui sont encore à naître : il n'en est
pas de même dans le cas du legs fait avec charge de
rendre à une époque certaine ; ici le légataire appelé
en second ordre doit être déjà existant et capable au
jour du décès du testateur, puisqu'il est saisi de son
droit de créance dès cet instant.

TROISIÈME HYPOTHÈSE.

446.   Supposons actuellement qu'une disposition
en usufruit soit faite dans les termes précis de la sub-

stitution suivant l'ordre successoral ; que, par exemple, un testateur ait légué l'usufruit de son domaine à Caius, à charge par lui de le conserver pendant sa vie, et de le rendre, après son décès, à Sempronius, en cas de survie de la part de celui-ci : une telle disposition serait-elle nulle, ou devrait-elle obtenir quelques effets ?

Si une disposition ainsi conçue avait pour objet la propriété même du domaine, il est hors de doute qu'elle serait nulle, comme tombant sous la prohibition du code ; mais on en doit juger autrement dans le cas où elle ne porte que sur un droit d'usufruit, parce que ce droit n'est pas susceptible d'être l'objet d'une substitution faite suivant l'ordre des successions.

Pour mieux établir cette vérité, remarquons d'abord que, si notre législation actuelle prohibe, en général, les substitutions fidéicommissaires, dans le sens expliqué plus haut, cette prohibition ne porte pas sur les mots, mais bien sur les choses, et sur les choses seulement ; qu'en conséquence une disposition dont l'exécution emporterait les effets d'une substitution, n'en serait pas moins prohibée et nulle, lors même qu'on aurait voulu la déguiser sous une autre dénomination : comme dans le cas contraire, on ne pourrait faire prononcer la nullité d'une disposition qui ne porterait que le nom de la substitution, si elle n'en avait pas réellement les effets ; éclaircissons cette double assertion par des exemples.

447. Dans la donation entre-vifs, le donateur peut stipuler le droit de retour de l'héritage donné,

en cas de prédécès du donataire; mais ce droit ne peut être réservé qu'au profit du donateur lui-même (951); et s'il était stipulé au profit d'un tiers et dans l'ordre successoral, la disposition serait nulle, parce qu'on aurait voulu lui donner les effets de la substitution, quoiqu'on ne lui en eût aucunement donné la dénomination.

448. Dans la constitution d'une rente viagère, donnée ou léguée au profit de l'un, avec clause de réversion ou substitution au profit d'un autre qui serait appelé à en jouir après la mort du premier rentier, nous trouvons au contraire les termes de la substitution, et nous ne pouvons néanmoins y voir qu'un droit de pension établi sur plusieurs têtes, comme la loi le permet (1972). Mais pourquoi, dans ce dernier cas, le legs est-il valable? C'est que la loi ne défend que la disposition par laquelle le premier qui reçoit, est chargé de conserver la chose qui lui est donnée et de la rendre à un tiers, ce qui ne peut être dans la constitution d'une rente viagère établie sur plusieurs têtes, puisque le droit est intransmissible : d'où il faut conclure que le droit d'usufruit, qui est également intransmissible, peut être de même établi sur plusieurs têtes, sans que la disposition tombe sous la prohibition de la loi, lors même qu'elle serait conçue dans les termes de la substitution. Rapprochons ces raisonnemens des textes du code.

449. L'article 896 porte que « toute disposition » par laquelle le donataire, l'héritier institué ou le » légataire sera chargé de conserver et de rendre à » un tiers, sera nulle. » Il faut donc qu'il y ait charge

de rendre imposée à l'un au profit de l'autre ; il faut donc que le premier appelé qui accepte la chose léguée avec charge de la rendre, soit d'abord saisi de toute cette chose et qu'il doive ensuite la transmettre au second appelé, quand les droits de celui-ci seront ouverts ; or cela est impossible dans un legs d'usufruit, puisque le droit d'usufruit est intransmissible dans l'ordre des successions, d'un usufruitier à un autre, ainsi que nous l'avons démontré plus haut (1) : donc il ne peut y avoir dans ce legs que l'apparence, et non véritablement la charge de rendre.

450. Pour qu'il y ait substitution fidéicommissaire, il faut que le substitué ne doive pas recevoir la chose directement du testateur, mais par une personne interposée, or cela est impossible lorsque le legs n'a pour objet qu'un droit d'usufruit, et que le premier légataire doit le conserver jusqu'à sa mort, parce qu'alors il se trouve éteint, et qu'en conséquence il ne peut être restitué par ses héritiers.

Lorsqu'il s'agit d'un legs de propriété fait avec charge de rendre, une fois que l'héritier en a fait la délivrance, il a par là même acquitté toute sa dette, et il ne peut plus y avoir, à l'avenir, aucune action à exercer contre lui : mais le légataire appelé en premier ordre, ou le grevé qui reçoit la délivrance du fonds, contracte l'obligation personnelle de le rendre au substitué, puisqu'il ne l'accepte qu'à cette condition ; et quand le fidéicommis s'ouvre par sa mort, ses héritiers qui sont tenus de remplir toutes ses obli-

(1) Voyez sous les n.ᵒˢ 9, 15, 16 et 310.

gations et qui se trouvent en possession de la chose, restent seuls passibles de l'action en restitution, que le substitué est en droit d'intenter contre eux, afin d'avoir, à son tour, la remise du fonds. Pour bien définir cette action, on doit dire qu'elle est ce que les Romains appelaient *actio personalis in rem scripta* : elle est, en effet, personnelle en ce que les héritiers contre lesquels on agit sont tenus du fait du défunt qui s'était personnellement obligé à rendre : elle est *in rem scripta*, puisque la charge du fidéicommis est une charge réelle qui affecte la chose, et qui donne en conséquence le droit de la suivre entre les mains des héritiers du grevé, parce qu'ils s'en trouvent nantis. Voilà comment, dans la substitution fidéicommissaire, le substitué ne reçoit la chose que par une interposition de personnes ; et c'est là le caractère distinctif de cette espèce de substitution : mais cela ne peut avoir lieu ; et l'interposition de personnes est impossible quand il ne s'agit que d'un legs d'usufruit, et que le légataire appelé en premier ordre a le droit de le conserver jusqu'à son décès ; car l'usufruit qui est éteint par sa mort, ne peut plus être l'objet d'une demande en restitution : ici il ne peut y avoir ni action personnelle, ni droit de suite à exercer contre les héritiers du premier légataire.

451. Ils ne peuvent être passibles d'une action personnelle en restitution, parce qu'il serait impossible qu'ils fussent personnellement obligés à rendre ce qui n'existe plus *in rerum naturá* : une obligation ne peut avoir le néant pour objet.

Par la même raison, il ne peut y avoir aucun droit de suite à exercer contre eux, parce qu'ils n'ont pu trouver, dans la succession du défunt, l'usufruit qui s'était éteint par sa mort.

Ainsi le légataire qui est appelé en second ordre, et au profit duquel s'ouvre un autre droit d'usufruit par la mort du premier usufruitier, n'a pour revendiquer ce nouvel usufruit, que l'action *personalis ex testamento* qui pèse sur l'héritier de l'auteur de la disposition; parce que c'est au profit de cet héritier, propriétaire du fonds, qu'il y a eu consolidation du premier usufruit, et que c'est encore lui qui a été chargé de la délivrance du second legs, comme il l'avait été de celle du premier : d'où résulte une nouvelle preuve que le second légataire ne reçoit rien *per interpositam personam;* mais qu'au contraire il reçoit directement son legs de la part du testateur, et qu'en conséquence il ne peut y avoir de substitution fidéicommissaire dans cette espèce.

452. Vainement objecterait-on que, s'il s'agissait d'un usufruit de choses fongibles, ce sont les héritiers du premier légataire qui seraient chargés d'en rendre la valeur, et qu'en conséquence on serait forcé de reconnaître qu'au moins, dans ce cas, le substitué se trouverait appelé à recueillir *per interpositam personam.*

Cette circonstance ne changerait point la nature de la question, car le droit d'usufruit du premier légataire serait toujours également éteint par son décès. Il serait toujours vrai de dire que ses héritiers ne pourraient être tenus de rendre un droit qui n'existe plus : il faudrait toujours que le second légataire s'adressât à l'héritier de l'auteur de la disposition, pour obtenir la délivrance de son propre usufruit, puisque c'est un autre droit, un autre legs, et un autre légataire non saisi; et ce n'est qu'après l'obtention de cette délivrance qu'il pourrait agir contre les héritiers du premier légataire, pour exercer, à leur égard, les droits de la créance qui lui aurait été délivrée.

Mais il y a plus : loin qu'on puisse dire qu'un legs d'usufruit ait des effets semblables à ceux du fidéicommis quand il porte sur des choses fongibles, c'est que les choses de cette nature ne peuvent pas même être l'objet d'une substitution, puisque la loi (1062) veut que, quand il y en a, elles soient vendues pour en employer le prix en acquisition de fonds susceptibles d'être conservés en nature.

453. Nous avons dit que la nécessité de recevoir par personne interposée est le signe caractéristique du fidéicommis successif prohibé par nos lois. Cette vérité de principe se trouve formellement consacrée par l'article 898 du code, portant que :

« La disposition par laquelle un tiers serait appelé » à recueillir le don, l'hérédité ou le legs, dans le » cas où le donataire, l'héritier institué, ou le léga- » taire ne le recueillerait pas, ne sera pas regardée » comme une substitution, et sera valable. »

Il n'y a donc de prohibé que la disposition qui est destinée à recevoir son exécution par une interposition de personne, ou pour l'entière exécution de laquelle le second appelé ne doit recevoir la chose que par la médiation du premier : la disposition par laquelle le second appelé reçoit directement le don de la part du testateur, n'est donc pas prohibée. Or, en fait d'usufruit légué à deux personnes sous la condition que l'une n'en jouira qu'après le décès de l'autre, le second légataire ne reçoit rien par la médiation du premier, puisqu'il ne peut intenter son action en délivrance que contre l'héritier propriétaire du fonds, entre les mains duquel il y a eu consolidation du premier usufruit.

454. Pour avoir une idée juste de la disposition abrégée par laquelle un testateur lègue l'usufruit de son domaine à deux personnes, en renvoyant la jouissance de l'une après la mort de l'autre, il faut remarquer qu'il n'y a pas seulement un legs, mais qu'il y en a deux; et cela ne peut être autrement, puisqu'il y a deux choses différentes léguées à deux personnes distinctes : c'est réellement comme si le testateur avait dit, par deux clauses séparées :

« Je charge mon héritier de délivrer l'usufruit » de mon domaine à Caius qui en jouira toute sa » vie. »

« Après la mort de Caius, et lorsque l'usufruit » que je lui lègue sera consolidé à la propriété, entre » les mains de mon dit héritier, je charge encore » celui-ci de délivrer l'usufruit du même domaine à » Sempronius. »

Tels sont les élémens sous-entendus dans une disposition plus abrégée, par laquelle le testateur aurait simultanément nommé Caius et Sempronius pour ses deux légataires dans l'usufruit de son do-

maine, en substituant le second au premier, à l'effet
de jouir après le décès de celui-ci. Peu importent les
expressions dont il s'est servi, puisque sa disposition
ne peut être que cela; que ce n'est pas aux mots qu'il
faut s'attacher (1002), mais la chose qu'il faut voir.
Le testateur n'a pu vouloir que l'usufruit légué au
premier fût, après le décès de celui-ci, transmis au
second, puisque ce droit est intransmissible héréditairement de l'un à l'autre : il a donc voulu deux
legs également directs, deux legs également payables par son héritier, sans interposition d'autre personne : d'où il faut conclure que les deux légataires
doivent déjà être existans à l'époque du décès du testateur, puisque la validité de tout legs direct est
subordonnée à cette condition (906) : et c'est encore
là un point sur lequel un legs de cette espèce diffère essentiellement de la substitution fidéicommissaire, qui peut être faite tant au profit des enfans nés
qu'au profit des enfans à naître de celui qui en est
chargé.

§ V.

De la constitution d'usufruit alternative dans son
objet.

455.   L'usufruit peut être alternativement légué
de deux manières : ou en plaçant le droit d'usufruit
lui-même en alternative avec une autre chose; ou
en assignant la jouissance du même fonds à plusieurs
personnes, pour l'avoir chacune alternativement à
diverses époques.

L'usufruit est placé en alternative avec une autre chose, lorsque le testateur a dit : *Je lègue à* Titius *une somme de dix mille francs, ou l'usufruit de mon domaine.*

Si le testateur, faisant un pareil legs, a en outre accordé à son légataire le droit de choisir entre les deux objets compris en la disposition, l'option lui appartiendra : s'il n'a rien dit à cet égard, la faculté de choisir est dévolue à l'héritier, parce qu'en thèse générale, dans les obligations alternatives, le choix appartient au débiteur (1190), et que, suivant les dispositions de notre code, cette règle s'applique même au payement des libéralités testamentaires (1022).

456. Pour avoir une idée juste des legs de cette espèce particulière, il faut observer que, quoique la libéralité ainsi conçue porte sur deux clauses dans un sens absolument divis, néanmoins le legs est un dans sa substance, parce qu'il ne doit y avoir qu'un seul payement : *Si illud aut illud legatum sit, unum legatum est* (1), et que, réciproquement, quoiqu'il n'y ait qu'un seul payement à faire, les deux choses sont également dans la disposition, mais d'une manière indéterminée, jusqu'à ce que le choix ait été fait par le débiteur ; en sorte que le légataire ne serait pas recevable à demander l'une plutôt que l'autre, tant que l'héritier n'a pas consommé son option, *nec alter peti potest, utique quandiù utrumque est* (2); et que, voulant agir en délivrance de

(1) L. 27, ff. *de legat.* 2.
(2) L. 44, § 3, ff. *de oblig, et act.*, lib. 44, tit. 7.

son legs, il ne peut demander que l'une ou l'autre indéterminément; tant qu'elles existent les deux.

457. Il faut observer encore que, quoique chacune des choses ne doive être livrée que sous la condition ou dans le cas que l'autre ne l'aura pas été, cette espèce de condition ne tombe que sur l'exécution du payement et n'affecte point le legs en lui-même, lequel n'en est pas moins pur (1) et transmissible aux héritiers du légataire, du moment de la mort du testateur, quant aux droits de propriété qui peuvent y être compris; *illud aut illud, utrum elegerit legatarius : nullo à legatario electo, decedente eo post diem legati cedentem, ad hæredem transmitti placuit* (2); mais lorsqu'une des choses n'est léguée que sous condition, le legs en son entier est nécessairement conditionnel, puisqu'il est un dans sa substance; et dans ce cas le légataire, mourant avant l'événement de la condition, ne peut rien transmettre à ses héritiers : *Cùm illud aut illud legatur, enumeratio plurium rerum disjunctivo modo comprehensa, plura legata non facit. Nec aliud probari poterit, si purè fundum alterum, vel alterum sub conditione legaverit; nam pendente conditione, non erit electio : nec si moriatur, ad hæredem transisse legatum videbitur* (3). Cette décision de la loi romaine doit encore avoir lieu sous notre code, qui exige (1040) aussi que le légataire survive à l'événement de la condition, pour

---

(1) L. 3, § 1, cod. *communia de legatis*, lib. 6, tit. 43 ; — et § 23, inst. *de legatis*, lib. 2, tit. 20.

(2) L. 19, ff. *de optione legatâ*, lib. 33, tit. 5.

(3) L. 25, ff. *quandò dies legat. ced.*, lib. 36, tit. 2.

qu'il puisse transmettre des droits à ses héritiers.

458. Lorsque dans le legs alternatif de deux ou plusieurs choses, le testateur a fixé un jour ou un délai à son héritier pour faire choix de la chose à délivrer, s'il n'use pas de cette faculté dans le délai prescrit, l'option est censée renvoyée au légataire : *Stichum, aut Pamphilum, utrum hæres meus volet, Titio dato : dùm utrum velit dare, eo die, quo testamentum meum recitatum erit, dicat : Si non dixerit hæres, Stichum, an Pamphilum dare malit ; perindè obligatum eum esse puto, ac si Stichum aut Pamphilum dare damnatus esset, utrum legatarius elegerit.* Mais sitôt que l'héritier a une fois consommé son choix, la disposition n'a plus d'autre objet que celui qui est désigné pour être livré au légataire, et l'héritier se trouve affranchi de son obligation, si la chose choisie vient à périr sans sa faute, et sans qu'il ait été constitué en demeure d'en faire la délivrance; au contraire, si l'une des deux choses léguées vient à périr, soit avant l'ouverture des droits du légataire, soit avant que l'option ait été faite par l'héritier, l'autre est due et doit être livrée : *Si dixerit, se Stichum dare velle, Sticho mortuo, liberari eum. Si ante diem legati cedentem alter mortuus fuerit, alter, qui supererit, in obligatione manebit* (1). Cette décision de la loi romaine est également admise par le code, comme une règle générale pour l'exécution des obligations alternatives (1193 et 1194).

459. Il résulte de là qu'en supposant qu'un

(1) L. 11, § 1, ff. *de legat.* 2; facit et l. 84, § 11, ff. *de legat.* 1.

homme ait légué à Titius une somme de dix mille
francs ou l'usufruit de son domaine, et que Titius
ait survécu au testateur, mais qu'il meure lui-même
avant que la délivrance du legs ait été consentie par
l'héritier, il transmettra à ses successeurs ou ayans
cause le droit d'exiger le payement des dix mille francs
légués (1), puisque, d'une part, cette somme était
aussi véritablement comprise dans la disposition faite
à son profit, que le droit d'usufruit qui se trouve
anéanti par son décès, et que, d'autre côté, l'extinction d'une seule des deux choses n'anéantit pas l'obligation qui pèse sur l'héritier; qu'elle ne fait au
contraire que d'en fixer l'objet dans celle qui reste.
Mais si le testateur avait dit : Je lègue à Titius l'usufruit de mon domaine, si la frégate arrive au port,
ou dix mille francs : comme encore s'il avait dit : Je
lègue dix mille francs, si la frégate arrive, ou l'usufruit de mon domaine; la condition ainsi apposée à
l'un ou l'autre des membres de l'alternative, rendrait toute la disposition conditionnelle (2), et par
conséquent le légataire, mourant avant l'arrivée du
navire, ne transmettrait rien à ses héritiers.

460.   Lorsque, pour l'exécution d'un legs alternatif, l'héritier a manifesté son choix, peut-il encore
varier, et livrer ensuite l'objet qu'il n'avait pas choisi
d'abord?

Cette question peut se présenter dans trois hypothèses différentes; suivant qu'il s'agirait ou d'un legs

(1) L. 14, ff. *quando dies legat. ced.*, lib. 36, tit. 2.
(2) L. 21, ff. *de usuf. leg.*, lib. 33, tit. 2 ; *junctâ cum d.* l.
25, ff. *quando dies legat. ced.*

de propriété, ou d'un legs de prestations annuelles, ou d'un legs soit d'usufruit, soit d'usage, mis en alternative avec autre chose.

461. I. Supposons d'abord qu'il soit question d'un legs de propriété, et admettons pour exemple qu'un testateur ait légué à quelqu'un sa maison ou dix mille francs : il est incontestable que, si l'héritier a une fois consommé son choix par la remise de l'une de ces deux choses, il ne pourra plus la reprendre pour en revenir à la délivrance de l'autre malgré le légataire, parce qu'on ne peut répéter ce qui a été légitimement payé.

Il est incontestable encore que, si l'option, manifestée par l'héritier, a été acceptée par le légataire, soit en termes exprès, soit tacitement par quelque fait, leurs droits restent également fixés d'une manière irrévocable, quoique le légataire ne soit pas encore en possession réelle et de fait, parce qu'alors il y a contrat dont l'une des parties ne peut discéder sans le consentement de l'autre.

Mais en serait-il de même, si l'option de l'héritier était seulement manifestée et non encore acceptée par le légataire ?

On peut dire, pour l'affirmative, que, par le seul fait de l'option de l'héritier, le legs se trouve fixé dans son objet; que dès-lors c'est comme s'il n'y avait eu de légué que la chose déterminée par cette option; que, *potentiâ juris*, le domaine de la chose léguée passe sur la tête du légataire du moment qu'elle est certaine; qu'il en est saisi de plein droit, sans qu'il soit besoin pour cela d'aucun fait de l'homme

(1014); et que la loi romaine n'en exigeait pas davantage pour qu'il fût interdit à l'héritier de varier dans son choix : *Cùm autem semel dixerit hæres utrum dare velit, mutare sententiam non poterit* (1).

Mais, nonobstant ces raisonnemens, nous pensons que l'héritier peut revenir d'un objet à l'autre, tant que la déclaration de sa volonté n'a pas encore été acceptée par le légataire (2). Jusque-là, en effet, le vœu manifesté par l'héritier reste dans les termes d'un simple projet qui ne change rien aux droits des parties. Que l'acte de volonté de l'héritier ne soit encore qu'une opération purement intérieure et mentale, ou qu'il soit déjà manifesté à l'extérieur par des paroles, l'effet en est le même tant qu'il n'y a pas eu d'autre part une acceptation qui forme contrat. Jusqu'à l'acceptation du légataire, il n'y a aucune convention, aucun engagement nouveau, aucune aliénation consommée sur les droits préexistans ; par conséquent ces droits restent les mêmes.

462. Cette doctrine, fondée sur le raisonnement, est aussi conforme à l'esprit du code.

C'est ainsi qu'aux termes de l'article 790, nonobstant qu'un héritier ait manifesté sa renonciation à une succession, ses droits restent entiers, et il peut y revenir encore, tant que l'effet de sa répudiation n'a pas été accepté, par le fait même de l'acceptation d'hérédité qui aurait eu lieu ensuite, de la part d'un héritier du degré subséquent. Il faut bien remarquer,

_____

(1) L. 11 in fine, ff. *de legat.* 2 ; — idem l. 84, § 9, ff. *de legat.* 1.

(2) L. 112, ff. de *verb. obligat.*

en effet, que celui-ci ne pouvant faire acte d'héritier qu'autant qu'il sait (1) que la succession lui est déférée par la renonciation du précédent, il accepte réellement cette renonciation, et il l'accepte en connaissance de cause, lorsqu'il se présente pour la recueillir sur le refus de l'autre.

C'est ainsi encore que, suivant l'article 1121, la stipulation faite dans l'intérêt d'un tiers ne lui donne un droit acquis et ne devient irrévocable que du moment qu'en l'acceptant il a déclaré vouloir en profiter.

C'est ainsi enfin que, dans le cas d'une obligation pesant solidairement sur plusieurs, le créancier qui a le droit d'agir pour la totalité de la dette contre chacun des codébiteurs, ou de n'exiger de chacun d'eux que sa portion, et qui, voulant opter pour ce dernier parti, forme sa demande contre un seul *pour sa part*, peut, tant que celui-ci n'a pas acquiescé à cette demande, revenir sur ses pas (1211), et conclure contre lui à la condamnation solidaire.

465. Vainement dit-on que, par le seul fait de la déclaration de l'héritier qu'il entend choisir l'une des deux choses, le légataire se trouve saisi, *potentiâ juris*, de l'objet du legs devenu certain ; car la saisine n'opère jamais qu'en conséquence de l'acceptation ou de la répudiation du legs (2) : si la loi romaine porte que *cùm semel dixerit hæres utrum dare velit, mutare sententiam non poterit*, elle ne suppose pas

(1) Vid. l. 76, ff. *de regul. jur.*; et l. 19, et l. 32, § 1, ff. *de acquirend. hæred.*, lib. 29, tit. 2.

(1) L. 44, § 1; ff. *de legat.* 1.

que l'héritier, parlant tout seul, n'ait dialogué qu'avec
lui-même, mais qu'il ait annoncé son option au
légataire demandant la délivrance du legs, ce qui
est nécessaire pour qu'au moyen de l'acceptation
expresse ou tacite de celui-ci, il n'y ait plus lieu de
revenir à un autre choix.

464.   II. Supposons, en second lieu, que la disjonctive porte sur des prestations annuelles, et admettons pour exemple qu'un homme ait légué à son
épouse, par forme de pension viagère, cent écus ou
cinquante mesures de blé payables annuellement par
son héritier. Dans cette hypothèse, il faut remarquer
que l'alternative ne porte pas sur le droit de la créance,
mais sur l'exécution du payement : il n'y a pas d'alternative sur le droit même de la pension, parce
qu'il n'y a pas deux pensions différentes mises en
alternative l'une à défaut de l'autre ; mais il y a
deux sortes de prestations annuelles disjonctivement
dues et payables par l'héritier pour satisfaire à la pension voulue par le testateur.

Cela étant ainsi, on doit accorder à l'héritier le
droit de choisir chaque année la prestation qui lui
conviendra, comme s'il n'avait que ce seul payement
à faire, et sans prendre égard à ceux qu'il peut avoir
précédemment faits.

465.   La raison de cela, c'est que, comme le dit le
jurisconsulte Paul, les prestations annuellement dues
doivent être considérées, chacune à son échéance,
comme formant l'objet d'une dette particulière, en
sorte qu'il y a comme autant de dettes distinctes qu'il
y a de termes différens. *Si in singulos annos alicui*

*legatum sit, Sabinus cujus sententia vera est, plura
legata esse ait : et primi anni purum, sequentium conditionale. Videri enim hanc inesse conditionem, si vivat* (1). C'est par suite de ce principe que le créancier
qui reçoit divisément et sans réserve la portion de l'un
des codébiteurs solidaires, dans les arrérages ou intérêts de la dette, ne perd la solidarité que pour ceux
qui sont échus, et non pour ceux qui sont à échoir
(1212); que quand la créance de prestations annuelles
est hypothécaire, il faut annuellement prendre inscription pour les arrérages échus après ceux qui ont été
conservés par l'inscription du titre, en sorte que le
droit du créancier n'est assuré pour chaque terme subséquent qu'en vertu d'une inscription particulière, et
à dater du jour où elle a été prise (2151); comme s'il
s'agissait de toute autre créance dont le titre n'aurait
pas même encore été présenté au bureau du conservateur; qu'en fait de prescription, les arrérages se
trouvent successivement périmés, après cinq ans, et
s'éteignent par autant de prescriptions qu'il y a d'années (2277), comme autant de dettes particulières,
nonobstant que le capital ou le droit de la rente reste
encore dû.

Mais puisqu'il est démontré que suivant le système
de notre législation, lorsqu'il s'agit de prestations annuelles, on doit voir autant de dettes particulières qu'il
y a de termes échéant successivement, il est nécessaire
d'en conclure que si ces dettes sont alternatives, le
débiteur peut annuellement faire son option sur l'exé-

(1) L. 4, ff. *de annuis legat.*, lib. 33, tit. 1; — vid. et l. 28,
cod. *de pactis*, lib. 2, tit. 3.

cution de chaque payement, sans prendre égard à ceux qui ont été faits pour les années précédentes : et telle était déjà la doctrine enseignée par Pothier (1).

466. III. Supposons, en troisième lieu, qu'un droit d'usufruit se trouve mis en alternative avec une prestation annuelle ; qu'un homme, par exemple, ait légué à son épouse l'usufruit de sa maison, ou trois cents francs par an : dans cette hypothèse, la disjonctive ne portera pas sur de simples prestations annuelles ; mais d'un côté sur un droit d'usufruit, et d'autre part sur un droit de pension annuelle. Quoique successif dans son exercice, le droit d'usufruit est un et s'acquiert *unico momento*, lorsqu'on en fait la délivrance. Il en est de même de la pension viagère : elle est une aussi quant au droit de la rente. Ainsi, à supposer que l'héritier opte pour la délivrance de l'usufruit de la maison, le legs sera entièrement acquitté par la mise en jouissance de la veuve, et il ne pourra plus en revenir à la prestation de la pension pour ôter à la légataire le droit de jouissance qu'il lui aura livré, parce qu'on ne peut jamais répéter une chose qui a été légitimement payée. Il faudra encore décider de même, que l'héritier qui aura une fois opté pour le payement de la pension, ne pourra plus en revenir à la délivrance de l'usufruit, pour se libérer, par ce moyen, des termes à venir de la rente, parce que le droit de pension est un comme celui d'usufruit. Ainsi, soit que l'héritier soit expressément convenu avec la veuve de lui payer la pension annuelle de trois cents francs, pour conserver la jouissance de la maison, soit que,

(1) Traité des oblig., n. 247.

par le fait, il ait conservé cette jouissance et payé seulement une fois les arrérages de la pension, il ne doit plus être recevable à revenir, ensuite, d'un objet à l'autre; parce que, comme l'enseigne le prince de la jurisprudence française, tout choix qui n'est plus dans les termes d'un simple acte de volonté, mais qui emporte exécution, opère nécessairement une translation de droit qu'il n'est plus permis de reprendre : *Ubicumquè electio trahit secum executionem, non admittitur ulla variatio* (1).

467. On peut néanmoins nous opposer ici la décision d'une loi romaine portant que si le vendeur d'une maison s'y est réservé son habitation, ou une prestation annuelle pour en tenir lieu, l'acquéreur pourra, chaque année, varier dans son choix, et forcer le vendeur ou à quitter la maison pour recevoir la somme annuelle, ou à revenir dans la maison pour être par là indemnisé de la prestation : *Qui domum vendebat excepit sibi habitationem donec viveret : aut in singulos annos decem. Emptor primo anno maluit decem præstare : secundo anno habitationem præstare. Tribatius ait : Mutandæ voluntatis potestatem eum habere, singulisque annis alterutrum præstare posse et quandiù paratus sit alterutrum præstare petitionem non esse* (2); mais il faut observer avec Mornac que c'est là un cas singulier qui ne doit pas tirer à conséquence. Cette décision n'est en effet fondée que sur ce que les Romains ne voyaient, en quelque sorte, que le fait même de l'habitation, dans la faculté

---

(1) Dumoulin sur la coutume de Paris, tit. 1, § 16, n.° 10.
(1) L. 21, § 6, ff. *de action. empt. et vend.*, lib. 19, tit. 1.

accordée à quelqu'un d'habiter une maison; *quia tale legatum in facto potiùs, quàm in jure, consistit* (1), ce qui assimilait, dans son exécution, cette espèce de droit à une simple prestation annuelle, mais cette subtilité du droit romain sur la nature et les effets du legs d'habitation, a toujours été bien étrangère aux règles plus simples de la jurisprudence française, et Mornac rapporte un arrêt du 9 janvier 1596, par lequel l'application de cette loi fût rejetée, et il fut jugé qu'une femme qui avait fait option de son douaire préfix ne pouvait plus revenir au douaire coutumier.

468.   Mais si, léguant l'usufruit de sa maison à son épouse, le mari avait seulement déclaré que son héritier pourrait se rédimer de cette jouissance, en payant une somme annuelle de trois cents francs à la veuve, le legs ne serait point alternatif; il n'y aurait que l'usufruit de légué; la somme au moyen de laquelle l'héritier pourrait retenir la jouissance de l'immeuble, ne serait pas comprise dans la disposition testamentaire; elle ne serait que *in facultate luendi* : ce n'est donc plus par les principes établis ci-dessus que la question devrait être décidée, et il faudrait dire que la veuve, n'ayant reçu son legs d'usufruit qu'à charge d'en souffrir le rachat que pourrait en faire l'héritier au moyen du prix réglé par le testateur, elle serait obligée de discéder de ce droit même après en avoir été en possession, puisqu'il ne lui aurait été accordé que comme indéfiniment rédimable.

469.   L'usufruit peut encore être alternativement légué dans un autre sens, comme lorsqu'un testateur

_____

(1) L. 10 in fine, ff. *de capit. minutis*, lib. 4, tit. 5.

a légué la jouissance de son fonds pour deux années l'une.

Quand l'usufruit a été ainsi laissé *alternis annis*, s'il n'y a qu'un légataire , et qu'il ne soit mis en concurrence qu'avec l'héritier , il n'y a , sous le rapport du temps , que la moitié de l'usufruit qui soit légué , puisque le légataire et l'héritier doivent jouir chacun tour-à-tour , savoir le légataire seul une année , et l'héritier l'autre ; et ainsi successivement jusqu'au décès du légataire ; et c'est ce dernier qui doit avoir la première année de jouissance , si le testateur n'en a disposé autrement , parce que la règle générale est que les légataires, en leur qualité de créanciers, soient préférés à l'héritier qui est leur débiteur.

Lorsque l'usufruit a été entièrement légué à deux personnes , pour en jouir *alternis annis* , il y a deux legs distincts ; et il n'y a pas de conjonction entre les légataires, puisque l'usufruit a été, sous le rapport du temps , partagé entre eux par le testateur lui-même : en conséquence le prédécès de l'un , ou son refus d'accepter, ne peut donner lieu au droit d'accroissement au profit de l'autre ; et c'est l'héritier qui doit être admis à jouir au lieu et place du défaillant (1).

470. Mais, dans ce cas, quel est celui qui doit commencer à jouir , lorsque le testateur ne s'est point expliqué à cet égard , et que les légataires survivans l'un et l'autre, acceptent la disposition ?

La loi romaine veut que l'exécution de la volonté du testateur soit alors réglée par l'ordre de l'écriture , et qu'en conséquence le légataire premier nommé

(1) L. 2, ff. *quibus mod. ususf. amitt.* lib. 7 , tit. 4.

soit aussi le premier appelé à jouir, comme ayant
occupé le premier rang dans la pensée du testateur :
Quoties duobus ususfructus legatur, ita ut alternis
annis utantur-fruantur : siquidem ita legatus fuerit
Titio *et* Maevio; *potest dici priori* Titio, *deindè*
Maevio *legatum datum* (1). Cette décision paraît trop
raisonnable pour ne pas être adoptée en jurisprudence par les Tribunaux.

471. Mais si le testateur avait fait sa disposition,
effuso sermone, en appelant les deux légataires par
un nom commun, comme, par exemple, s'il avait
dit : Je lègue l'usufruit de mon domaine à mes deux
neveux, pour en jouir chacun tour-à-tour et alternativement de deux années l'une ; l'ordre de l'écriture
n'indiquant alors aucune priorité pour l'un plutôt que
pour l'autre, ils seraient forcés de convenir entre eux
de celui qui devrait commencer à jouir, sans quoi,
dit la loi romaine, ils s'excluraient mutuellement,
nisi consenserint uter eorum prior utatur, invicem sibi
impedient, jusqu'à ce qu'il leur ait été ordonné de
tirer au sort; *et sorte hoc esse dirimendum, ut ad quem*
sors pervenerit, illius sententia in optione prœcel-
lat (2), pour savoir auquel des deux appartiendrait
la priorité.

Mais il ne leur serait permis de convenir entre eux
de jouir ensemble et de confondre leurs deux legs
en un seul, que sans préjudice des droits de l'héritier, parce que celui-ci devant profiter de l'extinction du droit de jouissance qui aura lieu par le décès

(1) L. 34, ff. *de usufructu*, lib. 7, tit. 1.
(2) § 23, inst. *de legat.*, lib. 2, tit. 20.

de celui qui mourra le premier, les légataires ne pourraient, en pactisant entre eux, et sans sa participation, porter atteinte à ce droit; il faudrait conséquemment toujours faire, tôt ou tard, déterminer leur rang dans le tour de jouissance.

§ VI.

De la constitution d'usufruit à titre singulier.

472. L'usufruit à titre particulier est celui qui ne porte ni sur l'universalité, ni sur une quote part de l'universalité des biens délaissés par le défunt, mais seulement sur certaines choses énumérées dans l'acte, ou déterminées par leur espèce.

Ainsi, le legs d'usufruit de *tels* ou *tels* fonds nominativement désignés par le testateur, est un legs à titre singulier, parce qu'il porte sur des corps certains et déterminés.

Ainsi, encore, l'usufruit de tous les animaux qui sont dans mes écuries est un usufruit à titre particulier, par la raison qu'il ne porte que sur certains objets déterminés par leur espèce.

473. Pour mieux indiquer ce que c'est qu'un legs à titre singulier, en raisonnant par opposition à celui qui ne l'est pas, il faut observer que, suivant l'article 1003 du code, le legs universel est celui qui comprend l'universalité des biens délaissés par le testateur, et qu'aux termes de l'article 1010 « le legs à » titre universel est celui par lequel le testateur lègue » une quote part des biens dont la loi lui permet de » disposer, telle qu'une moitié, un tiers, ou tous ses

» immeubles, ou tout son mobilier, ou une quotité
» fixe de tous ses immeubles ou de tout son mo-
» bilier ; »

Et que « *Tout autre legs ne forme qu'une disposi-*
» *tion à titre particulier.* »

Ainsi, en appliquant spécialement au legs d'usufruit cette disposition du code sur la nature des legs
en général, on doit dire :

Que l'usufruit des meubles meublans n'est qu'un
usufruit à titre particulier, puisque les meubles meublans ne sont ni tout le mobilier, ni une quote part
de tout le mobilier ;

Que l'usufruit même des meubles sans autre détermination n'est encore qu'un usufruit à titre singulier, puisque le mot *meuble* employé seul ne désigne
ni tout le mobilier (533), ni une quote part de tout le
mobilier ; mais seulement divers objets déterminés
par leurs espèces ;

Qu'il en serait de même de l'usufruit des denrées et
provisions de ménage et de celui du *mobilier* existant
dans *tel* ou *tel* appartement, parce que la disposition
n'embrasserait toujours pas une quote générale de
tout le mobilier ;

Qu'enfin le legs d'usufruit des immeubles appartenant au testateur dans *tel* ou *tel* climat, dans *telle* ou
telle ville, n'est toujours qu'un legs à titre singulier,
puisqu'il ne porte pas non plus sur une quotité fixe de
tous ses immeubles.

474. Cette distinction du titre universel et du titre
singulier doit être soigneusement remarquée, parce

qu'elle sert à déterminer les charges dont le legs peut être affecté.

Lorsqu'il s'agit de l'acquit des dettes de la succession, c'est à l'héritier que les créanciers doivent s'adresser : ils ne peuvent agir, par action personnelle, que contre lui, parce que lui seul est le représentant de leur débiteur.

Si, au lieu de l'héritier de la loi, le défunt a nommé un légataire universel de ses biens, c'est contre lui que les créanciers doivent agir, parce qu'il est l'héritier testamentaire.

Dans le cas où il y a plusieurs héritiers de la loi, comme dans celui où il y a plusieurs légataires de propriété à titre universel, ou quelques légataires à titre universel en concurrence avec quelques héritiers de la loi, les dettes de la succession pèsent sur eux proportionnellement à l'étendue de leurs droits.

Au contraire, le legs à titre particulier doit toujours être délivré franc et quitte des dettes de l'hérédité : les créanciers peuvent bien avoir une hypothèque et agir hypothécairement sur l'immeuble particulièrement légué ; mais ils n'ont aucune action personnelle contre le légataire, parce que celui-ci n'est pas le représentant du défunt.

475. Lorsqu'on dit que les légataires universels ou à titre universel sont personnellement tenus des dettes de l'hérédité, cela ne s'entend que de ceux qui sont légataires de propriété à l'un ou l'autre de ces titres : quant aux légataires universels ou à titre universel de l'usufruit seulement, comme ils ne sont pas successeurs *in universum jus*, ils ne sont pas non

plus personnellement tenus des dettes de la succession.

Ainsi, sous le rapport de l'obligation personnelle de
payer les dettes héréditaires, l'usufruitier même universel n'en est pas plus tenu que l'usufruitier à titre
particulier, parce que les créanciers n'ont pas plus
d'action personnelle contre l'un que contre l'autre ;
mais, sous d'autres points de vue, leur condition
n'est pas la même ; parce que, comme nous le verrons en traitant des charges qui pèsent sur l'usufruit,
l'héritier peut, pour l'acquit des dettes de la succession, exiger des retranchemens sur la jouissance de
l'usufruitier universel ou à titre universel, qu'il ne
pourrait également obtenir sur celle de l'usufruitier
à titre singulier.

§ VII.

De la constitution d'usufruit à titre universel.

476.　L'usufruitier universel est celui à qui le testateur a légué la jouissance de tous ses biens ; il est
à titre universel seulement, lorsque le testateur ne
lui a légué que la jouissance d'une quote part de ses
biens en général, ou celle de ses immeubles ou de
son mobilier, ou celle d'une quote part de ses immeubles ou d'une quote part de son mobilier généralement pris.

L'usufruitier, même universel, ne représente pas
le défunt *in universum jus*, puisqu'il n'est pas propriétaire : en acceptant son usufruit, il ne contracte
pas l'obligation de payer les dettes héréditaires, puisqu'il n'accepte pas l'hérédité et ne devient point hé-

ritier. Il contracte bien l'obligation d'acquitter les charges annuelles , parce qu'elles affectent le revenu qui lui appartient , et que leur cours ne peut peser que sur lui durant sa jouissance ; mais en acceptant un droit toujours incertain dans sa durée , un droit essentiellement temporaire , et qui peut cesser plus ou moins promptement , il ne peut devenir person- nellement débiteur des dettes qui affectent et suivent la masse perpétuelle des biens : ce n'est donc point à lui que les créanciers héréditaires peuvent s'adresser, ainsi que nous l'avons déjà expliqué dans le paragraphe précédent.

477. Il résulte de là que si le légataire universel de l'usufruit est en même temps créancier de la suc- cession, il ne se fait en sa personne aucune confu- sion d'actions ; qu'ainsi la femme usufruitière de tous les biens du mari n'en reste pas moins créancière de sa dot , et qu'elle peut en exiger le remboursement de la part de l'héritier (1) ; mais celui-ci aura le choix ou d'avancer le capital et d'en faire payer l'intérêt annuel à la veuve, ou de faire vendre une partie des biens pour la payer (612).

478. Lorsqu'il s'agit de l'exécution d'un legs d'usu- fruit particulier, régulièrement on ne doit livrer au légataire que ce qui existait à l'époque du testament (1019). Il n'en est pas de même dans le cas du legs universel ou à titre universel : ici l'on n'examine pas ce qui existait à l'époque du testament , mais ce qui se trouve dans l'hérédité , soit en biens présens et ac-

(1) Voy. dans DESPEISSES, des contrats, part. 2, tit. 1. art. 1, sect. 3; de l'usufruit, n.° NONO.

tuels, soit en actions; parce que c'est la jouissance
totale ou partielle de la masse des droits héréditaires
qui a été léguée : que le testateur ait augmenté ou qu'il
ait diminué son patrimoine depuis la confection de son
testament, il n'en résulte rien autre chose, sinon que
le légataire universel ou à titre universel de l'usufruit
en sera plus ou moins avantagé, parce qu'il aura une
jouissance plus ou moins étendue.

L'usufruitier universel a donc le droit de jouir de
tous les biens présens et disponibles au moment du
décès du testateur, et même de tout ce qui pourrait
en augmenter la masse par la suite, si la cause de
l'obvention était déjà dans l'hérédité. Ainsi, par exemple, à supposer que celui qui a légué l'usufruit de tous
ses biens à Caius, ait laissé entre autres fonds un domaine dont il n'avait que la nue propriété, par la raison que la jouissance en appartenait à un tiers; lorsque cet usufruit particulier viendra à cesser, c'est Caius
qui devra en profiter, parce que le testateur lui ayant
légué l'usufruit de tous ses biens, lui a par là même légué le droit d'entrer en jouissance de ce domaine, lorsque l'usufruit de l'autre serait arrivé à son terme (1);
comme il lui a légué le droit d'exiger le payement
des créances quand le terme sera venu.

479. Il n'en serait pas de même de la somme adjugée par forme de réparation civile ou de dommages-
intérêts contre le meurtrier du défunt; le légataire
universel de l'usufruit de ses biens ne pourrait en
demander la jouissance, parce que, comme le dit

_____

(1) Voy. dans Voet sur le digeste, tit. *de usufructu et quemadmod.*, lib. 7, tit. 1, n. 15.

Lebrun , ces sortes de réparations imitant la douleur et la perte de celui qui les obtient, doivent lui être propres comme l'affliction à raison de laquelle elles sont ordonnées (1). La cause de ces dommages-intérêts ne se rattache point à la succession comme faisant partie du patrimoine du défunt, mais plutôt aux droits de la parenté pour l'indemnité de ceux qui souffrent du meurtre de leur parent ; en sorte que ce n'est point *jure hœreditario ,* mais bien *jure sanguinis vel necessitudinis,* que la demande doit en être formée : *non enim hœredibus jure hœreditario competit , quippe quod in corpore libero damni datur, jure hœreditario transire ad successores non debet , quasi non sit damnum pecuniarium : nam ex bono et œquo oritur* (2). Telle est aussi la décision que les auteurs ont portée sur cette question (3).

480. Si un propriétaire voisin acquérait la mitoyenneté du mur de la maison grevée d'usufruit, sans doute l'usufruitier universel aurait droit de jouir du prix qui serait payé pour cet objet, puisque sa jouissance s'étend à tout ce qui se trouve dans l'hérédité , ou qui peut en provenir et s'y rattacher ; mais en serait-il de même de l'usufruitier à titre singulier, auquel on n'aurait légué que la jouissance de la maison dont le mur ferait partie ? Nous croyons que non ; car il ne pourrait exiger l'usufruit de la somme dont il s'agit, ni comme étant compris dans son titre, puis-

(1) Traité des successions , liv. 2, chap. 6, sect. 2, distinct. 1, n. 12.

(2 L. 5, § 5. ff. *de his qui effuderint,* lib. 9, tit. 3.

(3) Voy. dans SOTOMAYOR, *de usuf.,* cap. 40.

qu'on ne lui a légué que l'usufruit d'une maison; ni comme indemnité à raison de la chose vendue, parce qu'il ne souffrirait aucune éviction dans sa jouissance.

481.   LE PROPRIÉTAIRE d'une rente foncière, faisant son testament, a légué la jouissance de son mobilier à son épouse, et laissé ses immeubles en plein domaine à son héritier. La veuve, comme légataire à titre universel de l'usufruit de tout ce qui est réputé meuble, doit avoir la jouissance de la rente foncière et en percevoir les arrérages annuels; mais le débiteur ayant cessé de payer ces arrérages pendant plusieurs années, a donné lieu à ouvrir contre lui une action en commise ou résolution du contrat : est-ce dans l'intérêt et au profit de l'usufruitière que cette résolution doit être prononcée, par la raison qu'elle avait la jouissance de la rente? ou, au contraire, n'est-ce pas seulement au profit de l'héritier qu'elle doit être adjugée, par la raison qu'elle fait rentrer le fonds dans la succession, et que lui seul a droit à la jouissance comme à la propriété des immeubles?

Il faut faire cette distinction : ou le débiteur de la rente avait déjà, lors de la mort du testateur, cessé ses payemens durant le temps nécessaire pour donner lieu à l'action en résolution du contrat, ou c'est seulement dès le jour de ce décès que le droit d'intenter cette action a été requis contre lui.

482.   Dans le premier cas, c'est au profit de l'héritier que la commise doit être prononcée, parce que le testateur avait déjà lui-même, en son vivant, un droit acquis pour rentrer dans la propriété et jouissance de son fonds; que l'action qui lui appartenait à ce sujet

était un immeuble dans son patrimoine, puisqu'elle tendait à la revendication d'un immeuble (526), et qu'en conséquence elle fait partie des immeubles dévolus en plein domaine à son héritier. Peu importe que la demande en commise n'ait été formée que depuis le décès du testateur, parce que le jugement qui la prononce se rattache à sa cause, et qu'en déclarant que la commise a été méritée ou encourue par une telle faute et depuis l'époque où elle a eu lieu, il déclare par là même que dès-lors le droit a été acquis pour la faire prononcer, et doit, par une conséquence nécessaire, reporter ses effets à cette même époque, quant à l'adjudication du droit de propriété, quoiqu'il n'ait pas les mêmes effets quant à la restitution des fruits perçus avant la demande en justice, attendu qu'ils sont un accessoire de la possession paisible jusqu'au moment du trouble (1) causé par l'assignation.

483. Dans le second cas, au contraire, c'est-à-dire si c'est pour cessation de payement postérieurement à la mort du testateur, que la résolution du contrat de rente soit demandée, il est hors de doute que c'est dans l'intérêt de la veuve qu'elle doit être prononcée quant à la jouissance, parce qu'ayant le droit de jouir de la rente, elle doit avoir aussi celui de jouir du fonds qui lui est subrogé par le jugement qui prononce la commise.

484. Lorsque l'usufruit de la même ou des mêmes choses a été légué à plusieurs personnes, tous les

(1) Voy. dans DUMOULIN sur la coutume de Paris, tit. 1, § 33, gloss. 1, n.° 148; — § 43, glosss. 2, n.°s 47 et 48; — § 45, gloss. 1, n.° 9.

différens colégataires ont droit de concourir au partage de la jouissance qui leur est conjointement donnée.

Mais, pour que ce concours à partage doive avoir lieu, il faut que tous soient appelés au même titre, c'est-à-dire que tous soient légataires universels, ou tous à titre universel, ou tous à titre singulier : si, en effet, le testateur avait légué la jouissance de tous ses biens ou d'une quote part de tous ses biens à une personne, et qu'il eût en même temps légué à un autre l'usufruit d'un ou de plusieurs objets déterminés, on ne devrait pas envisager le légataire universel ou à titre universel comme appelé à concourir, avec ce dernier, au partage de la jouissance des choses comprises dans son legs ; car, comme les légataires universels (1009) ou à titre universel (871 et 1012) de la propriété des biens d'une succession sont obligés d'en acquitter les legs particuliers, de même les légataires universels ou à titre universel de l'usufruit doivent être tenus de souffrir la distraction des objets déterminés dont la jouissance a spécialement été léguée à d'autres.

485. Ces notions nous conduisent à l'examen d'une question qui n'est pas sans intérêt.

Supposons qu'un homme ait légué l'usufruit de tous ses biens à son épouse, et que, par le même testament, il ait aussi légué un fonds particulier de sa succession à une autre personne : dans cette hypothèse devra-t-on considérer le legs général de l'usufruit, fait au profit de la veuve, comme portant même sur le fonds légué à un tiers ; ou, en d'autres termes, le

légataire particulier sera-t-il obligé d'attendre la mort
de l'usufruitière universelle, pour entrer en jouissance du fonds qui lui a été légué ; ou pourra-t-il au
contraire en demander la délivrance sitôt après le
décès du testateur ?

Cette question trouve sa solution dans l'application
des principes que nous venons d'exposer.

D'une part il est constant que le legs d'une ou de
plusieurs choses, conçu d'une manière pure et simple
et sans restriction, doit être considéré comme fait
tant en jouissance qu'en propriété, lorsque rien ne
démontre que c'est seulement la nue propriété que le
testateur a voulu léguer; en sorte que le droit de jouissance passe au légataire en même temps que celui de
propriété, dont il n'est pas séparé et avec lequel il
ne fait qu'un seul tout.

D'autre côté nous venons de voir que, dans le
concours du légataire de l'usufruit particulier d'un
fonds seulement, il n'est pas douteux que le second
legs ne doive être distrait du premier comme une
chose à prendre par délibation sur le legs universel ;
ou, si l'on veut, comme une chose qui en est exceptée
au profit du légataire particulier invoquant la maxime,
generi per speciem derogatur : d'où il résulte, ainsi
que le démontre amplement Voët (1), que ce légataire
est en droit d'exiger la délivrance du fonds, pour en
jouir, dès le jour du décès du testateur, puisqu'il est
autant donataire de la jouissance actuelle que de la
propriété, par la raison que le plein domaine qui lui
a été légué porte également sur l'un et l'autre.

(1) Voët sur le digeste *de usufructu.*, n. 17.

486.   Le légataire universel ou à titre universel de
l'usufruit est au rang de ceux en présence desquels
l'inventaire de la succession doit être fait, c'est-à-dire,
qu'il doit y être appelé, s'il demeure dans la distance
de cinq myriamètres, et que, s'il demeure au-delà,
il doit y être représenté par un notaire, conformément à ce qui est prescrit par l'article 942 du code de
procédure.

FIN DU TOME PREMIER.

TABLE

DES CHAPITRES, SECTIONS

ET PARAGRAPHES

CONTENUS DANS LE PREMIER VOLUME.

FIN DE LA TABLE DU TOME PREMIER.

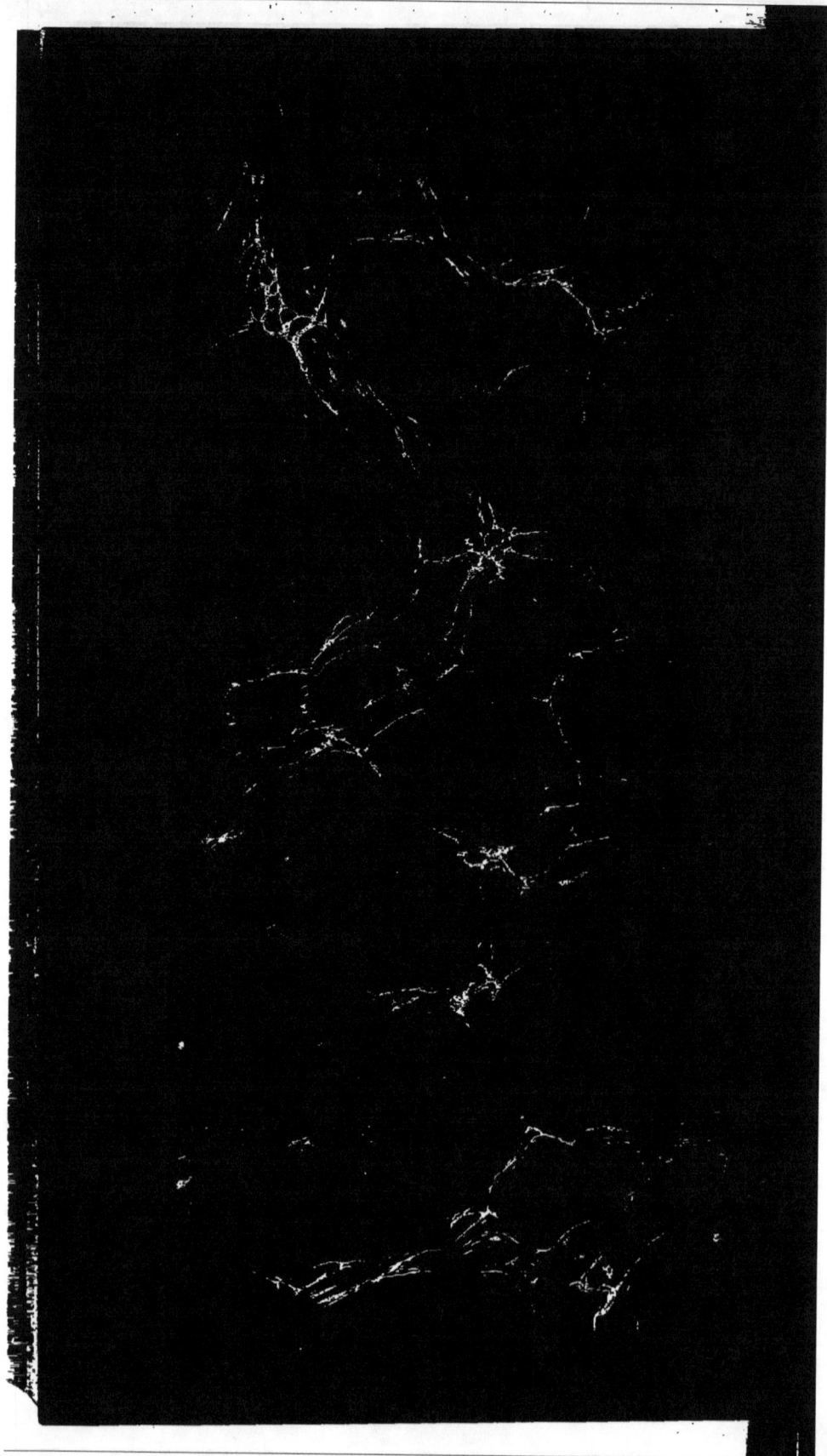

www.ingramcontent.com/pod-product-compliance
Lightning Source LLC
Chambersburg PA
CBHW031719210326
41599CB00018B/2435